ÉROS ET MAGIE
A LA RENAISSANCE
1484

IOAN PETER COULIANO

ÉROS ET MAGIE A LA RENAISSANCE 1484

Avec une préface de
MIRCEA ELIADE

Publié avec le concours
du Centre National des Lettres

FLAMMARION

© 1984, FLAMMARION, Paris.

*Pour Elena, Ana
et Teodora*

PRÉFACE

Historien des religions, spécialiste de l'Antiquité tardive et du gnosticisme, mais aussi balcanologue et romaniste (il enseigne, entre autres, l'histoire de la culture roumaine à l'université de Groningue), Ioan P. Couliano s'est fait remarquer par un grand nombre d'articles publiés dans des revues savantes et par trois volumes, le dernier (*Religione e Potere*, Turin, 1981) écrit en collaboration avec deux jeunes chercheurs italiens. Mais c'est avec *Éros et Magie* — en attendant l'apparition d'une ample monographie comparée sur les mythes et les techniques de l'ascension extatique* — que ses plus importants travaux commencent à voir le jour.

Se souvenant que la Renaissance italienne a été une des passions de ma jeunesse, et que j'avais consacré ma thèse de licence à la pensée de Marsile Ficin, de Pic de la Mirandole et de Giordano Bruno, l'auteur m'a demandé d'écrire une courte préface à *Éros et Magie*. La tentation était trop grande d'évoquer les étapes et les grands noms de l'historiographie moderne sur la Renaissance, en soulignant, entre autres, la revalorisation récente des traditions hermétistes, occultes et alchimiques. Quelle passionnante étude d'histoire des idées que l'analyse des interprétations données à la Renaissance italienne depuis Jakob Burckhardt

---

* Une version anglaise abrégée de celle-ci vient de paraître à Leiden (*Psychanodia I*, EPRO, 99, Leiden, 1983).

et Giovanni Gentile jusqu'à Eugenio Garin, P. Oskar Kristeller, E.H. Gombrich, F.A. Yates, D.P. Walker, Allen G. Debus et d'autres éminents chercheurs contemporains !

Hélas ! à mon âge, le temps et les forces sont péniblement mesurés. Par conséquent je ne discuterai pas les interprétations les plus significatives de l'auteur ; il me suffit de souligner leur nouveauté et leur originalité. J'aimerais citer, par exemple, l'analyse d'un écrit obscur de Giordano Bruno, *De vinculis in genere* (« Des liens en général »), que Ioan P. Couliano compare au *Prince* de Machiavel (p. 128 sq.). En effet, si Ficin avait identifié l'Éros à la Magie (car, écrivait-il, « l'œuvre de la Magie consiste à rapprocher les choses l'une de l'autre »), Giordano Bruno poursuivit jusqu'aux dernières conséquences les possibilités opérationnelles de la magie érotique. *Tout* peut être manipulé par l'imagination, c'est-à-dire par les fantasmes d'origine et de nature érotique que l'on suscite chez un sujet ou dans une collectivité quelconque ; à condition que l'opérateur soit immunisé, à l'aide de la magie, contre ses propres fantasmes. A juste titre, l'auteur reconnaît dans la technique exposée dans le *De vinculis* l'ancêtre immédiat d'une discipline moderne, la psychosociologie appliquée. « Le magicien du *De vinculis* est le prototype des systèmes impersonnels des mass media, de la censure indirecte, de la manipulation globale et des brain-trusts qui exercent leur contrôle occulte sur les masses... » (p. 129).

J'ai rappelé cet exemple d'une part parce que le *De vinculis* est encore mal connu, mais aussi parce que, peu de temps après la mort de Giordano Bruno, la Réforme et la Contre-Réforme ont imposé, avec succès, une censure radicale de l'imaginaire. La raison en était, certes, religieuse : les fantasmes étaient des idoles conçues par le « sens interne » (p. 255 sq.). Et, bien entendu, la censure réussit à éliminer les « sciences » basées sur le contrôle de l'imaginaire, notamment l'éros fantastique, l'Art de la mémoire et la magie. Qui plus est, selon l'auteur, l'offensive victorieuse de la Réforme contre l'imaginaire finit par détruire la culture de la Renaissance.

On pourrait comparer cette censure de l'imaginaire qui anima les Églises occidentales à la crise iconoclaste subie par l'Église d'Orient aux VIIIe et IXe siècles. L'argument théologique était le même : l'idolâtrie implicite dans la glorification des images. Par contre, les théologiens icono-

philes soulignaient la continuité entre le spirituel et le naturel :
l'Incarnation avait annulé l'interdiction vétéro-testamentaire
de figurer le divin. Heureusement, le synode de 843 rétablit
définitivement le culte des icônes. Heureusement, car c'était
la contemplation des images qui permettait aux fidèles
l'accès à tout un univers de symboles. En fin de compte,
les images étaient susceptibles de compléter et d'approfondir l'instruction religieuse des illettrés. (En effet, ce rôle
a été rempli par l'iconographie dans toutes les populations
rurales de l'Europe orientale.)

Avec la majorité des historiens, Ioan P. Couliano est
convaincu que, « sur le plan théorique, la grande censure
de l'imaginaire aboutit à l'apparition de la science exacte
et de la technologie moderne » (p. 291). D'autres chercheurs
ont, au contraire, mis en évidence le rôle de l'imagination
créatrice chez les grands génies de la science occidentale,
depuis Newton jusqu'à Einstein. Il n'est pas question
d'aborder ici ce problème complexe et délicat (car l'imagination créatrice joue un rôle décisif surtout dans le progrès
des mathématiques et de la physique théorique, moins
dans les « sciences naturelles » et dans la technologie).
Retenons plutôt les observations de Couliano sur la survivance, ou la réapparition, d'une certaine « magie » dans
les sciences psychologiques et sociologiques contemporaines.
Il est significatif que ce livre, qui commence avec l'histoire
du concept de « sens interne » depuis Aristote jusqu'à la
Renaissance, s'achève avec la légende de Faust interprétée
par Marlowe et Calderón. Or, ces deux écrivains illustrent,
bien que d'une manière différente, l'essor du puritanisme :
leur imagination littéraire était laborieusement freinée par
ce que l'auteur appelle « un moralisme excessif ».

Mircea Eliade,
université de Chicago
février 1982.

AVANT-PROPOS

Un livre — semaille de fantasmes s'adressant à un moissonneur inconnu — est tout d'abord un bilan d'études, de conquêtes et, surtout, de défaites. De m'avoir aidé à surmonter celles-ci, j'ai à remercier plusieurs personnes qui ont contribué, d'une manière parfois décisive, à la version de l'ouvrage que le lecteur a, enfin, sous les yeux. Sans les encouragements, les conseils d'une compétence sans égale et l'aide effective de Mircea Eliade, j'aurais peut-être abandonné en route ces recherches commencées vers 1969. L'image de Christinel Eliade est intimement liée, dans mon affection et ma gratitude, à celle du Maître.

Que Yves Bonnefoy ait voulu accueillir ce texte dans sa prestigieuse collection « Idées et Recherches » ne put qu'ajouter à ma joie de voir qu'après douze ans de recherches laborieuses le manuscrit était prêt et la liberté de me consacrer à un autre sujet finalement conquise.

Ce fut entre 1970 et 1972 que je présentai à mon directeur d'études à l'université de Bucarest, la regrettée Nina Façon (1908-1974), deux travaux sur la pensée de Giordano Bruno. Elle qui appartenait à une espèce aujourd'hui en voie d'irrémédiable extinction, l'érudite roumaine d'une solide formation universitaire, ne recula pas devant les dangers idéologiques que le titre de ma thèse, soutenue en juin 1972, recélait : *Marsile Ficin (1433-1499) et le platonisme à la Renaissance*. Ces trois études constituent le noyau du présent livre. C'est grâce à mon cher maître Cicerone Poghirc que je pus récupérer ma thèse, lorsque je la croyais définitivement perdue ; mais ce travail de jeunesse s'avéra trop imparfait pour former un point de départ solide.

Une première version roumaine de l'ouvrage, terminée en 1979, se heurta aux difficultés insurmontables de la traduction, difficultés qu'il ne me fut possible de résoudre qu'en préparant une version française moi-même. Celle-ci fut corrigée par Dominique G. Laporte, qui me signala également quelques lacunes de l'ouvrage et me suggéra un titre que j'acceptai d'autant plus volontiers qu'il indique un rapport, dont il me faut souligner la pertinence, entre l'utopie de George Orwell *1984* et l'année qui allait bouleverser la destinée de l'ancien monde : 1484. Deux ans s'écoulèrent avant que la nouvelle version française fût prête. Ce délai me permit non seulement d'éclaircir mes propres points de vue dans quelques articles qui ne passèrent pas inaperçus, mais aussi de réviser de fond en comble la bibliographie et de faire quelques pas timides dans la direction de l'histoire de la science à la Renaissance et des problèmes que celle-ci pose au chercheur d'aujourd'hui. Il me fallut remarquer avec un certain désenchantement que, sauf un fort petit nombre d'ouvrages objectifs mais pas toujours stimulants, la plupart des études concernant cette époque était noyée dans des préjugés rationalistes puérils. Cette littérature n'étant pas utilisable, il ne reste qu'à s'armer de patience et à lire attentivement les textes originaux.

Il me faut renoncer à être complet dans l'énumération de tous ceux qui m'aidèrent à réaliser cet ouvrage, en Italie, en France et en Hollande. A Groningue, H.G. Kippenberg me donna la possibilité de tenir un cours sur la magie à la Renaissance, un cours qui, ayant charmé mes étudiants, me donna ainsi l'espoir que le travail que l'on publie maintenant ne restera pas sans échos, à condition que le lecteur puisse dépasser les difficultés de sa première partie*.

Enfin, que ma femme soit remerciée ici pour le stoïcisme avec lequel elle veilla à l'élaboration des deux versions successives de cet ouvrage — tout ceci ne représentant qu'une partie infime des travaux des toutes dernières années,

---

* Je recommande surtout à un lecteur moins patient de ne lire qu'à la fin le troisième chapitre de la première partie qui explore des problèmes assez abstrus concernant l'Art de la mémoire.

qui virent la publication de quatre livres et d'une centaine d'articles. Parmi ceux-ci, il y en a plusieurs qui abordent des sujets ayant trait à la Renaissance. Aucun d'eux n'a été cependant repris dans ce livre.

Un des premiers lecteurs de ce livre, Hans Peter Duerr, a contribué de façon décisive, par son œuvre, à préciser quelques-uns de mes points de vue sur la Renaissance. M'ayant implicitement incité à lire l'œuvre provocatrice de Paul K. Feyerabend, il m'a donné aussi l'occasion de saisir quelques inconsistances de celle-ci. C'est Feyerabend en tout cas, et peut-être malgré lui-même, qui pose aujourd'hui le problème d'une nouvelle *histoire* des sciences, une histoire qui attend encore ses auteurs. A condition que ceux-ci ignorent les propositions *historiques* de Feyerabend, tributaires du même rationalisme qu'il fait profession d'exécrer.

Un dernier remerciement va aux éditions Flammarion dont les collaborateurs n'ont pas seulement fait preuve de compétence mais aussi d'une exquise amabilité qui a rendu agréable ma collaboration avec eux.

Ioan Peter Couliano,
Groningue, le 3 juillet 1983

INTRODUCTION

On a encore coutume de penser qu'un abîme sépare la vision du monde de nos contemporains et de nous-mêmes de celle de l'homme de la Renaissance. La marque visible de cette fracture serait la technologie actuelle, fruit de la « science quantitative », qui se développe à partir du XVIIe siècle. Or, quoique les plus grandes autorités de l'histoire de la science nous informent que les propos d'un Newton, d'un Kepler, d'un Descartes, d'un Galilée et d'un Bacon n'ont absolument rien à faire avec cette prétendue « science quantitative », on continue néanmoins de perpétuer les mêmes opinions erronées que nos ancêtres les rationalistes du XIXe siècle. Ceux-ci, après tout, croyaient fermement à l'idée de raison et de progrès, qu'ils défendaient à outrance. Postuler l'existence d'une rupture entre un âge infantile de l'humanité, qui prenait fin avec la Renaissance, et l'âge de sa maturité, qui culminait dans l'avènement de la technique moderne, servait à ce moment-là les buts sociopolitiques de nos partisans du progrès, qui s'imaginaient être, ou qui étaient effectivement, entourés de forces hostiles. Mais aujourd'hui, quand les preuves palpables de la technologie enlèvent toute efficacité à un regard trop nostalgique vers le passé, il est indispensable de réviser de fond en comble cette attitude dont l'intolérance prétend cacher la fausseté.

L'idée que l'homme moderne se fait de la magie est

très étrange : il n'y voit qu'un amas risible de recettes et de méthodes relevant d'une conception primitive, non scientifique, de la nature. Malheureusement, le peu de « spécialistes » qui se risquent dans l'exploration de ce domaine y transportent, comme seuls outils de leur voyage, les mêmes préjugés. On peut compter sur les doigts de la main les œuvres qui brisent avec cette tradition persistante.

Certes, il serait difficile de soutenir que la méthode de la magie a quelque chose à faire avec la méthode de nos sciences de la nature. La structure de la matière est complètement ignorée et les phénomènes physicochimiques sont attribués à des forces occultes agissant dans le cosmos. Et pourtant, la magie a ceci de commun avec la technologie moderne qu'elle prétend parvenir, par d'autres moyens, aux mêmes résultats : communication à distance, transports rapides, voyages interplanétaires font partie des exploits courants du magicien.

Cependant, ce n'est pas sur ce plan que la magie a continué d'exister, se moquant de tous ceux qui la croyaient disparue depuis longtemps. Ce sont les sciences psychologiques et sociales d'aujourd'hui qui en dérivent directement. C'est pourquoi il faudrait d'abord rétablir une image correcte de l'essence et de la méthodologie de la magie pour être à même de se faire une idée de ce que nous lui devons encore.

En principe, la magie dont nous nous occuperons ici est une science de l'imaginaire, qu'elle explore par des moyens qui lui sont propres et qu'elle prétend manipuler à peu près à son gré. A son plus haut degré de développement, qu'elle atteint dans l'œuvre de Giordano Bruno, la magie est une méthode de contrôle de l'individu et des masses basée sur une connaissance profonde des pulsions érotiques personnelles et collectives. Ce n'est pas seulement l'ancêtre lointain de la psychanalyse qu'on peut y reconnaître, mais aussi, et en premier lieu, celui de la psychosociologie appliquée et de la psychologie des masses.

En tant que science de la manipulation des fantasmes, la magie s'adresse en premier lieu à l'imagination humaine, dans laquelle elle essaie de susciter des impressions persistantes. Le magicien de la Renaissance est psychanalyste et prophète, mais anticipe aussi sur des professions modernes comme celles de chef des relations publiques, agent de propagande, espion, homme politique, censeur, directeur des moyens de communication de masse, agent de publicité.

Les opérations fantastiques que connaît la Renaissance sont plus ou moins complexes : l'éros est la première, qui se manifeste déjà dans la nature, sans intervention de la volonté humaine. La magie n'est qu'un éros appliqué, dirigé, provoqué par l'opérateur. Mais il y a également d'autres aspects de la manipulation des fantasmes, l'un d'eux étant le merveilleux Art de la mémoire. La liaison entre éros, mnémotechnique et magie est indissoluble, au point qu'il sera impossible de comprendre la dernière sans avoir d'abord étudié les principes et les mécanismes des deux premiers.

En étudiant l'imagination de la Renaissance et les changements auxquels elle sera sujette à l'époque de la Réforme, nous faisons, en quelque sorte, œuvre de pionnier. Il serait toutefois naïf de prétendre que notre livre ne se rattache pas à toute une tradition d'études d'histoire et de philosophie des sciences, dont il se propose parfois de corriger les erreurs d'optique.

C'est en premier lieu l'œuvre de Paul K. Feyerabend qui, sans avoir inspiré nos recherches, trouve à travers celles-ci plusieurs confirmations d'ordre historique. En effet, Feyerabend doit beaucoup aux études de sociologie des sciences qui ont surgi, dans le monde anglo-saxon, à la suite de l'influence exercée par Max Weber sur l'interprétation de l'apparition des sciences modernes au XVIIe siècle. C'est surtout Robert K. Merton qui constate un *shift of vocational interests* vers la science dans l'Angleterre puritaine, mettant en rapport les vocations scientifiques avec l'influence du puritanisme religieux[1]. C'est ainsi que la portée du puritanisme, qui allait, selon Weber, mener à la formation de l'« esprit du capitalisme[2] », se voit élargie du côté de la formation des sphères d'intérêt social aptes à expliquer l'essor de la science et de la technique modernes. (Il est vrai qu'à côté du puritanisme Merton range, parmi les facteurs fondamentaux expliquant ce phénomène d'une importance incalculable, les intérêts *militaires*. C'est ainsi que les bases technologiques de notre société semblent avoir été posées par deux activités humaines dont on n'aurait que fort peu soupçonné les rapports avec les sciences : la religion et la guerre.)

Max Weber, le premier, auquel on a toutefois essayé

d'attribuer un esprit antipuritain (par compensation aux exagérations inverses de sa famille), affirmait la nécessité que les observations d'ordre sociologique et historique fussent *wertfrei*, dépourvues de tout jugement de valeur. Merton, lui, s'inscrit dans cette perspective, mais il serait difficile de ne pas lui attribuer une admiration implicite pour ce puritanisme anglais qui, au bout de quelques décennies, allait transformer de fond en comble la destinée de la civilisation occidentale. Quant à Paul Feyerabend, il ne cache pas ses partis pris, arrivant ainsi à des conclusions vraiment étranges[3]. En effet, dans une œuvre à laquelle nous reconnaissons volontiers le mérite d'avoir montré les limites du rationalisme, Feyerabend ne recule pas devant l'affirmation que l'intervention de l'État est souvent salutaire pour freiner l'évolution unidirectionnelle de la science. Comme exemple d'opération réussie pour corriger l'impérialisme scientifique occidental, il donne la médecine traditionnelle ressuscitée en Chine sur l'ordre de Mao et il rappelle également l'influence des puritains en Angleterre au XVIIe siècle, qui, elle, a mené à l'apparition des sciences quantitatives modernes. Certes, la perspective de Feyerabend n'est pas la seule possible. Elle implique une attribution de *valeur* à un phénomène historique (en l'occurrence, l'apparition de la science moderne sous l'influence du puritanisme) qui n'en possède aucune. Dans le cas de Feyerabend, comme dans le cas de tous les historiens *rationalistes* des sciences (dont notre philosophe prétend se distancier à plusieurs égards), l'influence du protestantisme anglais sur le développement des sciences reçoit une valorisation qui est, de toute évidence, *intensément positive*. Il est toutefois possible de renverser cette optique et d'affirmer, par exemple, que l'humanité moderne doit son plus grand mal à ces deux facteurs qui, à l'aube de la nouvelle époque technologique, l'ont produite : la religion et la guerre. Loin de nous l'idée d'embrasser cette position radicale. Force nous est, pourtant, de constater qu'elle n'est pas moins légitime que celle des adeptes du « triomphalisme » scientiste, adeptes parmi lesquels il faut compter celui qui s'est déclaré formellement leur adversaire : Paul K. Feyerabend.

Quant à nous, nous nous efforçons plutôt de suivre Max Weber et de refuser principiellement tout jugement de valeur aux constatations historiques qui se dégagent des analyses contenues dans ce livre.

Il va de soi que la matière dont on examinera les vicissitudes historiques au cours de cet ouvrage est l'*imagination humaine* ainsi qu'elle s'exprime dans les documents concernant l'éros et la magie à la Renaissance. Il sera parfois impossible de ne pas affronter la question des prétentions du magicien à effectuer des opérations hors du commun. Et il sera, par conséquent, impossible de ne pas comparer ces prétentions — dont il ne s'agit nullement d'examiner la validité — aux réalisations de la science et de la technologie modernes. Magie et science représentent en dernière instance des besoins imaginaires, et le passage d'une société à dominante magique vers une société à dominante scientifique s'explique en premier lieu par un *changement de l'imaginaire*. C'est en cela que la nouveauté de ce livre se précise : il examine les transformations au niveau de l'*imaginaire* lui-même plutôt qu'au niveau des *découvertes* scientifiques ; à partir, bien entendu, de l'idée qu'une découverte n'est rendue possible que par un certain horizon de connaissances et de croyances relatives à sa possibilité.

Si nous pouvons nous vanter, aujourd'hui, d'avoir à notre disposition des connaissances scientifiques et une technologie qui n'existaient que dans la fantaisie des magiciens, il faut reconnaître que, depuis la Renaissance, nos facultés d'opérer directement avec nos propres fantasmes, sinon avec ceux des autres, ont diminué. Le rapport entre conscient et inconscient s'est profondément modifié et notre capacité de dominer nos propres processus imaginaires s'est réduite à rien.

Il n'est pas seulement intéressant d'apprendre quelle était la relation d'un homme de la Renaissance avec ses propres fantasmes, mais aussi de comprendre quelles ont été les raisons idéologiques qui ont imprimé à l'évolution de cette relation le cours qu'on lui connaît. Cela équivaut, au fond, à une juste compréhension des origines de la science moderne, qui n'aurait pas pu apparaître sans qu'il y ait eu des facteurs capables de produire la modification de l'imagination humaine. Or, ces facteurs n'ont pas été économiques et ne provenaient pas non plus d'une prétendue « évolution » historique de notre race. Au contraire, les forces qui les suscitèrent étaient régressives sur le plan psychosocial et même « réactionnaires » sur le plan sociopolitique. Comment se fait-il qu'on leur doive, quand même, l'apparition de l'esprit qui allait graduellement porter à l'essor de la science moderne ? C'est à cette énigme de l'histoire que ce livre se propose de répondre.

Pour prévenir le malaise du lecteur devant des affirmations trop choquantes, dont la première est qu'on continue à vivre dans un monde où la magie a encore un rôle à jouer et une place d'honneur, nous avons laissé parler les textes. Nous avons entrepris, pour lui, l'effort de les comprendre, dans leur lettre et dans leur esprit. Après tout, les conclusions que nous en avons tirées nous paraissent avoir largement récompensé des études laborieuses poursuivies pendant douze ans presque sans interruption, des études où la philologie ne fut qu'un instrument d'accès, non pas un but en elle-même. Le fait que la méditation assidue sur la *signification* des documents a remplacé ici la simple communication de leur contenu explique suffisamment la singularité de cet ouvrage, singularité dont nous ne croyons pas devoir nous excuser. Pour le reste, le lecteur est appelé à juger lui-même.

Ce livre, comme tout autre, est une semaille de fantasmes qui s'adresse à un moissonneur inconnu.

C'est lui qui décidera de son usage.

PREMIÈRE PARTIE

FANTASMES A L'ŒUVRE

Supprime gl'eminenti, e inalza i bassi
Chi l'infinite machini sustenta,
Et con veloce, mediocre, et lenta
   Vertigine, dispensa
   In questa mole immensa
Quant'occolto si rende e aperto stassi.

Giordano Bruno.

CHAPITRE I

HISTOIRE DU FANTASTIQUE

1. Du sens interne

Quelques considérations préliminaires

Notre civilisation est née de la rencontre de plusieurs cultures, dont les interprétations de l'existence humaine étaient tellement différentes qu'il a fallu un énorme bouleversement historique, accompagné d'une croyance fanatique, pour réaliser une synthèse durable. Dans cette synthèse, des matériaux d'origine diverse subirent une reconversion et une réinterprétation qui portent les traces de la culture dominante du temps : la culture d'un peuple vaincu, les Grecs, relevée par un peuple conquérant, les Romains.

Pour la pensée grecque, la sexualité ne représentait, en général, qu'une composante secondaire de l'amour. Tout en admettant le lien causal entre sexualité et reproduction, on n'insistait pas non plus sur l'existence d'une « raison naturelle » qui donne à la première une finalité purement génésiaque ; tant il est vrai que le rôle d'instrument de reproduction réservé à la femme n'impliquait aucunement une liaison d'amour entre les deux sexes, mais plutôt une liaison politique : le fruit de l'union conjugale allait être un nouveau citoyen utile à l'État, un soldat ou une productrice de soldats. L'amour profane, celui d'un Alcibiade par exemple, était un mélange d'attrait physique, de camaraderie et de respect suscité par des qualités exceptionnelles, puissant emportement auquel se prêtait plutôt une relation homosexuelle. Platon, qui ne recule pas devant le bannissement des poètes de sa cité idéale, sous prétexte que leur fureur poétique incontrôlable recèle un danger pour l'État, se pose, bien entendu, le problème de l'utilisation sociale de cette immense puissance émotionnelle qu'est l'éros. L'espèce d'amour que Socrate enseigne dans les dialogues de Platon représente une élévation graduelle dans l'ordre de l'être, à partir de la beauté des marques visibles imprimées dans le monde physique, jusqu'aux formes idéelles dont ces marques dérivent, le cosmos noétique qui, en tant que source unique et indivisible du Vrai, du Bien et du Beau, représente aussi le but ultime vers lequel aspire l'étant. Amour est le nom de ce désir à multiples manifestations, lequel, même dans son aspect le plus dégradé où l'attrait sexuel s'y mêle, garde encore son caractère d'aspiration inconsciente vers la Beauté transcendante.

Platon, le philosophe sans doute le plus influent dans l'histoire de la pensée occidentale, sépare la sphère de l'amour authentique des sphères respectives (et non superposables) de la sexualité et de la reproduction, en donnant à l'éros le statut — très important, quoique non défini dans l'ordre idéel — de *lien* entre l'étant et l'être en son essence, *ta onta ontos*. L'amant par excellence est le *philosophos*, celui qui aime la sagesse, c'est-à-dire l'art de s'élever jusqu'à la Vérité qui est aussi Bonté et Beauté, en pratiquant le détachement envers le monde.

Attrait conscient et, à la fois, aspiration inconsciente, même l'éros profane a, chez Platon, quelque chose d'impondérable. En tout cas, le désir physique formulé par l'âme irrationnelle et apaisé au moyen du corps ne représente, dans la phénoménologie de l'éros, qu'un aspect trouble et secondaire de celui-ci. Le corps n'est qu'un instrument, tandis que l'amour, même celui à finalité sexuelle, tient aux puissances de l'âme. Enfin, l'effort maïeutique de Socrate met l'accent sur la *convertibilité* de tout éros, même physique (c'est-à-dire psychophysique), en contemplation intellectuelle.

Aristote ne met pas en cause l'existence de la dichotomie platonicienne âme-corps. Mais, se penchant sur les secrets de la nature, il sent la nécessité de définir empiriquement les rapports entre ces deux entités isolées, dont l'union presque impossible du point de vue métaphysique forme un des mystères les plus profonds de l'univers. L'intervention d'Aristote, qui s'inspire, fort probablement, des théories de la médecine sicilienne ou empédocléenne[1], produit deux résultats d'une importance incalculable pour l'histoire de la pensée occidentale : d'une part, l'éros sera envisagé, de la même manière que l'activité sensorielle, comme une des opérations impliquant le rapport mutuel âme-monde sensible, ce qui fait qu'il sera soustrait à l'empire inconditionné de l'âme ; d'autre part, et en conséquence, le mécanisme érotique, tout comme le processus de la connaissance sensible, aura à être analysé en rapport avec la nature pneumatique et la physiologie subtile de l'appareil qui sert d'intermédiaire entre l'âme et le corps.

Cet appareil est composé de la même substance — l'esprit (*pneuma*) — dont sont faites les étoiles et remplit la fonction de premier instrument (*proton organon*) de l'âme dans son rapport avec le corps. Un tel mécanisme offre les conditions requises pour résoudre la contradiction entre le corporel et l'incorporel : il est tellement subtil qu'il approche la nature immatérielle de l'âme ; et cependant il est un corps qui peut entrer, en tant que tel, en contact avec le monde sensible. Sans ce pneuma astral, âme et corps seraient complètement inconscients l'un de l'autre, aveugles comme ils sont chacun pour le règne de l'autre. Car l'âme ne possède point d'ouverture ontologique qui lui permette de regarder en bas, tandis que le corps, lui, n'est qu'une forme d'organisation des éléments naturels, une forme qui se désagrégerait immédiatement sans la vitalité qui lui est assurée par l'âme. Enfin, toutes les activités vitales, ainsi que la mobilité, l'âme ne peut les transmettre au corps que par l'intermédiaire du *proton organon*, l'appareil pneumatique situé dans le cœur. D'autre part, le corps ouvre à l'âme une fenêtre vers le monde à travers les cinq organes des sens, dont les messages arrivent au même dispositif cardiaque, qui s'occupe maintenant à les codifier de manière qu'ils soient compréhensibles. Sous le nom de *phantasia* ou sens interne, l'esprit sidéral transforme les messages des cinq sens en *fantasmes* perceptibles par l'âme. Car celle-ci ne peut rien saisir qui ne soit pas converti en une séquence de fantasmes, bref, elle ne peut rien comprendre sans fantasmes (*aneu phantasmatos*)[2]. En latin, Guillaume de Mœrbecke, traducteur d'Aristote, rend ce passage par : *Numquam sine phantasmate intelligit anima*. Et saint Thomas en fait un usage presque littéral dans sa *Somme théologique*[3], dont l'influence fut immense pendant les siècles qui suivirent : *Intelligere sine conversione ad phantasmata est (animae) praeter naturam*. Le *sensus interior,* sens interne ou sens commun aristotélicien, devenu une notion indissociable non seulement de la scolastique, mais de toute la pensée occidentale jusqu'au XVIIIe siècle, gardera encore toute son importance chez Descartes, pour apparaître, peut-être pour une dernière fois, dans les premières pages de la *Critique de la raison pure* de Kant. Chez les philosophes du XIXe siècle il a déjà perdu sa crédibilité, se transformant en une simple curiosité historique confinée aux livres spécialisés ou réservée aux mots d'esprit, preuve qu'il n'était pas oublié du tout dans les milieux intellectuels. Sans savoir que, pour Aristote, l'intellect même a un caractère de fantasme, qu'il est *phantasma tis*, on n'arriverait jamais à saisir la signification de la boutade de Kierkegaard : « La pensée pure est un fantasme. »

Au fond, tout se réduit à un problème de communication : âme et corps parlent deux langues non seulement diverses, ou même incompatibles entre elles, mais *inaudibles* l'une pour l'autre. Le sens interne est le seul capable de les entendre et de les comprendre toutes deux, ayant aussi le rôle de traduire, selon la direction du message, de l'une en l'autre. Mais, vu que les vocables du langage de l'âme sont des fantasmes, tout ce qui lui parvient de la part du corps — y compris le langage articulé — devra être transposé en une séquence fantastique. En outre — faut-il encore le dire ? — l'âme a une primauté absolue sur le corps. Il en découle que *le fantasme a aussi la primauté absolue sur la parole*, qu'il précède à la fois l'articulation et l'entendement de tout message linguistique. D'où l'existence de deux grammaires distinctes, la première bien moins importante que la seconde : une grammaire de la langue parlée et une grammaire de la langue fantastique. Provenant de l'âme, et fantastique lui aussi en son essence, l'intellect est le seul à jouir du privilège de comprendre la grammaire fantastique. Il pourra en faire des manuels et même organiser des jeux très sérieux de fantasmes. Mais tout cela lui servira surtout à comprendre l'âme et à sonder ses possibilités latentes. Cette compréhension, qui est moins une science qu'un art, à cause de l'habileté qu'il faut déployer pour surprendre les secrets du pays mal connu où l'intellect voyage, représente le postulat de toutes les opérations fantastiques de la Renaissance : l'éros, l'Art de la mémoire, la magie, l'alchimie et la kabbale pratique.

Le pneuma fantastique

La théorie aristotélicienne du pneuma fantastique n'est pas surgie du néant. Au contraire, on peut même affirmer qu'elle n'a rien d'original, sauf l'emboîtement des pièces dont elle se compose. Le *système* appartient au Stagirite, tandis que les éléments du système sont préexistants. Pour reprendre la formule d'Aby Warburg, on pourrait assigner à Aristote la « volonté sélective », mais non pas l'invention de la matière de cette doctrine.

Rappeler ici les grands moments de l'histoire du pneuma fantastique ne répond pas à une simple manie de collectionneur. C'est pour s'être contentés d'Aristote, et avoir perdu de vue cette histoire, que les interprètes de la Renaissance, même parmi les plus avertis, n'ont jamais saisi l'essence des multiples opérations pneumatiques, ni leur unité foncière. Tant que le phénomène même n'a pas été compris, toute l'érudition du monde est inutile, car ce qu'elle peut faire se réduit à peu, notamment à perfectionner nos connaissances concernant l'existence et les manifestations d'un phénomène, sans pour autant entamer le problème, bien plus important, des présupposés culturels qui lui garantissent le fonctionnement à une époque donnée. Or, la doctrine du pneuma fantastique n'est pas une curiosité isolée produite par les tâtonnements de la science prémoderne ; elle est, au contraire, le motif central qui nous aidera à comprendre le mécanisme et le but de cette science, ainsi que l'horizon d'espoir[4] vers lequel tendait l'existence humaine pendant une longue période du passé de notre espèce.

C'est déjà Alcméon de Crotone, médecin sicilien du VIᵉ siècle, proche de l'enseignement des pythagoriciens, qui parle du pneuma vital circulant dans les artères du corps humain. La parenté du sang et du pneuma — celui-ci étant la partie la plus subtile du premier — devient un lieu commun de l'école médicale sicilienne, dont le chef est le célèbre Empédocle d'Agrigente, chaman grec du Vᵉ siècle. En tant que *iatromante*, guérisseur *(iatros)* et devin *(mantis)*, Empédocle était connu comme le plus grand spécialiste ancien dans le traitement de la catalepsie *(apnous)* ou mort apparente[5]. On ne sait pas ce que Empédocle pensait du pneuma vital, mais les membres de l'école qui le revendiquait pour chef tenaient l'esprit pour une exhalaison subtile du sang, se déplaçant dans les artères du corps humain, tandis que seule la circulation veineuse était réservée au sang lui-même. Au cœur, dépôt central du pneuma, revient le premier rang dans le maintien des fonctions vitales du corps.

Plus grossière que la théorie des *prâṇas* des Upaniṣad, la doctrine sicilienne lui ressemble de près, en cela qu'elle utilise le concept des fluides subtils pour expliquer les fonctions de l'organisme. Comme nous l'avons montré ailleurs, c'est à partir de cette physiologie subtile, ou à côté de celle-ci, que se développent les théories et techniques mystiques dans lesquelles le « cœur » ou la « place du cœur » jouent un rôle fondamental[6].

L'école médicale de Cos, fondée par Hippocrate, contemporain de Socrate, tenait à se distinguer de l'école sicilienne, en assignant au pneuma une autre origine et un autre siège. Selon les hippocratiques, le pneuma artériel n'était qu'air aspiré du milieu environnant et son centre était le cerveau.

Cette doctrine fut transmise par Praxagore de Cos à son disciple Hérophile d'Alexandrie et contribua sans doute à la synthèse réalisée par Érasistrate, concitoyen plus jeune d'Hérophile. Érasistrate, dont les opinions sont parvenues jusqu'à nous grâce aux écrits de Galien, essaie de concilier les vues des deux écoles médicales en proposant la décentralisation du pneuma. Pour contenter les empédocléens, il fait du ventricule gauche du cœur le siège du pneuma *vital (zôtikon)* et, pour ne pas contrarier les hippocratiques, il localise dans le cerveau le pneuma *psychique (psychikon)*. Le ventricule droit du cœur contient du sang veineux, tandis que le pneuma circule, il est vrai, dans les artères, mais — selon la thèse hippocratique — il n'est qu'air aspiré de dehors, théorie qui ne rencontre point d'approbation chez Galien, pour lequel les artères contiennent du sang et du pneuma mélangés[7].

Ne fût-ce que pour l'écho probable qu'ils eurent chez Platon, les principes de l'école sicilienne auraient déjà mérité un examen attentif. En outre, deux des penseurs les plus influents de l'Antiquité, Aristote et Zénon de Cittium, fondateur du stoïcisme, firent de ces idées le fondement de leurs doctrines respectives de l'âme et, par surcroît, comme ce fut surtout le cas chez Zénon, d'une interprétation intégrale et analogique du microcosme ainsi que du macrocosme.

Il y a deux indices, d'inégale valeur, qui permettent d'établir un contact entre Platon et la médecine sicilienne. Vers 370 - 360, un des représentants de celle-ci, Philistion, séjourna à Athènes[8]. C'est un indice historique, qui resterait sans conséquence aucune s'il n'était confirmé par la présence, dans l'œuvre de Platon, d'éléments empruntés aux enseignements des siciliens et des hippocratiques. Le problème ne nous intéressant que sous un aspect plutôt marginal, nous nous dispenserons de le traiter ici en toute son ampleur[9]. L'intérêt qu'eurent les stoïciens pour la théorie de la connaissance sensible est bien connu, et on y reviendra tout à l'heure. On pourrait supposer qu'il s'agit là d'un des nombreux emprunts à la médecine sicilienne, puisqu'on verra par la suite la médecine pneumatique et galénique s'occuper activement de ces problèmes. C'est parfois par l'intermédiaire du stoïcisme qu'on peut reconstituer la pensée médicale plus ancienne, là où il n'y a pas de témoignages plus directs.

Platon n'adopte pas le concept de pneuma, mais l'explication qu'il donne des mécanismes de la vue (*Timée*, 45 b - d) et de l'ouïe (*Timée*, 67 b), ayant beaucoup d'affinités avec les plus tardives idées stoïciennes et médicales, pourrait dériver de l'enseignement des siciliens. La formation des images optiques n'est pas sans affinité avec le principe du radar : les yeux, dépositaires d'un feu interne, lancent un rayon igné à travers les prunelles, rayon qui rencontre le « feu externe » projeté par les corps sensibles au-dehors d'eux-mêmes. Aristote (*De anima*, 428 a) réduira à un le nombre des « feux », notamment au « feu externe » qui, dans l'acte de la vue, se reflète dans les membranes oculaires. Pour Platon, l'ouïe résulte de l'impact de l'onde sonore sur les oreilles, impact qui se transmet « au cerveau et au sang, pour arriver ainsi à l'âme » (*Timée*, 67 b), explication très semblable à celle que le Portique donnera à ce phénomène, à cette différence près que, pour les stoïciens, l'onde sonore reçoit le nom de *pneuma vocal*[10].

Après Platon, un contact plus direct s'établit entre les doctrines médicales siciliennes et les grands penseurs de l'époque, grâce surtout à la remarquable activité de Dioclès de Caryste, contemporain sinon devancier d'Aristote[11]. Il est encore prématuré de se prononcer sur ce que le Stagirite doit à Dioclès ; en tout cas, en comparant la théorie aristotélicienne du pneuma fantastique avec la notion stoïcienne d'*hégémonikon* ou « Principal » de l'âme, notion élaborée par le Portique à partir des données de la médecine empédocléenne, il est possible, sinon nécessaire, de conclure que ce fut Aristote qui s'inspira de Dioclès, et non l'inverse.

Pour Zénon, les données tirées de l'enseignement de Dioclès, et surtout la notion médicale du pneuma, forment le squelette de toute une animologie micro et macrocosmique, qui représente la plus grande tentative de l'esprit hellénistique pour concilier l'homme avec le monde, le bas avec le haut. Construite à partir de la synthèse stoïcienne, la magie de l'Antiquité tardive, dont les principes se retrouvent, perfectionnés, dans la magie de la Renaissance, n'est qu'un prolongement pratique des théories médicales empédocléennes, réélaborées par le Portique.

Tandis que pour Aristote le pneuma n'était qu'une enveloppe subtile de l'âme, pour les stoïciens, comme pour les médecins, le pneuma est l'âme même, qui pénètre le corps humain tout entier, présidant à toutes ses activités — qu'il s'agisse de la mobilité, des cinq sens, de l'excrétion ou de la sécrétion du sperme. La théorie stoïcienne de la connaissance sensible n'est pas sans rapport avec celle d'Aristote : un « synthétiseur » cardiaque, l'hégémonikon, reçoit tous les courants pneumatiques qui lui sont transmis par les organes des sens et produit des « fantasmes compréhensibles » *(phantasia kataleptiké)* appréhendés par l'intellect[12]. Celui-ci n'a moyen de connaître que les « empreintes sur l'âme » *(typosis en psyché)* produites par le Principal, lequel, comme une araignée au milieu de sa toile, guette de son siège cardiaque — centre du corps — toutes les informations qui lui sont transmises par les sens périphériques[13]. Pour Chrysippe, « la perception d'un objet se ferait par un courant pneumatique qui, partant de l'hégémonikon, se dirige vers la pupille de l'œil, où il entre en contact avec la portion de l'air située entre l'organe visuel et l'objet perceptible. Ce contact produit dans l'air une certaine tension qui se propage suivant un cône dont le sommet est dans l'œil et dont la base délimite notre champ visuel[14] ». Une même circulation pneumatique anime les cinq sens, ainsi que la production de la voix et du sperme[15]. Les stoïciens plus tardifs, comme Epictète, s'inspirant peut-être du radar platonicien, arrivent même à admettre que, dans l'acte de la vue, le pneuma dépasse l'organe sensoriel pour entrer en contact avec l'objet sensible et ramener l'image perçue à l'hégémonikon[16].

Provenant d'anciennes théories médicales, mais perfectionnée par le Portique, la théorie de la connaissance pneumatique refait son entrée dans la discipline d'où elle était surgie, à travers l'école du médecin Athénée, établi à Rome lors du Ier siècle après J.-C. Selon la doctrine des médecins « pneumatiques », dont le représentant principal fut Archigène d'Apamée en Syrie, actif à Rome sous l'empereur Trajan, l'hégémonikon n'intervient pas directement dans le processus de la connaissance sensible. Le grand Claude Galien, autorité médicale du IIe siècle, s'inspire des vues des « pneumatiques » en cela qu'il n'admet plus que l'hégémonikon soit situé dans le cœur humain, mais dans le cerveau. Il lui assigne pourtant l'importante fonction de *synaisthésis*, de « synthétisation » des informations pneumatiques[17].

Il nous serait impossible de nous arrêter ici sur la fortune de Galien pendant le Moyen Age. Ses œuvres furent utilisées et, par là même, préservées par la médecine arabe. L'événement culturel que certains appellent « renaissance du XIIe siècle » signifia la redécouverte de l'Antiquité grecque par filière arabe. Galien refit son apparition dans la culture européenne à travers les traductions en latin d'auteurs arabes[18]. Au début du XIIIe siècle, les encyclopédies médiévales du savoir enregistrent les connaissances nouvelles, qui deviendront désormais un bien commun de l'époque.

Une des sommes les plus connues du temps était le *De proprietatibus rerum libri XIX*, rédigé entre 1230 et 1250 par un frère mineur, Barthélemy l'Anglais, qui avait enseigné à Magdebourg et à la Sorbonne. Les innombrables incunables, les dix-huit éditions et la traduction en six langues vernaculaires ne suffisent pas pour donner une idée du prestige — hélas, fort supérieur à la valeur — de cette œuvre assez médiocre. Fait significatif, au début du XIVe siècle, la copie qui avait appartenu à Pierre de Limoges était attachée avec une chaîne au pupitre de la chapelle de l'université de Paris[19].

La psychologie des facultés ou théorie des « vertus » de l'âme est exposée par Barthélemy dans le troisième livre de sa somme[20] d'après des traductions latines de l'arabe comme la *Hysagoge in medicinam* de Hunain ibn Isḥāq, alias Johannitius, médecin irakien du IXe siècle[21], les écrits de Constantin l'Africain ou des compilations comme le *De motu cordis* d'Alfred l'Anglais et le *De spiritu et anima* pseudo-augustinien, un écrit du XIIe siècle attribué aujourd'hui à Hugues de Saint-Victor ou plutôt à Alcher de Clairvaux[21].

Dans cette doctrine, assez gauchement résumée par Barthélemy, où galénisme et aristotélisme se mélangent, l'âme humaine se divise en trois : âme rationnelle ou intellectuelle, éternelle, incorruptible et immortelle, âme sensible, faite de substance spirituelle, et âme végétative. L'âme végétative est commune à l'homme et aux plantes, l'âme sensible est commune à l'homme et aux animaux, tandis que l'âme rationnelle n'appartient qu'à l'homme (III, 7). L'âme végétative produit la génération, la conservation et la croissance des corps ; elle préside aux activités de nutrition, de digestion et d'excrétion (III, 8). L'âme sensible — celle qui nous intéresse ici — a trois facultés : *naturelle*, *vitale* et *animale*. Il paraît qu'à travers la faculté naturelle, qui a son siège dans le foie et se transmet au corps par la circulation veineuse, l'âme sensible ne fait que prendre sur elle-même les fonctions de l'âme végétative, celles de nutrition, génération et croissance (III, 14). Le siège de la faculté vitale ou spirituelle est le cœur, qui propage la vie dans l'organisme tout entier au moyen de l'esprit circulant dans les artères. Quant à la faculté *animale*, son siège est le cerveau. Elle se divise en trois (III, 16) : *ordinatiua*, *sensitiua* et *motiua*. La distinction entre les deux premières est assez difficile à saisir, tant il est vrai qu'ailleurs (III, 12) Barthélemy lui-même l'oublie, ne s'arrêtant que sur la description de la faculté sensible[22].

La chambre, ou ventricule antérieur du cerveau, siège de l'imagination (ou, selon le langage de Barthélemy, de la *virtus imaginatiua*, ramification de l'*ordinatiua*), est remplie de terminaisons nerveuses qui établissent la communication avec les organes sensoriels. Le même esprit — appelé ici « sensible » — circule dans les nerfs et dans les artères (III, 9), ce qui nous fait croire qu'à l'origine des doctrines que Barthélémy expose il y avait l'idée, courante dans la médecine arabe, que le cœur est le générateur unique d'esprit vital, lequel, arrivé au cerveau, prend le nom d'esprit sensible. Les messages des cinq sens « externes » sont transportés par l'esprit jusqu'au cerveau, où réside le *sens interne* ou *commun*. L'activité du sens commun est, chez Barthélémy, celle de la *virtus ordinatiua*, qui occupe les trois ventricules cérébraux : l'antérieur, siège de l'imagination, le médian, siège de la raison, et le postérieur, siège de la mémoire. L'imagination convertit le langage des sens en langage fantastique, de manière que la raison puisse saisir et comprendre les fantasmes. Les données de l'imagination et de la raison sont déposées dans la mémoire (III, 10).

Barthélemy n'est que l'image, assez fidèle, des conceptions de toute une époque, partagées par Albert le Grand, Roger Bacon et Thomas d'Aquin. La plupart de ces théories étaient déjà accessibles, en latin, dès la deuxième moitié du XIe siècle, quand, après une vie aventureuse, le médecin carthaginois Constantin l'Africain trouva la paix dans les cloîtres de Montecassin et se consacra à la traduction d'œuvres médicales arabes, qui circulèrent pendant longtemps sous son propre nom. Enfin, au XIIe siècle, le grand traducteur Gérard de Crémone, installé à Tolède dans le collège de l'archevêque Raymond, donna, entre autres, une version latine des œuvres d'Avicenne, où la théorie du synthétiseur fantastique et des compartiments du cerveau était déjà un lieu commun.

2. Flux et reflux des valeurs au XIIe siècle

L'originalité d'une époque ne se mesure pas selon le contenu de ses systèmes idéologiques, mais plutôt selon sa « volonté sélective », c'est-à-dire selon la *grille interprétative* qu'elle interpose entre un contenu préexistant et son résultat « moderne »[23]. Le passage d'un message à travers le filtre herméneutique d'une époque produit deux effets d'ordre sémantique : le premier, visant l'organisation même de la structure culturelle du temps, et se situant par cela au-dehors de celle-ci, se définit comme un mécanisme complexe autant que subtil de mise en valeur ou, au contraire, de refoulement de certains contenus idéologiques ; le deuxième, qui agit à l'intérieur même de la structure culturelle, se définit comme une distorsion systématique ou même une inversion sémantique des idées qui passent à travers la grille interprétative de l'époque.

Tout cela fait que le vœu suprême de l'historien des idées n'est pas, ou ne doit pas être, de définir les contenus idéologiques d'une période déterminée, qui ont, au fond, un caractère récursif, mais d'entrevoir son *filtre herméneutique*, sa « volonté sélective » qui est, en même temps, une *volonté déformatrice*.

Une idéologie peut se décrire ; un système interprétatif — le seul qui compte, puisque le seul qui donne la mesure de l'originalité d'un moment culturel par rapport à tout autre — est insaisissable. Présence tacite sinon occulte, mais aussi objective et inexorable, il se montre furtivement en toute sa complexité, pour se dérober tout de suite au regard du chercheur. Pour que celui-ci puisse pratiquer l'histoire des idées, il est appelé à *voir* non pas seulement ce qui se montre par excellence, les *idées* elles-mêmes, mais justement ce qui ne se montre pas, les fils secrets qui lient les idées à la volonté invisible du temps, leur metteur en scène. Les idées sont vues par tout le monde ; l'*historien* des idées est censé regarder dans les coulisses, contempler l'autre visage du théâtre, la scène vue *du dedans*.

Il est impossible de pénétrer dans les coulisses de la Renaissance du XVe siècle sans avoir d'abord jeté un coup d'œil dans celles de la Renaissance du XIIe siècle[24]. Les théories de l'éros fantastique ont été élaborées au cours de celle-ci, pour atteindre leur gloire, rapidement dégénérée en maniérisme, dans la poésie du *Dolce Stil Novo*.

La « volonté sélective » de la Renaissance italienne s'adresse pour une bonne part aux productions, souvent fastidieuses, de ces précurseurs du XIIIe siècle, pour leur imposer son propre système interprétatif. Ce n'est pas par pure complaisance que Marsile Ficin, dont le traité sur l'amour est rédigé pour l'usage d'un descendant de Guido Cavalcanti[25], expose en détail quelques théories érotiques appartenant à celui-ci. Étant un des principaux représentants des *fedeli d'amore*, Guido Cavalcanti a élaboré une psychologie empirique de l'éros qui ne diffère pas essentiellement de celle de Ficin.

Le cas de Jean Pic, que nous analyserons dans le troisième chapitre de ce livre, est plus compliqué : on dirait une manifestation éclatante du complexe d'Œdipe, si cette formule n'était désormais tombée en désuétude, à force d'être abusivement répétée. Stimulé, ou plutôt énervé par le petit chef-d'œuvre de Ficin sur l'amour, Pic oublie toute courtoisie et essaie de le réfuter en bloc. C'est pourquoi il se jette sur Guido Cavalcanti, lui reprochant son manque de profondeur, et propose comme modèle de poème amoureux une *Canzona* de son propre ami Girolamo Benivieni, dont il entreprend le commentaire. L'exemple de Pic est très significatif. Le jeune homme oublie ce que ailleurs il ne démontre que trop bien savoir, notamment qu'une époque culturelle n'est pas définie par le contenu des idées qu'elle véhicule, mais par le filtre interprétatif qu'elle propose. Il exige de Guido Cavalcanti ce que Ficin, plus subtil à cet égard, n'aurait jamais osé prétendre : à savoir qu'il emploie déjà l'interprétation platonisante du xve siècle ! La *Canzona* de Benivieni ne diffère d'une *canzona* de Cavalcanti qu'en cela qu'elle fournit *directement* à Jean Pic l'interprétation que celui-ci aurait produite même en l'absence du poème, puisque c'était *sa propre* interprétation de l'éros en général. La lecture platonisante de Cavalcanti représentait, pour Ficin, un biais herméneutique qui lui permettait aussi de rendre hommage à un précurseur et à l'ancêtre d'une personne qu'il entourait d'affection. Or, en refusant un vrai *objet* d'interprétation — car la différence entre son commentaire et le texte commenté n'est que prosodique, le premier étant en prose, le second en vers —, Pic formule, au fond, un refus tranchant de toute herméneutique. Pour Ficin, Cavalcanti existe, dans la mesure où il a dit quelque chose d'*interprétable* ; pour Pic, il n'existe pas, puisqu'il ne lui fournit pas quelque chose de déjà *interprété*, comme c'était le cas de son ami Benivieni. Pour le reste, aucune grande différence de fond ne sépare les théories de Ficin de celles de Pic, quoique celui-ci reproche constamment à celui-là la vulgarité de son approche des subtils problèmes d'amour[26].

De manière respectueuse et positive, comme chez Ficin, ou dédaigneuse et négative, comme chez Pic, c'est en tout cas à la Renaissance florentine que revient la priorité chronologique dans la redécouverte de l'autre renaissance, celle des XIIe et XIIIe siècles.

Les savants modernes, qui confondent parfois la redécouverte avec le résumé ou la reprise littérale des mêmes idées, n'attribuent cette priorité qu'à Mario Equicola, interprète de la poésie provençale dans son *Libro de natura de amore*, dont l'original latin, sur lequel a été effectuée la traduction italienne de 1509-1511 publiée en 1525, remonte aux années 1494-1496[27], juste après la mort de Pic. Or, il est vrai que Mario Equicola se réfère directement à la lyrique des troubadours, tandis que Cavalcanti, dans lequel Ficin découvre un précurseur, n'est que le représentant plus tardif d'une école italienne qui, profitant aussi des leçons de l'école sicilienne[28] et en concurrence avec l'école bolognaise, substitue au code des troubadours un code plus rigide et « scientifique ». Certes, les deux expériences ne sont pas superposables, mais le « stilnovisme » et la poésie provençale ressortissent tous deux à la même racine existentielle, qui est celle de l'amour courtois.

Acculturation de l'Occident

Le spectateur qui observe les idées et les courants idéologiques sur la scène du XIIe siècle est déconcerté par leur variété. Une incursion très rapide dans les coulisses, que peu se hasardent encore à entreprendre, nous révèle que les nombreux fils sont tenus par une même main, par une même « volonté sélective », peut-être[29].

Le phénomène qui caractérise les mouvements d'idées du XIIe siècle pourrait être comparé à un immense flux et reflux d'informations et de valeurs culturelles. L'Espagne au temps de la *Reconquista*[30] en est un des principaux foyers. A mesure que le royaume chrétien de Castille avance et que les Arabes se retirent, les « spécialistes » ou les aventuriers affluent sur-le-champ, fascinés par la richesse et la culture des musulmans, et commencent leur activité fébrile de traduction, où l'émerveillement et la polémique religieuse se mêlent. Rapidement, notamment grâce au collège de traducteurs installé à Tolède, l'Occident latin prend contact avec les principaux monuments de la culture arabe (et de l'Antiquité grecque) dans les domaines de la médecine, de la philosophie, de l'alchimie et de la religion.

La dernière reste matière à réfutation, et Rodrigue Ximénez de Rada ou Pierre le Vénérable, abbé de Cluny, s'acquittent consciencieusement de cette tâche. La philosophie donne à penser, en tout cas elle n'est pas acceptée d'emblée et sans amendements, sauf si, par hasard, un philosophe juif de Cordoue comme Salomon ibn Gabirol n'avait eu la chance de passer — sous le nom latinisé d'Avicebron, Avencebrol ou Avemcembron — pour chrétien. Mais, aussitôt que l'Aristote arabe et l'Aristote grec furent découverts, la scolastique avait trouvé son homme. Nulle autorité, jusqu'à la redécouverte de Platon et du néo-platonisme païen, ne put concurrencer ce maître. La médecine eut le même sort : on l'embrassa tout de suite, d'autant plus que le galénisme des Arabes concordait sur de nombreux points avec les doctrines d'Aristote. Le temps des grandes synthèses, des sommes, était arrivé.

Quant à la culture arabe d'Espagne, il est plus difficile de préciser ce qu'elle emporta dans son reflux : peut-être des traces de mysticisme chrétien, visibles chez Ibn 'Arabî, le grand maître soufi du XIIIe siècle. De toute manière, ceux qui eurent à profiter de cet échange de valeurs furent, en premier lieu, les chrétiens.

Ce processus d'acculturation qui s'effectuait à la pointe ouest de l'Europe s'accompagna aussi de la pénétration insistante d'éléments provenant de l'est, menaçant de désintégration les bases mêmes de la société médiévale. Dissimulée pendant longtemps sous d'autres noms, ou se tenant simplement cachée, l'ancienne gnose universaliste de Mani refit son apparition, au Xe siècle, dans les enseignements du pope bulgare Bogomil. Le bogomilisme, qui fut vite arrivé à Byzance, se parait de tout l'arsenal des gnoses dualistes : il tenait l'adversaire de Dieu pour créateur du monde visible et pour inspirateur de l'Ancien Testament, qui était rejeté en bloc ou presque ; il prêchait l'*encratisme* ou abandon du mariage et l'abstention des relations sexuelles, pour ne pas perpétuer la création mauvaise de Satan, et le *végétarisme*, pour éviter d'incorporer l'élément satanique présent dans le règne animal ; il recommandait aussi l'*antinomisme* ou non-obéissance aux lois dictées par l'autorité civile et religieuse[31].

Le catharisme, qui commence à se manifester vers la fin de la première moitié du XIIe siècle, représente sans doute la branche occidentale du bogomilisme[32]. Des traces sporadiques de gnose dualiste apparaissent pourtant dès le début du XIe siècle, en France et en Italie. Un groupe de nobles et de religieux d'Orléans professaient, vers 1015, l'encratisme, le végétarisme et le *docétisme* ou idée que le Christ n'a jamais assumé un vrai corps humain, elle aussi partie constituante des doctrines dualistes[33]. Un deuxième cas, à Monforte en Piémont, ressemble de près à celui d'Orléans, par le caractère des croyances comme par le milieu d'extraction des membres du groupe. Anticléricaux, docétistes, antinomistes, encratistes et végétariens, les nobles de Monforte préfigurent aussi l'*endura* cathare par l'idée que les membres de leur secte qui approchent la mort doivent être tués rituellement, pour leur épargner les souffrances de l'agonie[34]. Au début du XIIe siècle, des influences bogomiles sont présentes dans l'hérésie anticléricale et iconoclaste de Pierre de Bruis et du prédicateur itinérant Henri[35], ainsi que dans la profession de foi dualiste de deux paysans de Soissons, Clément et Ébrard (1114)[36]. Tanchelm d'Anvers et Eudo (Éon) de l'Étoile, personnages très bizarres, paraissent tous deux s'inspirer du gnosticisme des premiers siècles après J.-C., le premier s'inspirant plus précisément de Simon le Mage de Samarie. Inspiration peut-être spontanée, provenant des tréfonds de l'inconscient collectif, puisque tous deux furent déclarés fous par certains de leurs contemporains, comme par les savants d'aujourd'hui.

Les cathares, dualistes puritains des XIIe et XIIIe siècles, furent les seuls à s'organiser, suivant le modèle des bogomiles[37], en puissantes Églises qui, dans le midi de la France et le nord de l'Italie, constituèrent une vraie menace pour l'Église catholique. Ce fut dans la lutte contre les cathares que celle-ci créa et perfectionna l'inquiétant instrument de l'Inquisition.

La différence entre les cathares et les hérétiques d'Orléans et de Monforte n'est pas à chercher sur le plan idéologique, mais surtout sur celui de la puissance effective que les premiers ont atteinte par leur prédication active. Bien que se donnant d'autres justifications doctrinales que les gens d'Orléans et de Monforte, les cathares n'en professaient pas moins l'*anticosmisme* ou opposition au monde mauvais créé par Satan, le docétisme, l'encratisme, l'antinomisme, l'anticléricalisme et le végétarisme (ou presque, puisque les poissons, qu'ils tenaient pour être générés spontanément, sans relation sexuelle, par l'eau, n'étaient pas exclus de leurs maigres repas).

Tout ce qui nous intéresse ici, c'est la formation des doctrines de l'amour aux XIIe et XIIIe siècles, non pas l'histoire du dualisme médiéval. Or, ce qui est très important, c'est que la morale des cathares, puritaine en principe, n'en admettait pas moins, en certains cas, le libertinisme, forme grave d'antinomisme par rapport aux réglementations sociales des catholiques. Encratites, les cathares n'admettaient point le mariage : *Legitima connubia damnant. Matrimonium est meretricium, matrimonium est lupanar,* déclaraient-ils, s'opposant à cette « légalisation du concubinat ». « Ils condamnent absolument le mariage [...], nous dit l'inquisiteur Bernard Gui[38], ils prétendent qu'on y est en perpétuel état de péché. Ils nient que le Dieu bon l'ait jamais institué. Ils déclarent que connaître charnellement sa femme n'est pas moindre faute que le commerce incestueux avec mère, fille ou sœur. »

D'autre part, étant donné que le chemin de l'initiation cathare passait du simple *croyant* au *parfait,* la défaillance sexuelle des croyants était ouvertement (*publice*) admise, pourvu qu'elle ne portât pas l'empreinte légale du mariage, car il était bien plus grave de faire l'amour avec sa propre femme qu'avec une autre, *facere cum uxore sua quam cum alia muliere.* Ceci ouvrait la voie à un libertinage sexuel que l'Église catholique craignait pour le moins autant que la doctrine dualiste des cathares, à cause de ses conséquences antisociales et antidémographiques[39].

Le flux culturel qui envahit l'Europe occidentale de l'Ouest et de l'Est, dont la scolastique du bas Moyen Age, ainsi que les sectes dualistes furent les résultats, peut toutefois être jugé, dans certaines limites, comme un phénomène d'importation. Quand la marée se retira, les influences venant de l'ouest et celles venant de l'est se trouvèrent conjointes dans l'idéologie, bizarre et originale, de l'*amour courtois.*

Avec le catharisme, celle-ci a en commun le mépris du mariage et l'ambiguïté d'un message qui, hostile en principe au commerce sexuel, n'est pas moins contredit, en pratique, par les mœurs libertines des trouvères. Comme les croyants cathares, quelques-uns d'entre eux semblent s'être systématiquement permis des licences. Le phénomène de l'amour courtois a cependant beaucoup plus en commun avec la médecine et la mystique arabes, ce qui n'annule pourtant pas l'hypothèse d'une double source d'inspiration.

L'idéalisation et même l'hypostatisation de la femme, composante importante de l'amour courtois, étaient depuis longtemps présentes dans la poésie mystique arabe. Celle-ci, d'ailleurs, n'était pas exempte de l'accusation de dualisme, phénomène tout aussi mal toléré par les musulmans que pas les chrétiens. En 783, le poète Bashshâr ibn Burd fut condamné à mort comme *zindîq* ou crypto-manichéen (donc cathare avant la lettre), « puisqu'il avait identifié la femme à laquelle il avait dédié son poème avec l'Esprit ou *rûh*, intermédiaire entre l'homme et Dieu[40] ». Seule la féminité inaccessible peut être divinisée, et R. Boase nous rappelle, comme pendant cathare de l'histoire de Bashshâr, que Gervais de Tilbury envoya au bûcher une jeune fille pour le seul fait qu'elle avait refusé ses avances érotiques[41].

En Islam, l'identification femme-entité suprasensible était plus ou moins courante, sans être dépourvue d'ambiguïté. Le mystique soufi Sanâ'î, mort vers 1150, représentait sous les traits d'une femme une *Madonna Intelligenza*, le guide du pèlerin dans le cosmos des néo-platoniciens de l'Islam[42], tout en étant, d'autre part, l'auteur d'une des plus terribles diatribes contre les femmes qui aient jamais existé[43]. Il s'agit, sans doute, du double aspect du féminin : l'aspect *naturel*, qui provoque et justifie la misogynie de l'ascète, et l'aspect *essentiel* sous lequel, pour emprunter aux féministes un mot lui-même emprunté à Mao et par celui-ci au taoïsme, la femme est l'« autre moitié du ciel ».

Adoucissant la contradiction entre ces deux visages séparés du féminin, le mystique soufi Ibn 'Arabî de Murcia ne contemple la femme que sous l'espèce idéelle. A La Mecque, en 1201, il compose un *Dîwân* dédié à Nezâm (Harmonie), fille du noble imam d'origine iranienne Zâhir ibn Rostam[43 bis]. Intitulé *L'Interprète des ardents désirs*, le prologue du *Dîwân* contient ces confessions intimes :

« Or ce shaykh avait une fille, une svelte adolescente qui enchaînait les regards de quiconque la voyait, dont la seule présence était l'ornement des assemblées et émerveillait jusqu'à la stupeur quiconque la contemplait. Son nom était Nezâm [*Harmonia*] et son surnom " Œil du Soleil et de la Beauté " [*'ayn al-Shams wa'l-Bahâ'*]. Savante et pieuse, ayant l'expérience de la vie spirituelle et mystique, elle personnifiait la vénérable ancienneté de toute la terre sainte et la jeunesse ingénue de la grande cité fidèle au prophète. La magie de son regard, la grâce de sa conversation étaient un tel enchantement que, s'il lui arrivait d'être prolixe, sa parole coulait de source ; concise, c'était une merveille d'éloquence ; dissertante, elle était claire et transparente [...]. N'étaient les âmes mesquines, promptes au scandale et prédisposées aux propos méchants, je commenterais ici les beautés dont Dieu la pourvut dans son corps aussi bien que dans son âme, laquelle était un jardin de générosité [...]. Au temps où je la fréquentais, j'observais avec soin les nobles dons qui ornaient sa personne, outre ce qu'y ajoutait la société de sa tante et de son père. Alors je la pris comme type d'inspiration des poèmes que contient le présent livre et qui sont des poèmes d'amour, composés de phrases élégantes et douces, bien que je n'aie pu réussir à exprimer même une partie de l'émotion que mon âme éprouvait et que la fréquentation de cette jeune fille éveillait dans mon cœur, ni du généreux amour que je ressentais, ni du souvenir que son amitié constante laissa dans ma mémoire, ni ce qu'étaient la grâce de son esprit et la pudeur de son maintien, puisqu'elle est l'objet de ma Quête et mon espoir, la vierge Très-Pure [*al-Adkrâ al-batûl*]. Cependant, j'ai réussi à mettre en vers quelques-unes des pensées de ma nostalgie, comme présents et objets précieux offerts ici. J'ai laissé clairement s'exprimer mon âme éprise, j'ai voulu suggérer quel attachement profond j'éprouvai, quel profond souci me tourmenta en ce temps maintenant révolu, et quel regret m'émeut encore au souvenir de la noble société de cette jeune fille[44]. »

Quoique Ibn 'Arabî ait soin de préciser que ses poèmes ont un caractère symbolique, que les beautés visibles ne font qu'évoquer les réalités suprasensibles du monde des intelligences angéliques, un docteur d'Alep l'accuse d'y avoir dissimulé un amour sensuel, pour sauver sa réputation d'austérité. Ce personnage, réel ou fictif, occupe ici la place qui lui était due : c'est le moraliste qui intervient pour mettre en doute la pureté d'intention de l'amoureux et qui suscite, de la part de celui-ci, ces protestations mêmes qui forment l'explication de l'essence de l'amour courtois. Plus que d'un personnage, il s'agit donc d'une *fonction* dans la structure même du genre littéraire (et existentiel) cultivé par les fidèles d'amour, des troubadours à Dante. Pour réfuter ces insinuations vulgaires, Ibn 'Arabî se décide à écrire son long commentaire au *Dîwân*, dans lequel il explique ce que H. Corbin appelle le « mode d'aperception théophanique » propre aux fidèles d'amour. Ainsi, Nezâm devient « une Sagesse [*Sophia*] sublime et divine, essentielle et sacro-sainte, qui se manifesta *visiblement* à l'auteur de ces poèmes, avec une telle douceur qu'elle engendra en lui joie et allégresse, émotion et ravissement[45] ».

La beauté intelligible manifestée dans la beauté sensible du féminin est l'expression, émouvante et optimiste, du platonisme du mystique andalou. Le corollaire de cette conception est double : d'abord, ce qui appartient à l'intelligible est doué de beauté féminine, comme l'ange qui apparaît sous les traits d'une « princesse d'entre les Grecs[46] » ; secondement, tout ce qui tombe sous le rayonnement de l'intelligible participe à des vertus virginales, comme la sainte Fatima de Cordoue qui, à l'âge de quatre-vingt-dix ans, a toujours l'aspect d'une jeune fille[47]. Au contraire de Sanâ'î, qui constate que le monde sensible est un piège, où la beauté ne correspond pas à une qualité ontologique, Ibn 'Arabî manifeste un désintérêt poussé à l'extrême pour cette vérité, ne retenant que l'idée de la continuité entre beauté sensible et Beauté intelligible.

Ceci étant dit quant à l'idéalisation des êtres féminins, il est temps de revenir auprès de nos fidèles d'amour d'Occident. Un des traits les plus saillants de l'amour courtois est la « vocation de la souffrance » que manifeste le fidèle. L'occultation de l'amour représente un des éléments essentiels du rituel érotique. Dans ce processus d'éloignement volontaire de l'objet de l'amour, éloignement qui produit la suspension indéfinie de l'accomplissement du désir, il faut voir un des secrets de la tradition occidentale. Aucune barrière n'est trop forte dans ce cas, y compris celle que l'amoureux lui-même crée en affectant des mœurs légères qui portent à l'instauration d'un climat de méfiance publique. Il recherche en cela, volontairement, à obtenir non pas les faveurs, mais le *mépris* de la femme aimée, pour qu'ainsi elle lui soit plus que jamais inaccessible. Au lieu d'adoucir les affres de sa passion, le fidèle s'emploie par tous les moyens à les faire redoubler. Il a la vocation de la maladie et il refuse d'en être guéri selon la loi vulgaire de l'apaisement du désir, que ce soit furtivement, comme les amants, ou légalement, comme les époux[48].

Que l'éros puisse assumer des formes pathologiques, il n'y a ici rien de neuf dans l'histoire de la médecine. Une allusion à la *cogitatio immoderata* suscitée par une image féminine apparaît même dans le très conventionnel traité *De l'amour* d'André le Chapelain, puritain du XIIe siècle qui eut la malchance d'être pris pour cathare[49] : « Quand quelqu'un voit une femme qui mérite attention érotique, il se met tout de suite à la désirer en son cœur. Puis, plus il y pense, plus il se sent pénétré d'amour, jusqu'à ce qu'il arrive à la reconstituer tout entière en sa fantaisie. Ensuite, il se met à penser à ses formes, il distingue ses membres, il les imagine en action et il explore [*rimari*, litt. : fendre] les parties secrètes de son corps. »

Le fantasme féminin peut alors s'emparer de l'appareil pneumatique tout entier de l'amoureux, en produisant — sauf si le désir trouve son apaisement naturel — des perturbations somatiques assez inquiétantes. Sous le nom d'*'ishq*, ce syndrome d'amour est décrit par Avicenne, dont le *Liber canonis* fut le manuel courant de médecine du bas Moyen Age chrétien. Mais déjà Constantin l'Africain en parlait, dans sa traduction du *Liber regius* d' 'Alî ibn 'Abbas al-Majûsî, connu sous le nom d'Haly Abbas. Après Constantin, la sémiologie de l'éros pathologique est décrite par Arnauld de Villeneuve et par Vincent de Beauvais[50], qui le classifient parmi les espèces de la mélancolie[51].

Le nom du syndrome est *amor hereos* ou encore, latinisé, *heroycus*, et son étymologie est encore douteuse : il pourrait dériver du grec *erôs*, par contamination avec *hérôs*, héros[52], ou directement de *hérôs* (hypothèse partagée par Marsile Ficin)[53], car les héros représentaient, selon une vieille tradition, des êtres aériens maléfiques, semblables aux démons[54].

Que la *melancholia nigra et canina* et l'*amor hereos* soient apparentés, cela s'explique par le fait que des phénomènes érotiques anormaux sont associés, depuis Aristote, avec le syndrome mélancolique. Suivant cette tradition, sainte Hildegarde de Bingen (*ob.* 1179) attribue aux mélancoliques des capacités sexuelles illimitées : « Les mélancoliques ont les os grands qui contiennent peu de moelle, celle-ci étant tellement ardente, qu'ils sont incontinents avec les femmes comme les vipères [...]. Ils sont excessivement libidineux et, comme les ânes, n'ont point de mesure avec les femmes. S'ils arrêtaient cette dépravation, la folie s'ensuivrait [...]. Leur amour est odieux, tortueux et mortifère comme celui des loups voraces [...]. Ils ont commerce avec les femmes, et cependant ils les haïssent[55]. » Ficin lui-même reconnaît la parenté entre mélancolie et pathologie érotique[56], et Melanchthon n'en fait qu'une seule chose, dans sa formule *melancolia illa heroica*[57].

L'étiologie la plus complète de la maladie se retrouve dans la section *De amore qui hereos dicitur* du *Lilium medicinale* du docteur Bernard de Gordon (ca. 1258-1318), professeur à Montpellier[58] : « La maladie qui s'appelle *hereos* est une angoisse mélancolique causée par l'amour pour une femme. La *cause* de cette affection réside dans la corruption de la faculté d'estimation par une forme et une figure qui y est restée très fortement imprimée. Quand quelqu'un est épris d'une femme, il pense démesurément à sa forme, à sa figure, à sa conduite, car il croit qu'elle est la plus belle, la plus vénérable, la plus extraordinaire et la mieux faite, de corps et d'âme, que ce soit. C'est pourquoi il la désire ardemment, oubliant la mesure et le bon sens, et pense que, s'il pouvait satisfaire son désir, il deviendrait heureux. Tant le jugement de sa raison est altéré, qu'il imagine constamment la forme de la femme et délaisse toutes ses activités, de manière que, si quelqu'un lui parle, il l'entend à peine. Et puisqu'il s'agit d'une cogitation ininterrompue, elle peut être définie comme une angoisse mélancolique. Elle s'appelle *hereos* puisque les seigneurs et les nobles, à cause de l'abondance des délices, tombaient souvent dans cette affection [...]. » La sémiologie du syndrome est la suivante : « Les *signes* sont l'omission du sommeil, du nourrissement et des boissons. Tout le corps s'affaiblit, sauf les yeux. » Il mentionne aussi l'instabilité émotive, le pouls désordonné et la manie ambulatoire. Le pronostic est inquiétant : « S'ils ne sont pas soignés, ils deviennent maniaques et se meurent. » Enfin, le traitement de la maladie doit commencer par les « moyens faibles », comme la persuasion, ou « forts », comme le fouet, les voyages, la culture des plaisirs érotiques avec plusieurs femmes, les excursions dans la nature (*coito, digiuno, ebrietà e esercizio*, recommandera Ficin). Seulement « s'il n'y a pas d'autre remède », le docteur Bernard de Gordon, professeur et praticien, conseille que l'on ait recours aux talents d'une vieille et horrible mégère, pour monter un coup de théâtre. La vieille devra porter sous ses habits un chiffon trempé dans du sang menstruel. Devant le patient, elle devra d'abord débiter les pires médisances sur le compte de la femme qu'il aime et, si cela s'avère inutile, elle devra extraire le chiffon de son sein, l'exhiber sous le nez du malheureux et lui crier à la face : « Ton amie, elle est ainsi, elle est *ainsi* ! », suggérant qu'elle n'est — comme dira le *Malleus maleficarum* — qu'un « mal de la nature ».

Lassé, le médecin arrive à sa conclusion : « Si même après cela il ne se décide pas à changer d'avis, alors il n'est pas un homme, mais le diable nu [...][59]. »

Comment une femme, qui est si grande, pénètre par les yeux, qui sont si petits

A regarder de près la longue description de l'*amor hereos* chez Bernard de Gordon, on s'aperçoit qu'il s'agit d'une infection fantastique, se traduisant par une consomption mélancolique du sujet, à l'exception de ses *yeux*, qui ne dépérissent pas. Pourquoi les *yeux* ? C'est parce que l'image même de la femme a pénétré dans l'esprit à travers les yeux et, par le nerf optique, s'est transmise à l'esprit sensible qui forme le sens commun. Transformée en fantasme, l'image obsessionnelle a envahi le territoire des trois ventricules du cerveau, en provoquant le dérèglement de la *virtus estimativa* ou de la raison, qui réside dans la deuxième cellule cérébrale. Si les yeux ne participent pas au dépérissement général de l'organisme, c'est que l'esprit utilise ces ouvertures corporelles pour essayer de reprendre contact avec l'objet qui a été converti en fantasme obsédant : la femme.

La seconde chose digne d'attention est que le syndrome érotique ne représente que la sémiologie médicale — forcément *négative*, puisqu'on est dans le domaine de la pathologie psychophysique — de l'amour courtois exalté par les « fidèles ». En effet, ceux-ci paraissent utiliser tous les moyens, non pas pour échapper à cette contamination pneumatique funeste, mais, au contraire, *pour se la procurer*. A très juste titre a-t-on parlé d'une « inversion sémantique », d'une valorisation à rebours des symptômes pathologiques décrits par la *materia medica* gréco-arabe[60]. Même le *locus amoenus*, recommandé dans le traitement de l'amour *hereos*, reparaît dans la poésie provençale, avec la fonction qu'on lui connaît.

Il faut en déduire que le phénomène de l'amour courtois est le résultat d'une volonté déformante qui a exercé un renversement des valeurs à l'égard du concept de *santé*, tel qu'il était défini par la science médicale du temps. Par cette *Umwertung*, le morne équilibre des forces psychiques recommandé par les doctes traités s'est transformé en une maladie de l'intelligence, tandis que, au contraire, la maladie spirituelle provoquée par l'amour a fini par être exaltée comme la vraie santé de l'âme et du corps.

Seulement — et ici nous nous écartons du point de vue de G. Agamben —, ce renversement des valeurs n'avait pas eu lieu dans la poésie provençale à partir du syndrome *amor hereos*, mais déjà bien avant, dans la mystique soufi, à partir du concept équivalent d'*'ishq* décrit par Avicenne. Même l'attitude antinomiste du fidèle d'amour, qui consiste à affecter des mœurs légères et dissolues pour mieux entretenir la flamme pure de la passion, est préfigurée par l'attitude appelée *malâmatîya* dans le soufisme, qui consiste — selon la définition reçue par Ibn 'Arabî du taumaturge Abu Yahya al Sinhachî[61] — à « occulter la sainteté par une licence apparente dans le comportement[62] ».

L'inversion sémantique du concept de santé psychophysique devient tout à fait explicite dans le *Dolce Stil Novo*, qui s'occupe à décrire minutieusement le processus d'infection fantastique produit par l'image féminine. C'est dans le fait que ce symptôme devient la recette d'une suprême expérience spirituelle que réside le secret des fidèles d'amour ; ce qui équivaut à dire que le « cœur gentil », loin de devoir suivre les préceptes de la science médicale, s'ennoblit au fur et à mesure qu'il accepte de tirer parti des délices de la maladie qui le consume.

Cette maladie est justement l'expérience décrite par Guido Cavalcanti, depuis le moment où l'esprit visuel intercepte l'image de la femme et la ramène dans la cellule antérieure du cerveau, siège de la faculté imaginative, jusqu'au moment où le fantasme féminin a infesté tout le pneuma et se propage désormais par les canaux spirituels de l'organisme fébrile. On ne s'étonnera pas que le poète Giacomo da Lentino puisse se poser cette question d'apparence puérile : Comment se fait-il qu'une femme si grande ait pu pénétrer dans mes yeux, qui sont si petits, et, par là, dans mon cœur et dans mon cerveau[63] ? Les médecins de l'Antiquité, comme Galien, étaient eux aussi intrigués par le même phénomène : *Si ergo ad visum ex re videnda aliquid dirigitur* [...] *quomodo illum angustum foramen intrare poterit*[64] ? Averroes répond à l'étonnement (feint, d'ailleurs) des uns et des autres : il ne s'agit pas d'une impression corporelle, mais *fantastique*. Le sens commun reçoit les fantasmes en deçà de la rétine et les transmet à la faculté imaginative[65].

Dante va plus loin dans sa pneumofantasmologie érotique. Dans le sonnet XXI de sa *Vita Nova*, il envisage la Dame comme récipient d'esprit débordant par les yeux et par la bouche, *miracolo gentil*[66]. Son expérience ne se consume pas dans un cercle pneumatique intérieur, mais représente, en un certain sens, un transvasement d'esprit qui présuppose une certaine réciprocité, quoique involontaire, du désir. Par une espèce de *significatio passiva,* ce qui est objet de convoitise se transforme en un sujet dont émane l'Amour, mais dont il émane à son insu[67]. Innocence virginale qui ne fait qu'accroître les affres de la passion, le délicieux tourment du fidèle d'amour.

Avec sa *Vita Nova*, Dante pénètre aussi dans un domaine mystérieux que nos rudiments de psychologie médiévale ne suffisent pas encore à expliquer : le rêve, la vision.

3. Le véhicule de l'âme et l'expérience prénatale

Cette psychologie empirique de l'éros, que nous retrouverons dans la pensée de Ficin, n'était pas capable de satisfaire les exigences de profondeur de la Renaissance. La théorie de la connaissance fantastique ne représentait que le dernier anneau d'une vaste doctrine concernant le pneuma et l'âme.

Comme nous le verrons par la suite, la parenté entre éros et magie est si étroite que la distinction entre ces opérations se réduit à une différence de degré. Expérience fantastique effectuée à travers les canaux spirituels que nous connaissons déjà, la magie tire parti de la continuité entre le pneuma individuel et le pneuma cosmique. C'est cette même « conspiration » pneumatique universelle qui justifie la psychologie abyssale de l'éros (cf. *infra*, chap. IV, 2).

Par la doctrine de l'incorporation de l'âme, non seulement

la continuité du pneuma est démontrée, mais aussi le caractère cosmique de toute activité spirituelle. Il s'agit, bien entendu, d'une forme assez raffinée de spéculation sur les rapports entre microcosme et macrocosme, s'accompagnant d'une double projection qui aboutit à la cosmisation de l'homme et à l'anthropomorphisation de l'univers. Ce principe, que les historiens des sciences ne cessent de répéter sans se rendre compte qu'il s'agit d'un simple schéma admettant d'innombrables variations, est tellement générique qu'il ne parvient pas à expliquer quoi que ce soit. Comment se fait-il que l'homme soit un compendium du cosmos, et au demeurant le compendium de *quel* cosmos ? Voilà des problèmes dont la solution est loin d'être univoque, et il suffit d'avoir lu une bonne histoire de la philosophie pour le savoir.

La Renaissance connaît non pas un, mais au moins quatre types de cosmos : le cosmos géocentrique, fini, d'Aristote, de Ptolémée et de saint Thomas ; le cosmos infini de Nicolas de Cues, dont Dieu est le centre, présent partout ; le cosmos d'Aristarque et des pythagoriciens, illustré par la théorie « héliostatique[68] » de Copernic[69] ; enfin, l'univers infini de Giordano Bruno, où s'intègre notre système planétaire héliocentrique. A cela pourrait s'ajouter l'ancienne théorie géo-héliocentrique du disciple de Platon, Héraclide du Pont, jamais complètement abandonnée pendant le Moyen Age[69], reprise plus tard par Tycho Brahé[70]. Aucun de ces modèles cosmologiques n'exclut l'hypothèse de la magie, puisque celle-ci est fondée sur l'idée de la *continuité* entre l'homme et le monde, qui ne saurait être bouleversée par un simple changement dans les théories concernant la constitution du monde. Les magiciens comme Giordano Bruno ou les pythagoriciens-astrologues comme Kepler n'ont aucune difficulté à s'adapter à la nouvelle philosophie. Ce qui change, d'un cosmos à l'autre, ce n'est que l'idée de la dignité de la terre et de l'homme, et là aussi il y a des variations très appréciables de doctrine. Dans l'univers aristotélicien, la terre occupe la position la plus *basse*, qui correspond effectivement à son infériorité ontologique, puisqu'elle est le lieu de l'impermanence, des changements rapides, de la génération et de la corruption. Tout ce qui se trouve en deçà de la sphère sublunaire est relégué, pour ainsi dire, dans une sorte d'enfer cosmique, d'où l'on ne sort qu'en dépassant la lune[71]. Par contre, les sphères planétaires sont divines, et au-delà du ciel des fixes commencent les résidences de Dieu.

Peut-être par jeu, mais aussi en conséquence du fait que la terre n'était qu'un astre « déchu », Nicole d'Oresme se demandait déjà (au XIVe siècle) si l'idée de la *fixité* de la terre n'était pas incompatible avec son infériorité. En effet, fixité veut dire stabilité, et ce sont les étoiles du huitième ciel qui sont fixes, parce qu'elles sont supérieures aux astres errants. C'est pourquoi Nicole d'Oresme émet l'hypothèse du mouvement de la terre, qui est trop vile pour être immobile[72].

La raison philosophique profonde pour laquelle Nicolas de Cues soutient l'idée de l'infinité de l'univers relève d'une conception diamétralement opposée à celle d'Oresme. Le Cusain rejette la théorie aristotélicienne des éléments. Pour lui, le cosmos ne connaît point de distinction, ni ontologique ni spatiale, entre « haut » et « bas », « dessus » et « dessous ». Il n'y a pas un monde incorruptible d'éther et de feu pur au-delà de la sphère lunaire, ni un monde corruptible formé des quatre éléments grossiers en deçà de la lune. La terre est sphérique et tourne autour de son axe. La conception d'Aristote « que cette terre est très vile et en bas », *quod terra ista sit vilissima et infima,* n'est pas vraie : « La terre est une étoile noble, avec sa lumière, sa chaleur et son influence propre, qui diffèrent de celles des autres étoiles[73]. »

L'effort du Cusain, comme celui de Giordano Bruno, son tardif disciple, est dirigé vers la revalorisation du prestige métaphysique de la terre — et, partant, de l'homme —, prestige qui lui avait été enlevé par la cosmologie aristotélicienne-ptoléméenne. C'est toute une réforme du christianisme qui est envisagée dans cette nouvelle conception du monde, mais une réforme dont le caractère humaniste, pour ne pas dire anthropocentrique, admet et encourage la magie.

Ficin, la source classique de la magie renaissante, n'est que très vaguement au courant des idées du Cusain[74]. Mais, une fois admis qu'il n'y avait aucune incompatibilité entre le système du monde que le Cusain énonçait et l'ancienne magie astrologique dont Ficin s'était fait l'exégète, il est de peu d'importance que Ficin lui-même ait adopté la cosmologie et l'astrologie traditionnelles, ptoléméennes. Avec les idées qu'il soutenait, Nicolas de Cues[75] aurait très bien pu construire une magie, mais cela ne présentait, probablement, qu'un intérêt très médiocre pour un pur métaphysicien de son espèce. Quant à Ficin, à part son thomisme et son platonisme qui lui imposent l'option du système cosmologique, il n'est pas si loin de Kepler qui, lui, s'occupe de l'étude de la musique astrale pythagoricienne[76]. Les conceptions du monde, les aspirations et les motivations internes d'un Ficin et d'un Kepler ne présentent aucune différence essentielle entre elles : sur cela, les historiens contemporains des sciences n'ont plus de doute[77]. Nous allons essayer, dans la deuxième partie de ce livre, d'examiner les vraies causes idéologiques qui ont produit cette modification de l'imagination humaine sans laquelle le passage des principes scientifiques qualitatifs à des principes manifestement quantitatifs n'aurait pas été possible.

Pour le moment, revenons aux sources de la doctrine de l'incorporation chez Ficin, doctrine qui explique jusqu'à un certain point l'origine de l'étroite parenté entre l'homme et le monde. Comme dans le cas de la pneumofantasmologie, une discipline ancienne — cette fois l'astrologie — a engendré l'hypothèse d'une information cosmique prénatale qui s'imprime dans l'âme et détermine la destinée de l'individu. Dès le IIe siècle après J.-C., cette idée s'est combinée avec l'histoire de l'incorporation de l'âme, de sa descente sur la terre et de son retour aux cieux. On imagine maintenant que l'âme, en pénétrant dans le monde, assimile des concrétions planétaires qu'elle n'abandonnera que lors de sa sortie du cosmos, au cours de l'ascension qui la ramène à son lieu natal (cf. l'Appendice I, *infra*). Perfectionnée par les néo-platoniciens, la doctrine du « véhicule de l'âme » fera sa rentrée glorieuse dans l'astro-magie de Ficin et de ses disciples.

L'astrologie populaire hellénistique, dont la paternité était attribuée au dieu égyptien Hermès Trismégiste ou à des personnages égyptiens comme le pharaon Néchepso et le prêtre Pétosiris, comprenait plusieurs livres, la plupart perdus ou conservés seulement dans les versions latines de la Renaissance. Elle s'occupait de problèmes divers, comme la *genikà* ou astrologie universelle, les *apokatastaseis* ou cycles cosmiques, la *brontologie* ou divination par la foudre, les prédictions du Nouvel An (*kosmikà apotelesmata*), l'astrologie individuelle et iatrologique (*salmeschoïniakà*), les « sorts planétaires » (*kléroi*), la *mélothésie* ou sympathie entre les planètes et l'information astrale contenue dans le microcosme (la branche proprement médicale de cette discipline s'appelant *iatromathématique*), la pharmacopée et la pharmacologie, etc.[78]

Dans une série d'articles dont le caractère trop spécialisé nous dispense d'en exposer ici le contenu (voir *infra*, Appendice I), nous avons démontré que la gnose vulgaire du IIe siècle après J.-C. avait déjà incorporé la doctrine astrologique des *kléroi* ou « sorts », la transformant en un vrai passage de l'âme à travers les planètes, l'âme assimilant des concrétions de plus en plus matérielles, qui l'enchaînent au corps et au monde d'ici-bas. Le docteur alexandrin Basilide et son fils Isidore, ainsi que la gnose populaire des IIIe et IVe siècles qui est parvenue jusqu'à nous par les traités en langue copte découverts à Nag Hammadi et ailleurs nous donnent suffisamment d'informations sur ce processus de corruption de l'âme. Le *Corpus hermeticum,* un recueil d'écrits pseudo-épigraphes composés entre 100 et 300 après J.-C., nous raconte aussi la descente de l'homme primordial dans le cosmos et le trajet de l'âme à travers les planètes, lors de sa rentrée dans la patrie céleste. Des échos de cette version purement négative de l'incorporation ou *ensômatose* se conservent encore dans quelques passages du commentaire de l'*Enéide* du grammairien Servius, qui écrivait vers la fin du IVe siècle.

Au contraire, les néo-platoniciens, de Porphyre à Proclus, n'attribuent aux planètes aucune influence démoniaque, mais seulement certaines *qualités*, comme la faculté contemplative, l'intelligence pratique, etc., jusqu'à la faculté d'engendrement et de croissance du corps ; qualités dont l'âme se revêtit lors de sa descente et qu'elle dépose à nouveau dans les planètes au cours de sa rentrée dans le ciel.

Ce qui est très important, c'est que ce véhicule (*ochéma*) néo-platonicien de l'âme, dont l'histoire a été retracée par G. Verbeke, H. Lewy, E.R. Dodds, etc. (cf. l'Appendice I), arrivera à se confondre avec le synthétiseur pneumatique d'Aristote, le *pneuma* sidéral, qui est inné et se transmet dans l'acte de la procréation (*De partu animalium*, 659b 16). Peu importe que, pour résoudre la contradiction entre un véhicule acquis dans les astres et une enveloppe de l'âme d'origine purement terrestre, les néo-platoniciens tardifs, surtout Proclus, aient recours à la théorie de *deux* véhicules de l'âme. D'une manière ou d'une autre, les

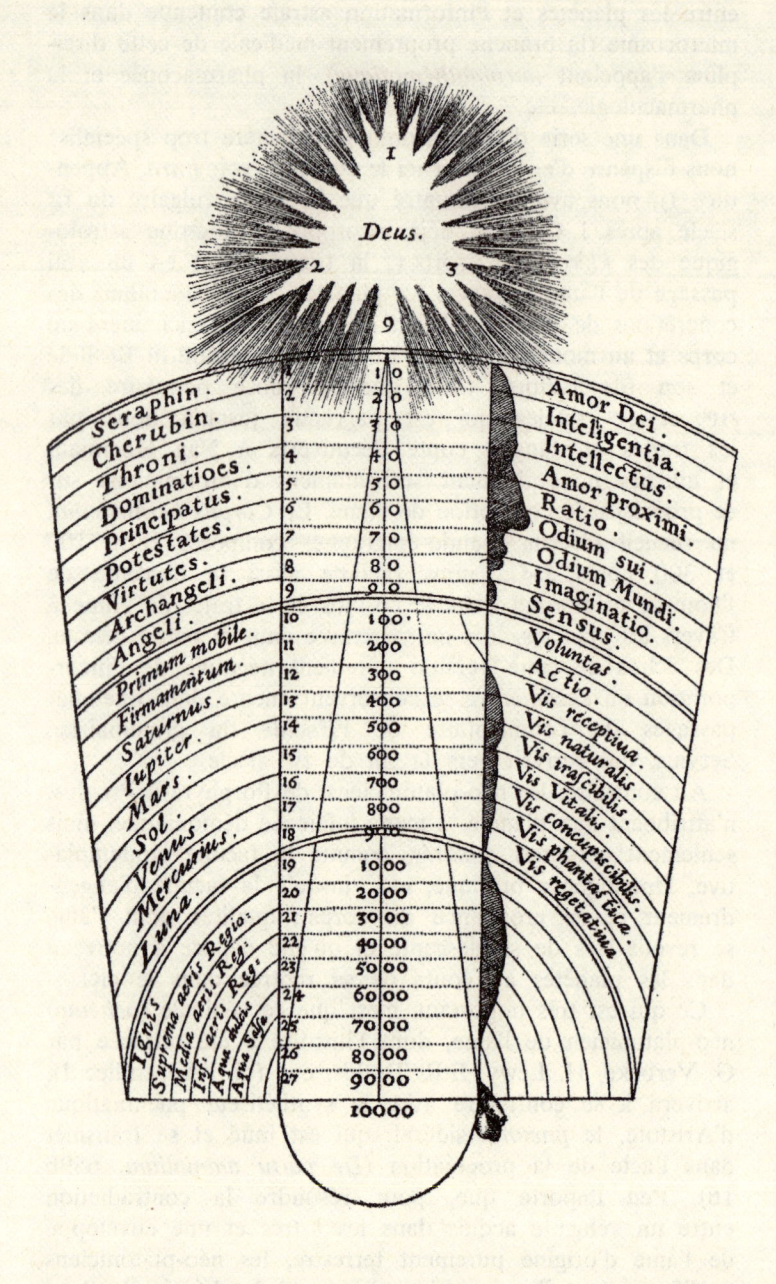

Fig. 1 : Descente et remontée de l'âme. D'après Robert Fludd, *Utriusque cosmi historia*, II, a, 1, p. 259.

vêtements astraux de l'âme et l'esprit subtil généré par le cœur humain s'identifient l'un à l'autre, ce qui permet à un Synésius par exemple, élève de la martyre néo-platonicienne Hypatia, qui deviendra plus tard évêque chrétien, de donner à tout ce processus fantastique une dignité cosmique. En effet, l'organe de l'imagination humaine n'est pas une substance dépourvue d'autres qualités ; au contraire, il s'agit d'un appareil dans lequel s'est inscrite rigoureusement une information prénatale, provenant des astres — les dieux cosmiques. Or, cette parenté spirituelle de l'homme avec le divin présente deux côtés : l'un, restrictif, qui est exploité dans la doctrine ficinienne de l'éros, et l'autre, de réciprocité, qui permet les opérations de la magie.

Le côté restrictif consiste dans le fait que la position des planètes lors de la naissance représente une inexorable limitation du libre choix humain. Dans la théorie de l'amour, cela est reflété par la doctrine des compatibilités et incompatibilités érotiques.

La réciprocité ou le principe de l'inversion de l'action est la garantie qu'une opération qui a pour lieu l'esprit fantastique de l'individu aura comme résultat l'obtention de certains dons que les astres nous octroient en raison de la consubstantialité et des liaisons de famille qui existent entre nous et eux.

Dans le cas de l'éros, la théorie du véhicule astral permet d'établir non seulement le *comment* du phénomène de l'amour, mais aussi son *pourquoi*. Elle fournit les raisons profondes, transcendentales, de notre choix.

CHAPITRE II

PSYCHOLOGIE EMPIRIQUE ET PSYCHOLOGIE ABYSSALE DE L'ÉROS

1. La psychologie empirique de Ficin et ses sources

Notion centrale dans l'astrologie et la psychologie ficiniennes, l'esprit reçoit une attention toute particulière de la part du platonicien de Careggi. On pourrait presque dire qu'il en redonne une définition dans chaque traité sorti de sa main, évitant toujours la répétition littérale par l'emploi de nouvelles formulations, lapidaires et recherchées.

« L'âme, dit-il dans la *Théologie platonicienne* (VII, 6), étant purissime, s'accouple à ce corps dense et terrestre, qui lui est tellement lointain [par sa nature], par l'intermédiaire d'un corpuscule fort subtil et lumineux, appelé esprit, généré par la chaleur du cœur de la partie la plus ténue du sang, d'où il pénètre le corps tout entier. L'âme, s'insinuant aisément dans cet esprit qui lui est fort apparenté, se propage d'abord partout en lui et, ensuite, ayant pénétré, par son intermédiaire, dans le corps tout entier, elle lui confère la vie et le mouvement, le rendant par cela vital. Et à travers l'esprit elle règne sur le corps et le meut. Et tout ce qui se transmet du corps à cet esprit, l'âme elle-même qui est présente en lui le perçoit : acte que nous appelons perception. Ensuite, l'âme observe et juge cette perception, et cette observation s'appelle fantaisie. »

Plus de détails sont donnés dans le traité *De uita sana*[1] : l'esprit est « défini par les médecins comme une vapeur sanguine, pure, subtile, chaude et luisante. Produit par la chaleur du cœur à partir du sang le plus subtil, il s'envole au cerveau et sert à l'âme pour exercer activement les sens internes ainsi que les sens externes ».

La définition la plus recherchée est celle du traité *De uita coelitus comparanda*[2] : l'esprit est « un corps très ténu, presque non-corps et presque déjà âme ; ou presque non-âme et presque déjà corps. Dans sa composition il y a un minimum de nature terrestre, un peu plus de nature aquatique et plus encore de nature aérienne. Mais le maximum appartient à la nature du feu stellaire [...]. Il est tout luisant, chaud, humide et vivifiant [...] ».

Et la théorie de l'impossibilité de toute connaissance *sine conversione ad fantasmata,* sans réduction du langage sensible au langage fantastique, est énoncée dans ce passage de *Sopra lo Amore* ou commentaire au *Banquet* de Platon (VI, 6) : « Se servant des instruments des sens, [l'esprit] saisit les images des corps externes ; or, l'âme elle-même ne peut pas percevoir ces images directement, étant donné que la substance incorporelle, supérieure à celle des corps, ne peut pas être induite par ceux-ci à recevoir des images. Présente partout dans l'esprit, l'âme peut aisément y contempler les images des corps, reluisant en lui comme en un miroir. C'est par ces images qu'elle peut estimer les corps eux-mêmes. »

La métaphore du miroir appliquée au pneuma nous retiendra plus longuement dans le chapitre consacré aux purifications théurgiques (IV, 1 et 3). De toute manière, il n'est pas inutile de rappeler que, pour qu'un fantasme se forme sur la surface polie et luisante de l'esprit, il faut d'abord qu'un objet soit *vu* et que son image soit transportée jusqu'au sens commun par les canaux pneumatiques. Il va de soi que le fantasme n'est pas seulement visuel ou audio-visuel ; il est, pour ainsi dire, *synesthétique*, il est engendré par la collaboration de plusieurs ou de tous les sens à la fois. Et pourtant, la vue joue certainement le rôle le plus important dans la formation du fantasme : c'est une des raisons pour lesquelles on la considère, dans toute la tradition platonicienne, comme « le plus noble des sens ».

Nous nous rappellerons que, dans la théorie optique de Platon, l'image se produisait par un circuit qui ramenait le rayon visuel lancé par les yeux jusqu'à son lieu de provenance et, de là, au cerveau. Aristote simplifiait cette théorie, n'admettant pas qu'un rayon igné puisse sortir des yeux. Les stoïciens et les médecins pneumatiques ont choisi une de ces deux positions. Pour les uns, comme Épictète ou Galien — mais aussi pour le contemporain d'Épictète, le platonicien Plutarque de Chéronée (*Quaestiones conviv.*, V, 7) —, le pneuma dépasse l'organe sensoriel pour entrer en contact avec l'objet sensible et ramener son image à l'hégémonikon[3]. Pour les autres, cette image se propage à travers l'air environnant.

Ficin reste de l'avis de Platon et de Galien : dans l'acte de la vue, le « feu interne » s'extériorise par les yeux, mêlé avec la vapeur pneumatique et même avec le sang subtil qui a engendré l'esprit. Cette théorie lui est confirmée par Aristote lui-même, qui raconte que les femmes en règles se regardant dans un miroir laissent sur la surface de celui-ci des petites gouttes de sang. Or, il ne pourrait s'agir que du sang subtil qui a été entraîné par les yeux avec le pneuma (*Am.*, VII, 4).

Ce phénomène est à l'origine de deux activités spirituelles apparentées : le mauvais œil et l'amour. Le profane, qu'il subisse ou qu'il provoque l'infection qui en découle, n'est pas conscient de ce qui se passe. Il suffit que quelqu'un le regarde : le rayon pneumatique lancé par l'autre pénétrera par ses pupilles dans son organisme spirituel et, arrivant au cœur, qui en est le centre, produira une perturbation et même une lésion qui peut dégénérer en infection sanguine. Dans le cas opposé, quand le sujet, par exemple, est fasciné par les beaux yeux d'une femme et ne se rassasie jamais de les contempler, il émet par ses pupilles tant d'esprit mêlé au sang que son organisme pneumatique s'affaiblit et son sang s'épaissit. Le sujet dépérira par déficit d'esprit et hématorrhée oculaire (*Am.*, VII, 4).

Les « flèches d'amour », que les poètes de la Pléiade tiendront en grande estime, n'étaient pas, chez Ficin, une simple métaphore. Elles étaient pourvues de pointes pneumatiques invisibles, mais capables de produire bien des ravages dans la personne atteinte. Platon n'avait-il pas déjà dit que l'amour était une sorte de maladie oculaire (*ophthalmia* : *Phèdre*, 255 c-d) ? Et Plutarque n'attribuait-il pas à la vue une « force merveilleuse[4] » ?

Quant au « mauvais œil », la fascination ou *jettatura*,

son étiologie est la même : « La fascination est une force qui, partant de l'esprit du fascinateur, entre dans les yeux du fasciné et pénètre jusqu'à son cœur. L'esprit est donc l'instrument de la fascination. Il émet par les yeux du corps des rayons semblables à lui-même qui entraînent avec eux la vertu spirituelle. Ainsi les rayons partant d'yeux chassieux et rouges, rencontrant les yeux de celui qui regarde, entraînent avec eux la vapeur de l'esprit et le sang corrompu, et par cette contagion contraignent les yeux de celui qui regarde à contracter la même maladie[5]. » Ainsi parle Agrippa de Nettesheim, d'après Ficin ; mais du même avis sont Jérôme Cardan, Della Porta et Jean Wier[6], tandis que Léonard de Vinci, qui partage les mêmes vues, nous informe qu'il y avait aussi ceux qui soutenaient l'impossibilité d'un tel phénomène, puisque, disaient-ils, « de l'œil ne peut émaner de force spirituelle, car cela userait sa vertu visive [...]. Même s'il était aussi grand que le corps de la terre, il s'userait à regarder les étoiles ». Léonard leur oppose, entre autres, la croyance populaire — exploitée aussi par Ficin — « que les pucelles ont dans leurs yeux le pouvoir d'attirer l'amour des hommes[7] ».

L'infection généralisée du sang et l'hématorrhée oculaire ne sont que les effets pathologiques les moins subtils de l'éros. C'est au niveau des mécanismes fantastiques que la psychologie empirique de Ficin nous offre les analyses les plus intéressantes.

Par les mêmes trajets pneumatiques par où la contamination sanguine se produit, circulent aussi des images qui, dans le miroir du sens commun, se transforment en fanstasmes. Dans le cas où l'éros est à l'œuvre, le fantasme de l'objet aimé mène une existence propre d'autant plus inquiétante qu'il exerce une espèce de vampirisme sur tous les autres fantasmes et pensées du sujet. Dilatation morbide de son activité qui, dans ses effets, peut être appelée concentration et possession à la fois : concentration, parce que toute la vie intérieure du sujet se réduit à la contemplation d'un seul fantasme ; possession, parce que ce monopole fantastique est involontaire et que son influence collatérale sur les conditions psychophysiques du sujet est parmi les plus délétères.

Or, ce qui est intéressant, c'est que l'objet de l'amour ne joue qu'un rôle secondaire dans le processus d'instauration du fantasme : ce n'est qu'un prétexte, non pas une vraie présence. Le vrai objet, toujours présent, de l'éros est le fantasme qui s'est emparé du miroir spirituel et ne le quitte plus. Or, ce fantasme représente une image *perçue*, qui a dépassé le seuil de la conscience, mais la raison pour laquelle il a pris ces dimensions obsessionnelles gît dans le plus profond de l'inconscient personnel. Nous n'aimons pas un *autre* objectif, un être étranger à nous-mêmes, pense Ficin, en anticipant sur la psychologie analytique de C.G. Jung (*Am.*, VI, 6). Nous sommes épris d'une image inconsciente.

« L'amant sculpte en son âme la figure de l'aimé. De cette manière, l'âme de l'amant devient le miroir où reluit l'image de l'aimé » : *Amans amati suo figuram sculpit in animo. Fit itaque amantis animus speculum in quo amati relucet imago* (*Am.*, II, 8). Cela entraîne une dialectique d'amour assez compliquée, où l'objet se transforme en sujet en dépossédant complètement le sujet lui-même, qui, dans l'angoisse d'être anéanti en étant privé de sa condition de sujet, réclame désespérément le droit à une forme d'existence.

Le fantasme qui monopolise les activités de l'âme est l'image d'un objet. Or, puisque l'homme est âme, et que celle-ci est entièrement occupée par un fantasme, ce dernier *est* désormais l'âme. Il en découle que le sujet, privé de son âme, n'est plus un sujet : le vampire fantastique l'a dévoré intérieurement. Mais il en découle aussi que le sujet s'est transféré maintenant sur le fantasme, qui est image de l'autre, de l'aimé. Métaphoriquement, on peut donc dire que le sujet s'est transformé en l'objet de son amour.

Étrange situation, et sans issue, si elle continue comme cela : une personne sans âme dépérit et se meurt (la subtilité de Ficin ne va pas jusqu'à se représenter ce qui arrive à son âme après la mort ; il affirme seulement que l'aimé existe en double exemplaire et l'amant plus du tout). Une solution existe, pourtant : que l'aimé accepte, à son tour, l'offre d'amour. En ce cas, il permettra aussi que le fantasme de l'amant pénètre dans son appareil pneumatique, qu'il s'y installe et qu'il prenne la place de son âme ; autrement dit, qu'il accorde au sujet anéanti un lieu où sa sujétité puisse ressortir du rien et acquérir existence. Ce qui, dans ce cas, n'est pas grave, puisque l'aimé en tant que sujet s'était déjà substitué à l'âme de l'autre : s'il lui rend une âme, il lui en reste une. « A » est devenu « B », « B » est devenu « A », et tout le monde est satisfait.

Dialectique assez recherchée et, tout compte fait, assez matérialiste. Mais, en même temps, très proche de la dialectique *animus-anima* dans la psychologie analytique de C.G. Jung, où le rapport entre sexes est vu en termes de domination consciente de l'un, compensée par un assujettissement du même au niveau de l'inconscient. Les métaphores varient, mais le schème général reste le même : transféré en « B », « A » aime soi-même, et vice versa. Les rapports hétéro-érotiques sont, au fond, une forme de narcissisme, croit Ficin. Dans le cas où l'objet qui s'est substitué au sujet refuse à celui-ci la possibilité de s'aimer soi-même, lui enlève le miroir pneumatique sans lequel il se réduit pratiquement à la non-existence, l'aimé peut être appelé le meurtrier de son amant. Ayant frappé désespérément à la porte des yeux de l'autre, ce Narcisse succombera faute d'avoir accès à la surface lisse d'un esprit où il puisse se refléter.

Un Narcisse sans miroir est une contradiction dans les termes. Il en résulte que la signification de l'expression *miroir périlleux* n'a pas trait à l'appareil pneumatique d'un *autre*, mais à celui du sujet lui-même. Trop imprudente pour avoir accueilli le fantasme dévorateur, l'imagination du sujet a chassé celui-ci de sa propre demeure, l'envoyant se promener sur les routes du néant, où les corps n'ont pas d'ombre et les miroirs ne reflètent que le rien.

2. L'Art de la mémoire

Opération fantastique lui aussi, l'Art de la mémoire, dont l'excellent ouvrage de F.A. Yates nous a révélé les principes et l'histoire, forme un anneau intermédiaire entre l'éros et la magie. Il ne nous retiendra ici que dans la mesure où, sans en avoir une image même assez vague et approximative, les références nous manqueraient pour comprendre l'horizon idéologique de Ficin et d'autres théoriciens de l'amour fantastique, comme Francesco Colonna et Giordano Bruno[8].

L'Art de la mémoire est une technique de manipulation

des fantasmes, qui repose sur le principe aristotélicien de la précédence absolue du fantasme sur la parole et de l'essence fantastique de l'intellect (voir *supra*, chap. I, 1). La conséquence rigoureuse qui en découle, exposée par saint Thomas dans son commentaire au traité d'Aristote *De memoria et reminiscentia,* est que ce qui se voit, de par son caractère intrinsèque d'*image*, est facilement mémorisable, tandis que les notions abstraites ou les séquences linguistiques ont besoin d'un support fantastique quelconque pour se fixer dans la mémoire[9]. C'est pourquoi saint Thomas recommande de recourir aux règles mnémotechniques contenues dans l'écrit *Ad Herennium,* faussement attribué à Cicéron, connu aussi sous le nom de *Rhetorica secunda.*

Il n'y a pas de doute que l'Art de la mémoire avait été utilisé au cours du Moyen Age dans les cloîtres, pour permettre l'enseignement de notions abstraites, mais aussi comme élément très important de la discipline intérieure du moine. Au XIVᵉ siècle, deux traités en italien vulgaire s'en occupent, et Pétrarque lui-même n'est pas étranger à ses règles[10].

Mais les temps changent et, avec la découverte, en 1416, de l'*Institution oratoire* de Quintilien (qui n'est pas, d'ailleurs, favorable à mnémotechnique), les humanistes s'en emparent pour exalter les arts et les vertus des anciens. Tandis que le Moyen Age s'était servi du traité pseudo-cicéronien *Ad maiorem gloriam Dei,* pour mieux avoir présent à l'esprit l'édifice majestueux des notions théologales, l'humanisme voit dans l'*Ars memoriae* une arme importante dans la réussite sociale, pour s'assurer, par une mémoire infaillible, un avantage sur les autres[11]. C'est dans cette ligne que s'inscrit le traité du juriste Pierre de Ravenne, *Phoenix, sive artificiosa memoria* (Venise, 1491).

Le lecteur du livre de F.A. Yates se rappelle sans doute le fonctionnement de l'Art, dont nous essaierons de donner ici une reconstitution libre, sans égard aux questions de détail. Du fait que les perceptions ont un caractère intrinsèquement fantastique, étant par cela facilement mémorisables, il s'agit de superposer n'importe quel contenu linguistique ou notionnel — mettons un poème ou la classification des vertus — à une suite d'images. Or, ces images peuvent provenir d'un *lieu* quelconque, mais rien n'exclut non plus qu'elles soient des fantasmes produits, pour l'occurrence, par la faculté imaginative. Dans le premier cas, le lieu aura à être choisi avec soin : en effet, cet Art demande une concentration intégrale qui ne peut s'obtenir qu'en solitude. Il s'ensuit qu'il faut exercer l'activité mnémonique dans une église, dans un cimetière, dans un palais abandonné ou chez soi, évitant toute compagnie et toute distraction. Les *parties* du lieu auront à être mémorisées selon un certain *ordre*. Sur chaque partie on superposera une séquence du message ou de la série conceptuelle qu'il faut apprendre par cœur. L'indissoluble unité formée par les deux discours — le discours fantastique et le discours linguistique — s'imprimera pour toujours dans la mémoire, grâce au caractère imaginaire du premier. Il n'y a point de limitation, ni dans ce qu'on peut mémoriser, ni dans le choix des fantasmes à y employer. Enfin — et c'est ici la source des emblèmes, *impresae* et devises de la Renaissance — les fantasmes peuvent, comme nous l'avons déjà dit, provenir directement de la faculté imaginative, sans aucun support objectif. Dans ce cas, ils seront construits de manière à couvrir, par leurs parties, les segments du message à mémoriser.

Le principe de l'antériorité du fantasme sur la parole a porté, en certains cas, à des résultats dont l'utilité et l'applicabilité sont douteuses, comme les alphabets proposés en 1520 par Jean Romberch dans son *Congestorium artificiose memorie*[12], dont l'un remplace chaque lettre de l'alphabet par un oiseau dont le nom commence par la lettre respective : A = *anser*, B = *bubo*, etc.[13]. Le dominicain florentin Cosmas Rossellius remplace les oiseaux par des animaux ; de cette manière, le mot AER, air, est mémorisé à l'aide d'un Ane, d'un Éléphant et d'un Rhinocéros[14] !

Il ne s'agit ici que de cas extrêmes de dégénération de la mnémotechnique, qu'on ne doit pas confondre avec les vrais procédés, ni avec les réalisations surprenantes de cet Art. L'humanisme en a mis en lumière le côté utilitaire plutôt que le côté spéculatif et intellectif, que Marsile Ficin semble pourtant connaître et apprécier. Cela dit, on ne peut pas écarter l'hypothèse que l'Art de la mémoire ait été, au cours du Moyen Age occidental, ou au moins au cours du bas Moyen Age, ce que les étapes préliminaires du yoga étaient en Inde : une technique perfectionnée de méditation, avec ou sans support objectif, qui, en créant un monde fantastique selon des règles traditionnelles, prétendait néanmoins que, dans son approximation, ce monde était un équivalent imparfait des réalités situées sur un niveau ontologique inaccessible à l'expérience directe.

La Renaissance connaît deux Arts de la mémoire : l'un strictement utilitaire, qui dégénérera très vite dans les alphabets de Romberch et de Rosselli et même dans certaines *impresae* et emblèmes à caractère strictement ludique ; l'autre, prolongement de la mnémotechnique moyenâgeuse et de l'Art universel de Raymond Lulle, qui, à partir de méthodes diverses, a pour but la constitution d'un monde de fantasmes censés exprimer par approximation les réalités d'ordre intelligible dont notre monde n'est qu'une copie, lointaine et imparfaite. *Quidquid recipitur, ad modum recipientis recipitur* : « tout ce qui est reçu est reçu selon la modalité propre à celui ou à ce qui reçoit. » Or, la modalité propre à l'homme est le fantasme qui se reflète dans le miroir du pneuma. Celui-ci est le seul moyen dont il dispose pour connaître les réalités intelligibles. Il s'agit, au fond, d'accomplir une opération symétrique par rapport au processus de la connaissance sensible. Celle-ci est la traduction en langage imaginaire du monde environnant, pour que l'âme puisse en prendre connaissance. Au contraire, la connaissance intelligible représente la traduction en langage fantastique de réalités qui sont imprimées dans l'âme, afin que la raison discursive — qui est une instance objective, quoique impuissante — ait moyen de les saisir et de s'en emparer.

Les *hiéroglyphes* de Ficin, dont nous nous occuperons tout à l'heure, sont les symboles de la connaissance intelligible. Mais les successeurs de Ficin vont beaucoup plus loin : ils prétendent même que les règles du langage fantastique qui traduit les rapports intelligibles sont susceptibles d'être représentées sous la forme d'un *théâtre*, pour être contemplées et apprises par quiconque en a le désir. L'idée du théâtre vint à l'esprit du Friulain Giulio Camillo Delminio, né vers 1480, qui ne ménagea pas ses efforts pour la voir réalisée. Professeur à Bologne, Jules Camille n'était pas un charlatan. Il arriva à persuader François Ier de l'intérêt de son théâtre et, avec la subvention du roi, il s'installa à Paris en 1530. En 1532 il était à Venise, où Viglius Zuichemus, correspondant d'Érasme, vint le trouver. Sa lettre à Érasme nous décrit, sur un ton moqueur, le théâtre de notre artiste de la mémoire céleste, que l'humaniste de Rotterdam ne pouvait ni apprécier ni comprendre. En 1534, Jules Camille est de nouveau à Paris, mais il n'arrive jamais à mettre parfaitement au point sa construction. Celle-ci, une structure en bois, existait encore à la cour de France en 1558, à preuve une lettre de Gilbert Cousin, secrétaire d'Érasme. Entre-temps, appelé en 1543 à la cour d'Alphonse Davalas, marquis de Vastos, gouverneur espagnol de Milan, Jules Camille n'avait eu que le temps de s'y rendre, car il mourut en 1544[15].

Jules Camille, homme modeste et discret, dont le latin suscita les railleries de Zuichemus, nous a laissé peu d'écrits. Il s'occupait de rhétorique et avait traduit *Le Idee, overo Forme della Oratione* attribué à Hermogène de Tarse[16], mais il avait aussi étudié, paraît-il, l'œuvre de Pic de la Mirandole[17] et peut-être celle du frère vénitien Francesco Giorgi[18], qui repose sur Ficin. Sa préoccupation principale était de donner l'expression adéquate à un modèle cosmique. Or, ce modèle cosmique provient certainement du platonisme florentin.

Camille a énoncé son projet dans un petit traité obscur, publié à Florence en 1550, *L'Idea del Teatro*. Son édifice, qui avait la forme d'un amphithéâtre à sept sections, voulait être une *imago mundi* où toutes les idées et les objets eussent pu trouver leur place appropriée en raison de leur appartenance planétaire. Comme tout système artificiel, celui-ci était condamné à ne plus être compris dès que les séries planétaires tombèrent en désuétude. Nous verrons par la suite qu'elles se constituaient à partir de correspondances entre une planète et certains animaux, plantes et pierres ; elles s'étaient transmises par tradition, avec d'inévitables changements, depuis les débuts de l'astrologie hellénistique. Pour l'homme de la Renaissance, il y avait encore une espèce d'évidence interne dans le fait que le lion, l'or et l'héliotrope appartenaient à la série solaire ; mais ce n'était qu'une évidence d'ordre culturel, qui devint inopérante dès que les principes de l'astrologie commencèrent à perdre de leur crédibilité. Le projet de Jules Camille, comme F.A. Yates l'a très bien vu[19], était magique. Plutôt que des spéculations de Pic de la Mirandole[20], il s'inspira du traité ficinien *De vita coelitus comparanda* (voir *infra*, chap. IV, 3). La matière symbolisée par les figures du théâtre provenait aussi du platonisme florentin. Par exemple, l'idée de l'ensômatose était représentée par l'image de Pasiphaë et du Taureau sur la porte du cinquième grade. Pasiphaë symbolisait l'âme attirée par le corps (le Taureau), motif qui, par Plotin et aussi par les Pères de l'Église, était volontiers associé avec la magie (noire), la *goeteia*[21]. Dans sa descente parmi les sphères planétaires, l'âme était censée se revêtir d'un véhicule aérien (le pneuma) qui lui permettait de s'incarner dans le corps matériel[22]. On comprend aisément que la réalisation de tous les détails du projet, comprenant non pas seulement des images, mais aussi des formules cryptiques, ait dépassé les forces d'un seul homme. Celui-ci disparu, aucun autre ne prit sa place pour continuer son œuvre. Au fond, l'ambition de Jules Camille n'était pas moindre que de fabriquer une *figura universi*[23], une figure cosmique *ex qua tamen beneficium ab universo sperare videntur,* par laquelle on espère obtenir un bénéfice de l'univers.

Ficin lui-même, qui décrit minutieusement la réalisation d'une *universi figura,* n'était pas de ceux qui, comme Jules Camille, cultivaient l'art oratoire. C'est probablement pourquoi l'idée ne lui vint jamais que l'*imago mundi* pût avoir l'aspect d'un théâtre. Pour lui, l'expression fantastique du monde intelligible n'assumait pas des formes aussi concrètes que les poupées de Camille. Au contraire, elle devait avoir quelque chose de mystérieux, d'inaccessible au profane.

Les hiéroglyphes égyptiens se prêtaient à merveille à ce rôle. Ils avaient, tout d'abord, le prestige de la tradition : Platon lui-même en avait parlé (*Phèdre*, 274 c-175 b) et Plotin aussi, dans ses *Ennéades* (V, 8) : « Les prêtres égyptiens, pour symboliser les divins mystères, n'utilisaient pas les caractères minuscules, mais des figures entières d'herbes, d'arbres, d'animaux, car il est clair que la science que Dieu a des choses n'assume pas la forme d'imaginations multiples [*excogitationem multiplicem*] concernant la chose, mais celle de la chose simple et stable[24]. » Ficin ne s'arrête pas ici dans son commentaire de Plotin ; il continue avec une référence — arbitraire, du reste — à un des hiéroglyphes de Horapollo[25].

L'écrit *Hieroglyphica,* attribué à Horapollo et « traduit » en grec par un écrivain inconnu du nom de Philippe, constituait une attraction de date assez récente à Florence. Le codex avait été découvert par Cristoforo Buondelmonti dans l'île d'Andros et amené à Florence. Le texte grec ne fut publié qu'en 1505, suivi, en 1515, d'une traduction latine, mais les contemporains de Ficin le connaissaient très bien, puisque Léon Battista Alberti en tira quelques explications fantaisistes d'hiéroglyphes dans son *De architectura* (1452). La mode de la pseudo-égyptologie eut un énorme succès, surtout dans l'art des emblèmes que Giovanni Andrea Alciato (1492-1550), *Emblematum Pater et Princeps,* allait développer au XVIe siècle, non sans s'inspirer de son précurseur Pierio Valeriano (Giovan Pietro delle Fosse, 1477-1558), auteur des *Hieroglyphica sive sacris Aegyptiorum aliarumque gentium literis commentarii*[26].

Les hiéroglyphes, symboles doués du double privilège d'avoir suscité l'intérêt des divins platoniciens et d'être également à la mode auprès des contemporains de Ficin, ont dans les conceptions de ce dernier une importance assez particulière, qui a été relevée par André Chastel dans son beau livre *Marsile Ficin et l'Art*.

Ficin, comme nous dit Eugenio Garin, considérait la philosophie comme une initiation aux mystères[27], consistant dans une graduelle élévation intellectuelle, qui recevait en réponse du monde intelligible une révélation fantastique sous forme de *figurae*[28]. Ces *figurae*, personnages d'une fantasmagorie intérieure mise en scène par l'âme elle-même, représentent la modalité par laquelle la vision de l'âme s'ouvre devant l'*oculus spiritalis*, organe dont le sens interne a appris l'existence à travers la méditation assidue[29]. Cette expérience, qui a été si bien décrite par P.O. Kristeller[30], porte à la formation d'une « conscience intérieure » qui doit être comprise comme une opération fantastique, comme une *visio spiritalis* dans le sens augustinien de cette expression[31]. Il s'agit, en effet, de la découverte d'un moyen de communication entre la raison et l'intellect (l'âme), et ce moyen est constitué par l'œil spirituel, organe mystérieux qui nous permet de jeter un regard en haut, vers les niveaux ontologiques supérieurs[32].

A. Chastel croit que le terme *hieroglypha* ne se réfère pas, chez Ficin, à une figure communiquée par l'âme à la raison par l'intermédiaire du pneuma. Il s'agirait plutôt d'un symbole de méditation, « maintenant l'esprit dans une tension utile à la contemplation proche de l'extase, le talisman de l'*oculus mentis*[33] ».

Hiéroglyphes pseudo-égyptiens, emblèmes et *impresae* convenaient à merveille à l'esprit ludique du platonisme florentin, au caractère mystérieux et « mystérique » que lui donnait Ficin.

« Pythagore, Socrate et Platon avaient l'habitude de cacher tous les mystères divins sous le voile du langage figuré, pour protéger modestement leur sagesse de la jactance des sophistes, plaisanter sérieusement et jouer assidûment, *iocari serio et studiosissime ludere*[34]. »

Cette célèbre formule ficinienne — traduction d'un mot de Xénophon ayant trait à la méthode de Socrate — représente, au fond, la quintessence de toute opération fantastique, qu'il s'agisse de l'éros, de l'Art de la mémoire, de la magie ou de l'alchimie — le *ludus puerorum*, le jeu d'enfants par excellence. Que fait-on, au fond, dans tous ces cas, sinon jouer *avec* les fantasmes, essayer de *suivre* leur jeu, que l'inconscient, dans sa bénignité, nous propose ? Or, il n'est pas facile de jouer un jeu dont les règles ne sont pas connues d'avance. Il faut s'y appliquer sérieusement, assidûment, pour essayer de les comprendre et de les apprendre, pour que les révélations qui nous sont faites ne restent pas sans réponse de notre part.

Dans le *Jeu de la boule* (*De ludo globi*, 1463) de Nicolas de Cues, ces vers ont été insérés, qui ne lui appartiennent peut-être pas[35] :

Luditur hic ludus ; sed non pueriliter, at sic
Lusit ut orbe novo sancta sophia deo...
Sic omnes lusere pii : Dionysus et qui
Increpuit magno mystica verba sono.

Le *ludus globi* est le jeu mystique par excellence, le jeu que les Titans ont fait jouer à l'enfant Dionysos afin de s'en emparer et de le mettre à mort[36]. De la cendre des Titans foudroyés par Zeus, la race des hommes sortit, une race coupable sans avoir péché, à cause du déicide de ses ancêtres. Mais puisque les Titans avaient incorporé une partie du dieu, les hommes héritèrent aussi une étincelle provenant de l'enfant assassiné, de l'enfant divin dont le jeu est l'image des siècles : « Aïon est un enfant qui joue aux dames : souveraineté d'un enfant[37] ! »

3. Éros fantastique et apaisement du désir

Là où il est question de l'éros, il est question du désir. Là où il est question du désir, il est question de son apaisement.

Cela vaut pour le docteur Freud autant que pour les théoriciens de l'amour au Moyen Age et à la Renaissance, à une différence près : ceux-ci, montrant parfois des connaissances étonnantes par leur liberté et leur franchise sur la sexualité humaine, n'admettent pas moins l'existence d'autres formes de l'accomplissement du désir. En effet, l'éros étant de nature spirituelle, se situant donc à un niveau intermédiaire entre l'âme et le corps, le monde intelligible et le monde sensible, il peut incliner vers l'une ou l'autre de ces régions cosmiques. Mais, étant donné que le désir est poursuite d'un fantasme, et que ce fantasme appartient lui aussi à un monde, le monde imaginaire — ce *mundus imaginalis* dont H. Corbin nous a si bien décrit les hauteurs, sans s'occuper pourtant de ses ombres —, il y a aussi une troisième possibilité, à savoir que l'éros se consume entièrement dans un périmètre fantastique.

L'éros spirituel à fonction anagogique : voilà la problématique du Dante, comme nous l'a si bien montré R. Klein[38] ; l'amour naturel qui décline vers les corps : voilà l'expérience de maint écrivain de l'école de Boccace, dont on retrouve dans la psychanalyse freudienne la volonté opiniâtre de réduire à l'unité la multiplicité des manifestations de l'éros. Il va sans dire que ces deux traditions ont un point en commun : la reconnaissance, sinon de la nature, au moins des mécanismes fantastiques de l'éros. Pour les uns comme pour les autres, les préliminaires du désir consistent dans l'instauration d'un fantasme à l'intérieur du sujet. Chez les uns, ce fantasme aura la faculté d'éveiller leur volonté assoupie, de les propulser et de les accompagner dans leur voyage à travers le cosmos intelligible. Ce sera une fureur héroïque qui finira par une fusion extatique entre le veneur et l'objet de sa chasse — selon une image utilisée par Ficin et reprise ensuite par Giordano Bruno. Chez les autres, le fantasme ne sera que l'indication d'un pénible autant que pressant besoin de décharge physique, qui s'accroît au fur et à mesure que son accomplissement est différé.

On aura, dans ce cas, une opposition fondamentale entre la conception médicale d'un éros fantastique qui trouble l'équilibre de l'organisme et demande un apaisement immédiat pour que cet équilibre soit rétabli, et la conception des « fidèles », refus total de la première, se traduisant par une inversion sémantique qui valorise le déséquilibre en termes d'expérience spirituelle plénière. Cette volonté déformatrice, qui s'exerce d'abord sur la matière médicale de l'époque, fournit ensuite mainte occasion de raillerie contre les adeptes de l'amour mystique, dont les conceptions, vidées de tout sens, deviendront le synonyme d'une stratégie érotique où l'idéalisation purement verbale de la femme n'est qu'un biais pour réduire le plus rapidement possible son opposition au silence.

Le conflit entre ces deux grandes traditions signifie aussi dépendance relative de l'une par rapport à l'autre. Le mysticisme érotique se définit par contraste avec la direction naturaliste, tandis que celle-ci précise ses positions en polémique, explicite ou implicite, avec l'idéalisme et l'intellectualisme des fidèles.

Une troisième tendance, aussi humble et obscure que les autres étaient fameuses et tenaces, risquait de passer inaperçue ou d'être assimilée aux deux premières. En effet, il peut y avoir des fantasmes sans rapport à un objet réel, mais, de par leur nature d'images, il ne peut pas y avoir de fantasmes sans un support physique quelconque. C'est pourquoi une histoire à fantasmes est toujours interprétable : on peut y voir soit le symbole d'aventures dans le cosmos intelligible, soit l'allégorie d'événements réels.

Malheureusement, s'il y a beaucoup de théoriciens de l'éros fantastique, le nombre d'écrivains qui ont essayé de décrire les fantasmes à l'œuvre reste très restreint. Un de ceux-ci est sans doute le respectable frère de Trévise Francesco Colonna, qui, ayant atteint la fonction de sacristain du couvent des saints Jean et Paul de Padoue, s'éteint en 1527 à l'âge de quatre-vingt-quatorze ans[39]. Il est l'auteur d'une œuvre presque unique en son genre, la *Hypnerotomachia Poliphili,* qui, selon l'indication de l'auteur dans l'*explicit* du livre, avait été terminée le 1er mai 1467, mais qui ne fut publiée qu'en 1499 par Aldo Manuzio, aux dépens d'un magistrat de Vérone, du nom de Leonardo Crasso[40].

Le contenu de l'*Hypnérotomachie* s'accorde très bien

avec la date de 1467. En effet, l'œuvre se situe en dehors du courant d'idées agitées par Marsile Ficin plus ou moins à partir de 1463[41]. De notre point de vue, le fait qu'elle échappe à l'influence de Ficin est inestimable. Même quand ils expriment un point de vue personnel sur l'amour, ce qui n'arrive pas souvent, Pic de la Mirandole, Pietro Bembo, Baldesar Castiglione, Léon l'Hébreu ou Melanchthon portent l'empreinte ineffaçable de la pensée ficinienne. Au contraire, Colonna, tout en illustrant lui aussi le genre de l'éros fantastique, est original et inimitable, moins dans ses idées — héritage commun de l'époque, dont Ficin sera l'ordonnateur systématique — que dans le caractère littéraire et didactique de son ouvrage (voir Appendice II, p. 307 sq.).

4. Fantasmes à l'œuvre

Faisons connaissance avec les fantasmes.

Pris à la lettre, le titre *Hypnérotomachie* signifie « combat d'amour dans le sommeil ». On s'attend à ce que quelqu'un rêve des fantasmes engagés en dispute érotique, peut-être son propre fantasme onirique. C'est exactement ce qui arrive : deux fantasmes, celui du rêveur — Poliphile — et celui de la jeune fille qu'il aime — Polia —, occupent le centre du scénario.

La structure du récit n'est pas faite pour faciliter son entendement. C'est une *énigme*, dont la solution n'est donnée qu'à la fin. Le lecteur est averti que Poliphile cherche Polia, mais ne sait ni pourquoi ni comment (dans quelle dimension). Sur les trois cent onze pages de l'édition Guégan-Kerver, la première partie en compte deux cent cinquante, tandis que la deuxième, qui fournit les explications indispensables à la compréhension de celle-ci, n'en a que soixante. Or, la première partie raconte l'égarement sans fin de Poliphile parmi les ruines de l'Antiquité, des triomphes, des emblèmes et des *impresae*, chacun pourvu de son sens secret. Comme F.A. Yates l'a très bien vu, il pourrait s'agir d'une mémoire artificielle « échappée du contrôle et dégénérée en imagination sauvage[42] ». En tout cas, cette aventure onirico-archéologico-mnémotechnique,

PSYCHOLOGIES EMPIRIQUE ET ABYSSALE 69

FIG. 2 : « ... les sainctes orgies bacchanales... » *Hypnérotomachie*. p. 111, éd. Guégan-Kerver.

FIG. 3 : « ... deux damoyselles miserables, nues et deschevelées... » *Hypnérotomachie*, p. 264. Gravure de Jean Cousin et/ou Jean Goujon.

pour fascinante qu'elle soit, ne nous retiendra pas dans les pages de ce livre. A la fin, Poliphile retrouve Polia et les amants plaident leur cause devant le tribunal céleste de Vénus. La deuxième partie, qui contient ces deux monologues, est donc un *récit dans le récit* et la fin est appelée à compliquer encore plus l'énigme : on apprend que tout ce qui s'est passé n'était que le rêve de Poliphile et que, en conséquence, recherche de Polia et apaisement du désir n'étaient que des aventures fantastiques[43]. (Voir Appendice III, p. 311 sq.).

Ni amour mystique ni amour vulgaire, le rêve de Poliphile représente la banale histoire du désir fantastique qui trouve son apaisement.

Ce qui sauve le récit de la platitude et de l'indécence, c'est son caractère *fantastique* : le désir, provoqué par un fantasme, est assouvi par le fantasme, après une période de tribulations érotico-mnémotechniques.

5. La psychologie abyssale de Ficin

Descente de l'âme

Les âmes descendent dans les corps de la Voie Lactée par la constellation du Cancer, s'enveloppant d'un voile céleste et lumineux, dont elles se revêtent pour s'enfermer dans les corps terrestres. Car l'ordre de la nature exige que l'âme purissime ne soit conjointe à ce corps fort impur que par l'intermédiaire d'un voile pur, lequel, étant moins pur que l'âme et plus pur que le corps, est tenu par les Platoniciens pour un très commode moyen de conjoindre l'Ame avec le corps terrestre. C'est à cause de [cette descente] que les âmes et les corps des Planètes confirment et renforcent, dans nos Ames et, respectivement, dans nos corps, les sept dons originels qui nous furent accordés par Dieu. Le même office est rempli par les [sept] catégories des Démons, intermédiaires entre les [dieux] célestes et les hommes. Le don de la contemplation est fortifié par Saturne au moyen des Démons Saturniens. La puissance du gouvernement et de l'empire, par Jupiter à travers le ministère des Démons Jupitériens ; de même, Mars à travers les Martiaux favorise le

PSYCHOLOGIES EMPIRIQUE ET ABYSSALE 71

FIG. 4 : Pan ithyphallique. *Hypnérotomachie*, p. 124.

courage de l'âme. Le Soleil, à l'aide des Démons Solaires, favorise cette clarté des sens et des opinions qui rend possible la divination ; Vénus à travers les Vénériens incite à l'Amour. Mercure par les Mercuriaux éveille [la capacité] d'interprétation et d'expression. Enfin, la Lune par les démons lunaires accroît la génération (*Am.*, VI, 4).

A part l'idée que les planètes exercent leurs influences respectives sur l'âme et sur le corps humain par l'intermédiaire des démons, ce passage de Ficin s'inspire du *Commentaire sur le Songe de Scipion* du néo-platonicien latin Macrobe, qui, à son tour, doit avoir pour source un traité de Porphyre[44]. L'écrit de Macrobe avait circulé au Moyen Age, et rien n'exclut que Ficin en ait connu un commentaire attribué à Guillaume de Conches, dont un manuscrit du XIVe siècle se trouve à la Bibliothèque nationale de Florence[45]. L'auteur de la *Philosophia mundi*, traitant de la génération, divisait la matrice en sept compartiments retenant la semence, dans lesquels « la figure humaine y est imprimée comme une monnaie[46] ». Il est tout à fait vraisemblable que les sept divisions correspondent aux planètes, dont l'influence sur le développement de l'embryon serait ainsi préparée à l'avance par la sagesse divine inscrite dans la nature.

Ces « sceaux » qui modèlent la forme humaine, les *cellulae impressione humanae formae signatae,* se retrouvent chez Ficin non pas au niveau de la matrice maternelle, mais à celui de la matrice céleste. En effet, on peut comparer le processus de cosmisation de l'âme, d'entrée dans l'univers physique, avec la gestation qui porte à la croissance de l'embryon. D'un côté, il y a l'âme-enfant qui s'incline vers le bas et descend dans la matrice cosmique formée par les sept planètes ; de l'autre, il y a le corps de l'enfant qui se prépare à recevoir l'âme. Chez Guillaume de Conches, le parallélisme est complet, car la matrice humaine est à l'image du cosmos.

Cette correspondance existe aussi chez Ficin, dans le cadre d'une psychologie abyssale que l'auteur ne se donne pas la peine de rendre trop compliquée. A la base de tout ceci se retrouve le concept d'*empreinte* ou *figure* planétaire, combiné avec une théorie assez bizarre, qui n'est confirmée par aucun traité d'astrologie, concernant l'influence des astres sur les combinaisons érotiques. Ficin constate

(*Am.*, VI, 5) que certains types planétaires — le jovien, le solaire, le martial et le vénérien — sont plus aptes que les autres à recevoir les flèches d'amour, et aussi qu'ils donnent la préférence à une personne appartenant au même type qu'eux — le jovien à un jovien, etc.

Pour expliquer l'attraction profonde et inconsciente entre personnes, il donne un exemple qui vaut comme modèle pour toute la série ci-dessus. Supposons qu'une âme descend dans le corps au moment où Jupiter règne dans le zodiaque ; elle concevra en elle-même une image jovienne qui s'imprimera aussi dans son véhicule pneumatique. Une autre figure de la même espèce doit être imprimée dans la semence, qui, pour la recevoir, doit disposer de certaines qualités. Si elle n'en dispose pas, les caractères de Jupiter ne pourront s'y transmettre que plus faiblement et le résultat sera une certaine disharmonie du corps. Au moment où ce jupitérien disgracieux rencontrera un jovien qui a eu la chance de trouver une semence convenable, il s'éprendra de sa beauté, sans être conscient du fait que la cause profonde de son affection réside dans l'attrait qu'on a pour le même archétype planétaire, surtout quand il s'est mieux incarné dans un corps terrestre.

Ceux qui sont nés sous une même étoile ont une disposition telle, que l'image du plus beau d'entre eux, entrant par les yeux dans l'âme de l'autre, se conforme entièrement à une certaine image [préexistante], imprimée à l'origine de la génération dans le voile céleste de l'âme, ainsi que dans l'âme elle-même (*Am.*, VI, 6).

Les deux images originelles sont les copies d'un même archétype planétaire, quoique l'une soit moins parfaite que l'autre. Il se produira une *reconnaissance profonde* et un désir d'émulation saisira la figure jovienne la plus faible, qui aura tendance à se parfaire selon le modèle de l'autre.

Ficin insiste pour nous dire que cette empreinte inconsciente dans l'âme n'est pas un fantasme. Au contraire, c'est une matrice abyssale qui conditionne le processus fantastique dans la mesure où elle demande impérieusement aux fantasmes reçus de se conformer à un archétype prénatal.

Cette théorie de la *facies* ou image préexistentielle de l'individu provient d'une couche de croyances fort archaï-

ques, qui se rencontrent aussi chez les peuples dits
« primitifs ». Les néo-platoniciens tardifs lui ont donné
une base philosophique. Plus tard, l'écrit kabbalistique
Zôhâr, composé par Mosès de Léon, a repris l'idée d'une
empreinte éternelle dans l'âme :

> Au cours de l'accouplement nuptial sur la terre, le Saint,
> etc., envoie une forme humaine qui porte l'empreinte
> du sceau divin. Cette forme est présente à l'accouplement
> et, s'il nous était permis de la voir, nous percevrions
> au-dessus de nos têtes une image qui ressemble à un
> visage humain. C'est en cette image que nous sommes
> formés (*Zôhâr*, III, 104 a-b).

Par la doctrine néo-platonicienne, Ficin entend donner
un fondement transcendantal à la psychologie empirique
de l'éros. Le terrain de celle-ci est limité par l'option
entièrement inconsciente que l'âme opère parmi les fantasmes
susceptibles de devenir objet de l'amour.

Mélancolie et Saturne

Parmi les types planétaires, le saturnin occupe dans les
conceptions de Ficin une place tout à fait spéciale. Il
s'agit, sans doute, d'une plaidoirie *pro domo sua*, car
Ficin se disait lui-même saturnin, du fait que, le jour
de sa naissance (le 19 octobre 1433), Saturne entrait en
son domicile dans le signe du Verseau[47]. L'« ermite esthétique » en proie à des accès périodiques d'exaltation et de
détresse, catatonique et *pessime complexionatus,* mais aussi
doué pour la contemplation des sommets de l'être, n'est
que la description du résultat d'une introspection opérée
par Ficin sur lui-même.

Il va sans dire que l'explication ficinienne du syndrome
mélancolique sort du moule d'une culture qui n'est plus
la nôtre. Mais, dans la mesure où la sémiologie de cette
affection morbide est encore prise en considération par nos
traités de psychiatrie ou de psychanalyse, il y a aussi
d'appréciables correspondances entre les observations de
Ficin et celles de nos observateurs modernes, Freud ou
Binswanger par exemple[48].

Le problème de la mélancolie saturnienne a été étudié

en détail par E. Panofsky et F. Saxl dans leur célèbre analyse de la *Melencholia I* de Dürer[49]. Nous ne le reprenons ici que pour y apporter quelques précisions.

La psychologie de l'Antiquité était fondée sur une très intéressante classification quaternaire qui déduisait les tempéraments principaux de la prédominance dans l'organisme d'une des quatre humeurs : la bile jaune, le flegme, le sang et la bile noire, *atra bilis*, en grec *melaina cholos*, d'où aussi le mot « mélancolie ». Les quatre éléments, les points cardinaux, les divisions du jour et de la vie humaine correspondent à ces quatre liquides de l'organisme. La série de la *bile jaune* comprend le feu, le vent Eurus, l'été, le midi et la maturité ; celle du *flegme* l'eau, l'Austre, l'hiver, la nuit, la vieillesse ; celle du *sang* l'air, le Zéphir, le printemps, le matin, la jeunesse ; enfin, celle de la *bile noire* comprend la terre, le vent Boréas, l'automne, le soir et l'âge de soixante ans. La prépondérance d'une des humeurs détermine les quatre tempéraments : colérique ou bilieux, sanguin, flegmatique et mélancolique. Les traits somatiques ou la *complexion* (en latin, « mélange des humeurs ») ont une étroite relation avec les caractères[50].

Les mélancoliques sont, en général, *pessime complexionati* : maigres et sombres, ils sont, par-dessus le marché, gauches, sordides, veules, indolents, lâches, irrévérents, somnolents, paresseux, bref, des gens sans foi ni loi qui manquent de considération pour le commerce humain. L'emblème du tempérament atrabiliaire est un vieil avare qui gît sur la terre nue.

Cette caractérisation peu flatteuse du plus infortuné des quatre types psychosomatiques fondamentaux correspondait, en astrologie, à celle qu'on donnait traditionnellement à la bête noire des planètes : Saturne, le seigneur du Capricorne et du Verseau.

Une description systématique des qualités des planètes et des signes du zodiaque nous est donnée par le iatromathématicien Jean d'Hasfurt, admirateur de Ficin, dans son *De cognoscendis et medendis morbis ex corporum coelestium positione*.

Saturne est une planète froide et sèche[51]. Le saturnin « a le visage large, laid, des yeux petits qui regardent la terre, l'un plus grand que l'autre, et en celui-ci une tache ou une difformité ; les narines et les lèvres minces, les sourcils joints, les cheveux noirs, durs, hirsutes, légèrement ondulés, les dents inégales. Sa barbe, s'il en a, est rare, mais il a le corps — surtout la poitrine — chevelu. Il est nerveux. Sa peau est fine et sèche, les jambes longues, les mains et les pieds difformes, avec une coupure au talon. Le corps n'est pas trop grand, couleur du miel, d'odeur caprine [...]. Dans sa complexion, la froideur et l'humidité prévalent [...][52] ».

Les qualités psychiques accordées par Saturne ne sont guère plus attrayantes : le saturnin est enclin à méditer aux conseils que lui donnent les gens de bien, mais, étant misanthrope, ne les met pas en pratique.

Cela lui arrive rarement mais, s'il s'éprend de quelqu'un, il est passionné, comme il est passionné dans sa haine. La colère lui monte facilement au nez, mais il sait se retenir longtemps. Gourmand, il est généralement gras et sa démarche est lente. Avare, imposteur, malhonnête, voleur, sorcier ou magicien, vous avez sans doute rencontré dans votre vie ce type silencieux, de profession usurier, agriculteur, révolutionnaire, auteur de séditions. En conclusion, le saturnin est triste et solitaire, sans confiance en Dieu, ni en ses proches[53].

Le signe du Capricorne, dominé par Saturne, « est démesurément froid et sec, destructeur et mortificateur des herbes, des arbres et des semailles [...]. C'est un signe féminin, nocturne, cœur du Sud, solsticiel, hibernal, mobile, tortueux, terreux, mélancolique[54] ».

Les deux types psychosomatiques les plus malheureux, dont les caractères sont si proches qu'ils finissent par se confondre, ont pourtant chacun leur compensation extraordinaire.

C'est déjà Théophraste, repris par Aristote[55], qui établit une distinction entre deux genres de mélancolie : l'un, produit par la bile noire *froide*, répond aux caractéristiques mentionnées ci-dessus, tandis que l'autre, produit par la prédominance de l'humeur *chaude*, confère au sujet une labilité et une instabilité psychiques qui vont de pair avec la génialité. Les symptômes suivants se manifestent dans la mélancolie « chaude », selon Aristote : « accès d'allégresse, extase, labilité, génialité ». Les notes excentriques disparaissent du comportement du mélancolique génial, sans pour autant déranger ses facultés extraordinaires, si la température de la bile est modérée[56].

Quelles sont ces dispositions exceptionnelles du mélancolique ? Selon Albert le Grand[57], la mélancolie chaude ou *melancholia fumosa* a deux effets extrêmement importants sur l'activité fantastique du sujet. Le premier consiste dans la *mobilité* des fantasmes à l'intérieur de l'organisme subtil : le second dans la grande capacité des fantasmes à rester *imprimés* dans le pneuma. Cela confère, outre une mémoire prodigieuse, des capacités analytiques hors du commun. C'est pourquoi, nous dit Ficin, « tous les grands hommes qui ont jamais excellé dans un art ont été mélancoliques, qu'ils soient nés comme cela ou qu'ils le soient devenus par une méditation assidue[58] ». Cependant, Henri de Gand, qui reconnaissait aux mélancoliques une aptitude particulière pour les arts à cause de leur faculté fantasmagorique très développée, leur niait tout penchant pour la pensée abstraite. Ficin répare cette injustice en identifiant le mélancolique au saturnin. Si celui-là était vu, par tradition, comme un labile génial, celui-ci présentait aussi son ambiguïté foncière, étant obligé par sa planète maîtresse à une solitude qui s'accompagnait soit de perversité, soit des plus hautes aptitudes contemplatives : « Saturne ne désigne pas de règle la qualité et le sort commun des mortels, mais l'homme séparé des autres, divin ou bestial, béat ou opprimé par une extrême misère[59]. »

Que Saturne, outre une série de désagréments de nature physique et morale, confère à ses sujets une exceptionnelle propension envers la contemplation métaphysique et le raisonnement *abstrait* (sans support objectif, soit s'accomodant d'un minimum d'activité fantastique), c'est une idée vieille comme l'astrologie hellénistique. Étant la planète la plus éloignée de la terre, Saturne occupe, dans le système aristotélicien-ptoléméen-thomiste, la place la plus proche du ciel des fixes, et donc de l'Empyrée, position privilégiée qui s'accorde mal avec les qualités exclusivement négatives que lui attribuait l'astrologie babylonienne. Cette ambiguïté se maintient dans la doctrine de la descente de l'âme sur la terre : Macrobe et Proclus attribuent à Saturne la faculté contemplative (*theôrétikon*) et la raison (*logistikon*), tandis que Servius lui attribue la torpeur et l'humeur, le *Poimandrès* hérmétique le mensonge, et le commentaire à Macrobe du codex florentin rien moins que la *tristicia,* synonyme, au Moyen Age, d'*acidia* ou mélancolie. Quant à Ficin, lui-même, il suit, comme nous l'avons déjà dit, Macrobe et Proclus.

Klibansky, Panofsky, Saxl et Wind nous ont montré que la fusion entre le syndrome mélancolique et le « saturnisme » a été effectuée par Ficin. C'est pour ne pas avoir compris que l'originalité de Ficin ne consistait pas à exprimer des concepts nouveaux, mais à combiner ceux déjà existants d'une manière originale, que G. Agamben leur a opposé récemment l'idée que l'ambiguïté de la mélancolie était déjà un fait très connu pendant le Moyen Age chrétien[60]. En effet, l'ambiguïté de Saturne n'était pas moins étrangère au Moyen Age qu'à l'Antiquité, mais à Ficin revient probablement le mérite d'avoir superposé les deux visages du « saturnisme » aux deux visages — bestial et génial — de la mélancolie. Par cette identification, le mélancolique obtenait de Saturne ce qu'en principe il lui avait toujours été refusé : l'aptitude pour la métaphysique ; et le saturnin, lui aussi, pouvait vanter la faculté imaginative et la disposition prophétique que lui conférait la mélancolie : « L'astre du malheur est aussi celui du génie : il détache impérieusement l'âme des apparences, il lui ouvre les secrets de l'univers ; à travers les épreuves de la mélancolie, il confère une sensibilité plus pénétrante, *ad secretiora et altiora contemplanda conducit*[61]. »

Agrippa de Nettesheim, dont s'est inspiré Albrecht Dürer dans sa *Melencholia I,* répétait déjà les idées de Ficin sans plus tenir compte des divisions traditionnelles. Dans sa classification, le chiffre I, repris dans le titre de la célèbre gravure de Dürer, se référait aux saturnins dont *l'imagination prédomine sur la raison* — les grands artistes et artisans —, ce qui autrefois aurait été une contradiction dans les termes, puisque le fort de Saturne était justement la raison, non pas la faculté fantastique. Seule l'identification établie par Ficin entre le mélancolique et le saturnin permettait à Agrippa de mélanger les caractères de ces deux types autrement distincts.

Pour le reste, ni Ficin ni Agrippa ne prétendaient rien dire de neuf quand ils affirmaient que la mélancolie, étant une espèce de *vacatio,* de séparation de l'âme du corps, conférait le don de clairvoyance et de prémonition. Dans les classifications du Moyen Age, la mélancolie était rangée parmi les sept formes de *vacatio,* avec le sommeil, l'évanouissement et la solitude[62]. Or, l'état de *vacatio* se caractérise par un lien labile entre l'âme et le corps, ce qui rend l'âme plus indépendante à l'égard du monde sensible et lui permet de négliger sa gangue physique pour, en quelque sorte, mieux s'occuper de ses propres affaires. Quand elle acquiert la conscience de sa liberté, l'âme s'adonne à la contemplation du monde intelligible. Mais quand elle ne fait que vagabonder dans les entre-mondes, elle a néanmoins la faculté d'enregistrer des événements qui se produisent à une grande distance, dans l'espace ainsi que dans le temps. Car on peut dire, en simplifiant un problème qui n'est ni facile ni de solution univoque, que le temps, dans le monde intelligible, n'est pas *déployé* : le passé, le présent et l'avenir n'y sont pas distincts, tout est là *sub specie aeternitatis*. C'est pourquoi l'âme qui jette un regard dans l'archétype éternel du temps peut obtenir sur le passé et l'avenir des connaissances qui ne lui viennent pas de l'expérience sensible. Évidemment, tout cela arrive seulement si l'enveloppe pneumatique qui protège l'âme est assez transparente pour lui permettre de *voir,* et cela peut être un don de la nature, une qualité acquise ou une qualité accidentelle[63].

Cette *sagacité* pneumatique des mélancoliques est très bien expliquée par un attardé de la Renaissance en pleine Réforme, le frère calabrais Tommaso Campanella, auteur du traité *Du sens des choses et de la magie,* dans le chapitre intitulé « De la sagacité des mélancoliques purs et impurs et de la démonoplastie et du consentement de l'air ». Dans la tradition aristotélicienne, Campanella distingue la mélancolie « chaude » (pure) de la mélancolie « froide » (impure). La seconde, « d'après le docte Origène, [...] est siège des esprits malins et du démon. Celui-ci voit que l'esprit corporel est infecté par les vapeurs [mélancoliques] et que l'oppression de ceux-ci contraint la raison à l'inactivité, et alors, étant impur et pesant, il se délecte de cette suie [qui obnubile l'esprit] et y entre et se sert [de l'esprit] pour horrifier et freiner la raison, et il jouit du siège étranger [où il a pénétré][64] ». Au contraire, la mélancolie pure « est chaude et signe d'esprits sagaces, mais non pas cause de ceux-ci ; la cause en est la subtilité et la possibilité des esprits. C'est pourquoi les mélancoliques sont volontairement solitaires, car tout mouvement les trouble ; ils se retirent et pensent beaucoup, parce que leur discernement est très aiguisé. Le mélancolique a, plus que les autres hommes, l'aptitude à la prémonition par le rêve, car son esprit est plus subtil et plus apte que [l'esprit] dense à recevoir les mouvements insensibles de l'air ». Or, nous savons déjà que les ondes pneumatiques, produisant une pression sur l'air environnant, sont susceptibles d'être captées par un autre esprit. Si celui-ci est assez entraîné, il arrivera à enregistrer non pas seulement les ondes dont la longueur coïncide avec les capacités de ses organes sensoriels (la vue, l'ouïe), mais aussi les mouvements pneumatiques imperceptibles, comme ceux de la pensée, par exemple. Il s'agit simplement d'avoir un appareil fantastique suffisamment « pur » (c'est-à-dire *propre*), pour qu'il puisse vibrer à des longueurs d'onde inférieures au seuil de la perception. « Ainsi, nous dit Campanella, quand ils voient une personne, ils font vite à deviner ses pensées, en captant le mouvement insensible que son esprit imprime à l'air dans l'acte de penser, et ils sont aussi capables d'apprendre rapidement toute science[65]. »

Tout se paie en ce monde, et le plus cher se paient les facultés supranormales. Capable de perception extrasensorielle, le mélancolique ficinien est un aboulique, un marginal, souvent tenté par le suicide, qu'il est dissuadé — selon le fameux exemple de Porphyre sermonné par Plotin — de perpétrer. La cause de son inaptitude à s'adapter à sa condition mortelle est une intense nostalgie de sa patrie céleste, du monde intelligible, nostalgie d'un « objet perdu » qu'on retrouve dans la description freudienne du syndrome mélancolique[66]. Dans cette interprétation, l'héritage néo-platonicien et l'héritage chrétien de Ficin se confondent. En effet, le contraste entre mélancolie « froide » ou « impure » et mélancolie « chaude » ou « pure » s'était transformé, au Moyen Age, en opposition entre une *tristitia mortifera* ou *diabolica,* ou encore *tristitia saeculi,* qui pousse le religieux à chercher des distractions séculières à la place de l'ennui profond que, au dire de Guillaume d'Auvergne, toute matière théologale lui inspire, et la *tristitia salutifera* ou *utilis,* ou encore *tristitia secundum Deum,* qui provient du sentiment de la privation de Dieu[67]. C'est pourquoi, continue Guillaume d'Auvergne, beaucoup d'hommes *piissimi ac reliogiosissimi* de son temps désiraient avec ardeur être saisis par la maladie mélancolique, pour avoir une plus intense nostalgie de Dieu[68].

Quand l'idée de patrie perdue s'atrophie, seuls les symptômes néfastes de la mélancolie subsistent. C'est Kierkegaard, « confident intime de la mélancolie », qui nous en donne une magistrale description, dans ses *Diapsalmata* : « Je n'ai envie de rien. Je n'ai pas envie de monter à cheval, c'est un mouvement trop violent ; je n'ai pas envie de marcher, c'est trop fatiguant ; je n'ai pas envie de gésir, car il faudrait ou que je gîse en continuation, et je n'en ai pas envie, ou que je me lève, et je n'en ai pas envie non plus. *Summa summarum* : je n'ai envie de rien[69]. »

Selon André Chastel, la conception du génie « romantique », inégal, catatonique, en proie à des accès soudains d'enthousiasme qui troublent son aboulie, se fait jour dans le monde moderne à travers l'œuvre de Ficin : « Le génie qui connaît des alternances d'inspiration et de détresse, visité par le *furor* puis abandonné de sa force intérieure, ne rentre dans aucun type convenu : il intéresse par l'intensité dramatique de son aventure[70]. » Qu'elle confère ou non la génialité, la mélancolie est en premier lieu un syndrome pathologique connu par le *Corpus hippocratique* et par Aristote aussi bien que par le docteur Sigmund Freud. Ce mal, comme la peste, a frappé notre continent à plusieurs reprises. Aristote mentionnait déjà quelques mélancoliques — Hercule, Bellérophon, Héraclite, Démocrite, le poète Maracos — et Ficin en ajoute quelques autres : Sappho, Socrate et Lucrèce[71]. Les cloîtres du Moyen Age étaient décimés par l'*acedia* et dans les châteaux du XIe au XIIIe siècle résonnaient les chants et les vers atrabiliaires des troubadours et des fidèles d'amour, gens souffrant du syndrome léthal de l'*amor hereos,* qui était lui aussi une espèce de mélancolie fumeuse. Aux XVe et XVIe siècles, la mode de la bile noire fit une riche moisson de victimes, parmi lesquelles Ficin, Michelangelo, Dürer et Pontormo. L'Angleterre élisabéthaine a eu les siennes, semblables aux poètes John Donne et Richard Crashaw. Au XIXe siècle, le dandysme est un camouflage pudique des blessures de mélancolie, maladie qui atteint Baudelaire aussi bien que Kierkegaard, De Quincey, Coleridge, Nerval, Huysmans et Strindberg.

Il est fort vraisemblable que cet holocauste s'explique aussi par une solidarité secrète entre le patient et la maladie, l'aspiration à la « souffrance utile » ne se limitant pas aux contemporains de Guillaume d'Auvergne, mais affectant tous ceux qui, pour une raison ou pour une autre, n'étaient pas satisfaits de ce que l'existence dans le monde pouvait leur offrir. Ils avaient cogné contre les limites de l'être-là : que tout est *ainsi,* et ne peut être autrement.

Justifié ontologiquement, cet état d'ennui disponible ou de disponibilité ennuyée représente, chez Ficin, la conséquence d'une phénoménologie de la vie quotidienne qui anticipe sur Pascal et sur Heidegger.

L'homme, exilé (*exul*) dans le monde, vit en un état permanent de torpeur ou de tristesse (*maeror*) dont l'origine reste mystérieuse. Ne pouvant pas vivre seul, il cherche toujours la compagnie des autres, essayant, par les divertissements (*oblectamenta*), d'oublier son inquiétude. Il plonge ainsi dans une espèce de délire qui imprime à sa vie un caractère inauthentique de songe[72].

Certes, il manque à cette analyse le pathétisme de Pascal, mais la conception de celui-ci ressemble de très près à celle de Ficin :

> Les hommes ont un instinct secret qui les porte à chercher le divertissement et l'occupation au dehors, qui vient du ressentiment de leur misère continuelle. Et ils ont un autre instinct secret qui reste de la grandeur de leur première nature, qui leur fait connaître que le bonheur n'est en effet que dans le repos. Et de ces deux instincts contraires, il se forme en eux un projet confus qui se cache à leur vue dans le fond de leur âme, qui les porte à tendre au repos par l'agitation, et à se figurer toujours que la satisfaction qu'ils n'ont point leur arrivera, si, en surmontant quelques difficultés qu'ils envisagent, ils peuvent s'ouvrir par là la porte du repos [...]. De sorte qu'à les considérer sérieusement, il est encore plus à plaindre de ce qu'il se peut divertir à des choses si frivoles et si basses, que de ce qu'il s'afflige de ses misères effectives ; et ses divertissements sont infiniment moins raisonnables que son ennui (*Pensées,* 26).

CHAPITRE III

LIAISONS DANGEREUSES

1. Jean Pic, continuateur de Ficin

La parfaite entente entre Ficin et Pic, où chacun prodiguait à l'autre des amabilités plus ou moins sincères, ne dura pas longtemps. A part leur appartenance commune au type saturnin, apte à la contemplation pénétrante des vérités théologales, il est difficile d'imaginer deux personnages plus différents.

Fils du médecin de Cosme de Médicis, Ficin est destiné par son protecteur à traduire en latin l'œuvre de Platon. Pendant sa jeunesse, l'augustinisme le tente, mais il ne tarde pas à se résigner à la scolastique, dont il sera, sans doute, le représentant le plus précieux à la Renaissance. Comblé de défauts, physiques et psychiques, il était bossu, il bégayait légèrement[1], et il se précipitait souvent dans des accès de désespoir mélancolique, terribles à ce point qu'il faillit une fois se laisser mourir d'inanition. A part cela, il fut chef de l'académie de Careggi et religieux, ces qualités ne lui permettant pas de déserter les obligations publiques qui lui incombaient. Il se résigna à mener une vie saine et frugale, à tromper la mélancolie par la diète, les promenades, la musique, quelques manipulations rituelles et la magie astrologique.

Tout le contraire de Ficin, Jean Pic, prodigieux philologue et théologien, avait pour lui jeunesse, noblesse et richesse. Esprit plutôt extrémiste, quoique non dépourvu de qualités diplomatiques, il eut ses aventures et mésaventures. La fin de sa brève vie fut marquée par la conversion à l'idéal puritain de Savonarole. Après de nombreuses tribulations qui se prolongèrent jusqu'à la mort d'Innocent VIII, il obtint le pardon du pape Alexandre VI, mais les services qu'il rendit à l'Église se limitèrent à une longue réfutation de l'astrologie. Il termina sa vie à l'âge où d'autres ne font que commencer leur activité. Peut-on supposer que, le jour venu, il allait abandonner Savonarole ? Il ne possédait pas la versatilité de Ficin, capable de tous les virages politiques, mais il avait, certes, manifesté une bonne volonté qui ne fut égalée que par celle du pape.

En principe, la diversité des caractères ne rend pas toujours la collaboration impossible entre pairs. Or, le jeune Pic est, d'une part, très admiratif envers le Platon florentin, au point qu'une bonne partie de son œuvre en porte la puissante empreinte, dans l'esprit comme dans la lettre ; mais, d'autre part, il se permet souvent d'emprunter un ton polémique, où se mêle le sarcasme, pour flétrir la « vulgarité » de Ficin dans les questions philosophiques les plus graves. De son côté, le platonicien de Careggi, qui n'y voyait, fort probablement, qu'un disciple exceptionnellement doué, un *mirandus iuvenis* fort digne de son académie, lui adresse des formules dont l'ironie presque insaisissable aboutit à en annuler l'extrême courtoisie. A la longue, Pic a dû trouver insupportable le paternalisme ficinien, et sa rébellion touchant à l'interprétation des choses d'amour est la preuve de cet état de dépendance agacée.

Il s'agit d'une *discordia concors* plus que d'une *concordia discors,* car, bien que voulant donner une leçon de platonisme à Ficin, Pic ne reste pas moins, peut-être à son insu, sous l'influence dominante de celui-ci. Dans son excellent livre sur Jean Pic, H. de Lubac s'est arrêté assez longuement sur les circonstances de la composition du *Commento sopra una Canzona de Amore* de 1486[2], en relevant aussi, parmi les raisons qui déterminèrent Pic à ne pas publier son écrit, l'anxiété de ne pas blesser Ficin, « dont le *Commento* critiquait plus d'une fois les interprétations[3] ». Ficin, que des amis communs avaient sans doute informé de l'impertinence du jeune homme à son égard, pensa bon d'écrire à Germain de Ganay que, dans la question de l'édition du

Commento, il fallait respecter la dernière volonté de Pic, qui avait désavoué cet écrit d'adolescence[4].

A la diplomatie ficinienne, dont le but est, sans doute, de sauver les apparences, répond l'embarras de Girolamo Benivieni. Le *Commento* fut inclus, en 1519, par les soins de Biagio Buonaccorsi, parmi les œuvres de Benivieni lui-même, qui, dans une lettre introductive, reporte sur des tiers la responsabilité de sa publication, prenant la distance nécessaire par rapport à un écrit que Pic, ainsi que lui-même, avait composé *come Platonico, et non come Christiano*[5]. Les passages les moins respectueux touchant Ficin ont été soigneusement retirés par Buonaccorsi de l'édition de 1519, et les *Œuvres* de Jean Pic publiées par son neveu Jean-François enregistrent cette version expurgée du *Commento*. Une autre lettre de Benivieni, celle-ci à Luca della Robbia, qui figure dans les *Œuvres* en appendice, déplore à nouveau la publication de ces *ineptie puerili*[6].

Gêne de Pic, embarras de Benivieni, protestation de Ficin et censure salutaire de Buonaccorsi, tout cela fait soupçonner qu'une grave rupture idéologique était intervenue, l'an 1486, entre le fougueux jeune comte et le pondéré chanoine du Dôme. Qu'en était-il ?

A lire la version complète de l'écrit, publiée en 1942 par E. Garin, on s'étonne de la violence des attaques de Pic contre Ficin[7] : esprit indigne de la tâche délicate dont il s'est chargé en commentant le *Banquet* de Platon, « notre Marsile » est accusé de souiller (*pervertendo*) la matière d'amour dont il s'occupe. Tout en admettant que l'esprit systématique de Ficin, héritage scolastique dont Pic lui-même n'était pas exempt, puisse souvent agacer son lecteur, l'agressivité du jeune émule ne s'explique pourtant que par des ressentiments d'ordre personnel, puisque la « leçon » qu'il compte donner à Ficin se résume, au fond, à une reprise presque littérale d'idées et de formules ficiniennes. En y éliminant la « volonté déformatrice », qui s'exerce surtout sur des questions marginales, sans toucher l'ensemble de la vision de Ficin, on arrive à un exposé général qui aurait pu s'attirer l'approbation enthousiaste du Platon florentin, n'eût-il contenu les invectives déjà mentionnées à l'adresse de celui-ci.

L'éros étant un instrument qui aide à parcourir les échelons intelligibles séparant Dieu de ses créatures, il serait impensable de traiter la matière d'amour sans s'occuper d'abord de l'ontologie. D'autre part, l'homme occupant parmi les créatures une position privilégiée, il est le seul à résumer en lui-même tous les niveaux du cosmos, de Dieu jusqu'à la matière. C'est pourquoi il est aussi le seul être capable de monter jusqu'au bout de l'échelle créaturale qui se perd dans les mondes invisibles. Ce système de chaînons successifs de l'être qui se communique à des niveaux toujours inférieurs porte le nom de « schéma alexandrin » et a été hérité par Plotin des systèmes gnostiques qu'il combat[8]. Dans la pensée du premier néo-platonicien, il comporte une *apostrophé* (en latin *processio*) ou éloignement de l'essence de l'être, que l'homme seul peut combler par le processus inverse d'*epistrophé* (*conversio*) ou retour vers l'être.

Chez Ficin, les degrés de la procession sont les suivants : Dieu, intellect angélique ou universel, Raison, Ame, Nature et Corps[9]. Par sa position intermédiaire, l'âme, à l'instar de Janus bifrons[10], participe simultanément au monde intelligible et au monde sensible. C'est pourquoi elle est appelée *copula mundi* ou *nodus mundi*[11], tandis que l'homme-microcosme, *parvus mundus,* est *vicarius Dei in terra,* vicaire de Dieu sur la terre[12]. (Voir Appendice IV, p. 323 sq.).

Jean Pic reproduit littéralement les expressions ficiniennes et les étapes du déploiement de l'être : l'homme est *vincolo et nodo del mondo*[13], il est le trait d'union entre le Monde angélique et la Nature. Il possède, bien entendu, deux corps : l'un, appelé « véhicule céleste » par les platoniciens, est l'enveloppe impérissable de l'âme rationnelle ; l'autre, composé des quatre éléments, est soumis aux lois de la croissance et de la décadence[14]. L'homme est aussi pourvu de deux organes de la vue : l'un tourné vers le monde sensible et l'autre vers le monde intelligible, celui-ci correspondant à l'*oculus spiritalis* de Ficin. La descente des âmes dans les corps est fidèlement résumée par Pic d'après le commentaire ficinien au *Banquet* : « Parmi les âmes humaines, quelques-unes ont la nature de Saturne, d'autres ont la nature de Jupiter et ainsi de suite. Et [les platoniciens] entendent par cela qu'une âme peut être plus étroitement apparentée et conforme à l'âme du ciel de Saturne qu'à l'âme du ciel de Jupiter, ou vice versa[15]. » On a l'impression que Pic a soin d'éviter les conséquences peu orthodoxes de cette théorie, car il précise que la seule cause intrinsèque de ces différences réside en Dieu lui-même, unique producteur des âmes. Mais immédiatement après avoir parlé du « véhicule de l'âme », il ajoute imprudemment que « l'âme rationnelle descend de son étoile », ce qui paraît contredire la protestation de foi de l'article précédent. Puisque la censure ecclésiastique, qui allait aussi effleurer Ficin, s'était déjà penchée avec trop de sollicitude sur sa propre personne, on a l'impression que Pic exerce ici, consciemment, une autocensure. Cette naïve habileté qui le porte à n'exposer que partiellement un sujet que l'expert Ficin avait déjà présenté en toute franchise, sans égard aux possibles réprimandes, n'épargnera pas à Pic les difficultés qu'il craignait.

On pourrait, certes, voir ici un prélude à la polémique anti-astrologique contenue dans les *Disputationes adversus Astrologiam divinatricem*. Mais, dans ce cas, l'hypothèse que cet écrit aurait été conçu en vue d'obtenir de la Curie le pardon indispensable pour entrer dans l'ordre dominicain et se revêtir, paraît-il, de la pourpre cardinalice ne semble pas dépourvue de tout fondement[16]. Ceci d'autant plus que le *Commento* répète toute l'histoire de l'incorporation que Ficin avait puisée chez Macrobe, avec la descente de l'âme par la porte du Cancer, l'acquisition du véhicule astral et sa remontée par la porte du Capricorne[17], ajoutant aussi que la physionomie astrologique est justifiée par le fait que le corps terrestre est formé par l'âme[18]. Or, s'il accepte la vérité de cette doctrine — que Ficin lui-même, par une formule digne de sa duplicité, avait qualifiée, dans sa *Théologie,* de « fable platonicienne » —, on le voit mal réfuter en bloc toutes les prétentions de l'astrologie. Certes, entre 1486, date de la composition du *Commento,* et 1494, date de sa mort, qui laissa inachevées ses *Disputations,* Pic avait été frappé par les foudres de la Curie, pour trouver ensuite la paix auprès du prédicateur Savonarole. Sa conversion, pour authentique qu'elle soit, pose le problème d'une rupture entre ses écrits de jeunesse et les *Disputations contre l'astrologie*. Après la mort d'Innocent VIII, Pic fut pardonné par le nouveau pape. Or, arrivé à l'âge de raison, ne devait-il pas aspirer à se racheter définitivement aux yeux de Rome ? N'ayant pas la mentalité mesquine de Ficin, qui, en 1490, « s'informe de la date de naissance d'Innocent VIII [...], afin de lui préparer un remède en remerciement (c'est un comble !) d'avoir refusé de le condamner pour astrologie[19] », Pic compose, pour marquer un terme définitif à ses erreurs de jeunesse, un énorme traité contre l'astrologie, quitte à s'attirer l'opposition de Ficin et de ses fidèles. Chose étrange, Pic épargne cette fois-ci l'ancien maître, qu'il n'avait pas hésité à disqualifier dans le *Commento* : « Il avait [...] assez de discernement pour ne pas confondre le grand apologiste, dont le dessein apostolique était identique au sien, avec les hommes qu'ils tenaient l'un et l'autre pour des ennemis de la foi chrétienne[20]. » Mais H. de Lubac ne manque pas de signaler la solidarité qui liait Pic à Ficin, à cause de la condamnation que la trilogie *De vita* avait essuyée en 1489-90, « et par ceux-là mêmes qui avaient deux ans auparavant fait campagne contre Pic[21] ».

Pour le reste, en continuant la lecture du *Commento*, on ne peut que s'étonner à nouveau de la violence des attaques de Pic contre Ficin (avait-il oublié son discernement ?). Ne convenaient-ils pas, tous deux, que l'essence de l'amour est spirituelle et que l'espèce de l'objet passe à travers les yeux jusqu'au sens interne situé dans le cœur[22] ? Ne s'étaient-ils pas employés, tous deux, à décrire les effets délétères de l'*amor hereos*[23], maladie fantastique « tellement pestifère et venimeuse qu'elle a pu engendrer faiblesse presque incurable dans les âmes les plus parfaites et plus fortes » ?

Si cette *discordia concors* entre Pic et Ficin n'a su produire, chez le premier, aucune interprétation de l'amour dont la nouveauté fût éclatante, on doit tout de même à son opiniâtre volonté déformatrice un des motifs les plus intéressants et persistants dans la spéculation érotique au XVIe siècle : celui de la *mors osculi* ou mort d'amour. L'origine de ce motif est double : son point de départ est la phénoménologie de Ficin, avec le processus d'aliénation du sujet qui cherche désespérément un lieu pour fixer sa sujétité. C'était un syndrome assez proche de l'*amor hereos,* que Francesco Colonna avait su décrire sans avoir besoin du système ficinien. Comme dans la plupart de ses interprétations, Pic s'opposa à l'herméneutique « vulgaire » de Ficin. Refusant l'exégèse intersubjective, il s'occupe exclusivement de la mort d'amour comme moment de la dialectique de l'éros mystique. Pour cela, il adopte le symbolisme de la kabbale, qui nous révèle la seconde source du motif.

Cette *binsica, mors osculi* ou *morte di bacio* que Pic nous décrit sur quatre colonnes[24] est une extinction corporelle qui s'accompagne d'une extase intellectuelle. Personne ne peut s'élever à la vie intelligible sans avoir d'abord renoncé à la vie sensible. Mais lorsque l'âme aura abandonné la dépouille du corps, elle sera appelée à une nouvelle forme d'existence, par régénération spirituelle, comme Alceste qui, ne refusant pas de mourir d'amour, put resurgir par la volonté des dieux[25]. Faisant usage de l'interprétation chrétienne et kabbalistique de *Shir ha-Shirim,* Pic affirme que l'amant est le symbole de l'âme, l'aimée est l'intelligence et leur baiser est l'union extatique. Le baiser oral, *bacio,* est, parmi les postures de l'amour corporel, la dernière et la plus avancée qui puisse figurer comme symbole de l'amour extatique[26] : « *Binsica* ou *morte di bacio* signifie le *raptus* intellectuel pendant lequel l'âme s'unit si fortement aux choses dont elle est séparée, que, sortant du corps, elle abandonne complètement celui-ci. » Une telle expérience fut faite par « Abraham, Isaac, Jacob, Moïse, Aaron, Marie (ou Élie) et quelques autres[27] ».

Qu'était-elle, cette mystérieuse *mors osculi* ? Pic et ses successeurs donnent d'autres détails, qui nous aident à circonscrire ce phénomène mystique. C'est une vision foudroyante du monde intelligible, que Pic retrouve, par interprétation allégorique, dans la fable de Tyrésias racontée par Callimaque : pour avoir vu Diane nue, « qui ne signifie rien d'autre que la Beauté idéale, source de toute sagesse authentique », Tyrésias devint aveugle, il perdit l'usage de la vue corporelle, mais reçut le don du prophétisme, de la vue incorporelle. La même chose arriva à Homère, sous l'empire de l'inspiration qui lui fit contempler les mystères de l'intellect. Et Paul aussi, après son voyage au troisième ciel, devint aveugle[28]. La *morte di bacio,* contemplation plénière des Intelligences angéliques, est un ravissement au ciel, une *vacatio* pendant laquelle le corps reste en état de catalepsie, paraît nous renseigner Celio Agostino Curione, qui rédigea l'appendice aux *Hiéroglyphica* du Florentin Pierio Valeriano[29]. Avec très peu de variations, la description de la *binsica* revient chez Baldesar Castiglione, Egidio da Viterbo, Francesco Giorgio Veneto, Celio Calcagnini, Léon le Juif (*Dialoghi d'amore*) et Giordano Bruno (*Heroici furori*)[30].

Avec ce dernier, nous pénétrons dans les arcanes insondables de l'éros, où la pure théorie des platoniciens florentins reçoit plusieurs finalités assez mystérieuses, dont l'une au moins a trait aux liaisons dangereuses que Bruno fut porté à entretenir pendant toute sa vie, jusqu'à ce que le feu du bûcher, auquel il donna son assentiment pour ne pas contredire ses propres illusions, lui rendît la liberté finale. A peine la fumée dissipée, Giordano Bruno fut proclamé, à l'unanimité ou presque, « symbole de la démocratie ». Étrange paradoxe qui couronna la destinée posthume de celui qui fut « probablement le philosophe le plus anti-démocratique qui ait jamais existé[31] ».

2. Les dieux ambigus de l'éros

Giordano Bruno, l'homme du passé fantastique

Détenu à Venise avant d'être livré à l'Inquisition romaine, Giordano Bruno raconte, lors de l'interrogatoire du 30 mai 1592, que, ayant tenu à Paris une leçon extraordinaire :

> [...] j'acquis un renom tel, que le roi Henri III me fit appeler un jour pour s'enquérir si la mémoire que j'avais et que je professais était naturelle ou magique. Je lui donnai satisfaction, en répondant et en prouvant qu'elle n'était pas magique mais scientifique, ce dont il fut lui-même persuadé. Après cela, je fis imprimer un livre de mémoire, intitulé *De umbris idearum,* que je dédiai à Sa Majesté, qui me fit pour cela lecteur extraordinaire stipendié et je continuai mes lectures en cette ville [...] pendant cinq ans peut-être, après quoi je me licenciai, à cause des désordres civils, et j'allai, recommandé par le roi lui-même, en Angleterre auprès de l'ambassadeur de Sa Majesté, qui s'appelait seigneur de Mauvissière, de nom Castelnau[32].

La mémoire naturelle de Bruno n'égalant pas sa mémoire artificielle, il se méprend sur la durée de son premier séjour à Paris, commencé en 1581 et terminé en juin 1583, après quoi, sous la protection de Michel de Castelnau, il s'installa à Londres jusqu'en octobre 1585[33].

Par une étrange erreur d'optique, on a vu en Giordano Bruno le héraut de l'avenir, de l'Europe franc-maçonne et libérale, tandis que ce moine napolitain défroqué ne fut partout qu'un des derniers défenseurs acharnés de la culture de l'âge fantastique. C'est ce qui explique ses déboires avec les cercles protestants, où il ne tarda pas à se trouver plus mal que dans le sein de l'Église qu'il avait commis l'imprudence d'abandonner[34] : « Ni à Londres, ni à Marbourg, ni à Wittenberg, ni à Helmstädt, ni même à Francfort, il n'avait rencontré l'accueil libéral et large qu'il avait rêvé. Calvinistes et péripatéticiens l'avaient traqué sans merci. Il n'avait guère mieux réussi auprès des luthériens qu'aurait dû préparer à une souplesse plus hospitalière la doctrine d'un Melanchthon[35]. »

Seul l'iconoclasme de jeunesse, qui attira à Bruno les premiers conflits avec l'autorité religieuse, ressemble de loin au protestantisme. Par contre, toute sa culture, dont il était si fier et qui lui avait procuré une certaine renommée, appartenait à la sphère du passé, du fantastique, de l'acrobatie spirituelle : somme toute, au domaine de l'étrange funambulesque, comme le théâtre de Jules Camille. Pour comprendre quelque chose à ses œuvres, la postérité, qui, rendue curieuse par son martyre, s'y pencha avec une certaine sollicitude, fut obligée d'en retrancher quelque huit dixièmes : tous les opuscules mnémotechniques et magiques. Elle se prétendit néanmoins satisfaite, car Bruno avait été défenseur de Copernic et même le premier à coupler l'idée de l'infinitude de l'univers avec l'héliocentrisme. Et pourtant, quel gouffre immense sépare ce panthéiste néo-platonicien des rationalistes comme Spinoza ! Saisissant le manque d'intérêt spéculatif que l'œuvre de Bruno présentait pour l'âge moderne, Hegel, qui trouvait sa doctrine touffue et répugnante, n'hésita pas à lui accoler le qualificatif de « bacchantique », excuse probable de son incapacité de lecture. Tout cela prouve que, loin d'être l'homme de l'avenir, incompris de son époque, Bruno était incompris juste pour appartenir foncièrement à un passé trop subtil, trop compliqué pour le nouvel esprit rationaliste : il était le descendant de ceux qui professaient les arcanes les moins accessibles de l'époque fantastique, ceux de la mnémotechnique et de la magie.

Scandale à Londres

A Londres, Bruno se trouva très vite au centre d'un, sinon de deux scandales. En 1584 déjà, dans la dédicace à Sir Philip Sidney du *Spaccio della Bestia trionfante*, il se montre si sensible envers les « blessantes et pénibles impolitesses » dont il était l'objet qu'il envisage de quitter le pays. A coup sûr, Sidney, et peut-être l'ancien ami de Bruno, Fulke Greville (Folco Grivello, l'appelle-t-il), eurent une part importante dans le fait qu'il résista jusqu'en automne de l'année suivante.

Le premier scandale fut provoqué par une malheureuse dispute avec deux docteurs d'Oxford, que Bruno eut l'idée d'immortaliser dans l'opuscule *La Cena de le ceneri,* dédié à Michel de Castelnau. Les deux parties se firent une concurrence sans merci à manquer de tact. Certes, le Méridional avait tort de compter trop sur le respect des lois de l'hospitalité, tandis que les barbares habitant cette île *toto orbe divisa* n'étaient soucieux que de leur dignité et de leur indépendance. Telles furent les expressions de mépris que Bruno prodigua aux deux Oxoniens — « imbus de grec, mais aussi de bière » — qu'il finit même par s'aliéner la sincère amitié de Fulke Greville, dont le nom fut fâcheusement impliqué dans cette offense sans précédent portée non seulement contre les valeureux savants et le roturier chauvin, mais aussi contre les transports urbains britanniques.

La scène de la dispute est mémorable : après avoir habilement répondu à un docteur inoffensif, un « âne domestique », Bruno fut pris en charge par un autre, « dont l'ignorance égalait la présomption ». Le Napolitain ne ménage pas cet « âne sauvage », « porc incivil et sans manières », dont la chaîne académique aurait été mieux remplacée par un licou.

« Regarde, tais-toi et apprends, lui dit cette imposante bête de somme, je t'enseignerai Ptolémée et Copernic. » Certes, le Nolain s'emporte, d'autant plus que l'autre veut le persuader, en lui enjoignant de se taire, que la terre chez Copernic occupait une place où en réalité il n'y avait que la trace de la pointe du compas.

Tout cela peut paraître assez étrange, si l'on pense que l'Angleterre avait été le premier pays où l'héliocentrisme avait rencontré du succès. En 1576, Thomas Digges, protégé du docteur John Dee, publia une *Perfit Description of the Caelestiall Orbes according to the most annsiente doctrine of the Pythagoreans, lately revived by Copernicus,* dans laquelle, selon S.K. Henninger, « par un étonnant saut de l'imagination [...], il prend l'audacieux parti de postuler un univers infini[36] ». En réalité, il paraît que Digges ne défendait pas les mêmes idées que Bruno ; pour lui, seul le ciel empyrée, habitacle de Dieu, était sans limites, ce qui ne supposait pas la multiplication indéfinie du nombre des mondes[37].

Le hasard fit que, l'année même où Bruno arrivait à Londres, le docteur John Dee, le seul qui aurait pu le comprendre et l'apprécier, s'expatriait. Il était, d'ailleurs, tellement impopulaire que la foule saisit l'occasion et dévasta sa maison dès son départ pour la Pologne[38]. La rencontre ratée avec Dee signifia aussi pour Bruno l'occasion perdue de connaître la famille Digges. Il dut se contenter des deux docteurs oxoniens, ce qui lui valut le fâcheux scandale que nous avons mentionné. On nous dira que Bruno agissait ici en messager de la vérité scientifique, mais la « vérité » de Copernic et de Bruno ne correspond pas du tout à l'image que nous nous en faisons. Si Bruno concède à cet « Allemand » une certaine perspicacité de jugement — n'oubliant pourtant pas de déclarer que, lui-même, « il ne regardait ni avec les yeux de Copernic, ni avec ceux de Ptolémée, mais avec les siens propres[39] » —, c'est pour les mêmes raisons pythagoriciennes qui avaient porté Copernic à remplacer le géocentrisme par sa conception héliostatique. En cela, Bruno se meut sur les traces du « divin Cusain[40] », dont il ne fait que répéter les arguments, les agrémentant d'une passion polémique toute personnelle.

N'oublions pas que, au début du XVIe siècle, des penseurs catholiques comme le cardinal de Bérulle et le père Mersenne — celui-ci n'étant même pas un partisan de la conception héliocentrique — saisirent l'énorme importance que le système copernicien aurait pu présenter pour l'imagination théologique. Si leur appel eut peu d'écoute, ce fut surtout à cause de l'attitude puritaine qui, par sa raideur dans l'interprétation de l'Écriture, obligea l'Église catholique à une raideur égale dans la défense du thomisme. La cause de Bruno, qui était aussi celle des cardinaux de Cues et de Bérulle, était également perdue auprès des puritains, qui ne regardaient que du côté utilitaire. La Bible est bonne, nous informe leur représentant Smitho dans la *Cena de le ceneri*, parce qu'elle donne des lois, et « le but des lois n'est pas de rechercher en premier lieu la vérité des choses et des spéculations, mais la bonté des usages ; ceci pour le profit de la civilisation, l'entendement entre les peuples et la facilité du commerce humain, le maintien de la paix et le progrès des républiques. Souvent et à beaucoup d'égards, il est attitude plus sotte et ignorante de dire les choses selon la vérité que selon l'occasion et l'opportunité ». L'homme de l'avenir n'était pas Giordano Bruno, c'était le puritain Smitho.

La dispute sur l'héliocentrisme, qui eut un énorme retentissement, a longtemps fait ombre à une autre controverse de Bruno avec les puritains, celle-ci, sous plusieurs aspects, encore plus importante : le débat autour de l'Art de la mémoire.

A peine arrivé en Angleterre, Bruno s'était empressé de dédier à Michel de Castelnau l'opuscule *Explicatio Triginta sigillorum,* imprimé par John Charlewood à côté d'autres écrits mnémotechniques. L'ambassadeur de France a dû recevoir ce don avec un certain embarras : il était bien accueilli dans les cercles puritains comme traducteur en français d'un écrit de Pierre de la Ramée, qui fut victime, en 1572, du massacre de la Saint-Barthélemy. Or ce pédagogue, dont la réputation d'huguenot lui avait créé une audience très chaleureuse en Angleterre, était l'adversaire irréductible de l'ancienne mnémotechnique.

Ramus, faisant fi de la psychologie scolastique des facultés, ne croyait pas à la priorité du fantasme sur la parole, ni à l'essence fantastique de l'intellect. La condition première de la mémoire, la conversion en fantasme, était abolie. Dès lors, les gigantesques constructions de fantasmes intérieurs s'écroulaient : ils étaient remplacés par un arrangement du sujet en « ordre dialectique », susceptible d'être mémorisé à cause de son caractère « naturel »[41].

L'argument principal de Ramus contre les fantasmagories intérieures est pourtant d'ordre religieux : c'est l'interdiction biblique d'adorer des images. L'Art de la mémoire est condamné pour son caractère idolâtre[42]. On comprend aisément pourquoi les puritains furent prompts à s'emparer de cet instrument de lutte antiecclésiastique, qui complétait leur iconoclasme extérieur par un iconoclasme intérieur[43]. L'ancien Art de la mémoire fut désormais associé avec l'Église catholique, tandis que la mémoire sans images de Ramus fut adoptée par la théologie calviniste[44].

A Londres, où Ramus était l'homme du présent et de l'avenir rationaliste, Bruno, en représentant d'un passé tombé en désuétude, ne pouvait pas s'attendre à une réception favorable, d'autant plus que d'autres personnalités dont l'influence était forte en Angleterre, comme Érasme et Melanchthon, s'étaient elles aussi prononcées contre l'Art de la mémoire[45].

Si Bruno parvint néanmoins à gagner un disciple et à s'assurer l'indulgence tacite de Sir Philip Sidney, il dut cela en grande partie au souvenir de John Dee[46]. Celui-ci avait été le professeur de philosophie de Sidney, Greville et Edward Dyer, ce qui explique peut-être pourquoi Greville s'approcha de Bruno et pourquoi celui-ci ne se lassa pas de dédier à Sidney des écrits infestés d'Art de la mémoire, dans l'espoir de le conquérir à ses vues.

Le conflit éclata en 1584, mais Bruno n'y participa pas en personne. Son disciple Alexander Dicson, qui avait publié un traité, *De umbris rationis,* s'inspirant des écrits mnémotechniques de Bruno, suscita les attaques répétées du révérend Guillaume Perkins de Cambridge, ramiste convaincu. Dicson, sous le pseudonyme de Heius Scepsius, qui vient de Métrodore de Scepsis, l'auteur du système mnémotechnique basé sur le zodiaque et aussi d'un des systèmes utilisés par Bruno, lui donna une réponse dans sa *Defensio pro Alexandro Dicsono*[47]. La voix prophétique de Perkins s'éleva de nouveau dans le libelle *Avertissement contre l'idolâtrie des temps modernes,* où cette terrible sentence accompagnait les funérailles puritaines de l'Art de la mémoire : « Une chose conçue dans la raison par l'imagination est une idole[48]. » Or, les poils du pasteur se dressent d'horreur quand il pense que certains artistes de la mémoire, comme Pierre de Ravenne, n'hésitaient pas à recommander l'usage d'images libidineuses, capables d'éveiller les passions malsaines. Perkins se fait un devoir de bannir pour toujours cet Art pervers d'Angleterre, procédant dans l'intérêt de toute personne pieuse[49].

Il n'y aurait rien d'étrange dans cette polémique si Dicson, qui fréquentait le cercle de Sidney, n'avait fait imprimer ses deux opuscules chez Thomas Vautrollier, le calviniste qui avait aussi publié en Angleterre les premières œuvres de Petrus Ramus. D'ailleurs, quoique Paris soit le lieu inscrit sur le frontispice des deux œuvres que Bruno dédia, en 1584 et 1585, à Sidney, il est certain qu'elles furent imprimées à Londres[49bis]. Or, Sidney avait une réputation de ramiste et Sir William Temple lui dédiait, la même année 1584, son édition de la *Dialecticae libri duo* de Pierre de la Ramée.

Comment comprendre cette charade ? F.A. Yates pense que, si Sidney avait été un puritain et un ramiste convaincu, il n'aurait pas été capable d'écrire cette *Defence of Poetrie*, le manifeste de la Renaissance en Angleterre, qui est une ardente défense de l'imagination contre les scrupules d'ordre moral d'un Perkins[50]. Misant sur son indécision, les deux camps adverses ont dû essayer de le gagner chacun à leur cause ; le temps pressait, d'ailleurs, car le chevalier mourut en 1586, peut-être pas avant d'avoir montré discrètement sa préférence pour le parti de Bruno et de Dicson.

L'échec humiliant décrit dans la *Cena* fut utile à Bruno. Il fit assez vite à comprendre la situation, à se résigner au dialogue avec les puritains. Les deux ouvrages qu'il dédie à Sidney portent la marque de cette sage décision.

Le deuxième, *De gl'heroici furori,* le seul qui nous intéresse ici, ne peut pas être compris sans une incursion dans la cuisine mnémotechnique du Nolain. Quoique sans rapport direct avec le système utilisé dans les *Fureurs héroïques*, le *Spaccio* nous aidera considérablement à saisir la technique de Bruno et son effort d'adaptation aux mœurs anglaises.

Le *Spaccio* propose une mémoire artificielle où le lieu et l'ordre, selon l'ancienne structure de Métrodore de Scepsis, sont le zodiaque, non pas dans la version des douze signes ou trente-six décans, mais dans celle, empruntée à Hygin (*Astronomica,* Venise, 1482), des quarante-huit constellations, déjà utilisée par Jean Romberch dans son *Congestorium*. Mais, pour répondre aux possibles scrupules du puritain Sidney et des autres lecteurs de son traité, Bruno les avertit d'emblée qu'il ne veut pas maintenir le système insensé des constellations : au contraire, il s'agit d'un *Spaccio*, d'une *expulsion* des animaux que l'imagination absurde des anciens a élevés aux cieux. Sous la forme d'une forte satire de l'astrologie et de la mythologie classique, satire qui ne pouvait que convenir au goût de son public anglais, le *Spaccio* essaie de respecter les principes fondamentaux de la mnémotechnique.

Les quarante-huit constellations, rangées en quarante-six secteurs, sont prises en charge par un cortège de dieux — personnifications des facultés psychiques — ayant pour patron Jupiter, « représentant chacun de nous », qui les remplacent par une cohorte d'entités morales, positives et négatives, en nombre variable pour chaque secteur, ce qui comporte, sur une figure circulaire, un arrangement dans l'espace assez compliqué. Une autre structure s'y superpose, qui circule librement dans tous les champs : elle est formée par la Fortune, la Richesse, la Pauvreté et leurs innombrables campagnes (*Spaccio*, II, 2s).

Bruno lui-même explique qu'il y a d'autres systèmes mnémoniques possibles, et il résume deux d'entre eux, utilisés par lui ailleurs. Le premier, qui est celui du *Sigillus sigillorum* de 1583, et qui ressemble au théâtre de Jules Camille, comporte la disposition de figures en sept champs planétaires (*Spaccio*, III, 2). L'autre, qu'il appelle kabbalistique et qui pourrait correspondre à l'*ars combinatoria*, prévoit une multiplication selon une raison assez sophistiquée, ce qui donne la série suivante des champs : 1 (Premier Principe), 4, 12, 72, 144, etc.

La précaution qu'il avait prise de railler les fables des anciens et d'exalter les vertus lui permettait de prévenir les attaques d'un Perkins quelconque, sans pour autant renoncer à son Art. Ce procédé équivalait, d'ailleurs, à une demi-conversion au ramisme, puisque tous les fantasmes qui peuplaient le zodiaque en avaient été soigneusement bannis : seuls les vertus et les vices y étaient restés.

Fantasmes mnémotechniques

Après ce tour de force diplomatique, Bruno a dû se sentir encouragé dans son entreprise. Il était d'usage que le destinataire de la dédicace payât les frais d'imprimerie, et Philip Sidney ne doit pas avoir manqué à cette règle. En taisant son propre nom, l'imprimeur a préféré se soustraire à la responsabilité d'avoir publié l'œuvre d'un métèque qui avait scandalisé Londres, et le silence de Sidney sur Bruno (moins étonnant encore que celui de Michel de Castelnau), dicté par les mêmes raisons de convenance, ne signifie pas que le chevalier ait méprisé le *Spaccio*. Au contraire, quelque signe discret d'appréciation a dû indiquer à Bruno qu'il se trouvait sur la bonne route. L'histoire est muette à ce sujet, mais, sans l'encouragement et la largesse de Sidney, il est impensable que l'impulsif Napolitain ait tenu la promesse de changer d'air et lui ait encore dédié son prochain livre, *De gl'heroici furori*.

Dans les *Fureurs héroïques* (à la disposition du lecteur français dans la traduction de P.-H. Michel), la mnémotechnique est mise au service de l'éros. La méthode est déjà indiquée dans la deuxième partie du troisième dialogue du *Spaccio*, où Bruno donne la traduction littérale du célèbre passage de l'*Asclépius* hermétique concernant les statues d'Égypte, « animées, pleines de sens et d'esprit, capables de plusieurs opérations importantes. Ces statues prévoient le futur, provoquent des infirmités et produisent des remèdes, l'allégresse et la tristesse, selon les mérites [de chacun], dans la partie affective et dans le corps humain[51] ».

Cette fois-ci, le matériau utilisé par Bruno est formé d'emblèmes fantastiques, dont le prestige dérive aussi des statues hermétiques. Ces constructions spirituelles ne sont-elles pas, en fin du compte, des figures que la magie elle-même utilise ? Il est vrai que leur emploi se réduit ici à la mémorisation des étapes de l'éros, mais l'éros lui-même n'est-il pas une puissance anagogique qui produit l'union extatique de l'âme avec Dieu ?

A première vue, *De gl'heroici furori* est une suite de sonnets commentés, genre illustré par Dante avec sa *Vita Nova*. Comme Jean Pic, dont il emprunte maint motif du *Commento*, Bruno n'hésite pas à reproduire aussi quelques poèmes qui, au dire de F. Fiorentino, appartiennent à Tansillo de Venosa, le personnage principal et le porte-parole de Bruno dans le dialogue. Mais la plupart des sonnets sont de l'invention de l'auteur lui-même, qu'il s'agisse de commentaires en vers des emblèmes de l'éros ou d'expressions poétiques des « fureurs héroïques ».

Dans le *Sigillus sigillorum*, Bruno avait déjà expliqué la raison profonde de l'*ut pictura poesis*, de l'équivalence entre peinture et poésie. Zeuxis est le peintre des images intérieures de la mémoire, qui excelle en *phantastica virtus*, en puissance imaginative. A son tour, le poète possède une puissance cogitative hors du commun, dont la source est également spirituelle. « Il en résulte que les philosophes sont aussi peintres et poètes, et les poètes sont peintres et philosophes[52]. » En effet, puisque l'intellect est de nature fantastique, le philosophe doit être capable de manier les fantasmes, d'être un grand peintre de l'esprit. Aristote ne disait-il pas que « comprendre signifie observer les fantasmes[53] » ? Le lieu où les fantasmes se reflètent, nous le savons déjà, est le miroir du pneuma.

Philosophie, poésie, peinture : voilà ce que contient *De gl'heroici furori*. Ces trois moments de la spéculation fantastique sont si inextricablement liés qu'il est impossible de les disjoindre sans détruire l'unité du sujet. Malheureusement, puisque après la victoire du rationalisme nous sommes incapables de comprendre les fantasmagories des grands artistes de la mémoire, nous serons forcés de faire une coupure nette entre ce qu'il nous est possible de saisir avec nos simples moyens logiques, historiques et comparatifs, et ce que, pour ne pas être entraînés à la mnémotechnique renaissante, il nous faut laisser de côté après une description sommaire. C'est, après tout, ce que fit Augusto Guzzo quand, éditant les *Fureurs héroïques,* il y retrancha les longs dialogues qui ne s'occupent que de la description, poétique et philosophique, d'images de la mémoire fantastique. Procédé qui a, sans doute, tous les torts, sauf celui de ne pas être honnête.

Le cinquième dialogue de la première partie est un cours d'Art de la mémoire appliqué aux opérations intellectives, en quinze chapitres. Les *impresae* symbolisant les moments de la casuistique d'amour sont expliquées dans des sonnets qui, à leur tour, font l'objet du commentaire en prose. Pour donner une idée des opérations qu'effectuait le peintre Zeuxis, il suffira de citer la troisième image mnémotechnique qui apparaît sur l'écu de la « fureur héroïque » : « La troisième porte dans son écu un adolescent nu, étendu sur un pré vert, s'appuyant la tête soulevée sur le bras, les yeux tournés vers le ciel où, au-dessus des nuages, il y a des édifices comprenant chambres, tours, jardins et vergers ; il y a aussi un château fait de feu ; et au milieu il y a l'inscription qui dit : *Mutuo fulcimur.* » Ou le septième des écus : « Un soleil avec un cercle à son intérieur et un autre à l'extérieur, avec le *motto* : *Circuit* », etc.

D'autres *impresae*, au nombre de douze, sont commentées dans le premier dialogue de la deuxième partie. Une seule ouvre le dialogue suivant, qui contient la matière principale du traité brunien.

C'est à des images de cette sorte que l'abbé Pluche se référait quand il écrivait, en 1748 : « Puisqu'un tableau n'est destiné qu'à me montrer ce qu'on ne me dit pas, il est ridicule qu'il faille des efforts pour l'entendre [...]. Et pour l'ordinaire, quand je suis parvenu à deviner l'intention de ces personnages mystérieux, je trouve que ce qu'on m'apprend ne valait guère les frais de l'enveloppe[54]. »

Convenons que notre mentalité nous porterait à donner raison à l'abbé Pluche plutôt qu'aux philosophes des formes symboliques de la Renaissance. L'effort pour chiffrer et déchiffrer ces messages compliqués, le *ludus serius* qui trouvait son sens dans la mystérieuse combinaison d'opérations spirituelles dont le but était d'enrichir la connaissance de l'âme, n'a plus aucune signification du moment que nous ne partageons plus ni les principes ni la finalité de cette connaissance. Non seulement les « frais de l'enveloppe » sont devenus trop coûteux, mais l'enveloppe elle-même n'est destinée à arriver nulle part. Car ces images de mémoire artificielle doivent être comprises dans leur juste contexte mental, qui était spirituel et fantastique. Autrement le risque est fort grand qu'elles soient envisagées comme une sorte de mots croisés, un jeu dépourvu de tout sérieux, qui, obtenant la complaisance du chercheur moderne, se transforme en un labyrinthe sans fin, où tout sens est perdu.

Ambiguïté de l'éros

Un auteur italien a cru récemment entrevoir dans le titre des *Heroici furori* une allusion au syndrome médiéval *amor hereos* ou *heroycus*[55]. Or, même si Bruno était sans doute au courant de l'existence de cette forme de mélancolie, il avait en vue tout autre chose en composant son traité éthique.

L'amour héroïque se définit, chez Bruno, en opposition explicite avec, d'une part, l'amour « naturel » et, de l'autre, l'attente passive de la grâce qui caractérise une certaine espèce de mysticisme.

Tout d'abord, l'éros héroïque établit son existence positive par contraste avec l'éros naturel « qui attire dans la captivité de la génération ». L'objet de celui-ci est une femme, l'objet de l'autre est la divinité elle-même. Le même contraste le sépare de l'affection mélancolique : « Ce n'est pas une fureur atrabiliaire [...] mais une chaleur allumée dans l'âme par le soleil intelligentiel, et un élan [*impeto*] divin qui lui fait pousser les ailes » (II, p. 333-334) ; allusion au mythe du *Phèdre* et aux ailes de l'âme, lesquelles, abîmées lors de l'événement ruineux de notre entrée dans le monde, ne pourront être récupérées que par quelques élus, notamment les philosophes[56]. En somme, cette forme d'enthousiasme érotique « se propose pour but principal la grâce de l'esprit et la direction de la passion, non pas la beauté corporelle » (II, p. 330).

Mais de quelle grâce s'agit-il ? Ce n'est pas un don attendu et reçu passivement, c'est une conquête de la contemplation active. Bruno se moque volontiers du saint qui, sans aucun effort personnel, est transformé en *vas electionis*. Le héros (ou même le démon) qu'il lui oppose n'est pas un vase, mais l'artisan qui le fabrique. De même, le saint est comparé à un âne qui transporte le sacrement, le héros aux choses sacrées elles-mêmes. Dans le premier on peut contempler l'« effet de la divinité », dans le second l'« excellence de l'humanité » (II, p. 332-333). Dans le concept brunien de fureur héroïque, les commentateurs ont vu « l'idée de l'immanence universelle du divin [qui] tend [...] vers une conclusion universaliste cohérente concernant la volonté et la capacité humaine de connaissance[57] ». « L'exploit des *Fureurs héroïques* est la conversion de l'homme en Dieu, la *homoiôsis theô* », nous dit E. Garin[58] ; et G. Gentile : « La sublimation de la raison dans le processus de la vérité[59]. » Tout cela, comme P.O. Kristeller l'a très bien vu, fait de Bruno un digne représentant du platonisme de la Renaissance, un disciple de l'école florentine dont Marsile Ficin avait été le maître. Cependant, l'originalité et l'authenticité de Bruno, qui sont difficilement classifiables, explosent déjà dans les premières pages de son écrit de leurs joyeux feux d'artifice.

La victime de Bruno est, cette fois-ci, François Pétrarque, représentant d'une passion amoureuse indigne et dégradante.

> Ce poète vernaculaire qui soupire sur les rives de la Sorgue après une fille de Vaucluse [...], n'ayant pas assez d'esprit pour s'occuper de mieux, se met à cultiver assidûment sa mélancolie, acceptant par cela la tyrannie d'une bête indigne, imbécile et malpropre (II, p. 293).

Et l'œuvre de Pétrarque est décrite comme le résultat de cette contemplation obsessionnelle d'un objet qui n'en était pas digne, comme la peine perdue d'une imagination malade, contre l'influence pernicieuse de laquelle Bruno lutte de toutes ses forces :

> Voici écrit sur papier, renfermé dans des volumes, mis devant les yeux et entonné près des oreilles, un bruit, un beuglement, un vrombissement de charades, d'histoires, de calembours avec sous-entendu, d'épîtres, de sonnets, d'épigrammes, de livres, de dossiers prolixes, d'extrêmes sueurs, de vies consumées, avec des grincements qui font assourdir les astres, des lamentations qui font résonner les cavernes de l'enfer, des douleurs qui font stupéfaire les âmes des vivants, des soupirs qui font s'évanouir les dieux miséricordieux, tout cela pour ces yeux, ces oreilles, ce rouge, cette langue, cette dent, ces cheveux, cette robe, ce manteau, ce petit soulier [...], ce soleil en éclipse, ce marteau, cette salope, cette puanteur, ce tombeau, cette latrine, cette menstrue, ce cadavre [...], qui, par une surface, une ombre, un fantasme, un rêve, un charme circéen mis au service de la procréation, nous trompe en prenant la forme de la beauté (II, p. 289).

Cette misogynie à outrance, nous informe très franchement Bruno dans la dédicace à Philip Sidney, n'est pas provoquée par l'impotence, qu'elle soit causée par envoûtement magique ou par froideur des humeurs. Au contraire, nous dit-il sans se vanter : du fruit défendu, il a mangé sans jamais se rassasier, car les neiges du Caucase et du Riphée ne suffiraient pas à éteindre la chaleur de ses veines. Mais la sphère de l'amour physique doit être séparée de celle de la contemplation divine avec une lucidité que Pétrarque, ce sensuel refoulé, n'a pas eue.

L'antipétrarquisme de Bruno[60] représente, au fond, un effort qui revendique pour la sphère de la conscience pure les troubles complaisances du subconscient, lesquelles, dans les écrits de Pétrarque, sont systématiquement élevées à une dignité intellectuelle que, dans la perspective du Nolain, elles ne méritent pas. Dans l'éthique brunienne, il n'y a pas de place pour les fantasmes d'une imagination dégénérée.

Attitude non dépourvue d'ambiguïtés : d'abord, parce qu'il accepte la femme comme objet d'usage, pourvu que cet usage ne soit pas accompagné de production fantastique ; en second lieu, parce qu'il n'hésitera pas, lui-même, à transformer une femme en hypostase, tout en ayant soin de prendre ses distances par rapport à Dante, chez qui il ne voit qu'un compagnon de l'infortuné Pétrarque..

L'hypostase féminine de Bruno n'est pas Béatrice, dans la figure de laquelle Dante n'a pas su tenir séparées la sphère du profane et celle du divin. Le précurseur ignoré de Bruno paraît, en ce sens, un mystique misogyne de l'espèce de Sanâ'î, pour lequel l'hypostase féminine de l'Intelligence n'a absolument rien de contingent.

Cette comparaison, sans être dépourvue d'une certaine pertinence, ne nous dit rien sur le contexte historique qui exerce son influence sur Bruno. Or, il faut rappeler que nous sommes en pleine Réforme et que le puritanisme — dans son acception de catégorie intemporelle — s'aggrave, du côté protestant autant que du côté catholique. Certes, qu'un ex-moine n'essaie nullement de cacher ses rapports charnels, voilà qui est très grave, pour ceux-ci comme pour ceux-là. Tout de même, son attitude est pardonnable s'il reconnaît ce principe sacro-saint de la chasse aux sorcières, énoncé par le manifeste tragique du puritanisme que fut le *Malleus maleficarum* des inquisiteurs Institoris et Sprenger : « La femme est un mal de la nature, enduit de belles couleurs[61]. » La misogynie de Bruno est l'héritage de son temps, combiné avec l'intense pratique mnémotechnique de l'ex-dominicain, qui lui permettait d'exercer un contrôle absolu ou presque sur les fantasmes du subconscient. *En ce sens, ce « chevalier de l'infini » représente le produit le plus parfait, donc le moins humain, de l'âge fantastique : une personne capable d'un libre arbitre nullement entravé par les forces troubles de sa nature, qu'il a appris à dominer.*

Tout comme le prologue d'Ibn 'Arabî au *Dîwân*, la dédicace de Bruno à Sidney est une protestation d'innocence qui finit, dans son cas, par engendrer un soupçon. De quoi devait-il se défendre si personne ne l'avait accusé d'avoir pensé à une femme concrète, destinataire de ses poèmes d'amour ? Pourtant, Bruno réfute cette hypothèse avec une telle énergie qu'il paraît préparer le terrain aux biographes qui, ne voulant pas être les dupes de ses déclarations trop tranchantes, auront le jeu facile de découvrir quelque Béatrice, Pétra ou Laure, responsable involontaire des soupirs du Nolain.

Son intention première, nous informe Bruno, avait été d'intituler son écrit *Cantique*, mais il y renonça, afin de

ne pas être accusé d'avoir tiré son inspiration d'un amour
« ordinaire » (c'est-à-dire « naturel », sexuel) pour une
personne en chair et en os.

Tout cela lui attira les soupçons, bien fondés en leur
essence, mais ridicules quant à leurs résultats, d'A. Sarno,
qui, dans un article de 1920[62], essaya de démontrer que
l'objet originel des poèmes d'amour de Bruno aurait été
rien moins que la reine Élisabeth Ire d'Angleterre et que
ce ne fut que plus tard, *post festum*, que l'auteur les
transforma en métaphysique lyrique, au moyen du commentaire philosophique. En effet, si Bruno réfute comme une
terrible offense l'idée que les *Fureurs héroïques* eussent pu
être interprétées comme des confessions poétiques d'amour
pour une *femme*, il exclut tout de suite après du concept
de « femme » (lequel, pour lui, est — hélas ! — dégradant)
toutes les représentantes du sexe féminin habitant l'île
britannique, *toto orbe divisa,* qui sont des nymphes, non
pas des femmes (vol. II, p. 293). En effet, *toto orbe divisa*
ne signifie pas seulement « séparée du continent » en un
sens spatial, mais aussi en un sens ontologique : l'Angleterre
est *allogène* par rapport à l'Europe (on a déjà vu l'ambiguïté
à laquelle cette louange apparente se prête dans les intentions mêmes de Bruno, qui est loin d'être un admirateur
de la civilisation britannique du XVIe siècle). Parmi ces
nymphes, l'inégalable, l'« unique Diane » — la reine Élisabeth — resplendit comme le soleil parmi les astres :

> [...] *l'unica Diana*
> *Qual'è tra voi quel che tra gli astri il sole.*
> (*Iscusazion del Nolano alle più virtuose e leggiadre dame,*
> vol. II, p. 306 ; cf. p. 302.)

Or, non point inspirés par une femme, les poèmes de
Bruno ont été, de son propre aveu, inspirés par une déesse,
une maîtresse des nymphes, Diane, qui s'identifie partiellement avec la reine Élisabeth Ire. Tout cela est incontestable,
mais la conclusion qu'en déduisent A. Sarno et F. Flora est,
tout compte fait, d'une grande platitude. Lors même qu'ils
croient couper le nœud gordien pour conquérir la vérité,
qui doit être simple en son essence, ces deux auteurs ne
se rendent pas compte qu'ils se trouvent au centre d'un
réseau de significations fort complexes, touchant au plus
profond de la philosophie brunienne, ainsi que de l'esprit
de son temps. Freudiens qui s'ignorent, Sarno et Flora sont

à la poursuite d'une vérité « humble », qu'ils croient découvrir dans un sentiment amoureux que la glorieuse reine d'Angleterre aurait inspiré au philosophe napolitain. Or, comme pour prouver que Freud n'a pas toujours raison, le déchiffrement patient des signes de l'histoire démontre que la vérité est ici d'un tout autre ordre que celui auquel les partisans du dogmatisme psychanalytique s'attendraient. Cette vérité est, bien entendu, *fantastique* : mais les fantasmes n'ont rien à voir avec l'appareil génital de l'autre sexe. Pour tout dire, la « lettre volée » n'est pas retrouvée *entre les jambes de la cheminée,* comme dans la célèbre nouvelle d'Edgar Poe commentée par Jacques Lacan. La « lettre volée » est la *signification* que l'histoire enlève, occulte, transforme. Ce n'est pas le contenu de la signification, c'est le concept de signification lui-même ; ce n'est pas une vérité *humble en son essence* qu'on découvre tout d'un coup en se rendant compte que la lettre était mise à l'endroit le moins indiqué pour cacher quelque chose, mais l'humble vérité *qu'il y a une signification à chercher.* La psychanalyse freudienne a toujours construit ses schèmes à partir du mystère chrétien qu'elle veut, d'ailleurs, démonter. L'idée que la vérité doit être simple et d'ordre inférieur équivaut à dire que « le dernier sera le premier » que le Messie victorieux paraîtra sous l'aspect paradoxal d'un crucifié, que le *lapis philosophorum* sera quelque chose de *vilis, exilis,* d'humble et de menu, qu'on retrouve *in stercore,* dans la matière la plus amorphe. Celui-ci est, naturellement, un point de vue *comme un autre* ; un point de vue qui, en tout cas, ne fonctionne pas dans le cadre de la recherche historique, où la vérité, complexe en ses manifestations, s'avère tout aussi complexe en son essence. Les signes de l'histoire ne sont pas des symboles sexuels.

Au cœur de la doctrine de Bruno

Au centre de la doctrine morale de Bruno il y a le motif ficinien de la dépossession du sujet, de la perte et du transfert de sa sujétité dans l'objet. Bien entendu, tout cela est appliqué exclusivement, comme chez Jean Pic, au cas de l'amour mystique, dont l'objet est la divinité elle-même. D'où la présence, comme on le verra par la suite, de la *mors osculi,* aussi bien que de l'histoire des neuf aveugles, laquelle, tout en étant une reprise, parfois littérale, de l'églogue *Cecaria* du Napolitain Marco Antonio Epicuro, ne s'inspire pas moins de la théorie de la cécité prophétique formulée par Jean Pic dans son *Commento*.

Sur l'échiquier de cette mémoire artificielle érotique, la « statue » de Diane est de loin la pièce la plus importante : la reine, au propre et au figuré. Mais la fonction de ce fantasme ne se réduit pas à représenter un personnage illustre, en l'occurrence Élisabeth Ire. Le symbolisme de la cour d'Angleterre trouvait chez le Nolain un accueil d'autant plus enthousiaste qu'il s'accordait à merveille avec sa propre métaphysique, où une entité féminine appelée Amphitrite, dont Diane n'est que l'hypostase manifestée, joue un rôle de premier ordre. Sous les traits d'une reine, Diane transcende non pas seulement la phénoménologie de l'éros fantastique, mais aussi le domaine de l'imagination humaine en son entier. Sa présence n'est pas l'indice d'un amour inaccessible — celui d'un pauvre clerc étranger pour la première dame d'un pays bizarre —, mais le symbole d'aventures spirituelles autant que d'entités métaphysiques.

Bruno connaît à la perfection la théorie ficinienne de l'amour, ainsi que le *Commento* de Jean Pic. Une partie des *Fureurs héroïques* (II, p. 3) est constituée d'un échange de questions et de réponses entre le cœur et les yeux, organes pneumatiques dont le rôle est bien connu dans la psychologie de l'éros. Cependant, la nouvelle scolastique dont Ficin avait été le représentant le plus illustre est raillée volontiers par Bruno dans la comédie *Candelaio*, publiée à Paris en 1582[63]. Le personnage, Scaramuré, magicien et astrologue charlatan, y récite ce passage emprunté presque littéralement aux œuvres de Ficin : « La fascination se produit en vertu d'un esprit luisant et subtil, généré par le cœur du sang le plus pur, lequel, envoyé sous forme de rayons par les yeux ouverts [...], blesse la chose regardée, touchant le cœur et s'en va contaminer le corps et l'esprit d'autrui [...] » (vol. III, p. 48-49). Enfin, ailleurs aussi bien qu'ici, Bruno laisse voir que le ficinisme ne le satisfait pas. Dans le pro-prologue de la comédie (vol. III, p. 27) il se moque des mélancoliques contemplatifs et de leurs pouvoirs exceptionnels (*quelli* [...] *a quai Saturno ha pisciato il giudizio in testa* [...]).

Sans formuler explicitement son jugement, Bruno méprise Ficin pour sa pédanterie. Cela s'explique par l'essence fantastique de la culture de Bruno, issue, au fond, de la prédication ficinienne. Mais, tandis que les écrits ficiniens enfermaient des descriptions très précises et souvent fastidieuses des mécanismes fantastiques, ceux de Bruno sont des *descriptions vivantes de scénarios intérieurs.* Le maniérisme de Ficin est un maniérisme scolastique, consistant dans l'usage de formules recherchées pour exprimer des concepts immuables ; le maniérisme de Bruno est mnémotechnique, consistant dans la présentation scrupuleuse, et souvent fastidieuse elle aussi, de fantasmes de la mémoire artificielle. Le terrain où Bruno et Ficin se rencontrent est le *style,* très précieux chez l'un et l'autre, Bruno ayant une prédilection marquée pour la mode de l'oxymoron, très développée au XVIe siècle. Comme saint Jean de la Croix, Bruno adopte des expressions de l'amour mystique comme celle-ci : *In viva morte morta vita vivo* (vol. II, p. 327).

L'explication de cette formule nous ramène à la théorie ficinienne du transfert de la sujétité : « Il [le sujet] n'est pas mort, puisqu'il vit dans l'objet ; il n'est pas vivant, puisqu'il est mort en lui-même » (*ibid.*). Une autre expression de cette consomption d'amour est, bien entendu, la *morte di bacio*, la *binsica* de Jean Pic, « où l'âme est languissante, pour être morte en elle-même et vivant dans l'objet » (vol. II, p. 351).

Bruno ne serait pas un véritable artiste de la mémoire s'il n'employait pas des « statues » et un scénario approprié, pour illustrer ce moment crucial dans la dialectique de l'amour mystique qu'est la perte de la sujétité. Le mythe qui lui paraît le plus convenable à cet effet est celui d'Actéon, le jeune chasseur qui, ayant surpris Diane nue se baignant dans une source, a été transformé en cerf par la déesse et dévoré par ses propres chiens. La fable d'Actéon s'était toujours prêtée aux emplois les plus divers. Le pauvre poète Ovide, qui la racontait dans ses *Métamorphoses,* se plaignait dans les *Tristia* d'avoir subi le sort d'Actéon, où le démembrement a été cependant remplacé par l'exil à Tomis. Sans doute, il avait dû voir quelque chose d'inconvenant concernant les amours d'une déesse, fort vraisemblablement la fille d'Auguste. Au siècle de Bruno, l'histoire était tout aussi bien connue qu'à celui d'Ovide. L'auteur qui nous fournit ici le matériel pour l'illustrer est le gentilhomme poitevin Jacques du Fouilloux (1519-1580), originaire de Gâtine, précurseur de Casanova et aussi — se limitant pourtant à maltraiter sa propre épouse — du marquis de Sade. Du Fouilloux composa un traité de cynégétique très célèbre à son temps, appelé, bien entendu, *La Vénerie*, imprimé — suivi du poème érotique d'*Adolescence* — par « De Marnefz et Bouchetz frères » en 1561 à Poitiers[64].

Du Fouilloux était un expert de la chasse au cerf, ce qui lui valut une *Complainte du cerf* exprimée en vers par Guillaume Bouchet et publiée à la fin de l'édition de 1561[65]. Le cerf plaide sa cause contre le chasseur et profère cette malédiction finale :

> Mais si tu demourois en tes maux courageux,
> Despitant la puissance, et le courroux des Dieux,
> Puisse-tu rencontrer Diane Cynthienne,
> Toute nue baigner dedans quelque fontaine,
> Et ainsi qu'Acteon, comme moy cerf tourné,
> Bramer devant ton chien dessus toy attiné,
> Qui sucera ton sang [fig. 5], jusqu'atant que l'on pense
> Ceste peine cruelle esgaler ton offence.

C'est à cette histoire du chasseur chassé qu'est consacré le célèbre sonnet brunien des *Fureurs héroïques* (I, p. 4) dont nous donnons ici une traduction à peu près littérale :

> Le jeune Actéon, quand la destinée dresse sa démarche incertaine et imprudente, laisse libres ses mâtins et ses lévriers parmi les forêts, sur la trace du gibier.
> Il vit parmi les eaux le buste et le visage les plus beaux qu'il est donné de voir à un mortel et même à un dieu, faits de pourpre et d'alabastre et d'or fin ; et c'est ainsi que le grand chasseur devint gibier à son tour.
> Les chiens grands et nombreux furent prompts à dévorer le cerf qui dressait ses pas longs et légers vers des lieux inaccessibles. C'est ainsi que moi, je vise une haute proie avec mes pensées, mais elles se retournent contre moi, me tuant de leurs morsures cruelles et avides (Voir Appendice V, p. 327 sq.).

Dans le poème de Bruno, ce n'est pas le récit qui compte, ce sont les personnages. Or, ces personnages sont des *statues de la mémoire artificielle*. Il faut se représenter la scène à peu près comme dans une gravure flamande accompagnant l'édition d'Anvers des *Métamorphoses* (1591, p. 84-85) : une déesse qui émerge à moitié nue des flots et

FIG. 5 : Chasse au cerf. Du Fouilloux, *La Vénerie*, fig. 73, p. 111.

un chasseur transformé en cerf et dévoré par ses propres chiens. Déesse, chasseur et chiens sont les supports fantastiques d'un contenu mnémonique décrit par Bruno dans son commentaire. Diane est visualisée comme ayant la carnation d'alabastre, les lèvres (ou les seins) de pourpre et les cheveux d'or fin. Seul son buste émerge des eaux, ce qui signifie qu'elle est douée d'une partie visible et d'une partie occulte. Les eaux symbolisent le monde sensible, créé à l'image du monde intelligible. La partie visible de Diane représente « la puissance et l'opération extrêmes que les mortels ou les dieux peuvent voir par la nature et l'acte de la contemplation intellectuelle ». L'alabastre de la carnation est symbole de la beauté divine, le pourpre de la vigoureuse puissance et l'or de la divine sagesse.

Les chiens se partagent en mâtins et lévriers, ce qui n'est pas du tout accidentel. Les mâtins représentent la volonté du sujet, les lévriers l'intellect discursif, la *dianoia*. Le gibier, après lequel chasseur et chiens courent, représente « les espèces intelligibles des concepts idéaux, qui sont occultes, suivies par peu de gens, atteintes par moins de gens encore, et qui ne s'offrent pas à tous ceux qui cherchent ».

Le poème de Bruno doit être envisagé comme un *tableau* qui est tracé sous nos yeux, un tableau enregistré pour toujours parmi les collections de la mémoire artificielle. Il représente en quelque sorte la quintessence des opérations intellectives, dont l'objet, cette Vérité qui est Beauté à la fois, est aussi l'objet de l'Éros.

Comme dans la gravure des *Métamorphoses*, la statue d'Actéon, que la mémoire se représente, doit avoir la tête d'un cerf, pour indiquer le processus de transformation du sujet en objet. Comment et pourquoi le chasseur devient-il gibier ? « Par l'opération de l'intellect qui lui sert à convertir en lui-même les choses apprises [...]. Parce qu'il forme les espèces intelligibles à sa manière et les proportionne selon ses capacités, car elles sont reçues selon la possibilité du recevant, *ad modum recipientis*. » Ce n'est qu'à cause des limites de l'intellect que le sujet ne peut pas embrasser l'entière splendeur de la vérité divine ; en effet, ce récipient fantastique contraint le monde intelligible à se montrer sous forme de *fantasmes*. Ce n'est pas une connaissance *facie ad faciem* de l'âme, mais, au contraire, une connaissance indirecte, pneumatique.

C'est ici qu'intervient l'union extatique : avançant sur l'échiquier de la connaissance, le pion impuissant se voit tout d'un coup transformé en reine, en Diane, en celle qui était l'objet de sa quête. L'intellect est annihilé, foudroyé : la chasse continue seulement « par l'opération de la volonté, dont l'action fait transformer le sujet en objet [...], car l'amour *transforme et change en la chose aimée* ». Il s'agit d'un rituel caché de passage d'une condition existentielle à une autre, symbolisé par l'image de la dévoration, du démembrement : « C'est ainsi que les *chiens grands et nombreux le mettent à mort :* c'est ainsi que finit sa vie selon le monde fou, sensuel, aveugle et fantastique, et il commence à vivre intellectuellement, à vivre une vie de dieu, à se nourrir d'ambroisie et s'enivrer de nectar » (vol. II, p. 352)[66].

Si le peintre et le poète ont jusqu'ici eu le dessus, le philosophe prendra ensuite sa revanche, donnant de l'allégorie d'Actéon une explication d'ailleurs si claire qu'il est étonnant qu'elle ait toujours été si mal interprétée :

Il n'est pas possible de voir le soleil, l'universel Apollon, la lumière absolue en sa forme suprême et excellente. Il est pourtant possible de voir son ombre, sa Diane, le monde, l'univers, la nature, qui est dans les choses, qui est la lumière dans l'opacité de la matière, reluisant dans les ténèbres. Parmi les nombreuses gens qui parcourent les chemins de cette forêt déserte, il y en a très peu qui se dirigent vers la source de Diane. Il y en a plusieurs qui se contentent de chasser les bêtes sauvages et moins illustres, tandis que la plupart d'entre eux n'ont de quoi s'occuper, ayant tendu leurs courses dans le vent et, par conséquent, n'y retrouvant que des mouches. Les Actéons sont très rares, qui ont la fortune de contempler Diane nue, de s'éprendre en une telle mesure de la belle disposition du corps de la nature [...], qu'ils soient transformés [...] de chasseurs en gibier. Car le but ultime de la vénerie est de tomber sur cette proie rare et sauvage qui transforme le chasseur en l'objet de sa chasse : dans toute autre espèce de chasse, dont l'objet est les choses particulières, le chasseur empoigne les choses, il les absorbe par la bouche de sa propre intelligence ; tandis que, dans le cas d'un venaison divine et universelle, il s'ouvre tellement au savoir qu'il en est assimilé, absorbé, intégré. De vulgaire, ordinaire, civilisé et social qu'il était auparavant, il devient sauvage comme le cerf et l'habitant du désert. Dans cette forêt énorme, il vit dans les antres des montagnes caverneuses, *antres qui n'appartiennent pas à la mémoire artificielle* [*stanze non artificiose*], où il admire les sources des grands fleuves, où il végète en pureté, loin de la contamination des désirs ordinaires [...].

Les deux fragments qui expliquent le rituel de passage du sujet à la condition intellectuelle ont soin de préciser carrément que ce passage consiste dans un *dépassement de la connaissance fantastique*. Dans le monde sensible, l'homme est condamné à ne connaître que fantastiquement ; par contre, le grand initié brunien, celui qui a eu accès au monde intelligible, connaît sans l'intermédiaire des fantasmes, *facie ad faciem*, sans plus avoir besoin de médiation spirituelle entre le corps et l'âme, puisqu'il ne vit que dans et par l'âme. Il s'agit, bien entendu, d'une condition paradoxale dont Bruno ne fait rien pour masquer l'étrangeté, le caractère extraordinaire :

C'est ainsi que les chiens, c'est-à-dire les pensées des choses divines, dévorent cet Actéon, *le tuant dans son aspect d'homme social, commun* [*facendolo morto al volgo, alla moltitudine*], le libérant des nœuds des sens perturbés[67], de la geôle charnelle de la matière ; ainsi, sa Diane il ne la verra plus comme à travers des trous et des fenêtres, mais, ayant jeté à terre les murailles, *il sera devenu un seul œil qui regarde l'horizon tout autour*. De cette manière, il contemple le tout comme une seule chose, il n'y voit plus des distinctions et des nombres, selon la diversité des sens [...]. Il voit Amphitrite, source de tous les nombres, de toutes les espèces, de toutes les raisons, qui est la *monade*, vraie essence de l'être de tout. Et s'il ne peut pas la voir en son essence en lumière absolue, il la voit néanmoins à travers sa progéniture, qui lui est semblable, étant faite à son image : puisque cette monade qui est la nature, l'univers, le monde, procède de l'autre monade qui est la divinité. La dernière se reflète et se contemple en la première, *comme le soleil en la lune* [...]. *Celle-ci est Diane*, l'Un, l'entité, la vérité, la nature compréhensible dans laquelle irradient le soleil et la splendeur de la nature supérieure [...].

Actéon

La « statue » mnémonique d'Actéon est le fantasme du sujet à la recherche de la vérité, recherche dans laquelle il emploie toutes les ressources irrationnelles et rationnelles de son âme. Comme tout homme dans le monde, Actéon est doué de *sensibilité* et de *fantaisie*, qui sont ses deux moyens de connaissance du monde extérieur de la nature et du monde intérieur de l'âme. En outre, Actéon est un *homme social*, qui participe à la vie publique, avec ses limitations, son radotage et ses préjugés.

La contemplation de la déesse nue équivaut à la mort d'Actéon : celui-ci perd tous les attributs qui caractérisent la condition humaine — la sociabilité, la sensibilité et la fantaisie. Mais la mort n'est que le côté terrible d'une initiation, d'un rituel de passage vers la condition intellectuelle du sujet. Celle-ci est marquée par une *connaissance directe* du monde intelligible, transcendant l'opinion publique, l'information des sens et les fantasmagories pneumatiques.

Actéon, le sujet, sera dorénavant un « mort en vie », un étant dont l'existence est paradoxale, puisqu'elle n'a plus lieu selon les conditions préétablies de son espèce. Au fond, l'expérience traumatique qu'il a parcourue l'a transformé en l'objet de sa propre quête, en la divinité elle-même. Actéon n'est plus un homme, il est devenu dieu. C'est pourquoi la continuation de son existence sociale, parmi des hommes qui ne sont plus ses congénères, est un paradoxe. C'est pourquoi les symboles de la *coincidentia oppositorum* abondent dans l'œuvre de Bruno : parce que, lui, il envisage effectivement la possibilité d'existence d'un homme qui, vidé de son humanité, puisse se remplir de la divinité sans pour autant s'exiler complètement de son lieu de séjour terrestre. Comme le sujet qui perd sa sujétité, c'est un mort ; mais, tout comme celui-là, il récupère l'existence dans la mesure et seulement dans la mesure où il est aimé par l'objet, qui se transforme, ainsi, en lui-même. Dans le processus traumatique subi par Actéon lorsqu'il surprend Diane nue se baignant à la source, en réalité la déesse *se donne*, elle se laisse posséder, mais de la seule manière possible : transformant Actéon en cerf, en animal familier, en personnage qui a quitté le niveau de son ancienne existence, pour accéder à une forme d'existence où il puisse jouir de sa compagnie, la déesse nue.

On comprend déjà les *présomptions* de Bruno (limitons-nous au sens étymologique de ce mot) : il affirme être lui-même ce « mort en vie », ce libéré des contraintes de l'espèce humaine. Il se présente comme un *leader* religieux qui, comme saint Thomas, Zoroastre, saint Paul, etc., a ouvert le « sceau des sceaux », a été aimé par la déesse vierge, l'inaccessible Diane[68].

Dans cette perspective, on comprend aisément que l'Inquisition l'ait envoyé au bûcher. N'aurait-il pas dû, en principe, être capable d'un petit miracle pour se sauver ? Et n'était-elle pas convaincue, la sage et rusée Inquisition, qu'un tel miracle n'avait réussi à personne ? Dans chaque procès de sorcellerie — et, à mon avis, celui de Bruno en était un —, la passion de Jésus se répétait : ne l'avait-on pas invité à se sauver, s'il le pouvait ? Or, certes, un des sens les plus profonds de la vérité chrétienne réside dans le fait que Jésus se plie à la volonté de son Père, qui décide, plutôt que de le sauver, de le transformer en victime sacrificielle pour expier les péchés de l'humanité (*felix culpa, quia tamen ac tantum meruit habere Redemptorem...*).

Il n'est pas exclu que Bruno ait vu dans son propre bûcher l'acte final d'un processus qui s'était accompli en lui-même déjà bien avant : la dépossession de son humanité, le passage à une condition divine. Ses dernières paroles, qu'on a toujours si mal interprétées, n'en témoignent-elles d'ailleurs pas ? *Maiori forsan cum timore sententiam in me fertis, quam ego accipiam,* « vous avez plus peur, vous, à me condamner, que moi, à accepter votre sentence ».

S'il a voulu être l'apôtre d'une nouvelle religion, Bruno l'a été sans doute : son nom a enflammé l'esprit et la voix de maint franc-maçon, libre penseur, révolutionnaire, matérialiste ou anarchiste du XIXe siècle, et le lieu où la statue de Bruno s'élève aujourd'hui, là où, devant le palais de la Chancellerie papale, sur le Campo de' Fiori, s'était trouvé jadis son bûcher, est resté par tradition un lieu de rencontre des anarchistes de Rome. Malheureusement, tous ceux qui l'ont transformé en champion de leur cause sociale et politique ont très peu compris son œuvre et sa personnalité, n'ayant retenu que son martyre dans la lutte antiecclésiastique. Or, certainement, Bruno est devenu le prophète d'une religion que non seulement il n'aurait jamais voulue, mais dont les idéaux étaient, au contraire, diamétralement opposés aux siens propres. Lui, le plus antidémocrate des penseurs, devenir symbole de la démocratie !

Ce que Bruno voulait, il est maintenant possible de le reconstituer et de le comprendre. Loin d'être un champion du progrès, de la démocratie, de la technologie ou de l'écologie, Bruno n'est qu'un penseur qui essaie de réinfuser la vitalité dans les valeurs les plus sophistiquées, les plus abracadabrantes du Moyen Age occidental. Tentative qui, se soldant par un échec sanglant, aurait été destinée — sans cette fin atroce de son protagoniste — à rester à jamais enfouie parmi les bizarreries de l'histoire, à côté des productions d'un Giulio Camillo, d'un Pierre de Ravenne ou d'un Fabio Paolini.

Diane

Tandis que la statue d'Actéon était simple et univoque, celle de Diane présente de multiples aspects qui, tout en formant une unité indissoluble, sont, néanmoins, susceptibles d'être analysés un par un. C'est ainsi que Diane est à la fois la *nature*, la *lune*, mais aussi la *reine* Élisabeth Ire d'Angleterre.

a) *La nature*

Lorsqu'il est transformé en cerf, Actéon connaît, en réalité, une *révélation* : il contemple la déesse en sa nudité.

Or, Diane, qui est « la nature, l'univers, le monde », est fille, c'est-à-dire image, d'Amphitrite, « source de tous nombres, de toutes espèces, de toutes raisons ». La définition la plus complète de Diane est celle-ci : « Diane est l'un, qui est l'entité même, l'entité, qui est la vérité même, la vérité qui est la nature compréhensible, dans laquelle rayonnent le soleil et la splendeur de la nature supérieure, selon la distinction de l'unité en générée et générante, ou produisante et produite. »

Il ne faut pas en conclure, trop rapidement, que cette vision de la nature correspond plutôt aux œuvres de magie de Bruno, étant éloignée de la doctrine philosophique exposée dans le dialogue *De la Causa, Principio, et Uno*. Tout en convenant qu'il y a, peut-être, des différences de vocabulaire entre les traités magiques et l'œuvre philosophique de Bruno, on ne saurait admettre aucune différence essentielle de principe et de méthode.

Pour Bruno, la matière est le substrat du cosmos, et le cosmos est matière animée. L'univers sans l'âme du monde, la substance corporelle sans la substance incorporelle sont inconcevables. Il y a seulement la forme accidentelle, extérieure et matérielle, qui change, tandis que la matière elle-même et la forme substantielle, l'âme, sont « indissolubles et indestructibles ». La même matière reçoit pourtant des « êtres » (modalités d'existence) divers. La matière en son unité, comme la *chôra* platonicienne, n'est perceptible qu'intellectuellement. Ses puissances sont actives et passives ; l'acte étant unique et limité, il ne coïncide pas avec la puissance pour ce qui concerne les êtres déterminés. Acte et puissance ne sont parfaitement identiques que dans le premier principe, qui, lui seul, *est tout ce qu'il peut être*.

L'univers (Diane), qui apparaît comme un *simulacre* de la nature première (Amphitrite), est tout ce qu'il peut être, puisqu'il contient la matière tout entière, mais il n'est pas tout ce qu'il peut être à cause des différences entre les formes assumées par les êtres individuels. Il n'est que l'*ombre* du premier acte et puissance ; en lui, acte et puissance ne sont pas la même chose, ne l'étant pas en ses parties. L'univers est « dé-ployé » (*explicato*), étayé, distinct, tandis que le premier principe est « in-pliqué » (*complicato*), uniforme, un. La corruption, la mort, le vice, le monstre proviennent du défaut et de l'impuissance des choses, qui s'efforcent d'être plusieurs choses à la fois, essayant d'acquérir l'être selon leur puissance d'être, qui excède l'acte et, par cela, n'est que médiocrement réalisée. Mais, puisqu'il est absurde que quelque chose soit plusieurs choses à la fois, l'être individuel n'arrive qu'à changer son être pour un autre être.

C'est ainsi que l'univers, Diane, est l'ombre de l'âme universelle, d'Amphitrite : une ombre qui fourmille d'êtres, étant, néanmoins, susceptible d'être envisagée en son unité indistincte. Surprendre Diane nue, c'est percevoir cette ombre, se laisser absorber par elle, renonçant aux limitations propres à un étant particulier. Actéon, qui croyait faire existence à part, se rend finalement compte — tant qu'il en a encore la possibilité — de n'être que l'ombre d'une ombre : un avec le tout.

b) *La lune*

Que la lune soit *nocturna forma Dianae,* ce n'est pas seulement le poète Ovide qui le dit (*Met.,* XV, 196) : il s'agit d'une croyance tout à fait commune des Romains[69]. Dans la mesure où sa Diane, qui est l'univers, a aussi un comportement lunaire, Bruno paraît partager cette croyance.

Or, rappelons-nous que Diane est, dans *De gl'heroici furori,* la fille d'Amphitrite : « car la monade qui est la divinité produit cette autre monade qui est la nature, l'univers, le monde, où elle se contemple et se réfléchit, comme le soleil dans la lune [...] ». Dans le système de cette comparaison, qui ne prétend pas décrire la structure exacte de la réalité, Amphitrite joue le rôle du soleil (= monde intelligible), tandis que Diane joue celui de la lune (= monde sensible), astre nocturne qui reflète la lumière du soleil.

Amphitrite, une néréide élevée au rang de déesse de la mer par son mariage avec Poséidon, est une autre figure fort importante de la mémoire artificielle de Bruno. Amphitrite a deux visages, selon le genre de discours dans lequel elle est encadrée : dans le discours métaphysique, elle représente le monde intelligible ; dans le discours politique, elle est la reine Élisabeth[70].

Le premier visage d'Amphitrite est davantage éclairé dans *La Cabale du cheval Pégase* (1585). Ici, la déesse est une source d'*esprit,* de *pneuma* : « Tous les esprits viennent d'Amphitrite, qui est esprit, et y retournent tous. » L'histoire amusante de l'âne Onorio, qui continue l'idée principale du dialogue *Spaccio de la Bestia trionfante,* s'inspire librement des œuvres morales de Plutarque.

Onorio était originaire des environs de Thèbes. Il était gourmand, et, un jour, un vulgaire légume le tenta. Essayant de l'attraper, il tomba dans un ravin et se cassa les os. Mourant, il se rendit compte que son esprit n'était point différent de celui des autres êtres animés, comme l'homme par exemple. Son corps rendu à la terre, l'âme d'Onorio, égale à toutes les autres âmes, s'envola vers les hauteurs. Arrivée au fleuve Léthé, elle fit semblant de se désaltérer, mais, en réalité, garda la mémoire intacte de ses aventures extatiques.

Est-il possible d'identifier l'Amphitrite de Bruno avec la Perséphone lunaire de Plutarque, qui est, elle aussi, reine des âmes[71] ? Il y a, fort probablement, une liaison entre les deux représentations, mais l'Amphitrite brunienne ne paraît pas assumer un caractère trop explicitement lunaire, sauf dans le cas où, pour représenter la reine d'Angleterre, elle finit par s'identifier à son propre enfant, à Diane.

c) *La reine*

La théorie ficinienne de l'extériorisation de l'amour par les yeux, sauvagement imitée par les lettres françaises au XVIe siècle[72], eut une conséquence assez étrange et inattendue. Étant donné que l'image de la femme est celle qui *blesse* le cœur de l'amoureux, les « images guerrières » et le « vocabulaire belliqueux » caractérisent par excellence l'être féminin[73]. Chez Philippe Desportes, des formules comme « ceste belle meurtrière », « ma guerrière », « ma belle homicide » abondent[74]. L'autre tradition, richement illustrée par Du Bellay, Ronsard, Grévin, Pontus de Tyard et Brantôme, transforme la femme en « déesse », « divine », « douce inhumaine », etc.[75]. Bien entendu, les deux traditions convergent très souvent, comme dans les vers suivants empruntés à Desportes :

Cette belle déesse, ah ! non seulement belle,
Ainse Bellone et guerrière, ainsi m'a surmonté[76].

L'exaltation de l'idée impériale se trouve à son apogée. Du Bellay appelle François Ier et Henri II « Hercules Gaulois » et « grands Monarques du monde », « enfans (aisnez) des Dieux ». Henri II est Jupiter, Catherine de Médicis est la « grand' Junon, sa compaigne[77] ». Brantôme se complaît dans le même genre d'images, en décrivant l'aspect d'une princesse : « Un corps de la plus belle, superbe et riche taille qui se puisse voir, accompagné d'un port et d'une si grave majesté, qu'on la prendra tousjours pour une déesse du ciel, plus que pour une princesse de la terre », ou encore : « Une princesse [...] surhumaine et celeste, et en tous points parfaicte et accomplie[78] ».

Cette atmosphère de conte de fées entoure tout ce qui a trait à la royauté. Au temps d'Henri II, « le Louvre, plus que la maison du roi, est un sanctuaire, où courtisans, poètes, artistes adorent leur divinité suivant un rite que nous verrons se préciser davantage avec le temps[79] ».

L'Angleterre, qui, dans la personne de la reine Élisabeth, voit ressusciter tous les idéaux de la monarchie universelle, invente, suivant le modèle français, son propre culte royal, formé, en partie, d'éléments communs, mais aussi d'éléments individuels tirés de la situation personnelle d'Élisabeth. Celle-ci ne peut, bien entendu, être appelée « Hercule britannique ». Une autre comparaison s'impose presque de soi : puisqu'elle n'est pas mariée, ce qui équivaut, pour l'opinion publique, à une vocation de virginité perpétuelle et de chasteté, la reine aura comme terme de comparaison toute Vierge célèbre, qu'il s'agisse d'Astrée[80], d'une Vestale[81], d'Ariane[82], de la constellation de la Vierge[83], de la Vierge Marie (jouant ainsi sur le rapprochement phonétique entre *Beta* et *Beata* Maria)[84]. La comparaison préférée et, pour ainsi dire, la plus parfaite est celle qui la transforme en la déesse de la chasse, Diane, connue aussi sous les noms de Cynthia et Belphœbé[85].

Ce choix, qui n'est que trop justifié par le caractère à la fois belliqueux et virginal de Diane, ne pose de problème que sur un seul point : on sait bien que Diane (Cynthia, Belphœbé, etc.) est une déesse lunaire. Or, qu'a-t-elle à voir, la reine Élisabeth, avec la lune ? Un vieux symbolisme donne une solution merveilleuse à ce dernier doute : tandis que le soleil avait été traditionnellement associé à la papauté, la lune était symbole de l'Empire[86] (et vice versa, selon les convenances). En conformité avec cette doctrine, la reine d'Angleterre, qui se confond avec la déesse Diane, devient l'objet d'un culte lunaire mis au point par toute une école poétique appelée « School of Night », dont W. Raleigh et G. Chapman furent les représentants les plus illustres[87].

Giordano Bruno, partisan fanatique de l'idée impériale, devient, à Londres, l'adepte fervent du culte obscur de la déesse Diane. Mais le symbolisme qu'il adopte si rapidement a pour lui une valeur métaphysique qui échappait, probablement, aux adeptes Raleigh et Chapman. D'une audace inouïe, Bruno, qui reste toujours un grand spécialiste et professeur d'Art de la mémoire, s'adresse à son public choisi en une langue qui n'était, à tous, que trop familière. La « statue » de la mémoire artificielle qui domine les dialogues composés en Angleterre est celle de Diane. Or, Sidney et Greville, pour ne pas parler des initiés Raleigh et Chapman, associaient directement Diane à la reine Élisabeth, ou, ce qui revient au même, *avaient la capacité de se représenter Diane sans aucun effort particulier, puisqu'elle assumait spontanément, dans leur fantaisie, les traits de la reine vénérée*. L'allégorie inventée par Bruno pour introduire des idées métaphysiques et des techniques mnémoniques personnelles avait aussi l'avantage de créer à son auteur une très bonne réputation auprès de celle qui y était exaltée — la reine elle-même. Malheureusement, des considérations politiques embrouillées, ou plutôt la disgrâce du chevalier Sidney, obligèrent Bruno à s'éloigner de la cour anglaise, sans avoir eu le temps de cueillir les fruits, vainement attendus, de ses louanges.

La parabole des neuf aveugles

La présence de Diane dans le théâtre fantastique de Bruno n'est pas le seul indice de sa britannisation. Par l'intermédiaire de l'ambassadeur français, qui y avait pris part, Bruno fit sans doute connaissance avec l'allégorie mise en scène à Woodstock en 1575 par le chevalier Henry Lee en l'honneur de la reine, racontée en anglais, latin, italien et français par George Gascoine dans un opuscule qui paraissait à la fin de la même année. Henry Lee, le meilleur homme d'armes du temps d'Élisabeth, ami de Philip Sidney, donna un *entertainment* dans lequel figurait l'histoire de l'ermite Hémétès. Celui-ci, ayant perdu la vue, la récupéra aussitôt arrivé dans le meilleur pays du monde, gouverné par le seigneur le plus sage[88].

La lecture probable de cette allégorie transparente suscita en Bruno une réminiscence de son adolescence : l'églogue pastorale *Dialogo di tre ciechi* ou *Cecaria* du Napolitain Marco Antonio Epicuro, dont il savait, sans doute, une bonne partie par cœur. Dans les derniers dialogues de la deuxième partie des *Fureurs héroïques,* il imite librement l'églogue d'Epicuro, ayant aussi en vue l'interprétation de la cécité du prophète qu'il avait rencontrée chez Jean Pic.

Les acteurs de la parabole de Bruno sont neuf aveugles, des « statues » mnémoniques qui représentent les neuf espèces d'amour qui, par défaillance interne ou induite de l'extérieur, inclinent à la sensualité, comprenant aussi le syndrome classique de l'*amor hereos,* selon la description de Jean Pic.

Le premier est aveugle-né ; le second a été « mordu par le serpent de la jalousie » ; le troisième, sortant des ténèbres, a été aveuglé par la lumière intelligible ; le quatrième a perdu la vue pour n'avoir regardé que cette lumière seule ;

le cinquième pour avoir trop pleuré, empêchant ainsi le rayon visuel de sortir par les pupilles ; le sixième pour avoir gaspillé toute son humeur en larmes, rendant ainsi opaques ses membranes oculaires, qui ne peuvent plus refléter les rayons visuels ; le septième souffre du même mal, provoqué, cette fois-ci, par l'ardeur terrible de son cœur ; le huitième a été gravement atteint aux yeux par les flèches d'amour qui lui ont été lancées par quelque « belle homicide » ; enfin, la cécité du neuvième a été provoquée par défaut de confiance en soi-même.

Qu'était-il arrivé ?

Les neuf jeunes gens, pleins d'élan, conjurent le ciel de leur faire trouver l'amour : « Oh, plût au ciel qu'en ces temps apparaisse, comme jadis, dans les siècles plus heureux, quelque sorcière Circé qui, par ses plantes, ses minéraux, ses poisons et ses charmes, avait la puissance de freiner ou presque la nature elle-même ! » Leur prière est exaucée et, du coup, un merveilleux château fait son apparition sur le mont Circéen. Ils y pénètrent, et se retrouvent devant Circé, fille du Soleil, *dives Solis filia* (*Aen.*, VII, 11), qui les rend aveugles. Les neuf se mettent en route pour dix années de suite, jusqu'à ce qu'ils arrivent dans l'île britannique, au fleuve « Tamesi » (Tamise), où ils rencontrent les nymphes locales et leur exposent leur cause. Circé leur a donné un vase précieux qui ne pourra être ouvert que lorsqu'ils auront atteint « la haute sagesse, la noble chasteté et la beauté ensemble ». Une nymphe ouvre le « vase fatal », et les neuf recouvrent la vue et commencent une danse allègre en rond (une *ridda*). Leur chanson est un hymne de remerciement au sort bénin qui tourne éternellement : « La roue change de direction, voilà qu'elle est en haut, voici qu'elle secoue ; il y a le jour après la nuit, toujours. » Un autre hymne célèbre ensuite la naissance des flots de l'enfant divine Anadyomène, reçue par Jupiter dans les cieux. Cette Vénus océanique est une autre « statue » de la reine d'Angleterre, qui fait penser au sixième livre de la *Faerie Queene* (1596) de Spenser, dont la référence, plus ou moins transparente, est la même cour d'Angleterre, avec ses « nymphes » et leur maîtresse, la *faire one*.

Circé

Une autre statue de la mémoire artificielle de Bruno clôt la série ouverte par Actéon : c'est la statue de la sorcière Circé, fille du Soleil et divinité lunaire elle-même. Elle représente, d'ailleurs, le visage terrible de la Grande Déesse de la nature qu'est Diane : Circé est celle qui lie, Diane celle qui délie ; Circé est celle qui rend aveugle, Diane est celle qui guérit.

Giovanni Gentile croyait que Circé symbolisait, chez Bruno, l'Église catholique[89], sous le joug de laquelle le philosophe était entré « en la belle Campanie », et dont il ne se serait défait qu'au pays des nymphes britanniques, où, pour ainsi dire, il avait récupéré la vue[90]. A l'époque de Gentile, on ne savait que très peu de chose sur l'Art de la mémoire, et tout le monde ne voyait en Bruno que le champion de la cause antiecclésiastique. Or, Circé ne saurait être l'Église catholique, puisqu'elle n'est qu'une « statue » — fort importante, d'ailleurs — dans le système mnémonique du Nolain. C'est elle qui détient le « sceau des sceaux », c'est elle qui préside à la mémoire magique et permet l'accomplissement de diverses opérations par l'intermédiaire des démons planétaires[91].

Tandis que Diane représente l'univers en son unité, Circé est la maîtresse des opérations magiques dont le but est précisément de réunir les parties du monde, de les mettre en relation mutuelle. Sans Circé, il n'y aurait pas de Diane : le remède n'existerait pas sans le poison.

DEUXIÈME PARTIE

LE GRAND MANIPULATEUR

Vinculum quippe vinculorum amor est.
(Giordano Bruno, *De vinculis in genere, Op. lat.*, III, p. 697.)

DEUXIÈME PARTIE

LE GRAND MANIPULATEUR

CHAPITRE IV

ÉROS ET MAGIE

1. Identité de substance, identité d'opération

La paternité de l'équation éros = magie, dont les termes sont, sans doute, renversables, appartient à Ficin[1]. C'est lui qui relève, pour la première fois, l'identité de substance de ces deux techniques de manipulation des fantasmes, ainsi que de leurs procédés opérationnels.

L'amour est, bien entendu, magicien — l'invention de cette formule est, elle aussi, ficinienne (*Am.,* VI, 10, p. 106). Cela, parce que « la force entière de la Magie est fondée sur l'Éros. L'œuvre de la Magie consiste à rapprocher les choses l'une de l'autre par similitude naturelle. Les parties de ce Monde, comme les membres [c'est-à-dire les organes, note du traducteur] du même animal, dépendent toutes de l'Éros qui est un, elles sont en relation l'une à l'autre à cause de leur nature commune. C'est de la même manière que, dans notre corps, le cerveau, le poumon, le cœur, le foie et les autres organes ont des échanges entre eux, se favorisent mutuellement et souffrent chacun de la souffrance de l'autre. De même, les membres de ce grand animal, à savoir tous les corps de ce monde qui dépendent l'un de l'autre, communiquent entre eux et se transmettent leurs natures. De cette parenté naît l'Éros, qui leur est commun ; de cet Éros naît leur rapprochement mutuel : et c'est en cela que consiste la vraie Magie » (*ibid.*).

Cela revient à dire que, puisque la substance dans laquelle ont lieu les opérations de l'éros et de la magie est unique — le *pneuma* universel (cf. chap. v) —, ces deux techniques sont fortement apparentées, voire identiques. De plus, l'éros est celui qui, présidant à toutes les activités spirituelles, assure la collaboration des secteurs de l'univers, celui-ci étant animé par un même *pneuma* en toutes ses parties, depuis les étoiles jusqu'au plus humble brin d'herbe. Amour est le nom qu'on donne à la force qui assure la continuité de la chaîne ininterrompue des êtres ; *pneuma* est le nom qu'on donne à la substance commune et unique qui met ces êtres en relation mutuelle. A cause de l'éros, et par lui, la nature tout entière se transforme en une grande magicienne (*ibid.*, p. 107).

Si la magie est amour, l'inverse n'est pas moins vrai. Les équations mathématiques sont toujours réciproques et transitives. Les équations de la philosophie ne sont pas soumises à la même loi. Et pourtant, dans ce cas, l'identité substantielle qui permet de mettre ces deux termes en équation s'accompagne aussi d'une identité opérationnelle qui consent à les voir renversés : l'amour est, à son tour, magie, puisque ses opérations sont identiques aux opérations magiques. En effet, que fait-il, l'amoureux, par tous ses gestes, paroles, services et dons, sinon créer un *réseau* magique autour de l'objet de son amour (*ibid.*) ? Tous les moyens de persuasion qu'il déploie sont autant de moyens *magiques,* dont le but est d'*attacher* l'autre. Ficin lui-même emploie une fois, pour définir cette opération, le terme *rete,* qui signifie « filet » ou « réseau ». A proprement parler, l'amant et le magicien font, tous deux, la même chose : ils lancent leurs « filets » pour s'emparer de certains objets, pour les attirer et les ramener vers eux-mêmes.

Nous aurons plus tard (chap. vi) l'occasion d'analyser le vocabulaire de la magie : le terme ficinien *rete* (« filet ») ne fait que reprendre d'autres vocables accrédités, comme *illex, illecebra* ou *esca,* lesquels, presque équivalents, signifient « appât ». Comme un chasseur, l'amoureux et le magicien — qui est, lui-même, amoureux de la nature, de Diane, dirait Giordano Bruno — tendent leurs filets, placent leurs amorces, leurs appâts et leurs appeaux fantastiques, pour s'emparer d'un gibier fort précieux. Il va sans dire que la qualité et les dimensions du gibier sont variables. L'amoureux déploie ses talents pour obtenir le contrôle de l'appareil pneumatique de l'aimé[2]. Quant au magicien, lui, il peut soit influencer directement les objets, les individus et la société humaine, soit invoquer la présence de puissants êtres invisibles, les démons et les héros[3], dont il espère obtenir des bénéfices. Pour qu'il puisse agir de la sorte, il est tenu d'accumuler la connaissance des filets et des appâts qu'il lui faut tendre pour atteindre l'effet désiré. Cette opération s'appelle, chez Giordano Bruno, « lier » (*vincire*) et ses procédés reçoivent le nom générique de « liens » (*vincula*). La doctrine de l'identité de l'amour et de la magie, déjà esquissée par Ficin, n'est portée à ses conséquences extrêmes que par Giordano Bruno.

Puisque la première partie de notre ouvrage a été consacrée aux fantasmes de l'éros et, dans une certaine mesure, de la mémoire artificielle, le sujet de la *magie érotique* nous paraît le plus approprié pour assurer la continuité de notre exposé. Nous l'abordons ici, sous la réserve qu'il ne pourra être approfondi qu'après avoir analysé le mécanisme et les sources de la magie pneumatique (chap. v). Le principe du fonctionnement de celle-ci a déjà été énoncé, au passage, dans les pages antérieures. Pour bénéficier de la compréhension, encore liminaire, de ce qui va suivre, le lecteur est prié de le garder constamment à l'esprit : *la magie est une opération fantastique qui tire parti de la continuité du pneuma individuel et du pneuma universel*. Nous verrons par la suite de quelle manière cette continuité est assurée et par quels moyens les magiciens espèrent s'attirer la collaboration des présences surnaturelles. Au-delà de ce présupposé commun à toute magie, la magie érotique présente d'autres aspects, d'une déconcertante modernité, qui nécessitent un traitement à part. Bruno est le premier qui exploite le concept de magie jusqu'aux dernières conséquences, envisageant cette « science » comme un instrument psychologique infaillible pour manipuler les masses, aussi bien que l'individu humain. La connaissance des « liens » (*vincula*) appropriés permet au magicien de réaliser son rêve de Maître universel : il pourra disposer à volonté de la nature et de la société humaine. Opération qui, pourtant, s'avère exposée à des difficultés presque insurmontables.

2. Manipulation des masses et des individus

De vinculis in genere (« Des liens en général ») de Giordano Bruno appartient à ces écrits obscurs dont l'importance dans l'histoire des idées dépasse de loin celle d'œuvres célèbres. Pour la franchise, voire le cynisme qu'il déploie dans l'analyse de sa matière, il pourrait être comparé au *Prince* de Machiavel, d'autant plus que le sujet des deux ouvrages est apparenté : celui de Bruno s'occupe de la manipulation psychologique en général, celui de Machiavel plus spécialement de la manipulation politique. Mais combien pâle et risible est, aujourd'hui, la figure du prince-aventurier machiavélique à côté de celle du magicien-psychologue de Bruno ! La popularité du *Prince* lui a valu la considération des siècles successifs, et a abouti, assez récemment, à la théorie du « Prince » moderne — le parti communiste — lancée par A. Gramsci. Inédit jusqu'à une date tardive, peu lu et toujours mal compris, le *De vinculis in genere* est pourtant l'écrit qui mériterait aujourd'hui la vraie et unique place d'honneur parmi les théories de manipulation des masses. Sans le savoir, les trusts d'intelligence qui dominent le monde s'en sont inspirés, ils ont mis en pratique les idées mêmes de Bruno. Une continuité pourrait certes exister, car Bruno paraît avoir exercé une certaine influence sur le mouvement idéologique du début du XVIIe siècle connu sous le nom de Rose-Croix, dont le retentissement fut énorme[4]. Mais, à notre connaissance, il n'y a eu, ni avant Bruno ni après lui, aucun auteur qui ait traité cette matière sous son aspect empirique, abstraction faite de toute considération d'ordre éthique, religieux ou social. Car personne n'aurait songé à aborder un tel sujet *du point de vue du manipulateur lui-même,* sans poser d'abord, comme principe fondamental de sa recherche, quelque droit divin ou humain intangible au nom duquel la manipulation fût condamnée.

Au XIXe siècle, on peut trouver, bien sûr, des idéologues comme Karl Marx et Frédéric Engels, qui croient que la religion est un « opium pour le peuple ». En cela, ils ne font que répéter, d'ailleurs, un énoncé du *De vinculis* brunien, où la religion n'est envisagée que sous son aspect de puissant instrument de manipulation des masses. Mais, tandis que Marx et Engels ont des idéaux humanitaires et utopiques, Bruno ne manifeste aucun souci de sauvegarder la dignité ou le bien-être humains : le seul droit qu'il a sous les yeux n'appartient ni à Dieu ni aux hommes, mais au *manipulateur* lui-même.

Vers la fin du XIXe siècle, G. Le Bon jette les bases de la discipline appelée « psychologie des masses » (*Psychologie des foules* paru en 1895), qui sera développée par Sigmund Freud, dont l'ouvrage *Psychologie des masses et analyse du moi* (1921) eut beaucoup de retentissement. Mais le but de Le Bon et de Freud est de déterminer les mécanismes psychologiques qui agissent à l'intérieur d'une masse et qui président à sa composition, non pas d'enseigner *comment dominer une masse*. La science, à cause de ses scrupules d'ordre moral, se refuse à adopter un point de vue qu'elle abandonne plus volontiers à l'homme politique, à un Adolf Hitler, auteur du *Mein Kampf*. On laisse au Prince ce qui lui appartient, quitte à protester — comme l'a fait Freud — contre les abus d'un Staline et du « nouvel ordre » instauré en Union soviétique.

L'humanité tout entière a entendu parler du *Prince* de Machiavel, et beaucoup de politiciens se sont empressés de suivre son exemple. Mais ce n'est qu'aujourd'hui qu'on peut apprécier combien le *De vinculis* dépasse *Le Prince* en profondeur, en actualité et en importance : aujourd'hui, quand aucun chef politique du monde occidental ne songerait plus pouvoir agir comme le Prince de Machiavel, mais qu'on utiliserait, en revanche, des moyens de persuasion et de manipulation aussi subtils que les trusts d'intelligence sont capables de mettre à sa disposition. Pour comprendre et mettre en valeur l'actualité du *De vinculis,* il faudrait être renseigné sur l'activité de ces trusts, des ministères de la Propagande, il faudrait pouvoir jeter un coup d'œil dans les manuels des écoles d'espionnage, dont on peut néanmoins se faire une idée d'après ce qui transparaît parfois hors des coulisses de ces organisations, dont le but *idéal* est de garantir l'ordre et le bien-être commun, là où il existe.

Le Prince de Machiavel était l'ancêtre de l'aventurier politique, dont la figure est en train de disparaître. Par contre, le magicien du *De vinculis* est le prototype des systèmes impersonnels des mass media, de la censure indirecte, de la manipulation globale et des brain-trusts qui exercent leur contrôle occulte sur les masses occidentales. Il n'est pas, sans doute, le modèle suivi par la propagande soviétique : car il ne lui manque pas du tout la subtilité qui fait défaut à cette dernière. Au contraire, le magicien de Bruno est tout à fait conscient de ce que, pour s'attacher les masses, comme pour s'attacher un individu, il faut bien tenir compte de toute la complexité des attentes des sujets, il faut créer l'illusion totale de donner *unicuique suum*. C'est pourquoi la manipulation brunienne nécessite une connaissance parfaite du sujet et de ses désirs, sans laquelle il ne peut pas y avoir de « lien », de *vinculum*. C'est pourquoi Bruno lui-même admet également qu'il s'agit d'une opération extrêmement difficile, qui ne peut se réaliser qu'en déployant des facultés d'intelligence, de perspicacité et d'intuition à la hauteur de la tâche. La complexité de celle-ci n'est point diminuée, car l'illusion doit être parfaite pour satisfaire aux multiples attentes qu'elle se propose de combler. Plus le manipulateur a de connaissances sur ceux qu'il doit « lier », plus sa chance de réussir augmente, puisqu'il saura choisir le moyen juste pour créer le *vinculum*.

On voit que la magie érotique brunienne se propose pour but de permettre à un manipulateur de contrôler des individus isolés et des masses. Son présupposé fondamental est qu'il y a un grand instrument de manipulation, et celui-ci est l'Éros dans son sens le plus général : *ce qu'on aime,* du plaisir physique jusqu'aux choses insoupçonnées, en passant, sans doute, par la richesse, le pouvoir, etc. Tout se définit en rapport avec l'Éros, puisque la répugnance et la haine ne représentent que le côté négatif de la même attraction universelle : « Toutes les affections et les liens de la volonté se réduisent et se réfèrent à deux, à savoir à la répugnance et au désir, ou à la haine et à l'amour. Toutefois, la haine se réduit elle-même à l'amour, d'où il découle que le seul lien de la volonté est l'éros. Il est prouvé que toutes les autres affections que quelqu'un éprouve ne sont formellement, fondamentalement et originellement qu'amour. Par exemple, l'envie est amour de quelqu'un pour soi-même, qui ne supporte ni supériorité ni égalité de la part d'autrui ; la même chose s'applique à l'émulation. L'indignation est amour de la vertu [...] ; la pudeur et la peur [*verecundia, timor*] ne sont rien d'autre qu'amour de l'honnêteté et de ce dont on a peur. On peut dire de même des autres affections. La haine, donc, n'est rien d'autre qu'amour du contraire ou de l'opposé et, de même manière, la colère n'est qu'une sorte d'amour. Pour tous ceux qui sont destinés à la philosophie ou à la magie, il est pleinement évident que *le lien le plus haut, le plus important et le plus général* [*vinculum summum, praecipuum et generalissimum*] appartient à l'éros : et c'est pourquoi les Platoniciens ont appelé l'amour Grand Démon, *daemon magnus*[5]. »

L'action magique a lieu par un *contact* indirect (*virtualem seu potentialem*), par des *sons* et des *figures* qui exercent leur pouvoir sur les sens de la vue et de l'ouïe (*Theses de Magia*, XV, vol. III, p. 466). Passant par les ouvertures des sens, ils impriment à l'imagination certaines affections d'attraction ou de répulsion, de jouissance ou de répugnance (*ibid.*).

Sons et figures ne sont pas choisis au hasard ; ils proviennent du langage occulte de l'esprit universel (*De Magia*, III, p. 411). Parmi les sons, le manipulateur doit savoir que les harmonies tragiques provoquent plus de passions que les comiques (*ibid.*, p. 433), étant capables d'agir sur les âmes en doute (*ibid.*, p. 411). Là aussi, il faut tenir compte de la personnalité du sujet, car, là où il y a des gens faciles à influencer, il y en a d'autres qui réagissent de façon inattendue à la magie du son, comme cet empereur barbare qui, écoutant une musique instrumentale très sophistiquée, crut qu'il s'agissait de hennissements de chevaux (*ibid.*, p. 433).

A leur tour, les *figures* sont capables de provoquer l'amitié ou la haine, la perte (*pernicies*) ou la dissolution (*ibid.*, p. 411). Ce phénomène artificiel peut être, d'ailleurs, vérifié tous les jours par le fait que les individus et les choses vues provoquent spontanément en nous la sympathie ou l'antipathie, la répugnance ou l'attraction (*ibid.*, p. 447).

La vue et l'ouïe ne sont que les portes secondaires par où le « chasseur d'âmes » (*animarum venator*), le magicien, peut introduire ses « liens » et appâts (*De vinculis in genere*, III, p. 669). L'entrée principale (*porta et praecipuus aditus*) de toutes les opérations magiques est la *fantaisie* (*De Magia*, III, p. 452), seule porte (*sola porta*) de toutes les affections internes et « lien des liens » (*vinculum vinculorum*) (*ibid.*, p. 453). La puissance de l'imaginaire est redoublée par l'intervention de la faculté cogitative : c'est elle qui est capable de subjuguer l'âme (*ibid.*). Il est pourtant obligatoire que le « lien » passe à travers la fantaisie, car « il n'y a rien dans la raison qui n'ait été, au préalable, perçu par les sens [*quod prius non fuerit in sensu*] et il n'y a rien qui, à partir des sens, puisse arriver à la raison sans l'intermédiaire de la fantaisie » (*Theses de Magia,* XLIII, vol. III, p. 481).

Abstraction faite du manipulateur lui-même, qui est censé exercer sur sa propre imagination un contrôle absolu (du moins en théorie), le commun des mortels est soumis à des fantaisies incontrôlées. Il n'y a que les professions spéciales qui exigent l'application *volontaire* de l'imagination (celles de poète et d'artiste) ; pour le reste, le domaine de l'imaginaire est livré à l'arbitre des causes externes. En ce cas, il faut distinguer les fantaisies provoquées par une action volontaire, mais d'un autre ordre, du sujet lui-même, des fantaisies dont la source est ailleurs. Celles-ci, à leur tour, peuvent être provoquées par les démons, ou induites par une volonté humaine (*De Magia,* III, p. 449).

Il s'agit de la volonté du manipulateur, qui doit être d'un genre tout à fait spécial. En effet, Bruno avertit tout opérateur de fantasmes — en l'occurrence l'artiste de la mémoire — de régler et de contrôler ses émotions et ses fantaisies pour que, croyant être leur maître, il ne subisse, au contraire, leur maîtrise. « Aie soin de ne pas te transformer, d'opérateur, en instrument des fantasmes » : c'est là le danger le plus grave que le disciple a devant soi (*Sigillus sigillorum,* II, 2, p. 193). Le vrai manipulateur magique doit être capable « d'ordonner, de corriger et de disposer la fantaisie, *de composer ses espèces à son gré* » (*Theses de Magia,* XLVIII, vol. III, p. 485).

Il paraît que l'homme est doué d'un cerveau hypercomplexe qui n'est pourvu d'aucun dispositif spécial qui lui permettre d'analyser les stimuli selon leur provenance : bref, il n'est pas capable de distinguer directement les informations oniriques de celles qui lui sont transmises par les sens, l'imaginaire du tangible[6]. Bruno demande à l'opérateur une tâche surhumaine : il doit d'abord ranger immédiatement et sans faille les informations selon leur provenance et, ensuite, se rendre complètement immun à toute émotion provoquée par les causes externes. Bref, il est censé *ne plus réagir* à aucun stimulus du dehors. Il ne doit se laisser mouvoir ni par la compassion, ni par l'amour du bien et du vrai, ni par quoi que ce soit, pour éviter d'être « lié » à son tour. Pour exercer le contrôle sur les autres, il faut d'abord être à l'abri de tout contrôle provenant d'autres (*Theses de Magia,* XLVIII).

Avec une lucidité inégalable, Bruno trace une distinction nette entre la théologie (avec les fondements de la morale, laquelle, ne l'oublions pas, était une discipline exclusivement théologique) et la « spéculation laïque » (*civilis speculatio*) dont il se pose en représentant. Pour la théologie, il y a une religion vraie et des croyances fausses, il y a un bien et un mal qui sont, en grande partie, de nature idéologique. Il ne peut y être question de *manipulation* des individus et des masses, mais seulement de mission, dont le but est de convertir à la vérité unique. Au contraire, pour Bruno, il n'y a qu'un seul principe sacro-saint, il n'y a qu'une seule vérité, et celle-ci est : *tout est manipulable,* il n'y a *absolument personne qui puisse échapper aux rapports intersubjectifs,* qu'il s'agisse d'un manipulateur, d'un manipulé ou d'un instrument (*De vinculis*, III, p. 654). La théologie elle-même, la foi chrétienne et toute autre foi ne sont que des convictions de masse instaurées par des opérations de magie.

Pour qu'une opération réussisse — Bruno ne se lasse jamais de le dire —, il faut que l'opérateur et les sujets soient également convaincus de son efficacité. La *foi* est la condition préalable de la magie : « Il n'y a pas d'opérateur — magicien, médecin ou prophète — qui puisse accomplir quelque chose sans qu'il y ait une foi préalable dans le sujet » (*De magia*, III. p. 452), d'où le mot d'Hippocrate : « Le médecin le plus efficace est celui dans lequel beaucoup de gens ont confiance » (*ibid.*, p. 453). « Le fondement premier de l'union universelle [...] est qu'il y ait crédulité non seulement en nous, ceux qui opérons, mais aussi chez les patients. Celle-là est la condition nécessaire sans laquelle on ne peut rien obtenir [...] » (*De Magia mathematica*, VI, vol. III, p. 495). « La foi est le lien majeur, le lien des liens [*vinculum vinculorum*], dont tous les autres sont, pour ainsi dire, la progéniture : l'espoir, l'amour, la religion, la piété, la peur, la patience, la jouissance [...], l'indignation, la haine, la colère, le mépris et ainsi de suite [...] » (*Theses de Magia*, LIII, vol. III, p. 490). « Il est nécessaire que l'opérateur possède une foi active et le sujet de l'opération une foi passive. Surtout la dernière est requise à tout sujet, car sans elle aucun opérateur, qu'il soit naturel, rationnel ou divin, ne peut rien accomplir [...] » (*ibid.*).

Il est évident que les ignorants seront les plus disposés à se laisser persuader par les fantasmes de la théologie et de la médecine : « Il est d'autant plus facile de s'attacher [*vincire*] ces gens qui ont le moins de connaissances. Chez eux, la puissance de l'âme se dispose et s'ouvre de telle manière qu'elle livre passage aux impressions provoquées par les techniques de l'opérateur, leur ouvrant larges ces fenêtres qui, chez d'autres, sont toujours fermées. L'opérateur a les voies faciles pour créer tous les liens qu'il veut : l'espoir, la compassion, la peur, l'amour, la haine, l'indignation, la colère, l'allégresse, la patience, le mépris de la vie, de la mort, de la fortune [...] » (*De Magia,* III, p. 453-454). La mention du prophète à côté du magicien et du médecin n'est pas due au hasard. La conséquence la plus évidente des spéculations de Bruno est que toute religion est une forme de manipulation des masses. En employant des techniques efficaces, les fondateurs de religions ont su influencer de manière durable l'imagination des masses ignorantes, canaliser leurs émotions, se servir d'elles en provoquant des sentiments d'abnégation et d'autosacrifice qu'elles n'auraient pas manifesté naturellement.

Des énoncés de ce genre prêtent facilement aux malentendus, dont le plus commun serait de croire que Bruno exerce ici une critique sociologique de la religion. Or, il est bien plus loin de celle-ci que de la théologie elle-même, qu'il n'essaie point de « démasquer », mais seulement de regarder sous un angle opératoire plus ample. Bruno ne condamne point la religion au nom de principes humanitaires qui lui restent complètement étrangers. D'ailleurs, il ne s'occupe pas de la religion en elle-même, mais de la manière dont on peut instaurer n'importe quelle religion, pourvu qu'on trouve les masses disposées à l'accepter et le message convenable qui ait la capacité d'opérer la conversion de celles-ci. Quant au manipulateur lui-même, il sera d'autant plus persuasif, plus inébranlable dans sa foi et dans sa force de conviction, qu'il aura réussi à éteindre en lui-même et dans les autres la *philautia,* l'amour de soi, l'égoïsme (*De vinculis,* III, p. 652, 675). Tout est manipulable, enseigne Bruno ; mais le manipulateur n'a pas le droit de se servir de son pouvoir sur les masses à des fins égoïstes. D'autre part, il paraît que l'existence de l'amour-propre chez le sujet facilite en quelque sorte la création des « liens ».

En général, il est plus facile d'exercer une influence durable sur les masses que sur un individu. Pour les masses, les *vincula* que l'on emploie sont d'ordre plus général. Dans le cas d'un individu, il est d'abord nécessaire de connaître très bien ses plaisirs et ses phobies, ce qui excite son intérêt et ce qui le laisse indifférent : « Il est, en effet, plus facile de manipuler [*vincire*] plusieurs personnes qu'une seule » (*ibid.*, p. 688). « Ce qui est difficile, je crois, ce n'est pas de lier ou de libérer [*vincire et solvere*], mais de trouver le lien juste parmi tous ceux qui sont possibles, et dont le choix est plutôt arbitraire que réglé par la nature ou par la technique manipulatoire » (*ibid.*, p. 686).

Il y a, sans doute, des catégories d'âge, de physionomie, etc., dans lesquelles chaque individu peut être rangé, mais, en général, il faut tenir compte de la diversité des dispositions de chacun et, donc, de la diversité des « liens » (*vincula*) qui lui sont applicables. Il n'y a pas de correspondance parfaite entre deux individus (*ibid.*, p. 646).

Les divers individus sont manipulables selon des critères divers : la beauté qui subjugue Socrate ne subjugue pas Platon, la multitude a d'autres préférences que les élus, les mâles ont d'autres goûts que les femelles, il y a des gens qui ont de la prédilection pour les vierges, d'autres qui préfèrent les femmes faciles (*ibid.*, p. 639). L'invariable en tout cela est la qualité du « liens des liens » du *vinculum vinculorum,* qui est l'éros (ou la volupté et, ailleurs, la fantaisie, ce qui revient au même).

3. *Vinculum vinculorum*

La formule *vinculum vinculorum,* « lien des liens », est appliquée par Bruno — on l'a déjà vu — à trois choses distinctes : l'éros, la fantaisie, la foi. Certes, on sait déjà que l'éros est une opération fantastique, ce qui réduit le nombre des termes à deux. On apprend ensuite que le terrain où peut se former et prospérer la foi est l'imagination, ce qui revient à dire que, au fond, le *vinculum vinculorum* est le synthétiseur récepteur et producteur de fantasmes.

Cependant, Bruno réserve cette formule, le plus souvent, à décrire la puissance extraordinaire de l'éros, *daemon magnus,* qui préside à toutes les activités magiques. Celles-ci ne sont, au fond, qu'une exploitation fort adroite des propensions et des attitudes individuelles, afin de créer des liens durables dont le but est d'assujettir l'individu ou le groupe à la volonté du manipulateur.

Le postulat de cette opération est que personne ne saurait

échapper au cercle magique : chacun est soit manipulé, soit manipulateur. Ayant obtenu une domination extraordinaire sur sa propre fantaisie et ayant également abandonné le ballast de l'amour-propre qui le rendait vulnérable devant les adulations ou les injures d'autrui, le manipulateur, afin de pouvoir exercer ses techniques, s'applique à connaître et à pénétrer par l'intuition les propriétés, les réactions et les émotions du sujet qu'il doit s'attacher. Comme un espion qui veut se procurer des matériaux pour un futur chantage érotique, le magicien doit recueillir tous les indices qui lui permettent d'encadrer son sujet dans une catégorie quelconque. Tâche difficile, qui, une fois accomplie, donne lieu aux mouvements du *vinculum,* qui sont au nombre de quatre : le premier est l'application du lien (*iniectio seu invectio*), le deuxième est le lien proprement dit (*ligatio seu vinculum*), le troisième est l'attraction qui en résulte (*attractio*) et le quatrième est la jouissance de l'objet qui a provoqué toute cette opération (*copulatio quae fruitio dicitur*). Il s'agit, bien entendu, d'un lien érotique, qui se consume « par tous les sens par lesquels l'attache a été créée [...]. C'est pourquoi l'amant veut se transposer tout entier dans l'aimé : par la langue, la bouche, les yeux, etc. » (*De vinculis,* p. 642). Le lien parvient au sujet « par la connaissance en général, lie par l'affection en général, agit par la jouissance en général » (*ibid.,* p. 641).

Quel est le but de cette description du *vinculum cupidinis,* du lien libidinal ? Cette question est plus difficile qu'elle ne paraît, car le traité brunien est loin d'être explicite sur de nombreux points. Puisque nous lui avons déjà donné une réponse, il faudra encore la justifier.

Une première possibilité serait que Bruno, en traitant de l'amour comme d'un lien naturel, dresse sa phénoménologie non pas à des fins de manipulation, mais simplement pour établir un paradigme de tout autre lien artificiel, magique. En effet, jamais il ne dit *expressis verbis* que le but de l'opérateur est d'exploiter ce qu'on appelle « les faiblesses humaines », les dispositions libidinales de nature.

A cette hypothèse s'opposent plusieurs facteurs, dont nous avons déjà mentionné quelques-uns, mais dont le plus important reste encore à expliciter. En effet, le verbe *vincire,* « lier », est employé dans des contextes où sa signification active, opérative, ne fait pas l'ombre d'un doute : « Celui qui possède la raison universelle, ou du moins la nature, la disposition, l'attitude, l'usage et la finalité de cette chose parti-

culière qu'il doit lier, celui-là saura lier [*vincire ergo novit*] »
(*ibid.*, p. 659 ; cf. aussi p. 638). Ce passage paraît, d'ailleurs,
nous livrer la clé du traité brunien — car qu'est-il sinon
une analyse des dispositions et propriétés des « choses à lier »,
des *particulares res vinciendae* ?

Une deuxième hypothèse, encore plus caduque, serait que
Bruno est tout simplement en train de décrire la phénoménologie de l'éros, comme Ficin et Jean Pic. A cela s'oppose
l'idée fondamentale du traité, qui apparaît déjà dans son
titre : il ne s'agit pas des mécanismes abstraits de l'éros, mais
des *vincula,* de la *production* des attaches, qui se trouve
considérablement simplifiée du fait que tous les « liens » se
réduisent au *vinculum* érotique. Il est donc vrai que la phénoménologie de l'éros est un paradigme des *vincula in genere* ;
mais ceux-ci sont des liens *magiques,* dont le manipulateur
se sert pour manipuler les individus ou les associations d'individus.

Une troisième hypothèse, qui ne met pas en cause l'idée
de manipulation, est que la connaissance de la phénoménologie érotique sert à l'opérateur non pas seulement pour
exercer son influence sur le monde extérieur, mais aussi pour
obtenir une parfaite immunité par rapport aux « liens » de
tous genres. Cela est tout à fait probable, et revient à dire
que l'opérateur brunien est celui qui sait tout sur l'amour,
pour apprendre à ne pas aimer. Car c'est celui qui aime
qui est lié : « L'amour de l'amant est passif, c'est un lien,
un *vinculum.* L'amour actif est quelque chose d'autre, c'est
une force active dans les choses, et c'est lui qui lie [*est ille
qui vincit*] » (*ibid.*, p. 649).

Une quatrième et dernière hypothèse, qui elle non plus
ne met pas en cause la capacité de l'opérateur, soit à provoquer les liens d'amour, soit à se défendre contre eux, est
qu'une des préoccupations de Bruno serait de fournir à son
disciple-lecteur des connaissances *médicales* qui lui serviront
à aborder sans préjugés les problèmes érotiques, à « délier »,
à briser les *vincula* imaginaires qui attachent ses patients.
En certains cas, cela est fort probable, et se trouve confirmé
par l'usage du verbe *exsolvere,* antonyme de *vincire,* qui
apparaît à côté de ce dernier (*ibid.*, p. 675). Le passage est
intéressant, car il indique que l'état de disponibilité du sujet
est fort important *ad quomodolibet vinciendum et exsolvendum,* « pour lier et délivrer en toutes manières ». Il est
donc clair que l'activité de l'opérateur comprend non seu-

lement l'exercice d'une influence magique, mais aussi son contraire, à savoir l'affranchissement des *vincula* dont souffre un patient.

En conclusion, le traité *De vinculis in genere* doit être interprété comme un manuel pratique du magicien, par lequel celui-ci apprend à manipuler les individus selon leurs dispositions affectives, à se tenir lui-même à l'écart de toute influence dangereuse de l'éros et à guérir les patients en proie à un puissant envoûtement érotique.

L'idée fondamentale du traité est que « l'amour domine tout le monde », que « le plus puissant parmi les liens est celui de Vénus » (*ibid.*, p. 696) : l'éros « est seigneur de tout le monde : il pousse, dirige, règle et tempère chacun. Tous les autres liens se réduisent à celui-là, comme on voit dans le genre animal, où aucune femelle et aucun mâle n'admettent point de rivaux, oubliant même de manger et de boire, négligeant jusqu'à la vie elle-même [...] » (*ibid.*). En conclusion, *vinculum quippe vinculorum amor est,* « en effet, le lien des liens est l'amour ». Et encore : « Tous les liens se réfèrent au lien d'amour, soit qu'ils en dépendent, soit qu'ils s'y réduisent. » « L'amour est le fondement de toutes les affections. Celui qui n'aime rien n'a rien à craindre, à espérer, à se vanter, à oser, à mépriser, à accuser, à s'excuser, à s'humilier, à égaler, à se mettre en colère. Bref, il ne peut être affecté d'aucune manière » (*ibid.*, p. 684). Celui dont il s'agit est, bien entendu, le manipulateur lui-même, qui, exerçant un contrôle absolu sur la sphère de l'éros, a su se mettre à l'abri de tous les *vincula,* de tous les pièges que l'amour lui tend.

Qu'est-ce que le *vinculum* ?

C'est, bien entendu, la *beauté* dans son sens le plus large. Mais cette beauté-qui-lie ne consiste pas dans une certaine proportion des membres[7]. Il s'agit d'une « raison incorporelle » qui diffère selon les dispositions de chacun. Il peut arriver qu'une jeune fille d'une beauté parfaite plaise moins qu'une autre, qui est, théoriquement, moins belle. Cela s'explique par une *correspondance* secrète (*ibid.*, p. 641) entre l'amoureux et l'objet de son amour.

Comment fonctionne le *vinculum* ?

Il est provoqué par la fantaisie, bien sûr, qui a son autonomie et sa réalité : « La fantaisie est vraie, elle agit réellement, elle peut réellement exercer une contrainte sur l'objet » (*ibid.*, p. 683). Il pénètre, également, dans le sujet, par la

« porte de l'imagination ». Il parvient à la faculté cogitative, il détermine l'affectivité et pousse le sujet à la jouissance (*ibid.*, p. 641). La vue a un rôle essentiel dans cette opération et, bien souvent, l'amant dépérit de ne plus voir l'objet de son amour (*ibid.*, p. 648).

La partie la plus intéressante du traité brunien est consacrée aux espèces de *vincula*. Celles-ci sont en grand nombre, car l'affection que chacun distribue autour de soi est différenciée selon son destinataire : « C'est avec un autre lien que nous embrassons les fils, le père, la sœur, la femme, l'amie, le débauché et l'ami » (*ibid.*, p. 646). « La semence est de plusieurs genres, Vénus est de plusieurs genres, l'amour est de plusieurs genres, les liens sont de plusieurs genres » (*Multiplex semen, multiplex Venus, multiplex amor, multiplex vinculum ; ibid.*, p. 651). « La femelle s'attache à une femelle, l'enfant à un enfant, le mâle à un mâle, le mâle à une femelle, l'homme aux supérieurs, aux égaux, aux inférieurs, aux choses naturelles, aux choses artificielles. Les choses s'attachent aux choses [...] » (*ibid.*). En principe, l'homme est plus libre que l'animal devant le choix des « liens » : une jument n'aura aucune peine à se donner à tout cheval ; par contre, une femme ne se donne pas à chacun (*ibid.*, p. 648).

Quoiqu'il soit presque impossible de déterminer avec précision la nature des « liens » capables d'enchaîner tel ou tel, il y a néanmoins quelques règles générales selon lesquelles les sujets peuvent être groupés en classes d'âge, de tempérament, de physionomie et de rang dans la société. Ces classes facilitent le choix du *genre* des « liens », mais ne suffisent pas à établir leur espèce.

Par exemple, l'enfant est moins sujet aux séductions érotiques. Ce n'est qu'après avoir atteint sa quatorzième année qu'il est susceptible de répondre aux stimuli érotiques. Les plus vulnérables sont les gens mûrs, puisque leur puissance génitale est plus développée — et parmi ceux-là ce sont surtout les adolescents, car pour eux l'éros représente une expérience nouvelle et longuement attendue et encore parce que, chez eux, le méat génital étant plus étroit, le plaisir érotique est plus intense (*ibid.*, p. 676-677).

Parmi les quatre tempéraments, les mélancoliques sont les plus enclins à subir les séductions de la volupté, puisqu'ils sont doués d'une puissante fantaisie, capable d'imaginer toutes sortes de plaisirs érotiques. Mais cette aptitude à la spéculation et à la contemplation les rend plus instables sur le plan affectif. En plus, les mélancoliques poursuivent la volupté en tant que telle, ils ne pensent pas à la propagation de l'espèce (*ibid.*, p. 677).

La physionomie elle aussi aide l'opérateur à situer le sujet dans une classe érotique. Par exemple, les gens qui possèdent des tibias frêles et nerveux, un nez proéminent et courbé, ressemblant en tout à un bouc, sont de l'espèce des satyres, très enclins aux jouissances vénériennes. Leurs affections ne sont point durables et leur ardeur est rapide à se calmer (*ibid.*, p. 678).

Les gens d'une meilleure condition sociale aiment bien être honorés et flattés. Leurs adulateurs auront le jeu facile, pourvu qu'ils n'exagèrent pas. Il leur suffira « d'agrandir les vertus médiocres, d'atténuer les vices, d'excuser ce qui n'est point excusable et de transformer les défauts en qualités » (*ibid.*, p. 646) pour « lier » leur patron (*ibid.*, p. 646, 666).

Enfin, il y a des jouissances psychiques, physiques ou les deux à la fois (*ibid.*, p. 645), il y a un amour naturel et un amour abstrait que pratique le *heremita masturbans* (*ibid.*, p. 644). A côté de ces généralités, Bruno énonce aussi quelques règles très cryptiques de contrôle de la sexualité, règles que nous essaierons maintenant d'interpréter.

4. Éjaculation et rétention de la semence

Quelques passages du *De vinculis* sont particulièrement intéressants, puisqu'ils paraissent indiquer que la magie brunienne n'est pas étrangère à la pratique du *coïtus reservatus*. Or, on sait que cette pratique était l'apanage des taoïstes en Chine[8] et des yogins tantriques en Inde et au Tibet[9]. Ce serait une vraie surprise que de découvrir qu'elle n'était point inconnue en Occident.

Cependant, les passages de Bruno sont tellement lapidaires qu'il faudra beaucoup d'attention pour établir leur signification sans la dénaturer. Puisqu'il ne s'agit que de quelques phrases, nous pouvons faire une exception à la règle générale suivie dans ce livre, pour donner au lecteur la possibilité de consulter lui-même le texte latin :

Iactu seminis vincula relaxantur, retentione vero intenduntur ; taliter debet affectus qui vincire vult, qualiter qui vincire debet. Propterea in conviviis et post convivia inspirare introducitur in ossibus ignem Cupido. Vide. Continentia est principium vinculi, abstinentia praecurrit famem, haec melius cibum attrahit. (*De vinc.*, p. 645 : « L'éjaculation de la semence relâche les liens, alors que la rétention les fortifie. Celui qui veut lier est tenu de développer les mêmes affections que celui qui doit être lié. C'est pourquoi, quand nous sommes échauffés lors des banquets ou après les banquets, Cupidon pénètre en nous. Vois. La continence est le début du lien, l'abstinence précède la faim et celle-ci pousse vers les victuailles. »)

Vinculum fit ex prolifico semine quod ad actum suum rapitur, nititur atque rapit ; ideo hoc emissum secundum partem, perit secundum partem vinculi vis. (*Ibid.*, p. 663 : « Il y a lien par la semence prolifique qui est attirée, s'efforce et attire vers son acte. C'est pourquoi, si celle-là a été émise en partie, la force du lien se dissipe elle aussi partiellement. »)

Cupidinis vincula, quae ante coitum intensa erant, modico seminis iactu sunt remissa et ignes temperati, obiecto pulchro nihilominus eodem permanente. (*Ibid.* : « Les liens de Cupidon, qui étaient forts avant l'accouplement, se sont dissipés après l'éjaculation modérée de la semence et les feux sont tempérés, quoique l'objet attrayant n'ait pas cessé d'exister. »)

Convenons que les notes de Bruno, lapidaires jusqu'à être inintelligibles, peuvent donner lieu à plusieurs interprétations. Nous avons déjà énoncé une première hypothèse : qu'il s'agisse d'une pratique de rétention du sperme, de *coïtus reservatus*. On sait que, par une telle pratique, accompagnée d'exercices de « respiration embryonnaire », les taoïstes poursuivaient la vitalité et la longévité, tandis que les tantriques, dans le cadre d'une physiologie subtile bien plus sophistiquée, étaient censés, par le *maithuna*, provoquer le réveil des énergies cosmiques assoupies et les canaliser jusqu'au « Lotus aux mille feuilles » du sommet de la tête, pénétrant en état d'extase. Dans l'un et l'autre cas, le *coïtus reservatus* représente un des moyens indispensables pour atteindre le but de l'opération.

Puisque Bruno parle, dans un traité de magie érotique, de la rétention du sperme, il est légitime de se demander s'il n'a pas en vue une pratique du même genre.

On découvre vite qu'il ne pense pas à cela. Ce qui l'intéresse, on le sait, c'est la manière dont on peut séduire, créer des liens et des attaches. Or, il observe qu'une fois la jouissance obtenue les liens se dissipent. C'est pourquoi, pour alimenter la force d'un lien, il ne faut pas en jouir.

Mais à qui se réfère-t-on : à l'opérateur ou au sujet qui doit être ensorcelé par l'éros ? S'il parlait de l'opérateur, on sait déjà que celui-ci doit être libre de toute attache, et donc il serait plus convenable pour lui d'émettre la semence, pour que le lien se dissipe. Par contre, il a tout intérêt à ce que le sujet n'arrive pas à l'apaisement de son désir, car la jouissance amène la destruction du « lien ».

A ce point, nous n'avons pas encore pénétré au cœur du message de Bruno. Parmi les passages cryptiques que nous avons traduits, il y en a un qui pourrait nous mettre sur la voie : « Il y a lien par la semence prolifique qui est attirée, s'efforce et *attire* vers son acte. » Cela veut dire, vraisemblablement, que quelqu'un qui *désire* ardemment a la puissance d'attirer dans son orbite l'objet de son désir. Au contraire, s'il émet la semence, la force de son désir diminue et, par conséquent, la force du « lien » se réduit elle aussi. C'est pourquoi l'opérateur est censé *renforcer le lien,* retenir le sperme, car « celui qui veut lier est tenu à développer les mêmes affections que celui qui doit être lié ». C'est l'*effet transitif* de la magie : pour provoquer une émotion ou une affection, l'opérateur est tenu d'abord de la développer en lui-même, d'où elle ne manquera pas de se transmettre jusqu'à l'appareil fantastique de sa victime.

Ce que Bruno veut dire n'a aucun rapport avec les pratiques du *coïtus reservatus* : il recommande simplement à l'opérateur d'être *continent* et, en même temps, de *désirer ardemment* le sujet. N'affirme-t-il pas, ailleurs, que « plus on est saint, plus on a la faculté de lier [les autres] » (*ibid.,* p. 651) ? Cependant, il lui faut aussi cultiver un genre d'amour foncièrement différent de l'amour abstrait de l'« ermite qui se masturbe ». Il lui faut, en effet, cultiver avec soin la même passion que celle qu'il veut éveiller chez sa victime, ayant pourtant soin de ne pas se laisser posséder par ses propres fantasmes et, aussi, de ne jamais vouloir parvenir à l'apaisement du désir, sans quoi la puissance des liens se dissipe.

La doctrine d'un rapport entre la continence de l'opérateur et ses capacités magiques ou visionnaires est très ancienne, prestigieuse et multiforme. Nous avons vu qu'un rapport étroit avait déjà été établi, par la médecine de l'Antiquité, entre les cinq sens, la production de la voix et la sécrétion du sperme. Les deux dernières sont, dans la médecine de la Renaissance, étroitement liées, puisqu'elles représentent les deux seules modalités par lesquelles l'esprit sort du corps *d'une manière perceptible*[10]. Il va sans dire qu'une perte trop abondante de sperme affectera non seulement la voix, mais toutes les autres activités spirituelles du sujet, et que, réciproquement, parler trop produira le même effet[11]. Le contraire de la pneumatorrhée est l'accumulation du pneuma, qui s'obtient, entre autres, par continence sexuelle.

Toutes ces idées sont concentrées par François Mercure van Helmont (1614-1698), fils du célèbre iatrochimiste paracelsien Jean-Baptiste van Helmont (1577-1644), dans son traité *Alphabeti vere naturalis Hebraici brevissima Delineatio* paru en 1657[12] : « Si la semence n'est pas émise, elle se transforme en une force spirituelle qui préserve les capacités de reproduction du sperme et vivifie la respiration émise lors du parler[13]. »

Dans son *De vinculis,* Giordano Bruno fait, sans doute, allusion à une doctrine semblable, exaltant la continence pour sa capacité à créer des *vincula,* des liens magiques. Ce qui est singulier, c'est qu'il ne s'agit que d'une continence *physique* puisque, sur le plan psychique, Bruno recommande au contraire de produire des fantasmes voluptueux dont le but est d'influencer le sens interne du sujet.

Pour résumer, l'opérateur de Bruno est tenu d'effectuer deux actions contraires : d'une part, il doit éviter avec soin de se laisser séduire et, pour cela, il doit extirper en lui-même jusqu'à la dernière semence d'amour, y compris l'amour-propre ; d'autre part, il n'est pas exempt de passions. Au contraire, il est même censé enflammer dans son appareil fantastique des passions formidables, pourvu que celles-ci soient stériles et qu'il ait envers elles du détachement. Car il n'a pas d'autre moyen d'ensorceler que d'expérimenter en lui-même ce qu'il veut produire chez sa victime.

C'est une méthode bizarre, presque incroyable, qui explique pourtant fort bien les passages lapidaires traduits plus haut, et qui se trouve aussi confirmée par les recommandations que Bruno donne aux artistes de la mémoire dans son *Sigillus sigillorum* : « Excitez-vous, leur dit-il presque textuellement, les peuples les plus portés vers les plaisirs érotiques [*libido*] et la haine sont les plus actifs » (*Sig.sig.,* 22, vol. II, 2, p. 166). Il n'y a pas de mémoire artificielle sans une très forte affectivité, sans que les images soient chargées émotionnellement. Et il ne peut pas y avoir d'intelligence et de contemplation supérieures sans passer par la porte des images affectives (*ibid.*, 22-23, p. 166-167).

On devine facilement combien la méthode de Bruno exigeait de discernement de la part de l'opérateur. Celui-ci était tenu, en même temps, d'être « chaud » et « froid », ivre d'amour et complètement indifférent devant toute passion, continent et débauché. Cela explique fort bien l'abondance des oxymorons dans sa poésie, la contiguïté d'images et de symboles contraires les uns aux autres. Le plus souvent il décrit son état d'âme comme un mélange de feu et de glace : ce que, après avoir étudié ses pratiques magiques, on ne peut que trop bien comprendre[14].

5. De la magie comme psychosociologie générale

La magie érotique de Bruno, quoique assez peu orthodoxe, nous a permis de regarder de près à quelles conséquences extrêmes pouvait aboutir l'identité de substance et d'opération entre l'éros et la magie.

Il nous faudra revenir sur nos pas et nous interroger encore une fois sur la parenté entre éros et magie, à savoir : où finit l'éros, où commence la magie ? La réponse paraît très simple : au moment même où se manifeste l'éros, la magie se manifeste elle aussi. C'est pourquoi la magie érotique représente, au fond, le degré zéro de toute magie.

Il nous reste encore à approfondir la définition de la magie comme *opération spirituelle*. En tout cas il s'agit d'un postulat transitif, ce qui permet de dire que toute autre opération spirituelle est, en même temps, magique. Or, l'activité pneumatique *naturelle* la plus simple, celle qui intervient lors de tout processus intersubjectif, est l'éros, ce qui implique que tous les phénomènes érotiques sont en même temps des phénomènes magiques où l'individu joue soit le rôle du manipulateur, soit celui du manipulé, soit celui d'instrument de manipulation.

Pour qu'un sujet participe à des opérations magiques, il ne faut pas que l'idée elle-même de magie dépasse le seuil de sa conscience. Au fond, puisqu'il n'y a pas d'acte qui n'implique, d'une manière ou d'une autre, un mouvement du pneuma, on peut même dire que toute l'existence d'un individu se range dans la sphère de la magie naturelle. Et, puisque les rapports entre individus sont réglés selon des critères « érotiques » dans le sens le plus large de cet adjectif, la société humaine à tous ses niveaux n'est elle-même que magie à l'œuvre. Même sans en être conscient, chaque être qui, de par la constitution du monde, est inséré dans un relais intersubjectif participe à un processus magique. L'opérateur est le seul qui, ayant compris l'ensemble de ce mécanisme, se pose d'abord en observateur des relations intersubjectives, en réalisant simultanément une connaissance dont il entend ensuite tirer profit.

Tout cela ressemble bien étrangement à la conception du « processus de transfert » d'après Jacques Lacan, pour lequel le monde même n'est qu'un immense appareil d'échanges intersubjectifs où chacun prend, à son tour, le rôle du patient ou de l'analyste. Quant au praticien lui-même, sans que Lacan le dise *expressis verbis,* il occupe une position analogue à celle de l'opérateur de Bruno : ayant saisi le mécanisme du monde, ayant compris que le monde n'est qu'une machine-à-transfert, il observe tout cela pour en tirer profit. Ce profit, il est certes censé le transférer sur le patient, pour lui procurer la guérison[15].

Les possibilités du magicien sont plus larges ; celles du médecin sont relativement restreintes. Soit deux individus A et B, et leur rapport entre eux, que nous appellerons Y. Supposons ensuite qu'A aime B et que B ne réponde pas : Y, leur liaison, se définit en ces termes. C'est la tâche du magicien de modifier Y : se mettant au service d'A, il obtiendra pour lui les faveurs de B. Mais supposons que la famille d'A ait tout intérêt à ce qu'A abandonne sa passion insensée pour B : se mettant à son service, l'opérateur modifie Y et « guérit » A. C'est la tâche du médecin. Il se peut encore qu'A soit un manipulateur magique et qu'il veuille obtenir les faveurs de B. Il est magicien, non pas médecin. Trois cas, dont deux de magie proprement dite et un de médecine. Quelle est, exactement, la frontière entre ces deux disciplines ? On se rend facilement compte que les compétences du médecin sont limitées juridiquement aux cas où l'affection d'A se heurte aux intérêts de la société, ce qui revient à dire qu'elle sort alors de la normalité. Par contre, le praticien de la magie érotique en général peut utiliser ses talents contre la société elle-même et contre la volonté d'un individu.

Supposons ensuite qu'A soit un individu multiple, une masse ayant des réactions uniformes. B est un prophète, un fondateur de religion ou un chef politique qui, utilisant des procédés magiques de persuasion, subjugue A. Ses pratiques, comme celles du médecin, sont également admises, puisque, en gagnant le consensus social, notre opérateur dicte lui-même les règles de la société.

Trois hypostases : magicien, médecin, prophète. Elles sont indissolublement liées, et n'ont pas de limite bien précise. Le « psychanalyste » est encore de la partie, sa sphère d'action confinant à l'illicite et au surhumain. (Convenons, d'ailleurs, que sa situation reste, aujourd'hui, inchangée : un chirurgien ne lui donnera jamais le qualificatif de « confrère », même s'il a obtenu son diplôme de médecine.)

Avec la spécialisation et la délimitation des compétences, on aurait tendance à dire que les deux autres pratiquants de la magie brunienne, le magicien proprement dit et le prophète, ont disparu de nos jours. Il est plus probable, cependant, qu'ils se soient simplement camouflés sous des apparences sobres et légales, dont celle d'analyste n'est que l'une d'elles et, somme toute, pas la plus importante. Le magicien s'occupe aujourd'hui de relations publiques, de propagande, de prospection de marchés, d'enquêtes sociologiques, de publicité, d'information, contre-information et dés-information, de censure, d'opérations d'espionnage et même de cryptographie, cette science ayant été, au XVIe siècle, une branche de la magie. Cette figure clé de la société actuelle ne représente qu'un prolongement du manipulateur brunien, dont il continue de suivre les principes, ayant soin de leur donner une formule technique et impersonnelle. C'est à tort que les historiens ont conclu à la disparition de la magie dès l'avènement de la « science quantitative ». Celle-ci n'a fait que se substituer à une partie de la magie, en prolongeant d'ailleurs ses rêves et ses buts par les moyens de la technologie. L'électricité, les transports rapides, la radio et la télévision, l'avion et l'ordinateur ne faisaient que réaliser ces promesses que la magie avait formulées d'abord et qui tenaient à l'arsenal des procédés surnaturels du magicien : produire la lumière, se déplacer instantanément d'un point de l'espace à l'autre, communiquer avec des régions éloignées de l'espace, voler dans les airs et disposer d'une mémoire infaillible. La technologie, on peut le dire, est une magie démocratique, qui permet à tout le monde de jouir des facultés extraordinaires dont se vantait le magicien.

Par contre, rien n'a remplacé la magie sur le terrain qui lui était propre, celui des relations intersubjectives. Dans la mesure où elles ont toujours un côté opérationnel, la sociologie, la psychologie et la psychosociologie appliquées représentent, de nos jours, les prolongements directs de la magie renaissante.

Que pouvait-on espérer obtenir par la connaissance des relations intersubjectives ?

Une société homogène, idéologiquement saine et gouvernable. Le manipulateur total de Bruno se charge de distribuer aux sujets une éducation et une religion convenables : « Il faut surtout avoir un soin extrême du lieu et de la manière dont quelqu'un est éduqué, dont il a poursuivi ses études, sous quelle pédagogie, quelle religion, quel culte, avec quels livres et quels auteurs. Car tout cela génère par soi-même, et *non par accident,* toutes les qualités du sujet [...] » (*Theses de Magia,* LII). Contrôle et sélection sont les piliers de l'ordre. Il n'est pas nécessaire d'être doué d'imagination pour comprendre que la fonction du manipulateur brunien a été prise à son compte par l'État et que ce nouveau « magicien intégral » est chargé de produire les instruments idéologiques nécessaires en vue d'obtenir une société uniforme. Toute éducation crée des attentes que l'État lui-même n'est pas en mesure de combler. Pour les frustrés, il y a des centrales idéologiques qui créent des attentes alternatives. Si l'État produit la « culture », ces autres centres manipulatoires produisent la « contre-culture », qui s'adresse en premier lieu aux marginaux.

Il ne faut pas se méprendre sur le caractère des modes culturelles alternatives : celles-ci peuvent s'avérer, en certaines circonstances, plus puissantes que la culture d'État elle-même, auquel cas elles finiront par se substituer à celle-ci, par évolution ou par révolution. C'est pourquoi un État qui veut subsister doit être à même d'assurer à ses citoyens une éducation infaillible et, dans la mesure du possible, de combler leurs désirs. S'il n'y arrive pas, il doit avoir soin de produire lui-même sa propre contre-culture, dont les composantes idéologiques doivent être organisées de manière à éviter la cohésion des marginaux et l'accroissement de leur pouvoir.

La méthode la plus simple et la plus efficace, mais en même temps la plus immorale, consiste à laisser prospérer le marché des fantasmes destructifs et autodestructifs de toute sorte et à cultiver l'idée des sources alternatives de pouvoir, dont la plus importante serait le « pouvoir mental ». Les effets de la violence se retournent contre les agressifs, l'autodestruction annule une autre partie des marginaux, tandis que le tiers restant est occupé à méditer et à s'extasier sur les possibilités inconnues — mais, bien entendu, inoffensives — de la psyché humaine. Même si, en certains cas, des rites violents s'associent aux pratiques mentales, il est peu probable que tout cela arrive vraiment à affecter la culture d'État. L'avantage de ces opérations subtiles est d'éviter la répression directe et de sauvegarder l'idée de liberté, dont il serait difficile de sous-estimer l'importance. D'autre part, les modes alternatives sont également une énorme source de prestige et de richesse pour leurs créateurs, ce qui assure un bon fonctionnement à toutes les industries qui s'y rattachent : l'image, le disque, la mode vestimentaire. Le succès de marché de ces opérations représente, à son tour, un réel danger pour l'État, qui y avait prêté sa coopération tacite dans le seul but de dévier l'attention des marginaux. Or, le phénomène assume de telles proportions qu'il échappe pratiquement au contrôle, soit des manipulateurs directs, soit de l'État lui-même. De nouvelles modes prolifèrent, qui n'ont plus été inventées par l'État pour assurer sa propre subsistance. Une nouvelle violence éclate, que l'État n'avait pas programmée. Les pratiques autodestructives finissent par atteindre ceux parmi les représentants des nouvelles générations auprès desquels l'État aurait été fondé à mettre ses espoirs les plus hauts. La situation devient de plus en plus complexe, et les mesures que l'on prend nécessitent une dépense d'intelligence qui aurait pu servir à des fins meilleures.

L'État occidental, aujourd'hui, est-il un vrai magicien ou est-il un apprenti sorcier qui met en mouvement des forces obscures et incontrôlables ?

Cela est fort difficile à dire. En tout cas, l'État-magicien — à moins qu'il ne s'agisse de vulgaires prestidigitateurs — est de loin préférable à l'État-policier, à l'État qui, pour défendre sa propre « culture » périmée, n'hésite pas à réprimer toutes les libertés et l'illusion des libertés, se transformant en une prison où tout espoir est perdu. Trop de subtilité et trop de souplesse sont les défauts majeurs de l'État-magicien, qui peut se dégrader et se transformer en État-sorcier ; un manque total de subtilité et de souplesse sont les défauts majeurs de l'État-policier, qui s'est dégradé au rang d'État-geôlier. Mais la différence essentielle entre les deux, celle qui joue entièrement en faveur du premier, c'est que la magie est une science des métamorphoses, elle a la capacité de changer, de s'adapter à toutes les circonstances, de s'améliorer, tandis que, au contraire, la police ne reste jamais que ce qu'elle est : dans ce cas, le défenseur à outrance de valeurs périmées, d'une oligarchie politique inutile et nuisible pour la vie des nations. Le système des contraintes est condamné à dépérir, car ce qu'il défend n'est qu'un amas de formules sans vitalité aucune. Au contraire, l'État-magicien n'attend que de développer des nouvelles possibilités et des nouvelles tactiques, et c'est justement l'excès de vitalité qui dérange son fonctionnement. A coup sûr, lui non plus n'est à même d'exploiter qu'une partie infime de ses ressources magiques. Mais on devine que celles-ci sont d'une richesse extraordinaire, qui, en principe, devrait sans aucune peine déraciner l'arbre sec de l'idéologie policière. Pourquoi cela n'arrive-t-il pas ? Parce que la subtilité de ses jeux internes épuise l'attention de l'État-magicien, qui s'avère peu préparé à aborder le problème d'une magie fondamentale et efficace dans ses relations externes. Ce monstre d'intelligence se retrouve sans armes dès qu'il s'agit de projeter des opérations à long terme ou de se créer un visage « charmant » dans les relations internationales. Son pragmatisme sans façons et sans ménagements aboutit à lui créer une image qui, pour être assez fausse, n'en est pas moins répugnante aux yeux de ses partenaires, et ce défaut de promesses et de discours byzantins s'avère, somme toute, contre-performant, autant que ses excès manifestes d'intelligence et son incapacité notoire à proposer des solutions radicales.

Si l'on peut s'étonner que l'État-policier puisse encore fonctionner, on peut également se demander pourquoi l'État-magicien, qui dispose de ressources illimitées, marche si mal, au point qu'il semble perdre chaque jour du terrain devant les progrès idéologiques et territoriaux de l'autre.

La conclusion est inévitable : c'est que l'État-magicien épuise son intelligence à créer des diversions internes, se montrant incapable d'élaborer une magie à long terme pour neutraliser l'hypnose provoquée par les cohortes policières qui avancent. Mais l'avenir paraît quand même lui appartenir, et même une victoire provisoire de l'État-policier ne laisserait pas de doutes sur ce point : la contrainte par la force devra se plier devant les procédés subtils de la magie, science du passé, du présent et de l'avenir.

CHAPITRE V

LA MAGIE PNEUMATIQUE

1. Le degré zéro de la magie

Le degré zéro de la magie est représenté par l'éros, qui donne lieu à la construction d'une magie érotique — forme de la magie intersubjective — fonctionnant en vertu de la loi d'interaction pneumatique entre individus. Il va sans dire que cette interaction est prédéterminée, dans la théorie ficinienne, par des circonstances prénatales d'ordre astrologique. Celles-ci jouent un rôle de moindre importance dans les théories de Giordano Bruno.

De Ficin à Bruno, la doctrine de la magie érotique subit des transformations analogues à celles du concept de « transfert » de Freud à Lacan. Chez Freud, le transfert représente un phénomène complexe, mais limité aux rapports entre l'analyste et son patient ; chez Lacan, le monde humain en son entier n'est qu'une fonction de transfert de proportions géantes, où chacun joue, à tour de rôle, la part de l'analyste et celle du patient. De la même manière, l'éros était, pour Marsile Ficin, la relation entre deux individus, l'amoureux et l'aimé ; pour Giordano Bruno, l'éros est le moteur des relations intersubjectives en général, les phénomènes de masses y compris.

Une autre transformation essentielle subie par l'éros de Ficin à Bruno concerne le rôle qu'on assigne à l'opérateur dans la production ou dans la modération des rapports érotiques. Sans ignorer le syndrome *amor hereos* et ses conséquences funestes, ni l'importance du médecin dans la guérison de celui-ci, Ficin néglige le côté de la *production* de l'éros, dont les causes sont, pour lui, transcendantales. Au contraire, Bruno s'occupe tout spécialement de la possibilité de la manipulation érotique de l'individu et des masses.

Ficin décrit le phénomène hypnotique qui a lieu spontanément lors de la manifestation *naturelle* du sentiment amoureux ; Bruno s'occupe surtout de l'hypnose *dirigée*, active et volontaire, *sur* un sujet individuel ou collectif, hypnose dont les règles de production décalquent celles de l'amour spontané. Il s'agit d'une connaissance et d'une intuition profondes, qui scrutent l'inconscient (ou le subconscient) du sujet, pour en extraire les « faiblesses » inavouables : ce par quoi il peut être « lié », manipulé, hypnotisé, mis en état de disponibilité. Il n'y a pas que la magie qui emploie cette méthode « psychique », mais la médecine aussi, car la réussite de celle-ci ne dépend pas en premier lieu de l'efficacité des remèdes qu'elle administre, mais de la confiance du sujet dans son guérisseur.

De même, la religion est elle aussi un phénomène d'hypnose collective, exercée par un prophète sur une masse d'individus. Un fondateur de religion est, en quelque sorte, un instrument transcendant, car il n'agit pas pour des fins égoïstes. La condition de sa réussite est la création d'un climat de disponibilité chez son sujet collectif, sujet qu'il rend capable d'une abnégation totale. Une fois une religion instaurée, elle ne peut subsister que par le contrôle actif qu'elle exerce sur l'éducation des individus, un contrôle qui doit aussi avoir un côté répressif pour empêcher que l'individu ne perde son état de dépersonnalisation ou qu'il ne puisse être reprogrammé. Le même critère règle, bien entendu, la promotion d'un individu dans la hiérarchie religieuse.

De l'amour-à-deux de Ficin, qui représente le degré zéro de l'éros aussi bien que de la magie, nous voici arrivé à des phénomènes d'une complexité inouïe. La psychosociologie du couple se transforme, chez Bruno, en *psychosociologie générale* : une science interdisciplinaire d'une déconcertante modernité, dont ni la psychologie ni la sociologie « classiques » n'étaient capables d'envisager la portée et d'apprécier la « valeur à l'usage ».

Car, si quelque chose a, aujourd'hui, une valeur d'usage

qui dépasse parfois même la valeur de la technologie, c'est justement la psychosociologie générale, science de la formation de l'individu dans et selon un contexte préexistant, science de la manipulation et des relations intersubjectives. Il ne faut pas juger de son importance d'après la représentation encore faible qu'elle a dans le monde académique, celui-ci ayant, par définition, une force d'inertie bien supérieure à celle de tout système social en mouvement. Néanmoins, dans les cadres institutionnels existants, les principes de la psychosociologie ont pénétré depuis longtemps. L'ancêtre de cette discipline du présent et de l'avenir est, selon toute probabilité, la magie érotique de Giordano Bruno.

2. Magie « subjective » et magie « transitive »

Tout le monde sait que la magie prétend agir non seulement sur des individus doués d'un corps pneumatique, mais aussi sur le monde inanimé et sur les animés inférieurs. Il n'y a rien de faux dans cette opinion commune, mais, pour expliquer la vaste portée de la magie hors des relations intersubjectives, il faut qu'il y ait un autre principe qui justifie son action.

Le chercheur anglais D.P. Walker a proposé de classifier la magie en « subjective » (qui opère sur le sujet lui-même) et « transitive » (opérant sur le monde environnant). Ce qu'il entend pourtant par *transitive magic* devrait plutôt être appelé, comme nous l'avons déjà fait, « magie intersubjective » : « L'usage de la magie transitive dirigée sur des êtres animés coïncide en partie avec la psychologie pratique. Cette forme de magie a pour but de contrôler et de diriger les émotions d'autres gens en altérant leur imagination d'une manière spécifique et permanente. Ces techniques magiques présentent une tendance marquée à être fondées sur des pulsions sexuelles, puisqu'on reconnaissait probablement à celles-ci leur pouvoir propre et leur importance particulière, mais aussi parce qu'elles sont, en effet, plus étroitement liées à l'imagination que n'importe quel autre appétit naturel. Les traités de sorcellerie devinrent un genre presque pornographique ; et Bruno (*De vinculis in genere*) fit une tentative remarquable de dégager une technique de contrôle émotionnel global, qui est explicitement fondée sur l'attraction sexuelle[1]. »

Compte tenu de tout l'exposé qui précède, le schéma de Walker se révèle trop simple. En tant que forme de la magie transitive, la magie intersubjective diffère d'autres opérations par la qualité de l'objet sur lequel elle est censée agir : en effet, son objet est lui-même un sujet, dont la structure est analogue à celle de l'opérateur. Ceci n'est qu'en partie valable pour les animaux — eux aussi doués d'un synthétiseur pneumatique —, mais ne s'applique plus du tout aux plantes et aux inanimés. Les principes de la magie subjective et intersubjective ne fonctionnent plus dans les règnes inférieurs de la nature, puisque ceux-là ne sont pas capables de production fantastique et, de ce fait même, ne peuvent être directement influencés par l'imagination du manipulateur.

Partant des principes de classification de Walker, le schéma des formes de la magie devrait être relativement peu complexe. En effet, la magie subjective est une forme préliminaire de toute magie, puisqu'elle vise à transformer le pneuma individuel de telle sorte qu'il soit capable d'effectuer des opérations magiques. En outre, la magie subjective est elle-même « intersubjective », à cette différence près que les influences qu'elle exerce se retournent sur l'opérateur lui-même, celui-ci étant, dans le sens littéral du terme, son propre patient. Il en découle que toute magie est, par essence, *transitive,* même dans le cas où son action a lieu en cercle fermé.

Selon Giordano Bruno, il faut ensuite distinguer la magie proprement dite de la médecine, forme de guérison spirituelle qui présuppose un sujet dont les fonctions psychosomatiques sont altérées, et distinguer les deux de la religion, forme de magie (altruiste) qui opère sur un sujet collectif. Enfin, la magie intersubjective ne saurait produire des changements dans les règnes inférieurs, sauf si, par correction de ses principes fondamentaux, ces règnes-là pouvaient être englobés dans une théorie générale de la magie. En tout cas, vu l'absence de production fantastique chez les êtres animés inférieurs et les inanimés, la différence entre la magie intersubjective et la magie générale dont elle fait partie ne cesserait de subsister.

Ces conclusions portent à une classification des formes de magie fort différente de celle de Walker :

La *magie générale,* qui est une opération par essence *transitive,* se subdivise en :

1) *Magie intersubjective,* qui présuppose une identité ou une analogie de structure pneumatique entre l'opérateur et le patient ;

2) *Magie extrasubjective,* dont l'action se dirige sur les êtres inférieurs ou qui, en tout cas, ne provient pas de l'interaction pneumatique entre deux sujets.

A son tour, la *magie intersubjective* connaît un cas spécial, celui de la *magie intrasubjective* (subjective chez Walker), où l'opérateur est son propre patient.

Enfin, lorsque la magie intersubjective s'applique à la guérison d'un organisme psychophysique déréglé, elle reçoit le nom de *médecine,* tandis que, si elle agit sur un sujet collectif, lui proposant une orientation générale de l'existence et des règles spéciales de conduite, elle se confond avec la *religion.*

En général, la magie représente une technique de manipulation de la « nature ». Pour nous, le terme « nature » signifie une organisation rigoureusement déterminée, où il y a toutefois des marges de hasard, surtout dans les microsystèmes complexes comme l'atome. Le mot « hasard » est également appliqué (fortuitement, d'ailleurs) à des systèmes dépendants, comme celui des espèces animales ou végétales, qui démontrent une assez large capacité d'adaptation à des changements écologiques. Cela a permis souvent de dire que la sélection naturelle est due au « hasard », ce qui est valable, sans doute, à l'intérieur d'une catégorie comme celle d'*espèce,* mais n'a plus de sens dès qu'on rapporte tout cela au déterminisme général de la nature.

Dans la pensée de la Renaissance, le concept de « nature » est beaucoup plus large que le nôtre, puisqu'il comprend aussi toutes sortes d'existences non quantifiables — depuis les dieux, héros et démons du néo-platonisme jusqu'aux « êtres élémentaires » de Paracelse — dont nous n'avons plus aucune idée, faute de ne jamais les avoir rencontrées et observées. Il est sûr que notre concept de « nature » a été soigneusement expurgé de ces entités. Par contre, la « nature » de la Renaissance en était surpeuplée, et la magie se vantait de mettre à profit leurs qualités exceptionnelles.

En second lieu, le déterminisme naturel n'admettait, pour la pensée renaissante, aucune marge de hasard. Tout portait la marque rigoureuse et implacable de la destinée, le libre arbitre lui-même n'étant qu'une invention des théologiens à laquelle on ne pouvait souscrire qu'aveuglément. Nous croyons, aujourd'hui, que nos rencontres et nos sentiments sont dus au hasard ; par contre, un homme de la Renaissance nous démontrerait, notre horoscope en main, qu'ils étaient prédéterminés par la position des planètes dans le zodiaque le jour de notre naissance et le jour de nos rencontres. Il est même possible qu'il fasse plus, aidant notre volonté à réaliser ses penchants secrets ou publics. Quand quelqu'un se trouve être pauvre tout en voulant être riche, être épris d'une personne qui le méprise, avoir de puissants ennemis qui détruisent ses projets ; quand il fait beau lorsqu'il devrait y avoir de la pluie, ou vice versa, on recourt à la magie. Or, l'opérateur magique, qui est un expert du déterminisme naturel, sait qu'il y a aussi des brèches en celui-ci, des moments convenables où sa volonté peut produire des changements dans les événements de l'univers. La condition humaine a ses limites, que le magicien peut transcender. Par exemple, il peut circuler sans les communes restrictions dans le temps et l'espace, il peut influencer les gens et les conditions météorologiques, etc. Est-ce que X trame quelque chose contre Y ? On peut le savoir. X veut supprimer Y ? Cela peut se faire. X désire des nouvelles d'Y, qui se trouve très loin ? Rien de plus simple. X veut se faire aimer par Y ? Rien ne l'empêche. Veut-on la pluie ou le beau temps ? Aussitôt fait ; et ainsi de suite.

La médecine est elle aussi une branche particulière de la magie. Quand le déterminisme naturel a frappé l'organisme psychophysique du patient, aussitôt posé le diagnostic, la volonté du praticien saura intervenir efficacement pour remettre les choses en ordre.

Quels sont les remèdes proprement dits de la magie ? Il nous serait impossible de les comprendre sans avoir étudié le déterminisme naturel en sa totalité.

3. La conspiration des choses

La doctrine de l'homologie macro et microcosmique a, dans la culture occidentale, une prestigieuse histoire. Il est bien rare qu'un philosophe grec ou un théologien chrétien n'en aient pas été profondément influencés, et H. de Lubac a récemment montré qu'elle n'est point plus étrangère à la pensée du Moyen Age occidental qu'à celle de la Renaissance[2]. Il va sans dire qu'il est impossible de retracer ici ses vicissitudes.

Déjà pendant l'hellénisme, la doctrine se manifestait sous deux formes, d'importance relativement égale dans toute son évolution ultérieure. On les retrouve toutes deux chez les penseurs de la Renaissance.

Il est bien probable, comme Anders Olerud l'a démontré[3], que Platon, établissant l'homologie entre l'univers et l'homme, se soit inspiré du Corpus hippocratique. Cependant, la justification théorique qu'il fournit à la doctrine en son entier ne manque pas d'être redevable à sa propre théorie des idées. Selon celle-ci, le monde sensible a un archétype préexistant, stable et éternel : le monde intellectuel ou noétique. A son tour, l'homme, qui est un composé d'âme et de corps, réunit en lui-même ces deux mondes : son corps est, en quelque sorte, l'image de l'univers sensible ; son âme est un compendium du monde des idées. Puisque le cosmos noétique renferme dans ses matrices essentielles tout ce qui est rendu sensible dans le monde inférieur, il en découle que la partie raisonnable de l'âme humaine ne contient pas moins que le modèle intelligible de la création.

Le postulat platonicien ne préside pas directement à la théorie de la magie, dont les principes restent plus ou moins identiques, de l'Antiquité tardive jusqu'à la Renaissance. C'est la pneumatique stoïcienne qui constitue le point de départ de toutes ces spéculations concernant la magie pratique.

Pour les stoïciens, le cosmos était conçu comme un organisme vivant, pourvu de raison, capable d'engendrer des microcosmes raisonnables : *Animans est igitur mundus composque rationis*[4]. La doctrine de la sympathie universelle est formulée par Zénon de Citium et développée par Cléanthe d'Assos et par son successeur Chrysippe. D'après le modèle de l'homme, qui possède un hégémonikon ou « Principal » (le synthétiseur cardiaque), le macrocosme est également pourvu d'un hégémonikon, situé dans le soleil, cœur du monde[5]. « L'accord entre la psychologie humaine et la psychologie du cosmos est donc complet : de même que le pneuma psychique anime notre organisme tout entier, de même le pneuma cosmique pénètre jusqu'aux extrémités les plus reculées de ce grand organisme qui est appelé le monde[6]. »

Chrysippe, auteur de deux livres sur la divination[7], se

sert de la théorie de la continuité du pneuma pour justifier les phénomènes mantiques. L'attention accordée par Cicéron à ce sujet[8] paraît indiquer que les philosophes du Portique s'occupaient activement de la divination onirique. Pendant le sommeil, nous informe Cicéron, l'âme se détache « du commerce avec le corps », *a contagione corporis,* pour circuler dans le temps, apprenant les choses passées ou à venir. A en juger d'après son résultat, l'opération qu'exécutent les dormeurs ne se distingue en rien de celle que les prophètes accomplissent en état de veille : *Nam quae vigilantibus accidunt vatibus, eadem nobis dormientibus*[9]. Pour donner des oracles, les *vates* se servent de stimuli externes, surtout de certaines exhalaisons (*anhelitus*) de la terre[10], dans lesquelles il faut reconnaître le « pneuma mantique », l'esprit divinatoire dont parle le platonicien Plutarque de Chéronée[11].

De l'activité mantique à la magie véritable, il n'y a qu'un pas à franchir. Tandis que la divination représente, en fin de compte, l'habileté à se servir des fuites naturelles du pneuma, la magie des papyrus de l'Antiquité tardive n'est rien d'autre qu'une série de méthodes pratiques pour attirer, nourrir et accumuler ou emmagasiner l'esprit divin. Dans la plupart des cas, le pneuma est renfermé dans un objet matériel fabriqué à ce propos ou dans un animal. Avec ce réservoir d'énergie spirituelle à sa portée, le magicien compte se procurer soit la connaissance de l'avenir, soit la réalisation d'un but pratique quelconque[12].

Le mérite d'avoir réuni en une synthèse originelle les éléments platoniciens, aristotéliciens et stoïciens qui constituent le fondement théorique de la magie renaissante revient à Synésius de Cyrène, lequel, après avoir été le disciple de la martyre néo-platonicienne Hypatia d'Alexandrie (*ob.* 415), finit par se convertir au christianisme et devint évêque[13].

Pour les stoïciens, le rapport fonctionnel entre le synthétiseur cardiaque (hégémonikon) et le pneuma était bien déterminé : l'hégémonikon « est comme un poste récepteur, auquel toutes les impressions recueillies par les sens sont communiquées[14] ». D'autre part, les philosophes du Portique élaborent aussi une théorie des fantasmes produits par l'hégémonikon. Pour Chrysippe, la représentation distincte de l'objet sensible qui se forme dans le synthétiseur cardiaque s'appelle *phantasia kataleptiké* ou « représentation compréhensive » et conduit naturellement à l'adhésion rationnelle (*synkatathéesis*)[15]. La différence principale entre Aristote et les stoïciens consiste dans le fait que, pour les derniers, *le pneuma est l'âme même,* tandis que pour le premier il n'est qu'un intermédiaire de nature éthérée entre l'âme et le corps physique. C'est pourquoi la fantaisie chez les stoïciens est, d'après Zénon et Cléanthe, une « empreinte sur l'âme », une *typosis en psyché.* Plus tard, Épictète constatera que les fantasmes sont influencés par l'état du pneuma qui les reçoit ou les conçoit. Il recourt à une comparaison : « De même que les maisons qui se trouvent au bord d'une eau claire se mirent en sa surface limpide, de même les objets extérieurs viennent se mirer dans notre pneuma psychique ; il en résulte évidemment qu'ils sont influencés par l'état actuel de ce pneuma[16]. » Pour que les images reflétées dans le miroir du pneuma soient précises et fidèles à leur objet, il faut que le pneuma lui-même soit tranquille et pur[17]. C'est donc Épictète qui, continuant et développant les préoccupations morales des stoïciens, les combine avec la doctrine de l'esprit : avoir un pneuma propre, un miroir cardiaque bien astiqué, devient l'équivalent d'être vertueux. Or, le stoïcisme se retrouve ici avec toute la tradition platonicienne, dont l'aboutissement pratique le plus important était l'obtention, par une technique appropriée, de la séparation de l'âme du corps, pour que celle-là ne soit pas souillée par celui-ci. A partir du IIe siècle après J.-C., une technique de ce genre prend le nom de théurgie, par lequel on désigne surtout une activité de purification de l'âme, dans des buts qu'on peut assigner à la divination et à la haute magie bénéfique, mais aussi et surtout à la poursuite d'un meilleur sort posthume. C'est ainsi que le préliminaire théurgique de tout processus qui se range parmi les pratiques de la magie spirituelle sera celui de « nettoyer son pneuma », ou son hégémonikon, ou encore de « nettoyer son cœur ».

C'est d'après ces données théoriques qu'on arrive à comprendre nombre de techniques mystico-magiques orientales qui accordent beaucoup d'importance à la transparence, à la pureté et à l'éclat du « siège du cœur », comme le taoïsme, le yoga, le soufisme ou l'hésychasme. Qu'il soit désigné par les vocables *hsin, âkâśâ hṛdaya, qalb* ou *kardía,* cet « espace cardiaque » représente toujours le synthétiseur fantasmatique dont la propreté est la condition essentielle de toute manifestation divine.

Tandis que la théurgie prend une place d'honneur chez Jamblique, Synésius s'occupe plutôt du rôle du synthétiseur pneumatique dans la divination et dans la magie. La synthèse qu'il réalise dans son traité *De insomniis* (son titre est parfois rendu par *De somniis,* ce qui signifie exactement la même chose), traduit en latin par Marsile Ficin en 1489, sera reprise dans la théorie ficinienne de la magie exposée dans le traité *De vita coelitus comparanda*[18].

Selon le dogme platonicien, l'âme contient les empreintes intellectuelles des objets sensibles[19]. La connaissance se réalise par comparaison : l'objet est reconnu par l'âme d'après l'information préexistante qu'elle contient. Or, pour reconnaître un objet, il faut d'abord le percevoir, ce qui ne pourrait se réaliser que dans le synthétiseur. Celui-ci joue le rôle d'un *miroir,* mais d'un *miroir à double face,* qui reflète également ce qui est en haut (les archétypes éternels de l'âme) et ce qui est en bas (l'information des organes sensibles)[20]. La nature du synthétiseur est, bien entendu, pneumatique : il est formé par « l'esprit fantastique [*phantastikon pneuma*] qui est le premier corps de l'âme, dans lequel se forment les visions et les images[21]. Il réside à l'intérieur [du corps] et gouverne l'être vivant comme du haut d'une forteresse [*akropolis*]. Car la nature lui a construit, en effet, le bâtiment de la tête tout autour[22] ».

A la différence de la tradition stoïcienne, Synésius situe ici le synthétiseur non pas dans le cœur, mais dans le cerveau. Ce n'est pas Galien qu'il entend suivre, mais Platon lui-même (auquel il emprunte aussi la métaphore de la forteresse), chez qui la tête de l'homme-microcosme a une valeur beaucoup plus accentuée que le cœur[23].

Nous avons déjà vu qu'Épictète comparait le pneuma à un bassin rempli d'eau, à un miroir liquide. Plutarque de Chéronée est le premier à parler d'un *miroir pur* sans plus[24]. Chez Synésius, ce miroir à double face donne l'occasion aux images reflétées par les deux surfaces parallèles de se rencontrer sur un terrain neutre. En tant qu'intermédiaire entre le monde intelligible et le monde sensible, ce miroir, s'il est parfaitement propre, permettra au sens interne de contempler le monde d'en haut compendié par la partie raisonnable de l'âme et donnera à celle-ci la possibilité de percevoir et de juger les objets sensibles dont l'image est transmise au sens commun par les sens externes. *Le synthétiseur pneumatique devient, chez Synésius, le terrain par excellence de la divination et de la magie.* Pour qu'un résultat quelconque puisse être obtenu, il faut que le pneuma soit pur, que rien de charnel n'obscurcisse la clarté du miroir[25]. La divination par les songes, dont Cicéron nous a déjà entretenus, est justifiée par le même principe : les événements du monde noétique, qui est stable et éternel, c'est-à-dire non sujet à la dimension du temps, se reflètent dans le pneuma pur et forment des images véridiques de rêve que l'homme pourra se rappeler pendant la veille. « Et je ne sais pas si ce sens, dit Synésius dans sa louange du synthétiseur pneumatique, n'est plus saint que tous les autres. Car c'est grâce à lui que nous pouvons avoir commerce avec les dieux, soit par vision, soit en conversant, soit par d'autres moyens. Il ne faut donc pas s'étonner de ce que les rêves sont, pour certains hommes, leur trésor le plus cher ; car, par exemple, si quelqu'un dort tranquillement et, pendant son sommeil, parle aux Muses et écoute leurs propos, il peut [à son réveil] devenir à l'improviste un poète très élégant. Pour ma part, tout cela ne me semble pas insensé[26] », finit par déclarer l'archevêque de Ptolémaïs.

Mais il y a bien plus. Puisque le synthétiseur fantastique offre la possibilité d'une rencontre avec le monde peuplé de puissances divines et puisque, selon le dogme platonicien, ce monde-ci est homologue au monde intelligible, il y a moyen d'agir sur le synthétiseur pour appeler les présences numineuses. Cette invocation, dont le résultat est la fréquentation des dieux et des démons, peut s'obtenir par l'emploi de certaines substances, formes et couleurs auxquelles les êtres supérieurs sont sensibles.

Avant de prendre conscience de ses propres possibilités, l'homme-microcosme se trouve dans un univers dont les parties, le bas et le haut, *conspirent* entre elles à son insu. Au moment où il aura saisi la structure de cette conspiration, les correspondances entre l'univers visible et son prototype invisible, il pourra s'en servir dans le but de capter les présences inconnues qui guettent au seuil d'entre les deux mondes, les démons et même les dieux hypercélestes. C'est la doctrine des *signatures* des choses, des homologies cosmiques, que M. Foucault a brillamment analysée[27]. Et c'est également la définition de la magie chez Synésius :

« Il faut que les parties de cet univers, qui sympathisent et *conspirent* avec l'homme, soient réunies entre elles par quelque moyen [...]. Et peut-être les incantations magiques représentent-elles un tel moyen, car elles ne se limitent pas à signifier, elles *invoquent* également. Celui qui comprend la parenté des parties de l'univers est vraiment sage : il peut s'attirer les bénéfices des êtres supérieurs, en captant, au moyen des sons [*phonas*], des matières [*hylas*] et des figures [*schémata*] la présence de ceux qui sont loin de lui[28]. »

A côté de cette expression plus sophistiquée de la parenté entre l'homme et le monde, Synésius utilise également la théorie platonicienne traditionnelle, selon laquelle « l'intellect humain contient en lui-même les formes de toutes les choses qui existent[29] ». Or, mille ans après Synésius, le cardinal Nicolas de Cues est encore convaincu que l'intellect de l'homme-microcosme (*parvus mundus*) « est la description vivante de la sagesse éternelle et infinie [...]. A travers le mouvement de notre vie intellectuelle nous sommes capables de trouver en nous-mêmes l'objet de notre quête[30] ».

Quant à Ficin, celui-ci est un platonicien doublé d'un magicien : « Platon a raison dans sa conception d'une machine du monde composée de telle manière que les choses célestes aient, sur la terre, une condition terrestre et, de même, que les choses terrestres aient dans le ciel une dignité céleste. Dans la vie occulte du monde et dans la raison [*mens*], reine du monde [*regina mundi*], il y a des choses célestes dotées de propriétés vitales et intellectuelles, et douées d'excellence. De plus, cela confirme [le principe de] la magie, qui permet aux hommes d'attirer à eux les présences célestes par des choses inférieures utilisées à des moments opportuns et correspondant aux choses supérieures [*per inferiora (...) superioribus consentanea posse ad homines temporibus opportunis caelestia quodammodo trahi*]...[31]. »

Il est difficile d'énoncer plus clairement le principe fondamental de la magie. Mais on est encore loin de soupçonner à quel point complexe s'avère l'étude des « choses inférieures » et des « temps opportuns », aussi bien que la multitude des « dons célestes » auxquels la magie est censée livrer accès.

4. La théorie des radiations

L'étude des papyrus magiques de l'Antiquité tardive nous entraînerait hors du cadre de ce livre. Quelques observations s'imposent cependant : les recherches récentes effectuées sur

LA MAGIE PNEUMATIQUE

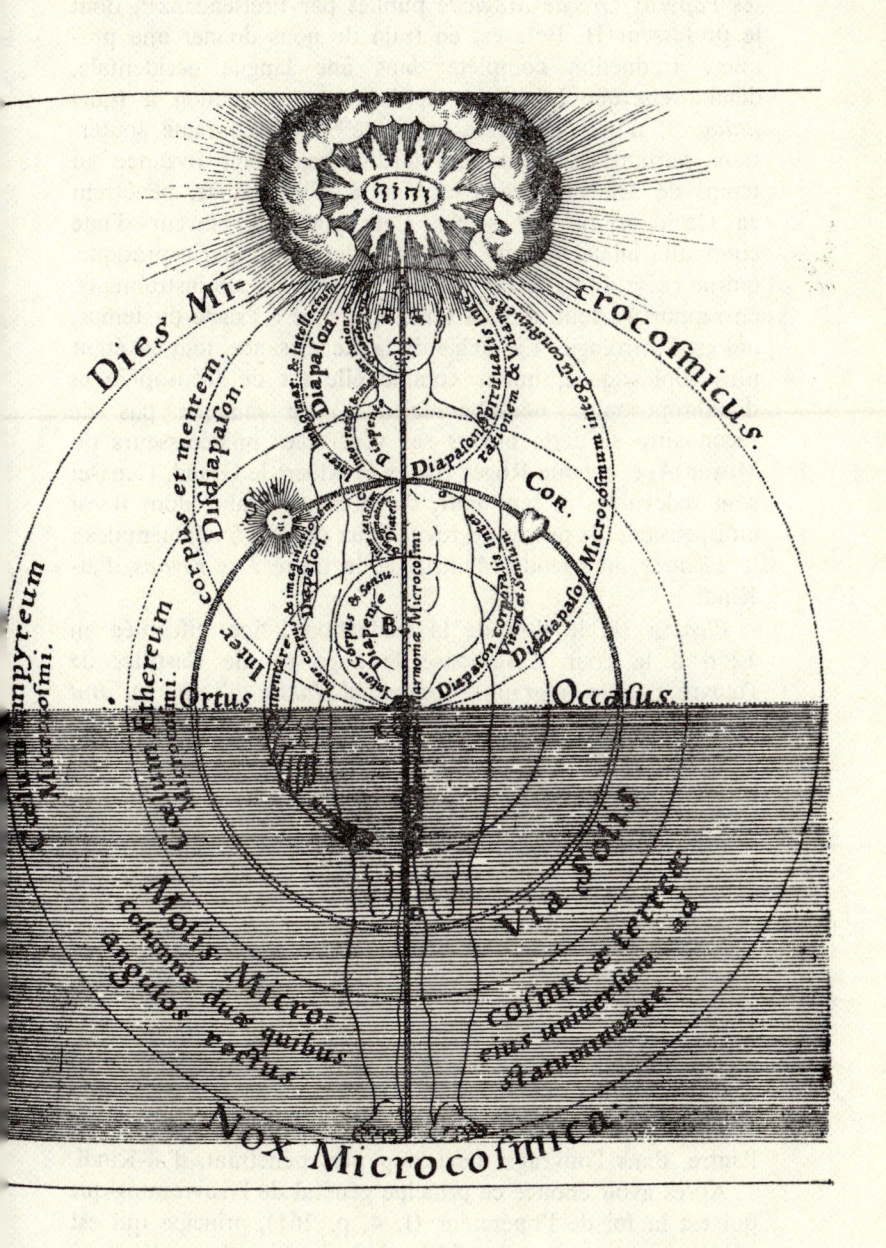

FIG. 6 : L'homme-microcosme. D'après Robert Fludd, *Utriusque cosmi historia*, II, a, 1, p. 275.

les *Papyrus Grecae Magicae* publiés par Preisendanz[32], dont le professeur H. Betz est en train de nous donner une première traduction complète dans une langue occidentale, démontrent que la magie représente une tradition à traits *unitaires,* d'une vénérable antiquité[33]. Des courants souterrains partant de l'Antiquité tardive rejoignent Byzance au temps de Michel Psellus et, par la filière arabe, pénètrent en Occident au XIIe siècle. Cela plaide en faveur d'une continuité ininterrompue des méthodes de la magie pratique, qui ne cesse de perfectionner ses principes et ses instruments, en rapport surtout avec la seule « science » exacte du temps, qui est l'astrologie. La magie de la Renaissance, tout en étant plus sophistiquée, imbue comme elle est de théosophie et d'anthroposophie néo-platoniciennes, ne manque pas de reconnaître sa dette envers ses vénérables prédécesseurs du Moyen Age, comme Roger Bacon et Albert le Grand. Ceux-ci sont redevables, à leur tour, de la magie arabe, dont il est indispensable de passer en revue deux œuvres fondamentales : le *Picatrix* du pseudo-Madjritî et le traité *Des rayons* d'al-Kindî.

Picatrix est le titre de la traduction latine, effectuée en 1256 à la cour d'Alphonse le Sage roi de Castille, de l'œuvre pseudo-épigraphe *Ghâyat al-Hakîm fi'l-sihr* ou *But des Sages dans la Magie* attribuée au mathématicien andalou al-Madjritî (*ob.c.* 1004-1007)[34]. Il serait difficile de nier l'influence du *Picatrix* sur la magie de la Renaissance[35]. Cependant, il faudrait également remarquer que cette influence est surtout d'ordre pratique et ne saurait justifier l'importance accordée par Marsile Ficin ou Giordano Bruno au côté purement théorique de la magie.

Certes, le *Picatrix* lui-même connaît aussi la distinction entre « théorie » — qui est l'astrologie — et « pratique » — qui est la fabrication des talismans (I, 2, p. 256, Matton). Cependant les auteurs de livres de magie de la Renaissance ne se contentent pas de si peu : pour eux, l'astrologie a un fondement et une justification ontologiques, dont il faut chercher l'explication, d'une part, dans le néo-platonisme et, de l'autre, dans l'ouvrage, beaucoup plus pénétrant, d'al-Kindî.

Après avoir énoncé ce principe général de l'œuvre magique qui est la foi de l'opérateur (I, 4, p. 261), principe qui est répété incessamment (p. 293, etc.), le *Picatrix* se limite à exposer des recettes de fabrication des talismans, en raison de la position des planètes dans le zodiaque, et à formuler le texte des « oraisons planétaires » qu'il faut adresser aux astres personnifiés. Dans ces listes sont intercalées des banalités d'ordre philosophique comme l'homologie du macro et du microcosme (p. 297 sq.). Quant aux talismans, ils sont censés avoir des effets multiples, les deux premiers livres du *Picatrix* nous en présentant quelques-uns : provoquer l'amour (durable) ou l'union entre deux personnes, procurer la protection des grands de la terre ou le respect des serviteurs, augmenter les richesses et le commerce, porter bonheur à une ville, détruire un ennemi ou une ville, empêcher la construction d'un bâtiment, sauver un prisonnier de sa prison, chasser un homme de sa demeure, séparer les amis, faire encourir à quelqu'un la colère du roi, garantir le succès de la pêche, faire fuir les scorpions, guérir les blessures, assurer le succès (financier) d'un médecin, multiplier les moissons et les plantes, guérir plusieurs infirmités, etc.

La magie astrologique de Ficin puise largement aux recettes du *Picatrix,* mais l'influence est surtout d'ordre quantitatif, non pas qualitatif. L'imposant édifice de la magie spirituelle de la Renaissance ne saurait être comparé avec ce médiocre amas de procédés empiriques qu'est le *Picatrix*. Cependant, puisque les philologues ont eu la partie facile à découvrir chez Ficin des passages entiers empruntés au *Picatrix,* ils se sont contentés trop vite d'une explication génétique d'ordre fort général, selon laquelle le traité arabe traduit en latin serait une des principales sources du platonicien florentin.

L'insuffisance de ce genre de *Quellenforschung,* qui recherche exclusivement l'emprunt littéral effectué par une œuvre à une autre œuvre antérieure, est facile à démontrer. Imaginons un savant qui, occupé à relever l'influence d'ordre artistique subie par un monument d'architecture chrétienne, s'emploierait, en sachant que celui-ci a été bâti sur les ruines d'un ancien temple de Mithra, à établir un inventaire exhaustif des pierres du temple païen qui ont servi à construire la nouvelle basilique. A constater, par exemple, que 60 % des pierres de l'édifice chrétien proviennent du monument païen, il devrait en conclure — selon les principes de la *Quellenforschung* — que la basilique est, à 60 %, un temple mithriaque ; ce que la réalité ne ferait que trop vite contredire, les deux bâtiments n'ayant rien de commun entre eux que la matière brute, accessoire. Dès qu'il s'agirait d'établir la différence de style et de fonction entre ces deux ouvrages, la *Quellenforschung* s'avérerait totalement impuissante à servir nos propos, puisque, par une étrange erreur d'optique, elle est incapable de percevoir les deux en leur unité. De même, le nombre élevé de passages du *Picatrix* qui ont trouvé une utilisation presque littérale dans la magie ficinienne ne suffit pas pour établir une influence profonde du premier sur la seconde.

Par contre, bien que Ficin, comme Roger Bacon, tienne en haute estime le traité d'al-Kindî sur les rayons stellaires, il n'y emprunte qu'assez rarement des expressions littérales, ce qui suffirait, pour la *Quellenforschung,* à écarter al-Kindî de la liste des sources principales de Ficin. Et pourtant, il est facile de s'apercevoir que la magie ficinienne, science des correspondances occultes de la nature, s'inspire largement de la théorie des radiations universelles d'al-Kindî. Il y a, bien entendu, une différence majeure entre ces deux auteurs : fidèle à la tradition platonicienne, Ficin donne aux radiations d'al-Kindî le nom générique d'Éros, et c'est à partir de cette conception que Giordano Bruno développe la magie érotique dont nous nous sommes occupé dans le chapitre précédent, et sur laquelle il y aura lieu de revenir.

Le traité *De radiis* du célèbre astrologue et philosophe Abû Yûsuf Yaqûb ibn Ishaq al-Kindî (*ob.c.* 873) nous est parvenu dans une traduction latine anonyme du XIIe siècle[36]. L'idée fondamentale de cet écrit, qui n'est que l'un parmi les deux cent soixante-dix que l'historiographe an-Nadîm attribue à son auteur, est que chaque étoile possède sa nature propre qu'elle communique au monde environnant à travers ses *rayons*. Or, l'influence des radiations stellaires sur les objets terrestres se modifie en fonction des *aspects* mutuels que les astres et les objets engagent. En outre, les *matières préjacentes* reçoivent diversement les qualités des rayons, selon leurs propriétés intrinsèques, qui sont *héréditaires* (d'où l'on voit, par exemple, que le fils du roi aura aptitude à gouverner et le fils d'ouvrier à poursuivre le métier de son père).

Sauf le vocabulaire, d'un haut degré de technicité, il n'y a pas de différence essentielle, jusqu'ici, entre al-Kindî et tout autre traité de magie astrologique, y compris le plus tardif *Picatrix*. Mais al-Kindî sort vite du cadre étroit de cette conception. Pour lui, il n'y a pas seulement les étoiles qui émettent des rayons, mais aussi les *éléments* : « Tout ce qui a une existence actuelle dans le monde des éléments émet des rayons dans toutes les directions, lesquels rem-

plissent à leur manière le monde élémentaire tout entier »
(III, p. 88). Puisque le monde matériel en sa totalité représente une combinaison des quatre éléments, voilà aussi la raison pour laquelle se différencient entre eux les rayons des *composés élémentaires,* dont aucun n'est pareil à l'autre.

Selon al-Kindî, nous nous trouvons au milieu d'un réseau invisible de rayons, provenant des étoiles ainsi que de tous les objets de la terre. L'univers tout entier, depuis les astres les plus reculés jusqu'au plus humble brin d'herbe, se rend présent par ses radiations en chaque point de l'espace, à chaque moment du temps, et sa présence varie, bien entendu, selon l'intensité et les influences mutuelles des rayons universels, de manière qu'il ne peut y avoir deux choses vraiment identiques entre elles. En plus, les affections psychiques (joie, douleur, espoir, crainte) se transmettent elles aussi au monde environnant sous forme de radiations invisibles qui y impriment également des changements, selon les dispositions de chaque matière préjacente. « L'homme [...], par sa complexion équilibrée, ressemble au monde lui-même. Ainsi est-il un microcosme et ainsi s'explique-t-on pourquoi il reçoit, tout comme le possède le monde, un pouvoir d'induire par ses propres efforts des mouvements dans une matière adéquate, à condition toutefois qu'une imagination, une intention et une foi se soient au préalable formées dans l'âme humaine. En effet, l'homme qui désire opérer quelque chose imagine d'abord la forme de la chose qu'il veut imprimer par son action dans une matière donnée ; après qu'il a conçu l'image de la chose, selon qu'il a jugé que cette chose lui est utile ou inutile, il la souhaite ou bien la dédaigne dans son âme. Et s'il a jugé la chose digne de son désir, il désire longuement les accidents grâce auxquels, selon l'opinion qu'il s'est faite, la chose peut exister en acte.

« Or, les passions de l'âme sont des accidents qui contribuent à produire un mouvement. Et à leur propos nous disons que l'imagination et la raison humaines acquièrent une ressemblance avec le monde aussi longtemps qu'en elles les espèces des choses mondaines s'impriment en acte grâce au fonctionnement des sens, à cause de ce que le *spiritus ymaginarius* [le *phantastikon pneuma* de Synésius, note de l'auteur] possède des rayons conformes aux rayons du monde ; aussi obtient-il par là le pouvoir de mouvoir, grâce à ses propres rayons, les choses extérieures, de même que le monde, tant supérieur qu'inférieur, agite par ses rayons les choses selon des mouvements divers.

« En outre, quand l'homme conçoit une chose matérielle par l'imagination, cette chose acquiert une existence actuelle selon l'espèce dans l'esprit fantastique (*spiritus ymaginarius*). Aussi cet esprit émet-il des rayons qui meuvent les choses extérieures tout comme la chose dont il est l'image. Ainsi donc l'image conçue dans l'esprit s'accorde en espèce avec la chose produite en acte sur le modèle de l'image par l'œuvre volontaire ou naturelle, ou les deux à la fois. C'est pourquoi il n'y a pas lieu de s'étonner si le thème de géniture (*constellatio*) qui produit une image dans l'esprit de l'homme produit la même image chez un autre sujet, puisque l'une ne diffère pas de l'autre, excepté seulement en ce qui concerne leur matière » (V, p. 95-97).

La foi préalable de l'opérateur est la condition essentielle de la réussite de son action magique : « Assurément, le premier et principal accident nécessaire à la génération d'une chose par le modèle de l'image mentale est le désir de l'homme qui imagine que la chose peut se faire » (*ibid.*, p. 97). La manipulation magique a lieu par le son (prières, conjurations) et par les gestes : « Il existe deux genres d'actions grâce auxquelles, lorsqu'elles sont effectuées comme il faut, une chose conçue en esprit se réalise en acte : à savoir l'expression verbale et l'opération de la main. Il existe en effet certain discours qui, proféré par la bouche de l'homme — tandis qu'avec lui s'expriment l'imagination, la foi et le désir — actualise dans le monde des mouvements dans les êtres individuels » (*ibid.*, p. 98-99). « Les sons produits en acte émettent des rayons tout comme les autres choses en acte, et [...] opèrent par leurs rayons dans le monde des éléments tout comme les autres choses individuelles. Et comme il existe d'innombrables variétés de sons, chaque son proféré en acte possède son effet sur les autres choses élémentaires, et cet effet diffère de l'effet des autres. Or, les sons, ainsi que les herbes et les autres choses, ont reçu de l'harmonie céleste leur effet propre, et pareillement une qualité d'effet très diverse dans les choses diverses » (VI, p. 100).

Tout cela démontre qu'al-Kindî s'inspire largement de la magie spirituelle d'un Synésius, qui recommande l'usage des sons (*phonai*), matières (*hylai*) et figures (*schémata*), par lesquels « le vrai sage, connaisseur des rapports de parenté entre les parties de l'univers, peut exercer des influences » sur un objet quelconque[37].

Pour revenir à la magie sonore : il y a deux sortes de sons magiques, d'après leur correspondance *astrologique* (selon l'astre, le but de l'opération et la position du ciel) ou *élémentaire* ; ceux-ci ont une influence sur les éléments et les composés d'éléments, comme les corps des plantes et des animaux. « Par ailleurs, pour que s'obtienne un effet, il faut toujours qu'il y ait chez le récitant contention d'esprit et représentation de la forme qu'il désire voir se réaliser en acte dans la matière grâce à l'émission des sons » (*ibid.*, p. 101). A cette magie sonore préside une théorie de l'origine naturelle des langues. Chaque son a été formé, selon sa destination, par l'harmonie céleste. La signification des mots n'est point arbitraire, mais leur destination naturelle peut ne pas coïncider avec la fonction significative qui leur a été attribuée par l'homme. « D'autre part, quand dans un son coïncident l'assignation de signification faite par l'harmonie et celle faite par l'homme, le pouvoir de la signification de ce son se trouve doublé » (*ibid.*, p. 103). On reconnaît ici l'origine des théories kabbalistiques plus tardives du « langage naturel » qui est l'hébreu, « puisque l'hébreu étant le langage de la création, c'était une langue naturelle dans laquelle les mots indiquaient les natures essentielles des choses qu'ils avaient d'abord produites et ensuite représentées[38] ».

Bien entendu, la magie sonore d'al-Kindî utilise des formules compréhensibles, en langage artificiel, aussi bien que des formules incompréhensibles, lesquelles, pour être prononcées en « langage naturel », redoublent l'efficacité de l'opération.

Que peut-on obtenir par l'utilisation des sons magiques ? Presque tout : des présages, la télékynèse, des effets psychosomatiques sur les animaux et sur l'homme, l'envoûtement d'un sujet humain, qui consiste à modifier l'orientation de sa volonté, et, enfin, des phénomènes paradoxaux tels que faire flotter des objets lourds sur l'eau ou les faire s'élever dans l'air, produire la pluie, la foudre et d'autres phénomènes atmosphériques, éteindre le feu à distance, etc. (*ibid.*, p. 104-109). Les formules les plus efficaces sont les formules *optatives,* puisqu'elles proviennent du *cœur,* qui est le centre de l'homme-microcosme (*ibid.*, p. 111).

Quant aux figures et aux caractères magiques, leurs propriétés et leurs facultés opératives ressemblent de près à celles des sons (*ibid.*, p. 119-123). Le traité d'al-Kindî se termine par une théorie extrêmement intéressante des sacrifices (IX, p. 123). L'animal est envisagé comme un microcosme dont la mort violente produit une brèche dans le macrocosme : par celle-ci s'insère la volonté de l'opérateur, capable de produire une modification des circonstances et des choses. L'animal sacrifié est, bien entendu, en rapport avec le but à atteindre.

Nous aurons l'occasion d'apprécier la portée des emprunts faits par Ficin à al-Kindî. Il suffira d'observer ici que l'univers d'al-Kindî, tout comme celui de la physique moderne, est fait de deux états d'énergie : l'état élémentaire et l'état de radiation. Les éléments, à leur tour, se combinent pour former des agrégats dont les radiations auront des propriétés nouvelles. Chaque objet du monde se trouve au centre d'un transfert universel de radiations, dont le champ varie selon la position de l'objet dans l'espace et dans le temps, de manière qu'il ne peut y avoir deux objets dont le comportement soit parfaitement identique en ce qui concerne l'émanation et la réception de rayons. L'écrivain italien Dino Buzzati, s'imaginant que l'agonie d'un simple cafard écrasé par mégarde avait des conséquences d'ordre cosmique, paraît s'être parfaitement transposé dans l'esprit d'al-Kindî, pour lequel chaque événement, même le plus insignifiant, a un rayonnement universel (particulièrement intense dans le cas de la mort violente). La magie tire de ce principe même sa possibilité d'existence, qui consiste à émettre des radiations dont la « longueur d'onde » puisse rejoindre les postes récepteurs visés par l'opérateur. Les destinataires du message seront contraints à y réagir selon l'intention imprimée dans la radiation. Or, il ne faut pas perdre de vue que les rayons d'al-Kindî sont de nature *pneumatique,* que sa magie est une *magie spirituelle* qui ne fait que continuer celle de Synésius de Cyrène. Cela signifie que l'homme, doué d'un synthétiseur fantastique, pourra y produire convenablement des affections qu'il lancera dans l'espace pneumatique vers l'esprit récepteur d'un autre individu de la même espèce. L'efficacité de cette magie intersubjective est garantie par la constitution de l'agrégat humain et par la foi de l'opérateur.

Aujourd'hui, quand une croyance de ce genre sort des établissements religieux et reparaît chez des sujets persuadés que leurs propres émotions sont transitives, qu'elles peuvent agir sur d'autres individus ou sur le monde physique, on convient généralement qu'il s'agit d'un état d'insanité mentale et on lui donne le nom de « schizophrénie ». D'après la définition de P. Janet, reprise par C.G. Jung et devenue désormais classique, la schizophrénie se caractérise par un « abaissement du niveau mental » et, en conséquence, par un court-circuit entre l'existence onirique et l'existence diurne, le monde de nos fantasmes intérieurs et le monde réel. A en croire Edgard Morin, il n'est pas difficile que ce court-circuit se produise, puisque le cerveau humain, avec toute son hypercomplexité, ne dispose d'aucun instrument spécial qui lui permette de distinguer le rêve de l'état de veille[39].

Ayant établi des ressemblances entre le comportement magique et le comportement schizophrénique, l'anthropologue d'origine hongroise Géza Roheim a ouvert la voie à l'interprétation de la magie comme une « schizophrénie institutionnalisée ».

Certes, il y a une lointaine analogie entre la méthode de la magie et la maladie mentale appelée schizophrénie. Cependant, les deux ne sauraient se confondre. Il est vrai que le magicien doit être fermement persuadé de sa capacité à transmettre ses propres émotions à un autre sujet ou à opérer d'autres actions transitives de la sorte, mais il ne cesse jamais d'être conscient que la fantasmagorie qu'il a produite fonctionne exclusivement sur le terrain qui est propre aux fantasmes, à savoir l'imagination humaine. Ceci paraît d'autant plus vrai qu'il y a des cas, très rares, où un opérateur souffre de symptômes évidents de schizophrénie, ce qui le distingue d'emblée de la masse des autres magiciens qui, eux, sont des individus complètement sains. L'opérateur schizophrène est celui sur lequel la fantasmagorie intérieure finit par avoir le dessus, s'imposant comme une présence étrangère (voir plus loin le cas de M. Berbiguier et de ses farfadets). Or, rappelons-nous que Giordano Bruno ne cessait d'attirer l'attention du manipulateur de fantasmes sur les dangers que son activité comportait, dont la somme équivalait à la perte de la santé mentale. Il paraît donc que le magicien ne doit pas être considéré *en principe* comme schizophrène, ni la magie comme une « schizophrénie institutionnalisée ». Au contraire, il y a des analogies entre certains types de magie et la psychanalyse elle-même, dont la méthode admet, entre certaines limites, une comparaison avec celle des « guérisseurs » de Giordano Bruno.

Dès que le songe est envisagé comme une production fantastique provenant de l'inconscient, et la schizophrénie comme un état de confusion entre les contenus oniriques et les contenus sensibles, il ne faudra point s'étonner des correspondances entre les fantasmes des schizophrènes et les fantasmes mis en œuvre par les magiciens. Après tout, leur provenance est la même, sauf que, dans le cas du magicien, les fantasmes sont produits volontairement et dirigés par l'opérateur, tandis que, dans le cas du malade, ils s'imposent à lui comme des réalités étrangères, ils le « possèdent ». L'hypothèse des « archétypes » de Jung, qui sont des catégories préformatives de la production fantastique, repose en bonne partie sur les analogies entre les fantaisies des patients et le répertoire mythico-magique de l'humanité. Comment voit-on ces choses-là du côté de l'anthropologie, qui n'est pas directement appelée à donner son verdict sur l'état de santé mentale des personnages dont elle s'occupe ?

Le livre *Ecstatic Religion* de l'anthropologue écossais Ioan M. Lewis nous donne une réponse à cette question[40].

Lewis trace une typologie assez instructive de l'« opérateur d'esprits » (entités surnaturelles), arrivant à la conclusion qu'il y en a trois classes :

a) *le participant aux cultes extatiques* (comme le dionysisme en Grèce ancienne ou le *zar* en Afrique du Nord), qui est involontairement possédé par les « esprits » ;

b) *le chaman,* qui, après avoir subi la maîtrise des esprits, devient, à son tour, leur maître (c'est un *wounded surgeon,* pour reprendre la formule de T.S. Eliot) ;

c) *le sorcier,* qui, maîtrisant les esprits selon sa volonté, les dirige contre le sujet passif, qui en sera possédé malgré sa volonté.

Qui sont les « esprits » ? Est-ce que ce sont des êtres doués d'une existence objective ou des fantasmes, des productions objectivées, sur le plan imaginaire, provenant de l'inconscient ?

Le prochain chapitre de ce livre, qui est consacré aux démons et à la démonomagie de la Renaissance, donnera bien des précisions à ce sujet. Les esprits sont des fantasmes, qui acquièrent une existence autonome par une pratique de visualisation ressemblant en tout et pour tout à l'Art de la mémoire. Cependant, il n'est pas rare qu'ils se manifestent sans être invoqués de la sorte — dans le cas de l'usage des drogues hallucinogènes dont se servaient les sorcières, ou dans le cas des maladies mentales. Certes, Lewis a tort d'affirmer que les sorciers dominent à volonté leurs esprits familiers, puisque cela n'est point valable dans la sorcellerie occidentale, où le rapport entre sorcières et esprits est plus problématique. De même, il est difficile de distinguer les chamans des sorciers, puisque ces derniers aussi n'apprennent à dominer leurs esprits qu'après que ceux-ci se sont manifestés spontanément à eux. Autrement dit, on peut distinguer essentiellement deux classes de personnages qui ont affaire aux esprits : l'une les invoque tout en les inventant ; l'autre les reçoit et ne pourra s'en servir qu'après une activité ordonnatrice consciente.

Il n'y a pas de doute que les esprits qui imposent leur présence proviennent de l'inconscient ; mais les autres, ceux qui sont « inventés », d'où viennent-ils ? Leur source est la même, puisque leurs modèles, transmis par tradition, ont jailli jadis dans la fantaisie d'un autre opérateur. Le magicien ou le sorcier de la Renaissance apprend leur existence par des manuels de haute magie, comme la *Stéganographie* de l'abbé Trithémius (encore que celle-ci ne soit, en grande partie, qu'un traité de cryptographie) ou la *Philosophie occulte* de son disciple Henri Corneille Agrippa, ou de basse magie, comme ceux qui ont été enregistrés dans l'*Antipalus maleficiorum* du même Trithémius, un occultiste fort savant (voir *infra,* chap. VII, et l'Appendice VI).

En conclusion, il n'y a que deux sortes d'opérateurs de fantasmes : ceux qui ont été envahis par la production inconsciente et n'ont réussi qu'à grand-peine à y mettre de l'ordre ; et ceux dont l'activité a été entièrement consciente, consistant à inventer des fantasmes mnémotechniques auxquels ils ont prêté une existence autonome. Seuls, les premiers sont comparables aux schizophrènes, à cette différence près que, bien ou mal, ils ont appris à trouver un *modus vivendi* avec leur production inconsciente, suscitée, dans la plupart des cas, par l'usage des hallucinogènes. Parmi eux, il y a aussi — la chose est parfaitement vérifiable — des schizophrènes vrais et propres, comme M. Berbiguier au début du XIXe ou le docteur Ludwig Staudenmaier au début du XXe siècle, qui utilisent des croyances et des techniques magiques pour essayer de mettre de l'ordre dans leurs processus mentaux gravement perturbés. Dans ce cas, loin de considérer la magie comme une « schizophrénie institutionnalisée », il faut y voir, au contraire, un remède — d'ailleurs assez puissant — *contre* l'invasion dévastatrice de la maladie mentale. *La magie n'est pas un facteur de désordre ; au contraire, c'est un moyen pour rétablir une coexistence pacifique entre l'inconscient et le conscient,* là où cette coexistence a été mise en crise, soit par l'intervention d'une maladie mentale, soit par l'emploi volontaire de substances chimiques à effet psychédélique. Le magicien est un analyste qui ne peut pratiquer son métier qu'après s'être analysé lui-même. Mais l'accès à l'inconscient peut lui être livré de deux manières distinctes : par « invasion » pathologique ou provoquée par des moyens externes, ou par assimilation de la tradition. Dans le deuxième cas, aucune analogie avec le schizophrène n'est permise — pas plus que dans le cas de toute personne qui apprend quelque chose, l'homme de science y compris.

Ces réflexions, que nous développerons par la suite (cf. *infra,* chap. VII), ont servi de préambule à l'exposé de la magie intersubjective d'al-Kindî à Giordano Bruno. Le concept de « radiation », fondamental chez le premier, est graduellement remplacé par le concept d'Éros. L'harmonie pneumatique de l'univers est le postulat général de Ficin à Bruno, et son instrument est l'Éros. Par l'action de celui-ci, l'univers connaît un certain *concentus,* qui est ordre, harmonie, intégration, et dont la définition la plus troublante est formulée par Ficin dans l'une de ses épîtres[41] : « Je considère qu'il y a nécessairement une loi ordonnée et une certaine harmonie [*concento*] et consonance dans les éléments du monde, dans les humeurs chez les animaux, dans la vie des bêtes et même dans la société des brigands, puisque ceux-ci ne sauraient pas s'associer s'il n'y avait un certain ordre en tout cela. » On est loin des théories de l'autodestruction du mal. Au contraire, même dans le mal il y a l'ordre, car autrement, les délinquants ne sauraient rester ensemble.

Cette harmonie générale dont l'Éros est le principal instrument n'est pas encadrée, chez Ficin, par une théorie d'une ampleur comparable à celle d'al-Kindî. Ce n'est que Giordano Bruno qui restitue les choses à leur complexité réelle, dans sa vision d'un univers dont chaque individu et même chaque objet est lié aux autres par d'invisibles attaches érotiques. L'expression *vinculum vinculorum amor est* se substitue à une expression analogue qu'on pourrait prêter à al-Kindî sans risquer de dénaturer sa pensée : *vinculum vinculorum radium est,* « le lien des liens est le rayon ».

L'énergétisme d'al-Kindî introduit au psychologisme de Bruno, pour lequel les choses n'émanent pas des radiations froides, stériles et presque inertes, mais des rayons vivants, colorés des passions, inspirant déjà, par leur existence même, la sympathie ou l'antipathie, l'amour ou la haine. Au transfert objectif d'al-Kindî s'oppose le transfert hautement subjectif de Giordano Bruno ; à partir de la magie universelle se profile et se précise davantage le concept de *magie intersubjective*.

5. Magie pneumatique

La magie spirituelle de la Renaissance, dont Marsile Ficin est le premier et le plus influent représentant, se constitue à partir du principe de la sympathie pneumatique universelle. Le premier corollaire de ce principe est que l'homme, doué d'un hégémonikon situé, en général, dans le cœur, qui est l'organe correspondant au soleil dans le cosmos, a la capacité d'imprimer des changements volontaires à sa propre fantaisie. Ces changements se transmettent, en vertu de la continuité du pneuma, aux objets visés par l'action de l'opérateur.

Ce phénomène est naturel, il se produit sans qu'il y ait manipulation consciente de la part de l'émetteur et/ou du récepteur du courant pneumatique, et connaît un degré zéro d'autoconscience, qui est l'éros. Celui-ci établit des liens entre les individus, selon l'information transcendantale que les véhicules pneumatiques de leurs âmes ont accumulée lors de leur descente à travers les cieux planétaires.

Quant à la magie proprement dite, elle représente un savoir permettant à l'opérateur d'exploiter les courants pneumatiques qui établissent des rapports occultes entre les parties de l'univers. Or, ces rapports sont réguliers et peuvent être rangés en sept grandes séries planétaires, de manière que la nature tout entière, avec ses règnes minéral, végétal et animal — y compris l'espèce humaine — soit liée aux sept astres errants et aux autres étoiles par des liens invisibles. Le magicien est, en premier lieu, un connaisseur de ces liens, capable de classifier chaque objet du monde selon la série qui y convient et, par là, de s'attirer les bénéfices de l'astre qui préside à la série respective.

La multitude des représentants de la magie renaissante ne doit pas cacher, aux yeux du chercheur, les lignes principales du développement de celle-ci, qui s'avèrent relativement simples. Son point de départ est le traité *De vita coelitus comparanda* de Marsile Ficin (1489), qui énonce explicitement les principes suivants : de même que l'âme du monde est concentrée dans le soleil, d'où elle irradie dans toutes les parties de l'univers à travers la *quinta essentia* (qui est l'éther, ou le pneuma), l'âme humaine est concentrée dans le cœur et pénètre le corps à travers l'esprit. Les choses ont un degré divers d'appétence vers la *quinta essentia*, ce qui signifie que certaines choses ont une capacité pneumatique incomparablement supérieure à d'autres.

Qu'est-ce que la *quinta essentia* ? C'est l'esprit cosmique qui remplit la même fonction d'intermédiaire entre l'âme et le corps du monde que l'esprit humain entre l'âme et le corps individuels. Cette source de toute génération et croissance, « nous pouvons l'appeler soit ciel, soit *quinta essentia* » (chap. III). « C'est par quoi les Platoniciens [c'est-à-dire les astrologues et magiciens arabes, note de l'auteur] essaient, en adaptant notre esprit à l'esprit du monde par la magie des talismans [*ars physica*] et l'émotivité [*affectum*], de diriger vers notre âme et notre corps les biens du ciel. Cela produit l'affermissement de notre esprit par l'esprit du monde, à travers l'action des rayons stellaires qui agissent bénéfiquement sur notre esprit, qui est de même nature que ces rayons ; ce qui lui permet d'attirer à lui les choses célestes[42]. »

Ficin est un Synésius corrigé, en ce qui concerne la théorie du véhicule de l'âme, par les néo-platoniciens plus tardifs comme Proclus et Macrobe et, en ce qui concerne la doctrine des correspondances universelles, par la théorie des radiations d'al-Kindî et par la magie astrologique de celui-ci et du *Picatrix*.

Comme nous l'avons démontré ailleurs[43], la magie spirituelle de Ficin ne comporte pas moins d'opérations par l'intermédiaire des démons, mais la démonomagie proprement dite n'est développée que par l'abbé Trithémius de Würzbourg, personnage ambigu auquel nous avons consacré une partie d'un chapitre suivant de notre livre. Une combinaison de magie ficinienne et de démonomagie trithémienne se retrouve dans les trois livres de la *Philosophie occulte*, œuvre peu originale mais très influente d'Henri Corneille Agrippa. La magie de Giordano Bruno s'inspire en premier lieu de Ficin, utilisant comme sources complémentaires Albert le Grand, Trithémius et Agrippa. Quant à Tommaso Campanella, frère calabrais dissident du début du XVIIe siècle, dont l'utopie politique paraît avoir exercé une influence déterminante sur le groupe d'amis allemands qui a mis en scène la « farce » (*ludibrium*) des rose-croix[44], il cultive également une magie pneumatique d'origine ficinienne, dont les rituels (inoffensifs) ont été grandement appréciés par le pape Urbain[45].

Entre Ficin et Campanella, nombre d'auteurs sont au courant de la théorie ficinienne du pneuma, dont ils n'exploitent pas toujours le côté magique. Parmi eux, citons Jean Pic, Francesco Cattani da Diacceto, Ludovic Lazzarelli, Jacques Gohory, Pomponazzi, Francesco Giorgi, Pontus de Tyard, Guy Lefèvre de la Boderie, etc.[46].

CHAPITRE VI

LA MAGIE INTERSUBJECTIVE

1. Magie intrasubjective

Toute magie qui ne présuppose pas l'intervention des démons étant intersubjective, il est possible que l'action de l'opérateur soit dirigée sur lui-même, auquel cas nous avons affaire à une magie *intrasubjective*.

Cette branche de la magie est particulièrement importante, représentant, en quelque sorte, la propédeutique de toutes les activités plus avancées de l'art pneumatique.

Comme il y a des phénomènes magiques dans la nature (l'attraction de l'aimant, pour ne citer que le plus courant) et dans la société humaine (l'attraction des amants), ainsi existe-t-il des opérateurs-nés, encore que leur champ d'action soit réduit et non soumis au contrôle de la volonté. Mais, en général, avec ou sans prédisposition naturelle, le magicien *se fait*. Et, tout comme l'apprenti psychanalyste qui n'a pas accès à la pratique de la psychanalyse sans avoir été analysé au préalable, le magicien capable d'exercer son art l'a tout d'abord exercé sur soi-même.

Puisque la magie en général est une opération spirituelle, celui qui la pratique doit disposer de certaines qualités qui font défaut au commun des mortels. En effet, chez eux, le corps éthérique, transparent et pur à son origine, a été rendu opaque et épais par le contact avec le corps. Toutes les souillures matérielles s'y sont incrustées, ayant compromis sa luminosité et sa flexibilité originelles. Or, puisque l'esprit est le véhicule de l'âme et que l'âme est l'agent de liaison entre le monde intellectuel et le monde naturel, ce contact merveilleux est rompu aussitôt que le véhicule est devenu trop lent pour permettre à l'âme de voyager ou trop malpropre pour que les messages fantastiques transmis par l'âme puissent accéder jusqu'au sens interne.

Le pneuma est un miroir à double face, dont l'une reflète les perceptions provenant des sens externes et l'autre les fantasmagories de l'âme. Si la face tournée vers l'âme n'est pas suffisamment propre, l'individu se réduit à une condition inférieure, quasi bestiale. Qu'y a-t-il à faire pour remédier à cette situation presque générale chez le commun des mortels ? Eh bien, rien de plus simple : il s'agit d'astiquer le miroir, d'enlever ses impuretés acquises, non congénitales, de rendre à l'esprit obnubilé sa transparence originelle, ainsi que sa pureté, sa flexibilité et sa dureté.

« Car l'esprit est l'intermédiaire entre le corps grossier du monde et l'âme. En lui et par lui il y a les étoiles et les démons [...]. L'homme y puise, par son propre esprit, qui est conforme à l'autre par nature. Mais cela peut se faire surtout si cet esprit est rendu, grâce à l'art, plus compatible avec l'esprit du monde, à savoir plus céleste. Il devient céleste s'il est soigneusement expurgé de ses souillures et de tout ce qui s'y rapporte — de tout ce qui, en lui, est dissemblable à son essence céleste[1]. Il faut tenir compte de ce que non seulement les aliments pénétrant dans les viscères souillent l'esprit, mais que les souillures sont fréquemment causées par l'âme, par la peau, les vêtements, le logement et l'air environnant » (*Vita coel.*, IV).

On comprend aisément que l'apprenti ficinien doit se soumettre à une discipline rigoureuse pour se tenir à l'écart de tout ce qui pourrait infester et infecter son pneuma. Il n'est pas seulement tenu de suivre un régime alimentaire fort sélectif, mais aussi de pratiquer des purifications, d'avoir soin de la propreté de sa personne, de ses vêtements et de son habitat, de choisir le lieu de ses promenades, les personnes qu'il fréquente, les propos qu'il y échange et, bien entendu, de cultiver les vertus. Tous ces procédés qui ont pour but l'*expurgatio a sordibus,* la « purgation des souillures », sont accompagnés de moyens externes plus spécifiques : « Premièrement, il faudra purifier l'esprit par des médecines adéquates, pour en enlever les vapeurs qui l'obnubilent. Deuxièmement, il faudra lui rendre sa luminosité par des choses luisantes. Troisièmement, il faudra le traiter de telle manière qu'il devienne à la fois plus ténu et plus dur. Et il deviendra céleste au plus haut degré [...] si on l'expose fortement à l'influence des rayons et surtout à l'influence du Soleil, qui est dominant parmi les choses célestes » (*ibid.*).

Parmi les sept planètes de la série dite « chaldéenne » (Lune, Mercure, Vénus, Soleil, Mars, Jupiter, Saturne), il y en a trois particulièrement bénéfiques (Soleil, Jupiter, Vénus), que Ficin appelle « les Trois Grâces ». Leurs influences, ainsi que celle de Mercure, ont une importance fondamentale dans la purgation du pneuma.

Nous savons déjà qu'il y a des séries d'objets classifiés selon leur appartenance planétaire. Quand il est impossible de s'exposer directement aux rayons des planètes bénéfiques, il suffira d'en user. Pour obtenir la « solarisation » de l'esprit, par exemple, il faudra suivre une diète saine, faire des promenades dans des *loci amoeni* à l'air doux et pur, pleins de lumière et de parfums végétaux, mais aussi se servir de substances comme le vin et le sucre (*ibid.*, I), des plantes, des métaux et des pierres précieuses solaires ou joviennes.

« Lorsque notre esprit a été soigneusement préparé et purgé par des choses naturelles, il est susceptible de recevoir beaucoup de dons, par les rayons stellaires, de la part de l'esprit de vie cosmique. La vie cosmique se propage visiblement dans les herbes et les arbres, qui sont comme les poils et les cheveux du corps de la terre ; elle se manifeste également dans les pierres et les métaux, qui sont comme les dents et les os de ce corps ; elle circule dans les coquilles vivantes de la terre qui adhèrent aux pierres. Se servant fréquemment de plantes et d'autres êtres animés, il est possible d'obtenir beaucoup de l'esprit du monde [...] » (*ibid.*, XI).

Les pierres précieuses, transformées en potions ou portées comme talismans, impriment à l'esprit humain les qualités des astres, préservant l'organisme de la peste et de l'effet des poisons, etc. (*ibid.*, XI-XII ; XIV).

On peut dire que la purgation pneumatique est l'un des thèmes constamment abordés par Synésius, mais l'évêque de Cyrène n'approfondit pas les procédés théurgiques par lesquels la purification est censée s'accomplir. On retrouve ces procédés dans un contexte divers, celui des *Oracles chaldaïques* rédigés par Julien le Théurge, fils de Julien dit le

Chaldéen, dans la deuxième moitié du IIe siècle après J.-C., préservés en partie et commentés par les néo-platoniciens et par l'érudit byzantin Michel Psellus. « La science télestique, nous dit celui-ci dans son *Commentaire*, est celle qui initie, dirait-on, l'âme par la puissance des matières d'ici-bas [...]. D'après le Chaldéen [...], nous ne pouvons monter vers Dieu qu'en fortifiant le véhicule de l'âme par des rites matériels. A son avis, en effet, l'âme est purifiée par des pierres, des herbes, des incantations et tourne ainsi bien rond pour son ascension[2]. » L'allusion au véhicule de l'âme ne remonte pas à la doctrine authentique des *Oracles*. Psellus a dû la puiser auprès des commentateurs néo-platoniciens qu'il fréquentait. Par contre, les procédés rituels de purification de l'âme, pour que celle-ci soit apte à effectuer l'élévation théurgique, sont véritablement exposés dans les *Oracles*[3].

Comme nous l'avons vu, le motif des purifications pneumatiques était déjà apparu dans le stoïcisme tardif. Les stoïciens avaient élaboré, à partir de la médecine sicilienne, une animologie assez complexe, par laquelle ils essayaient aussi de donner un fondement empirique à leurs profondes préoccupations d'ordre moral. C'est ainsi que, pour Épictète, être vertueux signifie disposer d'un pneuma calme, pur et transparent ; et, vice versa, l'obtention de ce « miroir cardiaque » propre et limpide dépend entièrement de la vie morale de l'individu.

La « purification du cœur » par la pratique des vertus, aussi bien que par l'emploi de sons efficaces et d'autres procédés plus ou moins « magiques », représente une préoccupation fort antique en Orient. Les *Upaniṣad* élaborent déjà une physiologie subtile fort complexe, se basant sur le rôle d'un synthétiseur cardiaque appelé *manas,* dont aucune école de la philosophie indienne — sauf, peut-être, quelques matérialistes — n'a jamais mis en doute l'existence. Lors du sommeil, les énergies ou *prāṇas* se retirent dans le manas ou sens interne (phénomène appelé « télescopie des *prāṇas* ») ; en état de veille, elles circulent dans le corps subtil. Dans les pratiques mystiques, la « cavité du cœur » ou « cavité éthérée » (*ākāśa hṛdaya*) joue un rôle essentiel : « Le petit espace dans le cœur est tout aussi grand que ce vaste univers. Les cieux et la terre y sont, le soleil, la lune et les étoiles, le feu et la foudre et les vents y sont aussi ; et tout ce qu'il y a maintenant et tout ce qu'il n'y a plus : car tout l'univers est en Lui et Il demeure dans notre cœur » (*Chândogya Upaniṣad*, VIII, 1). Il va sans dire qu'il dépend de la transparence de l'*âkâśâ hṛdaya* de connaître dans le cœur la présence de la divinité ou de l'intellect, et nombre de pratiques mystiques, y compris les stades préliminaires du yoga, ont pour but la purification de l'organisme subtil, la restitution de sa pureté originelle.

Le *hsin* ou cœur n'est pas moins important dans le taoïsme et dans le bouddhisme ch'an. Même quand il n'est pas nommé, on comprend que le taoïste rencontre les dieux à l'intérieur d'une cavité de son propre organisme subtil qui répond à l'*âkâśâ hṛdaya*. Les procédés de visualisation dont il se sert sont analogues à ceux du yoga et à ceux de l'art occidental de la mémoire.

Quant au mystique soufi en Iran, il emploie nombre de procédés pour obtenir la « propreté du cœur » (*qalb*), dont le plus important est l'utilisation de formules rituelles (*zekr*), de mantras persans.

A son tour, le mystique hésychaste dans le christianisme oriental effectue une opération appelée cardioscopie, qui consiste à visualiser l'espace du cœur (*kardía*) et à essayer de lui rendre toute sa pureté et sa transparence. Lui aussi il se sert d'une ou de plusieurs formules et de rythmes respiratoires de plus en plus ralentis, comme le yogin et le taoïste.

Ce sont là des généralités qui ne nous retiendront pas longtemps, car même une analyse approximative de ces problèmes fondamentaux de l'histoire des religions nécessiterait un espace que nous ne pourrions pas lui accorder ici. Peut-on en conclure que la philosophie indienne est la source à partir de laquelle toutes les spéculations et les techniques mystiques ayant trait au « cœur » se sont développées ? Sans être exclu, cela est peu probable.

L'homme réagit aux stimuli externes par des émotions qui se traduisent en sécrétions immédiates d'adrénaline. Tout investissement externe s'accompagne d'une pulsion interne qui est expérimentée dans l'« espace du cœur ». Or, « le premier " langage ", le " verbe ", est expression corporelle » et les schèmes verbaux « sont le capital référentiel de tous les gestes possibles de l'espèce *Homo sapiens*[4] ». Prenons au hasard quelques schèmes verbaux relatifs au cœur : une personne incapable d'être touchée par l'affliction d'autrui manifeste une « dureté de cœur », elle a « un cœur de pierre » ; par contre, quelqu'un qui donne suite à ses émotions a « le cœur tendre » et celui qui n'a point de mauvaises intentions dans son action sociale, s'imaginant que les autres n'en ont pas non plus, est le possesseur d'un « cœur pur ». Tel autre a le cœur sur les lèvres, un cœur d'or, mais il peut lui arriver d'avoir le cœur gros et même l'enfer dans le cœur. On peut faire les choses d'un cœur léger et même de tout son cœur, mais il peut nous arriver de n'avoir le cœur à rien. Quand une affaire nous tient à cœur, nous voulons en avoir le cœur net et jeunesse de cœur signifie cœur volage. Quant aux affaires de cœur, elles nous portent à offrir ou à refuser notre cœur, et ainsi de suite.

Certainement, il doit y avoir une vérité d'ordre extralinguistique dans toutes ces expressions, une vérité qui prétend dire que le cœur est le siège de la sensibilité, de toute réaction émotive et l'organe moral (ou immoral) par excellence.

Si le Français pense avec sa tête, il y a des peuples comme les Mandchous qui, eux, « pensent [*gun 'imb'i*] avec le cœur [*gun'in*] [5] ». Eux, ils sont malades quand leur cœur « est ombragé » [*gun'in bur 'imb'i*], tandis que les gens sains ont « le cœur transparent ». S.M. Shirokogoroff ne trouve rien d'étrange à ces conceptions : « Il faut considérer que la perception émotionnelle de l'" être ombragé " est tout à fait admissible et que la conception du cœur comme organe du processus de la pensée est tout à fait positiviste, car la pensée est perçue, dans ses manifestations émotionnelles, par le cœur. (Selon le point de vue positiviste des Européens, on essaie de localiser la " pensée " dans des sections spéciales et particulières du cerveau, ce qui est une conception d'un positivisme naïf fondée sur diverses hypothèses qui reposent toutes sur l'idée d'un cerveau abstrait. Sous cet aspect, le point de vue " positiviste " européen n'est pas trop éloigné de celui des Mandchous, qui peuvent parler à plein droit de la localisation du processus de la pensée dans le cœur, puisqu'il le *sent* comme cela [6].) »

Aristote n'admettait pas que l'on pouvait penser sans fantasmes. Or, les fantasmes sont colorés émotionnellement et, quoiqu'ils soient susceptibles d'occuper toute place, le lieu qui leur convient le mieux est le « cœur », car c'est *le cœur qui sent les émotions*. A partir de cette donnée corporelle qu'est la manifestation *réelle* des réactions émotives *dans l'espace du cœur,* il n'est pas exclu que plusieurs peuples de l'Antiquité aient construit séparément des théories analogues, comme celle du manas en Inde et celle de l'hégémonikon en Grèce.

Puisqu'on ne saurait nier aux émotions leur caractère concret, on ne saurait non plus contester l'existence d'un lieu où elles se manifestent, un lieu qui correspond plus ou moins à la localisation anatomique du cœur. Dans cette localisation doit résider l'explication anthropologique de la genèse de l'organe *subtil* appelé cœur, dont l'antiquité doit être bien plus vénérable que celle de la découverte de l'organe anatomique qui répond au même nom.

En tant qu'écran de projection des fantasmagories internes, le « cœur » a dû obséder de bonne heure l'esprit humain. En identifiant les énergies corporelles aux émotions, la philosophie indienne et la médecine grecque ont transformé le cœur en dépôt des unes et des autres, en organe principal de vie et de communication avec l'extérieur. Quant à l'activité visionnaire, on convient facilement qu'elle ne pouvait être localisée que là où les fantasmes se manifestent par prédilection, à savoir dans le centre même de l'organisme subtil.

Qu'en est-il de la « tête » ? On peut se fier encore à la documentation énorme recueillie par Richard Broxton Onians[7] et par Anders Olerud[8] pour s'en faire une idée. Il paraît que la dignité que Platon confère à la tête humaine dans le *Timée* (44d, 90a) repose sur un complexe archaïque qui distingue deux organes de la conscience : le « cœur » (*kêr* ou *kradíê*), siège d'une âme végétative (*thymós*), et la « tête », siège de la *psyché*. Pour Onians, *thymós* serait le « blood-soul » et *psyché* le « breath-soul », mais la différence originelle entre les deux notions ne devait pas être si considérable, puisque le mot *thymós* lui-même est apparenté aux vocables indo-européens indiquant la vapeur ou le souffle (latin *fumus*, sanscrit *dhûmah*, slave *dymu* et *duchu*). Quant à la *psyché*, comme l'*animus* latin, elle est un « souffle » par excellence, puisqu'elle dérive du verbe *psychô* (« souffler »), mais son exclusive localisation dans la tête est discutable[9]. Au contraire, dans tout un complexe de croyances, la *psyché* représente *toute* respiration corporelle, étant liée au *spérma*, qui est une « respiration génitale[10] ».

C'est dans l'ontologie et dans l'anthropologie platoniciennes qu'apparaît une distinction précise entre « tête » et « cœur », tranchée nettement en faveur de la première. « La tête humaine, ressemblant à une sphère, est à l'image du cosmos.

La tête est le microcosme par excellence, le corps et ses membres sont un appendice, ou, comme le dit Platon lui-même, le corps est un domestique subalterne. C'est dans le *Timée* (44d) qu'il souligne que l'âme réside dans la tête exactement de la même manière que l'âme du monde réside dans le cosmos sphérique[11]. » Dans le même *Timée* (90a), Platon ajoute : « Car nous sommes une plante non point terrestre, mais céleste. Et, en effet, c'est du côté du haut, du côté où eut lieu la naissance primitive de l'âme, que le Dieu a suspendu notre tête, qui est comme notre racine et, de la sorte, il a donné au corps tout entier la station droite[12]. » Et c'est en raison de cette polarisation ontologique exprimée en termes relatifs à l'espace (« haut » — *vs* — « bas »), qui est en même temps une polarisation *morale* (« bien » — *vs* — « mal »), que Platon postule la doctrine d'une âme tripartite, à laquelle correspond la tripartition du corps humain en « tête » (âme rationnelle), « poitrine » ou « cœur » (âme irrationnelle) et « ventre » (âme appétitive) (*Tim.*, 69b sq.). Entièrement subordonné à la « tête », le « cœur » chez Platon est siège des émotions, mais il n'est pas l'organe visionnaire par excellence, ce rôle étant attribué, de manière un peu inattendue, au *foie*[13]. Il faut arriver aux stoïciens pour que les rapports entre « tête » et « cœur » soient posés d'une façon nouvelle et que les vertus soient associées à la « pureté du cœur ». La magie de la Renaissance est encore tributaire de cette conception, faisant du « nettoyage du cœur » une de ses occupations principales.

*
**

C'est par le vocable « théurgie » que l'on désigne parfois les purifications dont le but est de restituer au pneuma sa transparence, sa ténuité, sa flexibilité et sa dureté originelles.

La figure du théurge ficinien, du pratiquant de la magie intrasubjective, n'avait pas de quoi contrarier les mœurs du temps. Loin d'appeler les esprits des défunts à donner des représentations comme le nécromant décrit par Benvenuto Cellini, loin de voler dans les airs et d'envoûter hommes et animaux comme les sorcières traditionnelles, loin même de s'appliquer, comme Henri Corneille Agrippa, à la pyrotechnique ou, comme l'abbé Trithémius, à la cryptographie, le magicien de Ficin est un personnage inoffensif, dont les habitudes n'ont rien de répréhensible ou de choquant aux yeux d'un bon chrétien.

On est sûr qu'allant le trouver — à moins qu'il ne considère notre compagnie comme peu recommandable, ce qui est fort probable — il nous proposera de sortir pour l'accompagner dans sa promenade quotidienne. Il nous emmènera furtivement, pour éviter les rencontres indésirables, jusqu'à un jardin enchanté, lieu plaisant où la lumière du soleil ne croise, dans l'air frais, que les parfums des fleurs et les ondes pneumatiques émanées par le chant des oiseaux. Notre théurge, dans sa robe de laine blanche d'une propreté exemplaire, se mettra peut-être à inspirer et à expirer l'air rythmiquement, puis, ayant aperçu un nuage, rentrera inquiet chez lui, de peur de s'enrhumer. Il se mettra à jouer de la lyre, pour s'attirer l'influence bénéfique d'Apollon et des autres Grâces célestes, après quoi il s'assoira devant un repas frugal où, à côté de quelques légumes cuits et de quelques feuilles de salade, il consommera deux cœurs de coq pour raffermir son propre cœur et une cervelle de mouton pour raffermir son cerveau. Le seul luxe qu'il se permettra sera celui de quelques cuillères de sucre blanc et d'un verre de bon vin, encore qu'à y regarder de près celui-ci est mélangé avec une poudre insoluble dans laquelle on pourrait reconnaître une améthyste broyée, qui lui attirera à coup sûr les faveurs de Vénus. On remarquera que sa maison est aussi propre que ses vêtements et que notre théurge se lave systématiquement une ou deux fois par jour, contrairement à la plupart de ses concitoyens, qui ne doivent pas suivre ses bonnes habitudes.

On ne s'étonnera pas que cet individu fort attentif à ne gêner personne et qui, par-dessus le marché, est propre comme un chat n'ait encouru la colère d'aucune autorité, laïque ou religieuse. Il a été toléré à la mesure de sa propre tolérance, ou plutôt indifférence, envers ses confrères moins évolués, dont le pneuma ne fut jamais aussi transparent que le sien.

2. Magie intersubjective

La magie intrasubjective n'est qu'un cas spécial du circuit magique intersubjectif, qui fonctionne selon le principe de la continuité du pneuma universel.

L'énoncé de ce principe ne varie que fort peu de Synésius à Ficin. Écoutons celui-ci :

« Personne ne doit croire que, par l'usage de certaines matières du monde, l'on attire la présence d'entités numineuses qui s'en dégagent à l'instant. Par contre, ce qu'on attire, ce sont les démons ou, de préférence [*potius*], les dons du monde animé et des étoiles vivantes. Que l'on ne croie pas non plus qu'il soit possible d'envoûter [*allici*] l'âme par des formules matérielles. Car c'est elle-même [l'âme universelle] qui fabrique ces appâts [*escas*] qui lui conviennent et par lesquels on peut envoûter, et y habite toujours volontiers. Car il n'y a rien dans le monde vivant qui soit si difforme qu'il ne possède pas d'âme et, parallèlement, les dons de celle-ci. Zoroastre a appelé ces correspondances des formes aux raisons de l'âme universelle par la formule d'" amorces divines " [*divinas illices*], et Synésius a également confirmé leur caractère de charmes magiques [*magicas illecebras*] » (*Vita coel.*, I). « Plusieurs affirment que la magie est une [technique qui permet] que les *hommes s'attirent, à des temps convenables, les présences célestes, par des choses inférieures correspondant aux choses supérieures* [...] » (*ibid.*, XV).

Ces deux passages nécessitent quelques éclaircissements.

Ficin affirme que l'âme universelle est elle-même la source de toute magie, car, dans sa liberté, elle a choisi de créer ces correspondances entre le monde supérieur et le monde inférieur. En vertu de ce principe, il y a certains objets avec lesquels il est possible d'invoquer des présences supérieures, et la tradition leur a donné le nom d'appâts, amorces, appeaux, charmes, séductions, etc. (c'est ainsi qu'on peut traduire les mots *esca, illex, illecebra*). L'âme elle-même, dans sa bonté, a créé la possibilité de se livrer, en certaines circonstances, à l'homme sage qui connaît l'emploi de ces objets. La nature existe pour que l'homme en dispose : c'est comme si le poisson lui-même, par désir de nourrir l'homme, lui enseignait la fabrication de l'hameçon.

La définition ficinienne de la magie est concise et claire : les opérations magiques ont pour but l'obtention d'effets éloignés par des causes immédiates, en particulier l'action sur les choses supérieures des choses inférieures qui leur correspondent (*per inferiora consentanea*) et qui servent d'« appâts » (*escae, illices, illecebrae*), les « alléchant » (*allici*) aux temps convenables (*temporibus opportunis*).

Il s'agit, plus précisément, d'un mécanisme transitif qui, au début, met en mouvement des causes physiques pour obtenir des effets hyperphysiques. A leur tour, les effets se transforment en nouvelles causes, qui produisent de nouveaux effets d'ordre physique.

Pour avoir une idée claire de ces opérations, il faudra analyser la signification des trois composantes qui constituent l'activité de « séduction » (*allici*) magique : les présences supérieures (*superiora*), les choses inférieures qui leur correspondent ou qui « sympathisent » avec elles (*inferiora consentanea*) ou « appâts » (*escae, illices, illecebrae*) et les « temps convenables » (*tempora opportuna*).

Présences supérieures

« [...] ce qu'on attire, ce sont les démons ou, de préférence, les dons du monde animé et des étoiles vivantes » (*sed daemones potius animatique mundi munera stellarumque viventium*), nous dit Ficin au premier chapitre de son traité *De vita coelitus comparanda*. Formule synthétique, mais exhaustive, pour décrire le genre d'auxiliaires que le magicien compte se procurer.

Le prochain chapitre de ce livre sera consacré, en grande partie, aux diverses catégories de démons, êtres pneumatiques des entre-mondes. Il nous reste à définir ici les « dons du monde animé » et les « dons des étoiles vivantes ».

Les « dons du monde animé » sont des récipients naturels de pneuma qui ont la propriété de nourrir l'esprit humain, en vertu de la loi de solidarité pneumatique des parties de l'univers.

« Nous pouvons incorporer de plus en plus de *quinta essentia* en sachant l'isoler des composés alimentaires dont elle fait partie ou en se servant fréquemment de ces choses qui abondent surtout en esprit d'un haut degré de pureté, comme le vin noble, le sucre, le baume, l'or, les pierres précieuses, le myrobolan, les choses qui ont les parfums les plus suaves et les choses luisantes » (*Vita coel.*, I). « De même, par l'usage fréquent des plantes et des autres choses vivantes, il est possible de puiser beaucoup à l'esprit cosmique [...] » (*ibid.*, XI). « Si l'on veut qu'un aliment s'empare avant d'autres de la forme du cerveau [*rapiat prae ceteris formam cerebri tui* : pour dire qu'il ait de l'influence sur le cerveau, etc.], du foie ou de l'estomac, il faut manger autant que l'on pourra du cerveau, du foie ou de l'estomac d'animaux qui ne sont pas distants de la nature humaine » (les mammifères, vraisemblablement, mais pas exclusivement ; *ibid.*, I).

Mais la partie principale de l'opuscule ficinien est consacrée à la description des « dons des étoiles vivantes » (*munera stellarum viventium*). Nous nous limiterons à exposer ici les principes fondamentaux de l'astromagie, sans en aborder les questions de détail.

Les astrologues, appelés par Ficin, par respect pour la tradition, « philosophes Platoniciens », ont érigé des figures célestes universelles qui, dans leurs parties, contiennent les espèces de toutes les choses inférieures. Il y a douze signes et trente-six décans dans le zodiaque, ce qui donne un total de quarante-huit *universales figurae,* auxquelles s'ajoutent encore trois cent soixante, selon le nombre de degrés du cercle zodiacal (*ibid.*, I). Ces *figurae* constituent le lieu où circulent les sept planètes, qui forment entre elles des aspects. Les « dons des étoiles vivantes » sont les propriétés des planètes selon leurs positions respectives, c'est-à-dire selon les « temps convenables » (*tempora opportuna*).

Le corps humain étant une image du cosmos physique, les sept planètes y ont chacune une zone d'influence particulière. Ces correspondances s'appellent *mélothésie astrale* et forment le noyau de la doctrine exposée dans la *Iatromathematica* attribuée à Hermès Trismégiste[14] :

Soli oculus dexter, Lunae sinister.
Saturno auditus, auresque, Iovi cerebrum.
Cruor, sanguisque Marti, Veneri olfactus, gustusque.
Mercurio lingua, et gurgulio[15].

Celui-ci est le principe théorique de la construction des *homines phlebotomici* ou des images qui montrent exactement l'influence des planètes, des signes et des décans sur le corps humain. En réalité, puisque planètes, signes et décans forment des combinaisons parfois très compliquées, il faut, presque pour chaque position planétaire, rédiger une nouvelle liste des correspondances, construire un nouvel homme phlébotomique[16]. Les remèdes de la iatromathématique dépendent entièrement de la rédaction exacte de ces figures, pour déterminer, en raison des planètes et des signes qui gouvernent à tel moment tel endroit du corps, l'emploi des simples qui s'y rattachent. « Pour connaître le sort d'un malade, sinon pour le guérir, on continue de se servir d'étranges machines à calculer, qui reposent sur des données astrologiques ; telle, par exemple, la " sphère de Pétosiris ", inventée, selon Boll, au Ier siècle de notre ère. Pour le soigner, il faut se souvenir que, suivant le principe grec de la mélothésie, son anatomie et sa physiologie sont gouvernées par les étoiles : chaque signe du zodiaque commande une partie du corps ; chaque planète règne sur un organe. Un chirurgien ne pourra pas opérer un membre malade si la Lune est dans le signe du zodiaque dont relève ce membre, sinon l'humidité de la planète déterminerait immédiatement les plus graves complications[17]. »

Dans le cinquième chapitre de sa *Vita coelitus comparanda*, Ficin décrit la doctrine de la mélothésie astrale, s'occupant du principe de l'homme phlébotomique aux sixième et dixième chapitres du même opuscule, sans entrer toutefois dans les détails[18]. A comparer l'espace qu'il y réserve avec les constructions savantes d'un vrai iatromathématicien comme Johannes d'Hasfurt[19], on peut en déduire qu'il s'agit là d'un sujet marginal, quoique indispensable, dans l'ensemble de la magie ficinienne. En effet, ce qui préoccupe Ficin au plus haut degré ce n'est pas la guérison des maladies du corps, mais la purification de l'esprit et les avantages spirituels que le praticien peut tirer de la position des astres.

Rappelons que trois des sept planètes, appelées par Ficin « les Trois Grâces » (le Soleil, Jupiter et Vénus), sont bénéfiques. Mars et Saturne sont maléfiques, tandis que Mercure incline tantôt vers l'un, tantôt vers l'autre groupe. Comment est-il possible d'attirer sur le pneuma individuel les qualités des bénéfiques ?

« Si tu veux que ton corps et ton esprit s'imprègnent des qualités d'un des membres du cosmos [le mot *membrum* signifie, chez Ficin, « organe »], par exemple du Soleil, cherche les choses qui sont par excellence solaires parmi les métaux et les pierres, et de plus parmi les plantes, et encore plus parmi les animaux et surtout parmi les hommes. [Suit une liste de métaux, pierres, plantes, animaux et hommes solaires.] De même, si tu veux imprégner ton corps de la vertu de Jupiter, déplace ton corps le jour et l'heure de Jupiter, sous la domination de Jupiter, et sers-toi entre toutes choses de celles qui appartiennent à Jupiter. [Suit la liste.]

Quant aux qualités de Vénus, on les attire par les tourterelles, les pigeons et les bergeronnettes et également par d'autres choses que la pudeur nous défend de révéler » (*Vita coel.*, I)[20].

Selon le genre d'activité qu'il s'agit de stimuler, toutes les planètes sont également importantes : Saturne préside à la haute philosophie et à l'occultisme, Jupiter à la philosophie naturelle et à la politique, Mars aux *certamina* virils, le Soleil et Mercure à l'éloquence, à la musique et à la gloire, Vénus aux fêtes et la Lune à l'alimentation (*ibid.*, II). L'influence des planètes sur les parties de notre corps détermine le genre de remèdes astrologiques qu'il faut administrer selon le cas (*ibid.*, VI). La pharmacologie est, du reste, l'une des branches les plus importantes de la magie (*ibid.*, XI, XIII, XV). Pour résumer tout cela en une formule concise : *Res naturales atque etiam artificiosae habent virtutes a stellis occultas : per quas spiritum nostrum stellis eisdem exponunt* (*ibid.*, XII) — « Les choses naturelles aussi bien que les choses artificielles ont des qualités occultes que leur confèrent les étoiles : par ces choses, notre esprit s'attire l'influence des étoiles respectives. »

Les appâts

Le but de la magie pneumatique de Ficin est d'améliorer les conditions spirituelles, physiques, psychiques et sociales de l'opérateur lui-même ou de son client. La théurgie et la médecine sont les activités principales du magicien. Les plantes, les pierres, les métaux et diverses autres substances utilisées selon la position des planètes dans le zodiaque ont une influence positive sur l'esprit du théurge ou sur l'état de santé d'un malade. Les amulettes, les talismans et les images peuvent avoir, selon le cas, un effet prophylactique ou curatif. Il va sans dire que les mêmes remèdes peuvent être employés pour obtenir des résultats d'ordre divers : le succès social, la facilité à apprendre ou à exercer une profession, l'harmonie dans les rapports intersubjectifs, etc. On peut facilement imaginer que, pour toute entreprise, il y ait une position heureuse des étoiles et un moyen pour s'en servir. Quant à Ficin lui-même, son intérêt principal est dirigé sur la théurgie et la iatromathématique.

L'arsenal de la magie est formé par une série de substances qui se trouvent en relation déterminée avec les astres. Leur usage peut être direct ou indirect. Dans le premier cas, il s'agit de potions ou de talismans simples. Dans le second, il s'agit d'objets plus complexes fabriqués selon les « temps convenables » pour y emmagasiner l'influence bénéfique d'une certaine configuration de la carte céleste. « On attribue une vertu parfois merveilleuse aux images astrologiques faites de métaux et de pierres » (*Vita coel.*, XII). L'usage des talismans ne contrevient pas au libre arbitre. « Albertus Magnus dit dans son *Speculum* qu'on ne contraint point le libre arbitre par le choix d'une heure propice, mais plutôt que, à mépriser le choix de l'heure favorable lors du début des grandes entreprises, on ne donne aucune preuve de liberté : au contraire, on ne fait que précipiter le libre arbitre » (*ibid.*). « Ptolémée dit dans son *Centiloquium* que les images des choses inférieures sont exposées à beaucoup d'influences célestes. C'est pourquoi les sages antiques étaient habitués à fabriquer certaines images quand les planètes entraient dans des figures célestes dont la configuration était presque le modèle des choses terrestres » (*ibid.*, XIII)[21].

Nous ne voulons pas entrer dans la matière de la doctrine des images, que Ficin expose d'après des sources hermétiques, néo-platoniciennes et arabes. Nous savons déjà qu'à chaque planète se rattache, sur la terre, toute une série de choses (*ibid.*, XIV, XV). Celles-ci sont la matière première pour la fabrication des talismans astrologiques. En tout cas, Ficin attribue à ceux-ci des qualités inférieures à celles des remèdes et des onguents (*ibid.*, XV, *ad finem*).

Les temps convenables

Les *tempora opportuna* pour cueillir une simple ou pour confectionner une potion ou un talisman dépendent entièrement de la position des planètes dans le zodiaque et dans les « maisons » célestes (sur les « maisons », voir Appendice I, *infra*). Les préparatifs de ces opérations astrologiques sont d'un degré de complexité qui varie selon le cas. Des plus simples (chap. IV, VI, XV) jusqu'aux plus sophistiqués (chap. XVIII), ils répondent tous au même principe qui a été énoncé plus haut. Il suffira d'en donner un exemple :

« Pour obtenir une vie longue, ils fabriquaient l'image du vieillard Saturne en pierre de *pheyrizech*, c'est-à-dire saphir[22], à l'heure de Saturne, celui-ci ascendant et en aspects favorables avec le reste du ciel. La forme était : un vieillard assis sur un trône élevé ou sur un dragon, la tête couverte d'un tissu de lin couleur foncée, tenant le bras levé, une faix ou des poissons à la main, revêtu d'une tunique de couleur également foncée » (chap. XVIII).

Des images de cette sorte sont, pour la plupart, empruntées au *Picatrix*. Elles répondent aux planètes et aux entités personnifiées du zodiaque (signes, décans, degrés), dont le *Picatrix* attribue l'invention aux Indiens[23]. Un exemple suffira pour montrer les affinités entre les deux genres de représentations : « Dans la première face du Bélier monte un homme ayant les yeux rouges, une grande et longue barbe, enveloppée d'une draperie de lin blanc, faisant de grands gestes en marchant, ceint d'une écharpe rouge sur un habillement rouge, se tenant debout et n'ayant qu'un seul pied posé comme s'il regardait ce qu'il tient devant lui[24]. »

Ces descriptions étaient, sans doute, censées être imprimées dans la fantaisie de l'opérateur, lorsque celui-ci adressait des prières aux planètes. Les « oraisons planétaires » du *Picatrix* contiennent, d'ailleurs, une énumération des qualités attribuées aux astres respectifs, que l'opérateur prononçait, fort probablement, les yeux fixés sur l'image intérieure de la divinité sidérale : « O maître dont le nom est sublime et la puissance grande, maître suprême, ô maître Saturne, toi, le Froid, le Stérile, le Morne et le Pernicieux ; toi dont la vie est sincère et la parole vraie, toi le Sage et le Solitaire, toi l'Impénétrable ; toi qui tiens tes promesses ; toi qui es faible et las, toi qui as plus de souci que personne, toi qui ne connais ni plaisir ni joie ; rusé vieillard, qui sais tous les artifices, toi qui es trompeur, sage et sensé, qui apportes la prospérité ou la ruine, et qui rends les hommes heureux ou malheureux ! Je t'en conjure, ô Père Suprême, par ta grande bienveillance et ta généreuse bonté, fais pour moi ceci et cela [...][25]. »

Il est facile de juger combien les rapports entre la magie proprement dite, l'Art de la mémoire et la glyptique devaient être étroits. Les talismans étaient censés représenter des entités personnifiées du zodiaque que l'opérateur avait mémorisées et imprimées dans sa fantaisie, pour se servir d'elles à toutes fins utiles. Chaque invocation de ces entités devait s'accompagner de leur visualisation instantanée. Doués d'une existence autonome et apparaissant *réellement* dans l'appareil pneumatique du magicien entraîné, ces personnages étranges ne sont, au fond, rien d'autre que les fameux *démons* habitant toutes les zones du cosmos.

CHAPITRE VII

LA DÉMONOMAGIE

1. Quelques notions de démonologie

Qui ne connaît ces cohortes de démons du christianisme, dont l'activité la plus bénigne était d'exercer continuellement les contraintes de la nature (sommeil, faim, désir érotique) sur les gens qui avaient l'orgueil de se croire au-dessus d'elles ? Sans doute, les démons étaient également capables de produire des phénomènes cynétiques alarmants, qui ont failli venir à bout de plus d'un saint, et qui ne se réduisaient pas à de simples hallucinations.

L'art du Moyen Age et de la Renaissance leur attribue les formes les plus bizarres et les plus répugnantes, empruntées au monde animal : des coléoptères aux décapodes brachyoures, des holothuries rampantes aux batraciens, du poisson oxyrrhynque aux sauriens cuirassés, sans négliger les ophidiens, les chiroptères et même les reptiles aviens, qui anticipent en quelque sorte sur les découvertes de la paléontologie[1].

Les disciples des *Oracles chaldaïques* pouvaient faire apparaître des entités numineuses, en particulier la déesse Hécate et les âmes des héros grecs et des philosophes célèbres comme Platon.

L'invocation des dieux était souvent suivie par leur manifestation (*autophaneia*)[2]. L'apparition d'Hécate est très caractéristique : « Après cette invocation, tu contempleras ou bien un feu qui, tel un enfant, se dirige par bonds vers le flot de l'air ; ou bien un feu sans forme d'où s'élance une voix ; ou une lumière abondante qui s'enroule en vrombissant autour de la terre ; ou un cheval plus resplendissant à voir que la lumière, ou encore un enfant monté sur l'échine rapide d'un cheval, embrasé, ou couvert d'or, ou au contraire nu, ou encore, l'arc en main, dressé debout sur l'échine[3]. »

Dans leurs pratiques magiques, les théurges se servaient souvent d'un disque d'or (*strophalos*) incrusté de caractères mystiques et ayant un saphir au centre. On pouvait le faire tourner à l'aide d'un bandeau en cuir, tandis que le théurge prononçait des formules magiques et, de temps en temps, lançait des sons inarticulés imitant les cris des animaux, pour effrayer les esprits méchants. L'instrument, utilisé encore par Proclus, un des derniers néo-platoniciens, s'appelait Iynx, d'après le nom d'une sorte d'oiseau de feu qui était censé transporter des messages entre le monde intellectuel et le monde sensible[4]. Se servant d'un Iynx, Proclus était capable de produire la pluie, comme le créateur des *Oracles,* Julien le Chaldéen, qui se vantait de l'avoir fait en l'an 174, lorsqu'il prenait part, comme soldat, à une campagne de Marc Aurèle. (Malheureusement, il est difficile d'établir avec précision qui fut l'auteur du prodige, parce que les combattants chrétiens de la Légion Fulminée, le parti païen et un magicien égyptien anonyme s'en disputaient le mérite[5].)

En tout cas, le disque des théurges était parsemé de caractères magiques — les mêmes reparaissent sur les talismans chaldéens — représentant, probablement sous forme graphique, les mêmes symboles qui, ayant été « semés » par l'intellect suprême dans le monde, pouvaient également être prononcés en formules solennelles (*synthêma*)[6]. Dans certains cas, ces figures étaient censées reproduire le *character* inscrit « dans le cœur », c'est-à-dire dans l'âme humaine, consistant en une combinaison de semi-cercles et de la lettre grecque X. Plusieurs héros grecs avaient un diagramme psychique et un nom mystique qui permettaient aux théurges de les conjurer. Michel Psellus, le platonicien byzantin, rapporte que Julien le Chaldéen aurait invoqué l'âme de Platon, lui posant nombre de questions. Selon Hans Lewy, un des interprètes les plus autorisés des *Oracles,* l'âme de Platon devait apparaître comme une figure géométrique lumineuse. L'idée que l'âme humaine est faite de demi-cercles et du caractère X dérive du *Timée* platonicien (34b, 36b), où l'âme cosmique est décrite comme se composant de deux axes disposés en forme de X, pliés en demi-cercle et joints par leurs bouts. Les chrétiens, selon le témoignage de Justin le Martyr, soutenaient que cette figure imitait la croix au serpent d'airain de Moïse (*Nombres*, 21, 9)[7].

A côté des dieux, des héros et des grands personnages comme Platon, il y avait d'autres entités qui, selon les Chaldéens, peuplaient le monde du surnaturel, se rendant parfois visibles à l'œil humain. Il s'agissait des démons, qui étaient bons ou mauvais. Les platoniciens Plutarque de Chéronée et Apulée de Madaure, ainsi que les néo-platoniciens Porphyre et Jamblique faisaient la distinction entre deux classes de démons : ceux qui résidaient en permanence dans les zones supraterrestres et les âmes humaines désincarnées qui se transformaient en démons pendant mille ans, pour retourner ensuite dans le cycle de la métensomatose.

La nature (*physis*), c'est-à-dire la zone sublunaire, était peuplée de démons aériens, aquatiques et terrestres, qui produisaient les calamités cosmiques et les passions individuelles. Ils avaient des formes animales — par prédilection celle de chiens : « Du sein de la terre bondissent des chiens chthoniens, qui jamais ne montrent signe véridique à un mortel[8]. » Le chef des mauvais démons était Hadès, dont on essayait de battre les cohortes infernales par des sacrifices de pierres (comme la pierre *mnizouris*) et de plantes, les mêmes qui servaient à la purification du véhicule de l'âme. On utilisait également des amulettes, des phylactères et des statuettes apotropaïques, et on éloignait les esprits méchants en faisant retentir des instruments de bronze[9].

Toutes les sources principales de la démonologie néo-platonicienne ont été traduites par Marsile Ficin en latin. Il s'agit de traités de Porphyre (*Des sacrifices, des dieux et des démons, Opera,* II, p. 1934 sq.), de Jamblique (*Sur les Mystères d'Égypte,* II, p. 1873 sq.), de Proclus (*Sur l'âme et le démon,* fragment du commentaire proclien à l'*Alcibiade* I, II, p. 1908 sq. ; *Du sacrifice et de la magie,* p. 1928 sq.) et de Michel Psellus (*Des démons,* II, p. 1939 sq.).

Porphyre nous informe que, selon Platon, il y a une multitude de démons, dont quelques-uns reçoivent un culte public pareil à celui des dieux, d'autres un culte secret. D'autres encore, ceux que les hommes négligent, peuvent facilement s'en venger.

Comment fait-on pour s'attirer les faveurs des démons ? Par des prières et des sacrifices, qui se révèlent extrêmement utiles, car les démons bons, qui résident dans les hauteurs de l'espace sublunaire, peuvent nous octroyer des bénéfices dans toute la sphère de la nature et de l'existence sociale. Quant aux démons mauvais, résidant près de la terre, il est nécessaire d'obtenir au moins leur indifférence, puisque leur action peut être extrêmement nuisible quand ils sont courroucés. En effet, ils sont doués d'un corps spirituel qui est mortel et qui a besoin d'être nourri. Quand ils sont contrariés, ils ne reculent devant aucune méchanceté, provoquant des passions funestes dans la fantaisie humaine, mais aussi des phénomènes physiques comme les tremblements de terre ou la destruction des récoltes. De quoi se nourrissent-ils ? Puisque leur corps est une sorte de vapeur, ils se délectent de l'odeur de viande, des fumigations, du sang. C'est pourquoi ils affluent en masse sur les lieux des sacrifices d'animaux. L'homme sage, sachant que là où il y a de la chair saignante il y a aussi des démons mauvais, préférera le régime végétarien au régime carnivore, imitant en cela la proverbiale sobriété des Essènes.

Jamblique nous donne des renseignements encore plus précieux sur les êtres supraterrestres, qu'il partage en plusieurs classes : en haut il y a les dieux hypercélestes et les âmes des astres ou dieux célestes ; suivent les archanges, les anges, les démons, les principautés, les héros, les princes et les âmes humaines désincarnées[10].

L'office des démons est de placer les âmes dans les corps terrestres ; par contre, celui des héros est de vivifier, de donner la raison, de garder le troupeau des âmes et de les libérer de leurs corps.

Ce qui est remarquable dans le texte de Jamblique, c'est qu'il nous informe de ce que « toutes les présences supérieures peuvent être invoquées et se montrent sous des aspects variables », selon leur catégorie. Le néo-platonicien s'applique à décrire minutieusement les manifestations des êtres de l'invisible. Les dieux, les archanges et les anges ont des aspects simples et uniformes. Les démons, les principautés, les héros et les âmes humaines ont des apparences variées et complexes. Les impressions que donnent ces apparitions sont également diverses : les dieux sont majestueux et secourants, les archanges sont terribles mais tendres, les anges sont suaves, les démons sont effrayants, les héros inspirent moins de vénération qu'eux, les principautés sont lumineuses, les princes sont nuisibles et hostiles, les âmes ressemblent aux héros.

Les apparitions des dieux, des archanges et des anges ne produisent de remous d'aucune sorte. Les démons, par contre, troublent l'ordre et inspirent l'effroi. Les principautés sont majestueuses et stables. Les héros sont mobiles et pressés. Les princes font du fracas. Les âmes ressemblent aux héros, mais ont moins d'ordre et de stabilité.

Les dieux, les archanges et les anges sont d'une merveilleuse et incomparable beauté. Les démons sont beaux en leur essence, les héros dans l'expression de leur courage, les principautés ont la beauté pour qualité principale, tandis que la beauté des princes est artificielle, élaborée. Les âmes participent à la beauté démonique et héroïque.

La rapidité et l'efficacité de leurs actions respectives décroît selon la hiérarchie de ces êtres. En particulier, les principautés agissent d'autorité et de force, tandis que les princes y mettent une emphase qui dépasse l'effet réel de leurs possibilités.

Les manifestations des dieux occupent le ciel tout entier et les mortels ne peuvent pas supporter leur vision lumineuse. Les archanges n'occupent qu'une partie du monde, sont fort resplendissants et portent des symboles. Les anges sont moins éclatants et moins grands. La forme des démons est plus réduite et perceptible et la lumière qui émane d'eux est plus supportable. Les héros ont des dimensions moins imposantes et l'aspect magnanime ; les principautés sont très grandes ; les princes sont gonflés, superbes et insolents, les âmes sont inégales en ce qui concerne leurs dimensions, mais plus petites que chez les héros.

Il y a, bien entendu, également, des mauvais démons. Il est vrai, nous informe Proclus, que les héros, les démons et les anges sont des êtres supérieurs qui bénéficient de la vision de la beauté intelligible. Mais il y a aussi des démons mauvais, et ceux-ci sont d'autant plus dangereux qu'ils peuvent se manifester sous l'apparence de démons bénéfiques, pour confondre le sacrificateur (II, p. 1909-1910).

Ayant connu les qualités et les pouvoirs des démons, qu'ils peuvent invoquer à l'aide de substances naturelles, les magiciens ont la faculté de les interroger sur les classes des divinités supérieures. En partie, les démons bénéficient d'une connaissance directe des dieux et peuvent la transmettre à leurs disciples. Quel bonheur pour un magicien que d'avoir accès, par l'intermédiaire des démons, jusqu'aux divinités (II, p. 1929) !

Les néo-platoniciens distinguaient les démons bénéfiques, habitant les zones supérieures de l'air, des démons maléfiques, habitant près de la terre. Pour le platonicien chrétien Michel Psellus, tous les démons sont mauvais. Comme les anges, ils disposent d'un corps pneumatique fort ténu. Mais, tandis que le corps des anges est resplendissant, le corps des démons est obscurci.

Psellus nous dit qu'il a été instruit à la doctrine, assez bizarre, des démons par le solitaire Marc de Chersonèse. Celui-ci soutient que les démons sont capables d'émettre la semence et de naître dans des corps d'animaux. Ils sont pourvus de membres et, puisqu'ils se nourrissent, ils excrètent également. Leurs aliments sont l'esprit et les humeurs, qu'ils inhalent et absorbent comme des éponges. Marc, le spécialiste en démonologie, connaît plusieurs genres de démons, car leur multitude est étonnante : « tout l'air au-dessus et autour de nous, toute la terre, la mer et les entrailles de la terre sont pleins de démons » (II, p. 1940). Il y en a six catégories : ceux qui habitent le feu qui confine à la zone supérieure de l'air, « s'appelant, en langue barbare, *Leliureon,* ce qui signifie ignés » (les démons sublunaires) ; les démons aériens, terrestres, aquatiques, souterrains, et une dernière sorte constituée par ceux « qui fuient la lumière, invisibles, complètement ténébreux, provoquant violemment la destruction par des passions froides » (II, p. 1941). Quoique tous ces démons soient maléfiques, les trois dernières catégories sont particulièrement dangereuses. En effet, l'action des démons sublunaires, aériens et terrestres est exclusivement spirituelle, tandis que l'action des autres peut être directement matérielle. Les premiers se limitent « à dépraver l'âme par des fantaisies et des cogitations » (en particulier, les aériens et les terrestres provoquent les fantaisies érotiques). Tout cela est facile à expliquer, puisque les démons, ayant une essence pneumatique, peuvent assumer toutes les formes et les couleurs qu'ils veulent, se montrant à l'esprit humain sous des apparences trompeuses. « Prenant ces formes, ils nous inspirent bien des actions et des décisions et nous suggèrent bien des conseils. Ils suscitent en nous la mémoire de voluptés passées et, stimulant fréquemment, pendant l'état de veille ou en songe, des simulacres de passions, nous excitant même dans la zone inguinale et nous provoquant, ils prêtent leurs corps à des accouplements malsains, surtout si nous y sommes portés par nos propres humeurs chaudes et humides » (*ibid.*).

2. Les démons et l'éros

Cette doctrine des succubes et des incubes donnera lieu, jusqu'au XVIIIe siècle, à des débats assez spécifiques pour qu'on les étudie ici de plus près.

Quoiqu'il admette que les démons peuvent affecter la possession d'organes sexuels masculins, le solitaire Marc de Chersonèse croit néanmoins que tous les démons sont de nature féminine et sans forme fixe, capables de produire, par volonté interne, toute apparence trompeuse (II, p. 1942).

Les spécialistes en sorcellerie du XVe jusqu'à la fin du XVIIe siècle ne sont pas tous convaincus que les démons peuvent émettre la semence et générer, quoique les traités semi-officiels comme le *Malleus maleficarum* paru en 1486 et la somme du jésuite Del Rio parue à la fin du XVIe siècle soient de cet avis.

L'opinion la plus répandue, peut-être, émise par Jean Vineti, inquisiteur de Carcassonne, dans son *Traité contre ceux qui invoquent les démons* (c. 1450), considère que les démons sont transsexuels. Fonctionnant comme succubes auprès d'un homme, ils en recueillent le sperme et le déposent ultérieurement dans le vagin d'une femme auprès de laquelle ils agissent en incubes[11]. C'est une position modérée, partagée, entre autres, par le père Alphonso da Spina dans son *Fortalitium fidei* composé vers 1460. Selon Da Spina, les religieuses qui ont commerce avec les incubes se réveillent « souillées comme si elles avaient fait l'amour avec un mâle[12] ».

Pierre Naudé, auteur d'une *Déclamation contre l'Erreur exécrable des Maleficiers, Sorciers [...] à ce que recherche et punition d'iceux soit faicte* (Paris, 1578) est persuadé que presque toutes les sorcières ont des incubes et les sorciers des succubes, et aussi qu'ils ont commerce avec les cadavres animés par leurs diables familiers[13]. Jean Bodin nous informe dans sa *Démonomanie des Sorciers* (Paris, 1580) que les succubes s'appellent, en Valois et Picardie, *coche-mares*[14].

Jordanes de Bergamo (*Quaestio de Strigis*, manuscrit,

c. 1470) raconte que l'évêque de Vérone, le célèbre humaniste Ermolao Barbaro, lui aurait rapporté le cas d'un homme qui eut pendant quinze ans un succube pour maîtresse[15], et des histoires de ce genre abondent dans les récits de sorcellerie.

Johannes Henricus Pott, écrivant, à la fin du XVIIe siècle (Iéna, 1689), son *Specimen Juridicum de Nefando Lamiarum cum Diabolo Coitu, in quo abstrusissima haec materia delucide explicatur, quaestiones inde emergentes curata resolvuntur, variisque non injucundis exemplis illustratur,* retient la position du *Malleus* et de Del Rio, y ajoutant des « exemples plaisants » comme ceux-ci : puisque les incubes ont des formes animalières, il y a des femmes qui, en conséquence de leurs abominables rapports avec les démons, ont donné naissance à toutes sortes d'animaux (lion, chat, chien, etc.) ou de monstres. Le cas le plus intéressant, qu'il cite d'après le témoignage de Philip-Ludwig Elich (*Daemonomagia,* Francfort, 1607), est celui d'une femme qui, s'étant vraisemblablement accouplée avec un démon en forme de coq, pondait quotidiennement des œufs[16]...

Le problème de la procréation des démons suscitait encore un très grand intérêt au XVIIIe siècle, puisque la dissertation académique que lui consacre Johann Klein le 19 novembre 1698 à Rostock est réimprimée en 1731, sous le titre : *Examen juridicum judicialis Lamiarum Confessionis se ex nefando cum Satana coitu prolem suscipisse humanum.* Klein, d'après l'autorité du *Malleus* et de Del Rio, considère que les démons peuvent avoir des enfants avec les malheureuses qu'ils séduisent : « On peut lire dans les procès-verbaux judiciaires des confessions des sorcières qu'elles tiraient plus de plaisir des indécents organes de Satan, ayant un exécrable commerce avec cet Esprit impurissime, que de la cohabitation licite avec leurs maris légitimes, encore qu'elles ne se délectassent pas toujours de l'effet de ces détestables dépravations. Il est souvent arrivé que de ce rapport odieux et sodomitique elles aient donné naissance à des enfants vivants[17]. »

Ludovicus Maria Sinistrari de Ameno, dont le traité *De Daemonialitate et Incubis et Succubis,* écrit vers la fin du XVIIe siècle, fut traduit en français par Isidore Lisieux et imprimé à Paris en 1875, est bien plus original. Il croit que les incubes et les succubes ne sont pas des démons, mais des êtres qu'on appelle en français *follets,* en italien *folletti* et en espagnol *duendes.* Ce ne sont pas des esprits hostiles à la religion chrétienne, mais ils prennent simplement un plaisir fou à agir contre la chasteté, *contra castitatem*. Sinistrari de Ameno soutient une thèse contraire à l'idée de la transsexualité des follets. Ceux-ci sont capables par eux-mêmes d'émettre la semence ; après commerce avec le genre humain, il en résulte des créatures d'apparence humaine, douées d'une âme qui peut être sauvée ou damnée, pourvues d'un corps subtil, ayant une longévité de beaucoup supérieure à celle de l'homme. Ils peuvent élargir ou étrécir leurs corps à volonté, passer par les interstices de la matière ; ils forment des sociétés organisées, ayant des gouvernements et des cités[18].

Les apologètes de l'Inquisition ne manquent pas de nous informer en détail sur les rapports sexuels entre les sorciers des deux sexes et le démon. Une des plus grandes autorités du XVIe siècle en cette matière est Nicolas Remy, poète et conseiller privé du duc de Lorraine, auteur de la *Daemonolatria, ex judiciis capitalibus nongentorum plus minus hominum qui sortilegii crimen intra annos quindecim in Lotharingia capite luerunt* (Lyon, 1595). Le traité se termine par une poésie en français, où Remy se complaît dans la description des tortures inouïes dont il avait une si longue expérience, pour conclure :

Juges, ne craignez point de vous montrer sévères
Dans vos arrêts portés pour punir les sorcières ;
[...] Tous les siècles loueront ces actes de justice.

Tout en admirant son enviable assurance, on ne manquera pas d'observer que, heureusement, Remy se trompait. En tout cas, ayant étudié, pendant quinze ans, quelque neuf cents procès de sorcellerie, il nous donne sur la démonophilie une des descriptions les plus vives, les plus intéressantes et les plus autorisées :

Tous ceux qui ont eu commerce sexuel avec des incubes ou des succubes déclarent unanimement qu'il est difficile d'imaginer ou de décrire quelque chose de plus répugnant et ingrat. Pétrone Armentaire déclare que, dès qu'il étreignait son Abrahel, tous ses membres devenaient rigides. Et Hennezel affirme que sa Scuatzebourg (c'étaient là des noms de succubes) lui donnait l'impression d'avoir un trou glacé [au lieu du vagin] et qu'il devait l'abandonner sans connaître l'orgasme. Quant aux sorcières, elles déclarent que les organes virils des démons sont tellement gros et durs, qu'il est impossible de les introduire sans une douleur atroce. Alice Drigée montrait du doigt à l'assemblée combien le pénis en érection de son démon dépassait en longueur les charmes d'un marmiton et informait que celui-là n'avait point de scrotum ni de testicules. Quant à Claudine Fellée, elle avait su éviter la douleur lancinante du rapport, par un mouvement rotatoire qu'elle effectuait souvent pour y introduire cette masse en érection qu'aucune femme, de n'importe quelle capacité, n'aurait pu y contenir [...]. Ces malheureuses se plaignent très souvent que leur démon les étouffe, mais jamais n'ont-elles pu mettre fin à cette situation [...]. Et toutefois, il y en a qui atteignent l'orgasme dans cette étreinte froide et exécrable[19].

Au sud des Pyrénées, le démon a un comportement violent lors du sabbat : saisissant une sorcière, *con su mano yzquierda* (*a la vista de todos*) *la tendia en el suelo boca abaxo, o la arrimaba contra un arbol, y allà la conocia somaticamente*[20]. Le rapport n'est pas moins douloureux (*El Demonio la tratò carnalmente por ambas partes, y la desflorò y padecia mucho dolor*[21]), mais a aussi la particularité de précipiter la malheureuse en péché mortel de sodomie.

On voit quels dégâts d'ordre moral (et physique) les incubes et succubes étaient censés produire. Il nous reste encore à examiner les dégâts d'ordre social qu'ils provoquaient, aussi bien que la provenance de ces êtres pneumatiques méchants.

3. Sorcières et démoniaques

L'action des démons est particulièrement intense dans la sphère de l'éros illicite, mais elle ne s'y réduit pas, contrairement à ce que croyait l'optimiste (ou le « minimaliste ») Sinistrari de Ameno. Il n'est pas besoin d'aller jusqu'au *Malleus* ou à la somme de Del Rio pour voir qu'on imputait aux sorcières d'autres crimes qu'elles perpétraient par l'intermédiaire des démons.

Johannes Nider, auteur du *Formicarius. De Visionibus et Revelationibus,* œuvre rédigée en 1435-1437 lors du concile de Bâle, indiquait déjà sept façons pour les *malefici* ou sorciers des deux sexes de porter des préjudices à la société humaine : en inspirant l'amour ou la haine, en causant l'impotence, la maladie, l'insanité mentale, en provoquant la mort et en détruisant les biens d'autrui[22]. Or, Nider n'appartient pas au courant radical qui recommandera, quelques années plus tard, la peine de mort contre les sorciers et qui aboutira, en 1468, à transformer le crime de sorcellerie en *crimen exceptum,* ouvrant la porte à tous les abus judiciaires possibles[23]. Au contraire, Nider reconnaît l'autorité d'un vieux document appelé *Canon* ou *Capitulum Episcopi,* exhumé par l'écrivain ecclésiastique Réginon de Prüm (*De Ecclesiasticis Disciplinis,* c. 906 ; lib. II, c. 364) des prétendus actes d'un « concile d'Ancyre » où l'on n'en trouve pas trace. L'évêque Burchard de Worms et Gratien perpétuent la même attribution fantaisiste et saint Thomas, qui en reconnaît également l'autorité, cite un concile d'Aquilée, qui lui non plus n'a donné lieu à aucun écrit de ce genre. Raison pour H.C. Lea de croire qu'il s'agit d'un faux fabriqué, au début du xe siècle, par Réginon lui-même[24].

Quoi qu'il en soit, le *Canon Episcopi* exprime la position de l'Église jusqu'à son éviction par le *Malleus maleficarum,* et même au-delà, toutes les fois qu'un religieux ou un laïc auront le courage de contester les assertions de celui-ci.

Le *Canon Episcopi* ne niait ni l'existence du diable, ni celle des sorcières. Mais il avait ceci de particulier qu'il considérait que les exploits de sorcellerie (sabbat, vol magique) effectués par des « femmes méchantes perverties par le diable » étaient des « illusions et fantasmes démoniaques ». Autrement dit, le *Canon* niait toute réalité physique aux hallucinations des sorcières : « Qui est si stupide et léger pour croire que toutes ces choses qui n'ont lieu qu'en esprit se passent vraiment dans le corps[25] ? » En dehors de Burchard et de Gratien, un écrit fort influent du xiie siècle, le *Liber de Spiritu et Anima* attribué à saint Augustin, renforce l'indiscutable autorité du *Canon Episcopi,* faisant des sorcières *quaedam mulierculae post Satanam conversae, daemonum illusionibus et fantasmatibus seductae*[26]. Quant à saint Thomas, celui-ci est formel : « On dit que ces femmes se rendent [au sabbat] en esprit ; or, il ne s'agit pas de l'esprit qui, en tant que substance de l'âme, opère à l'extérieur du corps. Non, il est question du fait qu'il se forme des hallucinations [*visa*] de ce genre dans l'esprit qui est la fantaisie de l'âme [*in phantastico animae*][27]. »

Une histoire relatée pour la première fois par Nider dans

son *Formicarius,* et souvent reprise par la suite, nous donne déjà tous les éléments pour comprendre la manière dont les sorcières obtenaient leurs visions de vol et de sabbat. Nider raconte qu'un dominicain, ayant rencontré une de ces *mulierculae* qui prétendaient voler au sabbat avec la troupe de Diane, lui demanda la permission d'assister à son exploit. La femme *enduisit son corps d'une pommade,* récita une formule et s'endormit à l'instant d'un sommeil si agité qu'elle tomba du lit et frappa du crâne contre le plancher. Persuadée qu'elle avait visité des contrées lointaines, elle ne put qu'être étonnée quand le frère lui révéla qu'elle n'avait pas quitté sa chambre[28].

Les noms de *pixidariae* et *baculariae* qu'on donnait aux sorcières attestent l'importance qu'avaient, dans leurs pratiques, la boîte à onguent et le manche à balai[29]. Jordanes de Bergamo dit explicitement qu'elles se mettaient à cheval sur un bâton enduit de pommade ou qu'elles utilisaient leur onguent *aux aisselles*[30]. Or, examinant les recettes des onguents, nous comprenons immédiatement la raison de ces usages.

Plusieurs recettes sont connues[31], qui contiennent, à côté de divers autres ingrédients dont le rôle devrait être soigneusement étudié, quelques composantes actives extraites de plantes appartenant, pour la plupart, à la famille des Solanacées, comme le *Datura stramonium,* l'*Hyoscyamus niger,* l'*Atropa belladonna,* l'aconit, le *Solanum nigrum,* la *Physalis somnifera,* l'*Helleborus niger* ou la *Cannabis indica,* employées séparément ou par combinaison de deux ou trois à la fois. Parmi ces puissants narcotiques et hallucinogènes, les plus souvent utilisés étaient le *Datura,* appelé aussi en français « Herbe des Magiciens » ou « Herbe des Sorciers » ou encore « Herbe du Diable », et le *Solanum nigrum* (« Herbe des Magiciens », « Verjus du Diable »)[32].

L'Église n'ignorait pas le rapport causal entre l'usage des onguents faits d'extraits de plantes et le phénomène de la sorcellerie. En 1528, le concile provincial de Bourges décida de poursuivre les cueilleurs de plantes. En 1557, de Mouluc, évêque de Valence et de Die, défendit aux prêtres d'administrer la communion aux cueilleurs d'herbes, et la même mesure fut promulguée en 1618 par les statuts synodaux de l'évêque-gouverneur de Saint-Malo, en 1638 par les statuts synodaux de l'évêque de Cahors, et ensuite par saint François de Sales et d'Aranton d'Alex, évêques de Genève, par Le Camus, évêque de Grenoble, et par Joly, évêque d'Agen[33].

Dans l'ensemble des pratiques des sorcières, l'importance du manche à balai ne saurait être négligée. Plusieurs sources nous informent que c'était lui qu'on enduisait de pommade et l'on voit, sur de nombreuses gravures du XVIe siècle, des sorcières *nues* décollant sur leur manche à balai. Or, les extraits des Solanacées ont justement ceci de spécial qu'ils sont absorbés par la peau, pénétrant dans l'organisme où ils deviennent immédiatement actifs[34]. Les zones les plus sensibles du corps sont justement la vulve chez les femmes et les aisselles, ce qui explique l'usage apparemment incongru des *baculariae*[35]. L'hypothèse que les sorciers « classiques », dont l'existence est attestée au moins depuis le Xe siècle, n'étaient qu'une combinaison de pharmaciens empiriques et de drogués n'est pas nouvelle. La pharmacologie actuelle l'a élevée au rang de certitude et les anthropologues ont fini par l'accepter presque unanimement[36]. Certes, l'uniformité des moyens ne suffit pas pour expliquer l'uniformité des hallucinations des sorcières. Ce problème étant trop intéressant pour l'abandonner sans autres précisions, mais, d'autre part, ne trouvant pas sa place dans cette discussion sommaire de la démonologie, nous avons décidé de lui consacrer un appendice spécial à la fin de notre exposé (cf. *infra,* Appendice VII).

Pour le moment, voici un point de gagné : les sorciers « classiques » étaient des marginaux des deux sexes qui forçaient, par l'usage d'hallucinogènes, l'accès à l'inconscient. Ce qu'ils expérimentaient sous l'influence des drogues, ils le prenaient pour réel, s'imaginant avoir exécuté certaines actions stéréotypes. L'usage constant des drogues aboutissait à coup sûr à faire disparaître les limites assez labiles et problématiques entre l'état de songe et l'état de veille. Les sorciers vivaient entourés de leurs propres fantasmes qui devaient assumer, pour eux, des traits réels et personnels. Il n'est point étrange qu'ils aient eu commerce sexuel avec eux, ni que celui-ci se fût déroulé de la manière grotesque que nous décrivent Nicolas Remy et d'autres. N'oublions pas que, chez les sorcières, le vagin était l'une des zones les plus sollicitées dans l'absorption même des drogues, d'où la large possibilité d'inflammations et d'infections qui doivent expliquer, fort vraisemblablement, les sensations caractéristiques de pression qui, accompagnées d'une permanente excitation, donnaient lieu à des rêves érotiques d'un genre particulier. Sur le plan fantasmagorique, la souffrance physique provoquée par le contact avec le manche à balai et l'absorption de l'onguent se traduisait en un rapport pénible avec un partenaire doué d'un organe viril excessivement grand, parfois même écailleux. La « froideur » de l'organe s'explique probablement par l'évaporation rapide de certaines composantes de l'onguent. Quant aux rapports des sorciers avec leurs succubes, l'image qu'on s'en fait est loin d'être aussi précise que dans le cas des démons incubes. Même s'ils enduisaient leurs organes génitaux de pommade, les sorciers mâles étaient à l'abri des sensations violentes qu'expérimentaient leurs collègues femmes, ce qui explique le caractère beaucoup moins choquant de leur commerce sexuel avec les fantasmes. D'autre part, les succubes sont également censés avoir le vagin froid (*frigida specus*), phénomène dont la cause physique doit être précisément de même nature que dans le cas des incubes.

« Le sommeil de la raison produit des monstres. » Les hallucinogènes s'avèrent l'un des moyens les plus puissants pour susciter des fantasmes, pour appeler les démons à l'existence. D'ici à leur conférer des formes et des attributs réels, il n'y a qu'un pas.

Une deuxième méthode pour invoquer les démons — celle-ci entièrement artificielle — est de les imaginer par les procédés de la mnémotechnique.

Il y a, enfin, une troisième circonstance où les démons se manifestent, cette fois-ci sans être appelés : la maladie mentale.

Le cas de M. Alexis Vincent Charles Berbiguier de Terreneuve de Thym, riche gentilhomme né à Carpentras pendant la seconde moitié du XVIIe siècle, est fort instructif[37]. Il nous le décrit lui-même dans les trois tomes de sa précieuse autobiographie publiée à Paris en 1821, intitulée *Les Farfadets, ou tous les démons ne sont pas de l'autre monde.*

De 1813 à 1817, M. Berbiguier s'installa à l'hôtel Mazarin, 54, rue Mazarine à Paris, où les « farfadets » ne cessèrent de le persécuter. A son tour, il se spécialisa dans leur capture, ce qui lui valut le titre de « Fléau des Farfadets », qu'il arbora triomphalement au-dessus de son propre portrait.

Il est probable que les signes de sa maladie mentale s'étaient déjà manifestés avant le séjour à Paris de M. Berbiguier. A Avignon, il alla visiter un certain docteur Nicolas, qui dut lui appliquer des passes magnétiques qui l'effrayèrent.

A Paris, il alla consulter des voyantes et le magicien Moreau, qui n'était lui-même qu'un puissant représentant des farfadets. Mais il paraît que la crise n'éclata que lors d'une séance de divination par le tarot, effectuée pour son compte par deux voyantes, Jeanneton la Valette et Le Mançot, qui, de connivence avec ses ennemis occultes, mirent M. Berbiguier « sous l'influence d'une mauvaise planète ». Depuis lors, le vaillant repousseur des démons ne connut plus aucun moment de tranquillité. Les farfadets le guettaient dans sa chambre, le suivaient sur le Pont-Neuf, dans l'église de Saint-Roch et jusque dans le confessionnal de Notre-Dame. On ne s'étonne pas qu'il se soit décidé à visiter le professeur Pinel, médecin à la Salpêtrière, qui habitait 12, rue des Postes, près de l'Estrapade. Quelle ne fut pas son angoisse de s'apercevoir que M. Pinel s'était lui-même transformé en un farfadet, dans lequel M. Berbiguier reconnut le représentant de Satan (l'autre médecin, Nicolas d'Avignon, fut proclamé représentant de Moloch). M. Pinel ne se contenta pas de recevoir chez lui notre héros, mais lui rendit aussi visite inopinément dans sa chambre d'hôtel, où il pénétra par le trou de la cheminée. Ce fut lui, d'ailleurs, qui tua d'un coup calculé le pauvre Coco, le fidèle écureuil de M. Berbiguier.

L'abominable défection de M. Pinel ne fut pas la seule désillusion dans l'existence de notre malheureux, qui prit la résolution de se défendre coûte que coûte des attaques des démons. Il se procura des plantes farfadetoctones, des aiguilles, du soufre et d'autres substances, et se mit à poursuivre sans pitié les farfadets, qu'il enferma, par milliers, dans une banale bouteille en verre.

Préoccupés par les attaques de l'inflexible M. Berbiguier, les farfadets y dépêchèrent un centurion, appelé Rhotomago, qui lui fit une proposition honorable : celle d'entrer dans leurs rangs. Notre héros la rejeta dignement, sur quoi les assemblées de farfadets se multiplièrent. Y prenaient part M. Pinel en personne, pourvu d'une fourche, M. Étienne Prieur, étudiant en droit, toujours déguisé en cochon, etc. (Étienne Prieur devrait être le fils du droguiste Prieur, représentant de Lilith.) L'effort pour résister à ses ennemis obligea M. Berbiguier à faire des fumigations impressionnantes, qui alarmèrent tout le voisinage et lui valurent la visite d'un méchant capitaine de pompiers.

Une preuve que la maladie mentale ne choisit pas ses victimes : notre second cas concerne un scientifique d'une considérable culture. Il s'agit du docteur Ludwig Staudenmaier[38], qui, après avoir obtenu le diplôme d'un gymnase de la Bavière en 1884, poursuivit ses études pendant quatre ans dans une académie de philosophie et de théologie catholiques. Peu après, il s'inscrivit régulièrement à l'université et, en 1895, il obtint son doctorat de zoologie et de chimie à Munich, où il fut retenu comme assistant. En 1896, il devint professeur titulaire de chimie expérimentale au lycée Royal de Freising, où il resta jusqu'à la retraite.

Staudenmaier publia en 1912 un livre fort intéressant, intitulé *Die Magie als experimentelle Naturwissenschaft,* où il décrivait scrupuleusement une expérience en quelque sorte analogue à celle de M. Berbiguier, mais abordée par notre savant dans un esprit tout à fait scientifique. Staudenmaier avait commencé, sans s'effrayer, à entendre des voix, à discerner des présences troubles. Il s'employa toute sa vie à établir des rapports amicaux avec les êtres qui le fréquentaient, à faire leur connaissance, à les appeler par leurs noms. En plus, le docteur Staudenmaier se mit à pratiquer une sorte de yoga et, ayant pris sa retraite, il profita de ses économies pour s'exiler dans un pays doué d'un climat plus favorable, l'Italie. Il mourut à Rome, le 20 août 1933, dans l'hôpital d'un ordre religieux, où il était en train d'exécuter une expérience respiratoire pour « susciter la chaleur vitale ».

M. Berbiguier et le docteur Staudenmaier sont des malades mentaux inoffensifs qui ont eu le loisir de communiquer à la postérité des documents fort précieux. Dans les deux cas, on apprend que des présences étrangères s'imposent au malade, en y entamant des rapports plus ou moins curieux, ce qui nous permet d'affirmer que la source principale des démons est l'inconscient, capable d'envahir, en certaines circonstances, la zone consciente du sujet.

La sorcellerie utilise des hallucinogènes pour forcer l'expérience d'une réalité autre que celle de tous les jours ; le malade mental est transporté malgré lui-même au milieu de ses fantasmes. Seul le magicien, lui, utilise des techniques tout à fait conscientes pour invoquer et commander ses esprits auxiliaires. Dans son cas, l'*invention* d'un démon équivaut à son entrée dans l'existence.

4. La démonomagie de Ficin à Giordano Bruno

Classifications de la magie

Les auteurs modernes sont convaincus qu'il y a deux sortes de magie, la magie « spirituelle » ou « naturelle », cultivée par Ficin, et la « démonomagie », cultivée par Trithémius. Cette distinction est arbitraire et ne repose sur aucune base solide. Les démons étant eux-mêmes des esprits sans corps physique, ils forment l'objet de la magie *spirituelle*, comme les « dons du monde animé » et les « dons des étoiles vivantes ». Ficin est lui-même un démonologue, il s'occupe des démons planétaires dans son *Commentaire au Banquet* et, s'il évite d'approfondir le sujet de la démonomagie, c'est qu'il craint pour sa vie.

Quant au caractère « naturel » de la magie de Ficin, cela va sans dire, sauf qu'il y a également une autre magie naturelle : celle de G.B. Porta — une espèce de répertoire de phénomènes curieux et de recettes populaires —, qui n'est nullement « spirituelle ». Et, de même, la magie de Trithémius s'effectue par l'intermédiaire des démons planétaires, sans être spirituelle elle non plus.

On en arrive à conclure qu'il y a plusieurs formes de magie qui peuvent être spirituelles et démoniques à la fois, ce qui enlève toute pertinence à cette dichotomie.

Parmi les classifications de la magie à la Renaissance, la plus intéressante est, sans doute, celle de Giordano Bruno. Celui-ci dégage neuf catégories : *sapientia, magia naturalis* (*medicina, chymia*), *praestigiatoria,* une deuxième forme de magie naturelle, *mathematica* ou *occulta philosophia,* une *magia desperatorum,* qui est la démonomagie, appelée également *transnaturalis seu metaphysica* ou encore *theurgia, necromantia, maleficium* (dont le *veneficium* est une sous-classe) et *divinatio* ou *prophetia* (*De Magia*, III, p. 397-400). Quoique les critères de cette classification ne soient pas toujours clairs, il semble que Bruno ait d'abord en vue le type d'auxiliaires que le magicien compte se procurer et la méthode qu'il utilise pour cela. Le schème peut être, d'ailleurs, simplifié : les quatre premiers genres de magie se servent de moyens *naturels,* la magie mathématique — celle à laquelle Bruno donne sa préférence — est intermédiaire, les quatre derniers genres se servent de moyens *extra, supra* ou *transnaturels* :

« Les procédés du cinquième genre de magie sont les paroles, les charmes, les raisons des nombres et des temps, les images, les figures, les sceaux, les caractères ou les lettres. Cette magie est intermédiaire entre la magie naturelle et la magie extra ou supranaturelle. Le nom qui lui convient est celui de *magie mathématique* ou plutôt de *philosophie occulte*.

« Le sixième genre s'obtient par le culte ou l'invocation des intelligences ou des agents externes ou supérieurs, par des oraisons, des conjurations, des fumigations, des sacrifices, ainsi que par certaines coutumes et cérémonies s'adressant aux Dieux, aux démons et aux héros. Leur résultat est la contraction de l'esprit en lui-même, de manière que l'esprit se transforme en récipient et en instrument, et apparaisse doué de la sagesse des choses ; mais cette sagesse, on peut facilement l'évacuer, en même temps que l'esprit d'ailleurs, par des remèdes adéquats. Celle-ci est la *magie des désespérés,* qui deviennent les récipients des démons mauvais captés à l'aide de l'Art notoire [*Ars notoria*]. Son but est de commander aux démons inférieurs par l'autorité des démons supérieurs ; les seconds, on les cultive et on les allèche ; les premiers, on les conjure et on les contraint. Cette forme de magie est *transnaturelle* ou *métaphysique* et son nom propre est *theourgía* » (*ibid.*, p. 398).

On a d'abord l'impression que Bruno prend soin de tracer une limite entre les formes de magie « naturelle », pour lesquelles l'Église s'était montrée plus tolérante, et les formes de magie agissant par l'intermédiaire des démons, que l'Église avait condamnées. Son schème à neuf titres se transformerait donc d'emblée en une hiérarchie de l'intolérance, où les formes qui occupent les places les plus élevées devraient être les plus condamnables. Cela est vrai jusqu'au huitième grade — les maléfices et les empoisonnements magiques — mais se trouve infirmé d'un coup par le neuvième, la divination. Or, la divination est pratiquée par les devins (*divini*) et c'est à eux que Bruno réfère toutes les formes de la magie surnaturelle, à laquelle il donne le qualificatif de *divina*. Les choses deviennent de plus en plus embrouillées quand on apprend que les neuf espèces énumérées plus haut se rangent en trois genres : *magia physica, mathematica* et *divina,* dont le premier et le troisième sont toujours bénéfiques, tandis que le deuxième, la magie mathématique, peut être bénéfique ou maléfique selon le cas (*ibid.*, p. 400 ; cf. *Theses de Magia*, II, p. 455). Il faut en déduire ou que Bruno renonce à énumérer la magie des désespérés, la nécromancie et la magie maléfique parmi les espèces admissibles de la magie, ou bien qu'il les comprend, cette fois-ci, parmi les possibilités élargies de la magie mathématique.

Seul le caractère essentiellement *polémique* de toutes les œuvres de Bruno nous livrera la clé de cette énigme. En effet, dans le *De Magia* lui-même, Bruno ne manque pas de décocher une flèche contre l'obscurantisme du *Malleus maleficarum* : « Dernièrement, on a assigné aux mots " magicien " et " magie " des significations indignes, que nous n'avons pas du tout prises en considération. On a affirmé que le magicien est un sorcier sot et méchant, qui a obtenu, par un commerce et un pacte avec le démon mauvais, la faculté de faire le mal ou de jouir de certaines choses. Cette opinion ne se retrouve pas chez les gens sages ou les philologues [*apud grammaticos*], mais chez les encapuchonnés [*bardocuculli* ; c'est-à-dire les moines] comme l'auteur du livre *Sur le marteau des sorcières*. Aujourd'hui, cette définition a été reprise par toutes sortes d'écrivains, ce dont on peut se faire une idée en lisant les notes des catéchismes pour les ignorants et pour les prêtres assoupis » (*De Magia*, III, p. 400).

En même temps, Bruno se prémunit contre les attaques des religieux en condamnant certaines formes de magie agissant par l'intermédiaire des démons. Une de celles-ci, nommément la nécromancie, est une forme de divination qui s'obtient par des conjurations et des invocations adressées aux âmes des défunts (*ibid.*, p. 398). Or, on comprend aisément que la nécromancie fasse partie des trois sortes de magie que Bruno lui-même tient pour répréhensibles. Mais alors, puisque la magie qu'il appelle *divina* paraît se réduire, au fond, à la divination, pourquoi ne reconnaît-il pas que celle-ci peut être, tout comme la magie mathématique, de deux sortes : bénéfique et maléfique ? C'est que, d'une part, il semble que Bruno renonce complètement à inclure la nécromancie et la magie maléfique dans sa classification réduite des genres de magie et que, d'autre part, il transfère sur le compte de la magie mathématique une partie considérable des opérations menées par l'intermédiaire des démons. Est-il possible de comprendre la motivation de cette stratégie assez embrouillée ? Oui, si l'on se réfère à un document semi-officiel (comme le *Malleus*), le *Traité des Sortilèges* de Paul Grillandi, écrit vers 1525 et publié à Lyon en 1536 sous le titre *Tractatus de Haereticis et Sortilegiis*. Grillandi y affirme que les invocations du démon *per modum imperii,* celles que Bruno réserve aux petits démons, ne seraient pas hérétiques, mais seulement sacrilèges. Par contre, la divination de l'avenir *est toujours hérétique*[39].

Or, Bruno était une personne d'une culture éblouissante pour son temps, et il est rare que les passages les plus insignifiants de ses écrits ne contiennent quelque allusion dont il faudrait connaître la source pour en déchiffrer la signification. Dans la dernière partie de ce livre, nous analyserons la portée polémique d'un des motifs bruniens que l'on a toujours tenu pour original, celui de l'« âne » et de l'« asinité » (*asinitas*) comme attributs du saint. Qu'il soit dit ici, au passage, que toute la théorie de la sainteté et de l'héroïcité est développée par Bruno en polémique directe avec un des écrits de la période réformée de Corneille Agrippa, un auteur que, d'ailleurs, Bruno tenait en grande estime. Il n'est donc pas du tout exclu que, dans le *De Magia*, il s'oppose implicitement à Grillandi, en démontrant que, loin d'être maléfique, la forme la plus élevée de la divination est toujours bénéfique. Mais cela n'empêche pas que, dans la classification des trois genres et des neuf espèces de la magie, Bruno soit tributaire d'écrits semi-officiels comme le *Traité des Sortilèges*. En effet, Grillandi lui-même dresse une « hiérarchie de l'intolérance » de l'Église envers les formes de la magie, où la divination occupe, exactement comme chez Bruno, la dernière place, au sommet, comme la plus condamnable de toutes. Cela explique facilement la classification même de Bruno, qui s'inspire d'un traité *contre* la magie comme celui de Grillandi, tout en proposant d'autres critères pour déterminer le degré de culpabilité des disciplines magiques. Entre autres, il est en désaccord avec Grillandi au sujet de la divination et il paraît enclin à désavouer plus que Grillandi lui-même la démonomagie, même si elle a lieu *per modum imperii*. Mais aussitôt il s'en repent, puisque la magie mathématique qu'il paraît cultiver lui-même n'est pas étrangère aux opérations faites par l'intermédiaire des démons. A ce moment-là, il ne lui reste qu'à accepter l'autorité de Grillandi, qu'il avait contestée implicitement deux pages auparavant. Il reconnaît que la magie mathématique peut être maléfique, mais il espère, fort vraisemblablement, qu'à la juger selon les critères de Grillandi elle ne sera que sacrilège, non pas hérétique.

Toutes ces subtilités doctrinales ne sont pas l'apanage du seul Bruno, mais de tous les auteurs qui, s'occupant de magie au XVIe siècle, tiennent néanmoins à sauver les apparences. Parmi eux, Bruno paraît, d'ailleurs, le plus naïf. Quoique doué d'un excès de subtilité, il se débrouille très mal avec sa propre impulsivité — et ce trait de caractère s'avérera funeste pour lui. Par contre, l'abbé Trithémius, qui dispose aussi de très hautes protections, est un exemple d'habileté. Où réside l'erreur tactique de Bruno ? C'est qu'il n'est jamais capable d'être d'accord avec qui que ce soit ; ce qui pourrait encore passer s'il prenait soin de préciser tout d'abord qu'il partage les vues de quelqu'un jusqu'à un certain point, mais qu'il s'en distancie dans les détails — ce qui est souvent le cas. Or, Bruno procède exactement de manière inverse : c'est au début qu'il lance des invectives contre quelqu'un, pour préciser ensuite qu'au fond de ce qui est en cause n'est qu'une question de détail.

Si nous avons vu juste — et la classification du *De Magia* est bien celle de Grillandi ou d'un autre auteur de traités *contre* la magie et la sorcellerie —, alors il faudra convenir que tout le procédé de Bruno est étrange : ce qu'il emprunte aux sources implicitement incriminées est beaucoup plus important que ce qu'il rejette. Et il ne manquerait que de le mettre en évidence pour que les apparences soient sauves.

Au XVIe siècle, aucune des Églises chrétiennes n'était une institution démocratique, et aucune d'elles ne manifestait de sympathie pour la magie. Puisque Bruno cultivait le *Malleus,* les œuvres tardives d'Agrippa, qui relèvent d'une très forte influence du protestantisme, et, fort probablement, des traités comme celui de Grillandi, on s'étonne qu'il ne se soit pas fait une plus juste idée du climat d'intolérance de l'époque, avant d'en expérimenter les conséquences sur sa propre vie. C'est que, plus ou moins ouvertement, il se voyait dans la posture d'un prophète, et le martyre ne lui répugnait point. Il le dit, d'ailleurs, lui-même dans le *Sigillus sigillorum :* « Je ne serais pas disposé à croire que quelqu'un qui a peur des souffrances physiques a jamais eu l'expérience intime de la divinité. Celui qui est vraiment sage et vertueux, celui-là ne sent pas la douleur, et il est parfaitement heureux — aussi parfaitement que la condition de la vie présente le permet [...] » (*Op. lat.,* II, 2, p. 193).

Mais revenons à la magie de Bruno. Nous verrons plus tard que sa *magia mathematica* n'est qu'une compilation démonomagique dont les sources principales sont Trithémius et Agrippa. Quant à sa magie naturelle, il s'agit tout simplement de la magie spirituelle ficinienne, dont les conséquences extrêmes en ce qui concerne l'éros sont exploitées dans les deux rédactions du traité *De vinculis in genere.* Preuve qu'il entendait profiter de la clémence de Grillandi, qui distinguait la magie simplement sacrilège de la magie hérétique, c'est qu'il présente, dans son *De Magia,* une doctrine des démons qui, pour s'inspirer de l'œuvre de Psellus traduite en latin par Ficin, ne manque pas complètement de traits d'originalité.

Les démons sont des esprits invisibles qui ont la faculté d'agir sur le sens interne. Ils produisent des hallucinations visuelles, auditives, ou les deux à la fois. Bruno en distingue cinq classes. Les premiers, qui répondent aux démons souterrains et aquatiques de Psellus, sont *bruta animalia,* et n'ont pas de raison. Les deuxièmes, qui habitent les ruines et les prisons, sont d'un genre « timide, soupçonneux et crédule ». On peut les invoquer, puisqu'ils sont capables d'entendre et de comprendre le langage articulé. Les troisièmes sont « d'un genre plus prudent ». Ils habitent l'air, et sont particulièrement redoutables puisqu'ils induisent en erreur les hommes par imagination et par des promesses trompeuses. Les quatrièmes, qui habitent l'éther, sont bénéfiques et resplendissants. Les cinquièmes, qui habitent le feu stellaire, sont parfois appelés dieux ou héros, mais ils ne sont, en réalité, que les ministres du Dieu unique. Les kabbalistes les appellent Fissim, Seraphim, Cherubim, etc. (*De Magia,* III, p. 427-428).

« Chaque ordre d'esprits a ses chefs, ses princes, ses pâtres, ses commandants, ses recteurs, ses gradés. Ceux qui sont plus sages et puissants dominent et commandent ceux qui sont plus imbéciles et rudes » (*ibid.,* p. 429). Ils vivent partout et sont invisibles, à l'exception des premières classes — celles des démons aquatiques et terrestres —, dont les corps sont plus grossiers (*crassiores*), pouvant se rendre visibles en certaines circonstances. Ils provoquent des maladies que certains personnages ont la faculté de guérir, comme le roi Cyrus « qui guérissait ceux qui avaient mal à la rate les touchant du doigt », ou le roi de France qui rendait sains les scrofuleux de la même manière (*ibid.,* p. 430-432).

Nous aurons l'occasion de revenir sur la démonomagie

brunienne. Ce qui nous intéressait ici, ce n'était que l'examen de la validité des classifications de la magie. On a vu que, quoique la distinction entre magie « spirituelle » et magie « démoniaque » ne tienne pas, elle répond néanmoins à une ancienne tradition. Au temps de la Renaissance, cette distinction reposait sur le besoin, que ressentaient les représentants des officialités aussi bien que leurs victimes potentielles, d'établir une limite entre ce qui était licite en magie et ce qui était illicite.

Puisque la sorcellerie était un *crimen exceptum* depuis 1468, et qu'on attribuait aux sorciers le commerce avec les mauvais démons des cohortes sataniques, il était normal que toute forme de magie faisant appel aux démons fût tenue pour suspecte et poursuivie. C'est pourquoi Marsile Ficin, qui eut à souffrir des attaques de l'autorité ecclésiastique pour son traité *De vita coelitus comparanda,* que le pape jugea en dernière instance inoffensif, ne savait à quelles précautions recourir pour démontrer que la magie « naturelle » qu'il cultivait n'était pas démoniaque. Sans doute, il n'avait raison que dans le sens où le magicien était capable de poser des restrictions à ses propres opérations, mais cela n'empêchait pas que la démonomagie fût elle-même, en certains cas sinon toujours, une forme de magie spirituelle.

De la même manière, la division entre magie *naturelle* et magie *transnaturelle* est artificielle, mais les officialités paraissent l'accepter dans la mesure où elles s'emploient à dresser des échelles de « culpabilité » des formes de la magie. Dans sa classification, Giordano Bruno utilise des sources classiques de l'occultisme, mais paraît également s'inspirer d'une de ces « hiérarchies de l'intolérance », dont il ne saurait désapprouver l'ensemble puisqu'il s'en sert lui-même.

En conclusion, la distinction entre une magie « naturelle » et une magie « transnaturelle » ou démonomagie, tout en étant fausse sur le plan strictement conceptuel, n'en est pas moins accréditée par toute une tradition historique, où les coupables potentiels sont en accord presque complet avec leurs accusateurs.

Trithémius de Würzbourg

En répondant aux huit questions que lui posait l'empereur Maximilien en 1508, l'abbé Trithémius n'hésitait pas à s'attaquer aux sorcières, suivant la doctrine du *Malleus maleficarum*[40] : « Les sorcières [*maleficae*] sont d'un genre fort pernicieux, qui font des pactes avec les démons et, par profession de foi solennelle, se rendent propriété des démons qu'elles vénèrent perpétuellement. » En conclusion : « Il ne faut pas les tolérer, mais, de préférence, les exterminer partout où on les trouve, car Dieu créateur de toutes choses le commande : " Tu ne permettras pas aux sorciers de vivre " » (*Exode*, 22 ; *Deutéronome*, 18).

Au mois d'octobre 1508, quand il terminait l'*Antipalus maleficiorum*[41], Trithémius était, pour autant que possible, encore plus catégorique, se déclarant préoccupé du nombre fort réduit d'inquisiteurs et de juges qui avaient à s'occuper de crimes si graves et si nombreux que ceux produits par les sorcières.

Qui était ce religieux qui, non content de réclamer la peine capitale pour les *maleficae* et les nécromants, appelait l'Église à une vigilance redoublée ?

On s'étonnera certainement de savoir que ce pilier de l'ordre établi allait passer lui-même pour l'un des plus grands — sinon le plus grand — sorcier du XVIᵉ siècle, avec une autorité égalant celle d'Hermès et du roi Salomon.

La légende passe d'abord. Des histoires étonnantes circulaient déjà de son vivant et allaient se multiplier après sa mort, ainsi que les écrits pseudo-épigraphes dont il était proclamé l'auteur[42].

C'est Augustin Lercheimer de Steinfelden qui paraît le mieux renseigné sur les prodiges de Trithémius. Celui-ci possédait un esprit auxiliaire qui prenait un soin maternel à ce que son maître ne souffrît pas la faim et le froid. Pendant un voyage en France, un conseiller impérial allemand, jaloux et sidéré, put voir comment l'esprit lui avait apporté un plat chaud et une bouteille de vin dans une auberge « où il n'y avait rien de bon à manger ».

Mais cela n'est rien à côté des autres performances de l'abbé, qui excellait en œuvres de nécromancie. En effet, raconte Lercheimer, l'empereur Maximilien, qui déplorait la mort de son épouse Marie, fille de Charles de Bourgogne, pria Trithémius d'invoquer son spectre, pour qu'il la pût contempler une dernière fois. L'abbé se laissa convaincre et, sous les yeux des deux et d'un troisième témoin, « Marie fit son apparition, comme le spectre de Samuel devant Saül, et se promena devant eux, si semblable à la vraie Marie, qu'il n'y avait aucune différence entre elles[43] ».

Ce récit est connu de Luther[44], qui y ajoute des détails assez intéressants : c'est que l'empereur ne s'était point limité à se délecter de la vision fugace de son épouse, mais avait également reçu la visite d'autres spectres célèbres, comme ceux d'Alexandre et de Jules César. L'histoire se trouve confirmée par le médecin Johannes Wier ou Weyer, qui tait le nom de Trithémius, mais raconte avec beaucoup de détails les apparitions qu'un grand sorcier présent à la cour provoqua devant l'empereur Maximilien. Cette fois-ci, les fantasmes invoqués appartenaient à Hector, à Achille et au prophète David[45].

Le premier à donner une explication fort plausible à ces phénomènes optiques fut le Suédois Georg Willin en 1728[46], suivi, de nos jours, par W.-E. Peuckert et par K. Baschwitz[47]. En substance, l'abbé aurait disposé soit d'une *camera obscura*, soit d'un jeu de miroirs, qui lui permettait d'abuser l'assistance. A juger d'après l'*Antipalus maleficiorum* Trithémius connaissait le principe de la chambre obscure et était capable d'en construire une. Son disciple Henri Corneille Agrippa raconte aussi en détail comment il pouvait produire des illusions optiques à l'aide de miroirs — phénomène qui tenait, alors, de la magie naturelle et dont Trithémius aurait pu être un grand spécialiste[48].

C'est pourquoi Bartholomeus Korndorff paraît avoir raison d'affirmer que *ist nichts mit teuflischem Werk gemischt gewesen,* qu'il n'y avait pas là d'œuvre diabolique, encore que lui-même, ainsi que ses contemporains, ne pussent rien y comprendre. Cette fois-ci, il s'agissait de deux « lumières inextinguibles » que Trithémius, au dire de son ancien serviteur Servatius Hochel, aurait préparées pour l'empereur. Les deux chandelles brûlaient encore, vingt ans après, à la même place[49]. Or, c'était là un « miracle » du même genre que celui attribué par les rédacteurs des manifestes rosicruciens au père Christian Rosenkreuz, dont le tombeau, découvert cent vingt ans après son décès, laissait voir, entre autres, « des miroirs à propriétés multiples, des clochettes, des lampes allumées [...][50] ».

*
**

Qui était Trithémius ? L'histoire en retient deux visages assez contradictoires : le premier, celui du sorcier, l'auteur certain d'un ouvrage abstrus intitulé *Stéganographie* ou « écriture secrète », l'auteur supposé de quantité de pseudo-épigraphes assez mirobolantes et l'objet de toute une tradition populaire qui fait de lui un nécromant et un magicien particulièrement habile ; le deuxième, celui d'« un poète célèbre, d'un orateur fort inventif, d'un philosophe fort subtil, d'un mathématicien fort ingénieux, d'un historien parfait et d'un grand théologien[51] » — selon la formule de son biographe Wolfgang Ernest Heidel de Worms, qui écrivit sur lui une défense et une apologie en 1676.

En effet, l'abbé de Sponheim et ensuite du monastère Saint-Jacques de Würzbourg fut le protégé de l'empereur Maximilien Ier lui-même et de deux princes-électeurs, et sa *Stéganographie* fut dédiée à l'un de ceux-ci, nommément à Philippe, comte du Palatinat et duc de Bavière[52]. Quant à ses autres écrits — il s'agit de quelque quatre-vingt-dix compilations et opuscules, pour ne pas compter ses nombreuses épîtres —, ils traitent de sujets divers[53]. Une place assez étendue est réservée à la sorcellerie et aux superstitions vulgaires — l'abbé se signalant par son zèle remarquable dans la lutte de l'Église contre la secte des *maleficae*. Il y a toutefois des raisons pour croire que l'activité de Trithémius se caractérisait par une certaine duplicité à l'égard de la sorcellerie. En effet, W.-E. Peuckert a observé que, dans son *Antipalus,* l'abbé n'hésite pas à recommander, contre les envoûtements, des remèdes traditionnels ne ressortissant pas moins au bagage de la magie médiévale[54]. Or, Trithémius est certainement l'un des plus grands érudits de l'occultisme au XVIe siècle. Loin de se limiter à l'étudier pour le combattre, en conformité avec sa fonction ecclésiastique, l'abbé était lui-même — une indiscrétion le révéla — un occultiste fort actif. Une analyse de ce qui reste de sa *Stéganographie* n'est pas faite pour infirmer cette hypothèse.

Ce ne sont pas seulement les débuts de la carrière de Trithémius, mais toute son activité qui, de l'aveu de l'abbé lui-même, relèvent d'une étroite collaboration avec des forces surnaturelles.

Né à Trittenheim le 1er février 1462, le futur abbé s'appelait Heidenberg (« de Monte gentili ») selon le père, qui mourut quand le fils avait l'âge d'un an. Sa mère se remaria et l'enfant a dû prendre, comme son frère, le nom du beau-père (Zell ou Cell), qu'il se refuse pourtant à porter, à cause des conflits permanents qu'il a, jusqu'à l'âge de quinze ans, avec le chef de sa famille. En effet, Johannes voulait étudier, tandis que le parâtre, dont les revenus assez modestes ne permettaient probablement pas de combler les désirs trop ambitieux de l'adolescent, essayait de le dissuader par des moyens qui ont dû souvent dépasser le stade de la réprimande purement verbale. A Johannes, il ne reste qu'à recourir aux moyens extrêmes de tous les opprimés : le jeûne et la prière. Un régime de mortifications très sévères lui vaut une vision nocturne qui ressemble d'assez près aux rêves rapportés par Dante dans sa *Vita Nova* : un jeune homme vêtu de blanc — vraisemblablement un ange — lui montre deux tables, l'une couverte de signes d'écriture, l'autre de figures peintes. Il lui enjoint : *Elige ex his duabus tabulis unam, quam volueris*, « choisis des deux tables celle que tu voudras ». On peut supposer qu'à choisir la table peinte Trithémius allait devenir un grand artiste de la mnémotechnique, comme Giordano Bruno. Mais il choisit la table portant des caractères d'écriture, et le jeune homme lui dit : *Ecce Deus orationes tuas exaudivit, dabitque tibi utrumque quod postulasti, et quidem plus, quam petere potuisti* (« Voilà que Dieu a exaucé tes prières et te donnera les deux choses que tu as demandées, et même plus que ce que tu as été en mesure d'exiger »)[55]. Son premier vœu était de connaître les Saintes Écritures, mais le deuxième n'a jamais été rendu public. Klaus Arnold doit pourtant avoir raison lorsqu'il suppose qu'il s'agissait « de connaître tout ce qui peut être connu au monde[56] », ce qui paraît confirmé par le projet de la *Stéganographie* ainsi que par sa soif inextinguible de connaissances, se traduisant par une intense activité bibliophilique.

Le lendemain de cette vision, il a l'occasion d'apprendre l'alphabet chez le fils d'un voisin. En un mois, il lit parfaitement l'allemand. Ayant remarqué ses efforts, son oncle paternel, Peter Heidenberg, lui paie des leçons chez le prêtre de Trittenheim, où il apprend, fort probablement, le latin. Plus tard il poursuit des études irrégulières à Trier, en Hollande, et, finalement, à Heidelberg. Il apprend le grec, mais n'obtient jamais un degré académique.

En janvier 1482, après avoir visité le couvent de Sponheim avec un ami, une tempête de neige oblige les deux jeunes hommes à s'y réfugier pendant une semaine, qui suffit à Johann Zell pour décider d'y rester. Il devient novice le

21 mars et fait sa profession le 21 novembre. Le 29 juillet 1483, à l'âge de vingt-trois ans, il est élu abbé de Sponheim. Cette carrière rapide a de quoi surprendre, d'autant plus que l'apologie de W.-E. Heidel ne nous révèle pas les vrais motifs de ce choix.

Sponheim était un des couvents les plus pauvres du Palatinat. Fui de tout le monde, peu avant la venue du jeune homme il n'avait que cinq occupants, qui devaient être parmi les moines les plus récalcitrants, attirés ici par la perspective d'une liberté sans contrainte, seule compensation à la pauvreté du lieu. Il ne faut pas s'étonner que le seul soin de chaque abbé fût celui de partir le plus tôt possible pour un monastère plus accueillant et plus prospère. C'est ce qui explique le calcul des moines qui s'empressent de choisir comme abbé le plus jeune d'entre eux, comptant sur son inexpérience pour poursuivre sans entrave leurs propres loisirs.

Trithémius ne perd son courage ni devant l'état déplorable des bâtiments, ni devant les dettes de ses prédécesseurs, ni devant la désobéissance manifeste des moines. Il s'avère un excellent administrateur et, jusqu'en 1491, il met de l'ordre dans les affaires de Sponheim. Après cette date, il entreprend même la reconstruction complète du monastère et ne recule pas devant le faste, décorant les parois de son appartement de quatrains composés par l'humaniste Konrad Celtis et par lui-même, les parois du réfectoire avec les armoiries des vingt-cinq abbés qui l'avaient précédé et ses propres armoiries, une grappe de raisin.

La nouvelle construction a de quoi étonner, mais son attraction principale est la bibliothèque, sans pareille au début du XVIe siècle. Trithémius achète ou échange des livres et des manuscrits rares et engage ses moines dans une activité fébrile de copistes et de relieurs. Si le monastère possédait, en 1483, quarante-huit volumes, il en possède mille six cent quarante-six lors de l'inventaire de 1502, pour arriver en 1505, avant le départ de l'abbé, à presque deux mille. Déjà en 1495, le compositeur hollandais Matthaeus Herbenus, recteur de Saint-Servatius de Maastricht, exprimait son étonnement devant la richesse de cette bibliothèque dans une lettre à Jodocus Beissel. Quelques années plus tard, Sponheim était devenu un lieu de pèlerinage obligatoire pour tous les humanistes de passage en Allemagne : « Comme, au début du XIXe siècle, aucun étranger de distinction ne manquait de rendre ses hommages à Goethe, à Weimar, ainsi était-il de bon ton en Allemagne, autour de 1500, d'avoir visité une fois Trithémius à Sponheim[57]. »

L'activité exténuante de copistes et de relieurs a dû faire s'élever des protestations parmi les moines, autant que les dépenses exorbitantes pour la bibliothèque[58]. Telles doivent être les raisons qui, à son regret, éloignèrent Trithémius pour toujours, en 1505, de son abbaye. Les mutins se choisirent un autre abbé, tandis que l'ancien devait se contenter, à partir de 1506, du petit couvent de Saint-Jacques à Würzbourg. La bibliothèque de Sponheim lui resta presque inaccessible (il ne la revisita que deux fois, en 1508 et 1515), mais le parti trithémien, qui fonctionnait encore, faiblement mais efficacement, sur le lieu de sa gloire passée, empêcha qu'elle ne fût détruite jusqu'à la mort de l'ancien abbé en 1516. Trithémius proposa lui-même de racheter les volumes en grec et en hébreu que les moines voulaient vendre, mais paraît avoir abandonné, à Würzbourg, l'idée d'aménager une bibliothèque comparable à celle de Sponheim. Il était assez malade, avait besoin de repos et, probablement, ne se sentait plus la force de donner au petit couvent de Saint-Jacques l'éclat de celui qu'il avait dû quitter.

Dans sa louange de sa fameuse bibliothèque, Trithémius lui-même nous donne quelques renseignements importants, dans un latin qui ne nécessite point de traduction : *Nec vidi in tota Germania, neque esse audivi tam raram, tamque mirandam Bibliothecam, licet plures viderim, in qua sit librorum tanta copia non vulgarium, neque communium, sed rarorum, abditorum, secretorum mirandorumque et talium, quales alibi vix reperiantur*[59]. D'autre part, il est sûr que l'abbé avait souvent jeu facile à acheter des livres rares dans les monastères bénédictins ou autres, dans le cas où « les moines qui les possédaient avaient peur que leur possession ne fût dangereuse à l'observance monastique[60] ». Le catalogue de la bibliothèque rédigé en 1502 s'est perdu du temps de l'abbé lui-même et aucune source ne nous permet de connaître tous les titres des livres et manuscrits qui s'y trouvaient. Cependant, il n'est point exclu que, parmi les écrits rares et « dangereux », fussent toutes sortes d'ouvrages d'occultisme. Lorsqu'il rédige son *Antipalus,* Trithémius nous donne une description, admirable par sa précision, d'une bonne quantité de livres « contraires à la foi ». Or, on sait que, justement, il avait revisité Sponheim en 1508, ce qui s'accorde très bien avec la date de l'*Antipalus* (10 octobre 1508). Il est bien possible que, pour rafraîchir ses connaissances d'occultisme, Trithémius se soit encore une fois servi de son inestimable bibliothèque. Si cette hypothèse est exacte, alors celle-ci contenait, entre autres, les ouvrages suivants, parfois selon plusieurs rédactions : *Les Clavicules de Salomon, Le Livre des Offices,* le *Picatrix,* le *Sepher Raziel,* le *Livre d'Hermès,* le *Livre des Puretés de Dieu,* le *Livre de la Perfection de Saturne,* un livre de démonomagie attribué à saint Cyprien, l'*Art calculatoire de Virgile,* le *Livre de Simon le Mage,* un traité de nécromancie attribué à Rupert de Lombardie, en plusieurs versions, un livre sur les sept climats attribué à Aristote, la *Fleur des fleurs,* le livre *Almadel* attribué à Salomon, le livre d'*Énoch,* un livre d'astromagie attribué à Marsala, *Les Quatre Anneaux de Salomon, Le Miroir de Joseph, Le Miroir d'Alexandre le Grand,* le *Livre des secrets d'Hermès d'Espagne,* un opuscule de magie composé par un certain Ganel, hongrois ou bulgare d'origine, un traité démonomagique de Michel Scot, deux traités de magie attribués à Albert le Grand, l'*Elucidarium* de Pierre d'Abano, le *Secret des philosophes,* le *Schemhamphoras,* le livre *Lamene* de Salomon, le livre anonyme *Sur la composition des noms et des caractères des esprits malins,* le traité démonomagique *Rubeus,* une autre pseudo-épigraphe attribuée à Albert, *Sur l'office des esprits* attribué à Salomon, *Les Liens des esprits,* les *Pentacles de Salomon,* plusieurs ouvrages attribués à Tozgrec, disciple de Salomon, dont le nom varie dans les transcriptions de Trithémius (Torzigeus, Totz Graecus, Tozigaeus, Thoczgraecus, etc.), d'autres livres attribués à Mahomet, à Hermès, à Ptolémée, des ouvrages d'auteurs arabes, occidentaux ou anonymes, etc.[61]

Trithémius avait lu, en 1508, tous ces opuscules, dont il résume la matière en quelques traits fort précis. Dans la plupart des cas, il s'agit des sept esprits planétaires, de leurs physionomies, de leurs noms, des caractères qui servent pour les invoquer. D'autres, comme le *Speculum Joseph* — dont l'incipit sonne : *Si cupis videre omnia* (Si tu as envie de voir toute chose) — contiennent des recettes de catoptromancie ou divination « par le miroir personnel ». Le livre attribué à Michel Scot, un des grands traducteurs de l'arabe au XIIIe siècle, dont la tradition fit un redoutable magicien, enseigne la manière dont on peut se procurer un esprit familier. Le livre *Lamene* ou *Lamem* de Salomon s'occupe de la divination de l'avenir par l'intermédiaire des démons, etc.

On pourrait, sans doute, s'imaginer Trithémius comme une espèce de Sir James Frazer du XVIᵉ siècle, qui se fit une érudition extraordinaire concernant les superstitions populaires ou doctes, dans le seul but de dénoncer leur inanité. Cependant, il est sûr que l'abbé ne se limita pas à démasquer la magie, mais qu'il l'exerça lui-même, tout en protestant à chaque occasion de son innocence.

Le jour suivant le dimanche des Rameaux de l'an 1499, Trithémius envoya une lettre à son ami Arnoldus Bostius, un carmélitain de Gand, chef d'une « Fraternité de Joachim » fondée vers 1497, dont le but était de défendre l'idée de la conception immaculée de sainte Anne et qui comptait l'abbé de Sponheim parmi ses membres les plus fidèles, à côté de Sébastien Brant et d'autres. Malheureusement, lorsque la lettre arriva à Gand — peu après Pâques —, Bostius était déjà parti pour un monde meilleur et le prieur de son couvent se crut autorisé à lire le message de Trithémius et même à le montrer aux curieux. Ce fut là le début de la légende du sorcier Trithémius.

En fait, la lettre était plus sensationnelle que compromettante. Trithémius annonçait à son ami le projet déjà définitif d'un ouvrage dont le premier livre s'intitulerait *Stéganographie* (aujourd'hui on dirait cryptographie), « qui, lorsqu'il sera publié, produira de l'étonnement dans tout le monde ». Cette première ébauche contenait quatre livres (non pas cinq, comme le croit K. Arnold), dont les deux premiers s'occupaient de cryptographie et d'écritures à l'encaustique, le troisième d'une méthode accélérée pour apprendre une langue étrangère et le quatrième d'autres procédés cryptosémantiques ainsi que de sujets occultes « qu'on ne peut pas proférer en public[62] ». Certes, Trithémius affirme que rien de ce qu'il professe n'est transnaturel, mais, à l'entendre se vanter que d'après sa méthode un roturier pourrait *en deux heures* maîtriser le latin, on est tenté de soupçonner que cela est impossible, sauf intervention d'un esprit fort puissant. Cet Art stéganographique était parvenu à son auteur par révélation nocturne et complétait, probablement, la promesse que les entités surnaturelles lui avaient faite à l'âge de quinze ans : « connaître tout ce qu'il y a au monde », non pas dans un sens indirect (accumuler des connaissances livresques sur toutes choses), mais dans le sens le plus direct possible : celui de savoir, à chaque moment, tout ce qui arrive ailleurs, et peut-être même dans l'avenir.

Plus tard, Trithémius eut l'imprudence de montrer le manuscrit incomplet de la *Stéganographie* au Picard Charles Bouelles, qui lui rendit, en 1504, une visite de courtoisie de deux semaines. Bouelles feuilleta le manuscrit pendant deux heures et s'en fit une opinion fort défavorable, qu'il communiqua à Germain de Ganay, évêque de Cahors, dans une lettre datée, selon K. Arnold, du 8 mars 1509[63] (Peuckert la date de 1506). Selon Bouelles, la *Stéganographie* n'était qu'un abominable fatras de conjurations démoniques. Ces accusations rendues publiques, l'abbé dut s'en défendre dans un écrit aujourd'hui perdu, mais dont les accents amers se retrouvent dans la préface à sa *Polygraphie* dédiée à l'empereur Maximilien[64]. Il n'empêche qu'il ne se décida jamais à livrer la *Stéganographie* à l'imprimerie et même, d'après certaines informations, qu'il en brûla le manuscrit à Heidelberg, ce qui pourrait, en effet, concerner la dernière partie de cet ouvrage incomplet.

Pour comprendre les deux premiers livres de la *Stéganographie,* que Bouelles avait feuilletés, il faut disposer de temps et de perspicacité. Or, Bouelles ne put, en deux heures, que se faire une idée fort éloignée de la vérité. Cette première partie de l'ouvrage est un *ludibrium,* une farce dont l'intention est d'induire en erreur le lecteur, sans quoi tout le monde pourrait disposer des clés de la cryptographie et personne ne pourrait plus s'en servir en sûreté. Si le temps fit défaut à Bouelles, c'est la perspicacité qui manqua au médecin Johannes Wier, disciple d'Agrippa, qui eut tout le loisir d'en lire le manuscrit chez ce dernier. Sans rien y comprendre, Wier se rallia aux accusations de Bouelles et consacra à Trithémius un chapitre fort méchant de son célèbre livre *De Praestigiis Daemonum*[65]. L'érudit jésuite Del Rio s'empara de cette version et son autorité suffit pour inclure la *Stéganographie,* dès 1609, dans l'*Index librorum prohibitorum.* Mais, après la première édition de 1606, les défenses s'ensuivirent : il suffira de citer ici celles d'Adam Tanner[66], de l'abbé Sigismond Dullinger de Seeon[67], de Gustav Selenus[68], de Juan Caramuel y Lobkowitz[69], de Jean d'Espières[70], enfin celles d'Athanasius Kircher[71], de W.-E. Heidel[72] et de Gaspar Schott[73]. Parmi celles-ci, les plus intéressantes sont, sans aucun doute, celles de Jean Caramuel et de Wolfgang Ernest Heidel.

Caramuel est le premier interprète sérieux de la cryptographie trithémienne, qu'il reconnaît en tant que telle et décharge de toute accusation d'être une démonomagie. Caramuel signale que les « conjurations » démoniques ne sont que des textes chiffrés, tandis que les noms des démons représentent le code des messages respectifs.

Caramuel n'avait analysé que le premier livre de la *Stéganographie*. W.E. Heidel, qui contredit souvent, et qui dépasse, son prédécesseur, applique cette méthode aux deux premiers livres, reconnaissant, d'ailleurs, que ce qu'il reste du troisième contient des procédés d'un ordre tout à fait différent.

Le premier livre de la *Stéganographie,* terminé le 27 mars 1500, présente au lecteur plusieurs manières de chiffrer un message d'apparence incongrue. D'après le nom démonique en tête du message, le récepteur saura détecter le code, ce qui signifie écarter toutes les lettres qui n'ont aucune signification et sélectionner celles qui en ont une. Voici, par exemple, une « conjuration démonique » où il ne faut lire que les lettres paires des mots pairs, c'est-à-dire les lettres qui occupent les places 2, 4, 6, etc. dans des mots situés également aux places 2, 4, 6, etc. :

parmesiel oShUrMi delmuson ThAfLoIn peano ChArUsTrEa melani LiAmUmTo colchan PaRoIs madin MoErLaI bulre aTlEoR don mElCoUe peloin, IbUtSiL meon mIsBrEaTh alini DrIaCo person. TrIsOlNaI lemom aSoSlE midar iCoRiEl pean ThAlMo, asophiel IlNoTrEoN baniel oCrImOs estenor NaElMa besrona ThUlAoMoR fronian bElDoDrAiN bon oTaLmEsGo merofas ElNaThIn bosramoth.

Il suffit d'en extraire les lettres significatives et de les segmenter pour obtenir le message suivant :

SUM TALI CAUTELA UT PRIME LITERE CUIUSLIBET DICTIONIS SECRETAM INTENCIONEM TUAM REDDANT LEGENTI.

Le deuxième livre, terminé un mois plus tard, contient vingt-quatre séries de permutations alphabétiques, organisées selon les « esprits » qui règnent sur les vingt-quatre heures du jour et de la nuit. Bien entendu, les esprits n'y entrent pour rien et les permutations s'effectuent d'après une règle très simple, qui consiste à faire glisser deux séries alphabétiques l'une à côté de l'autre, la première restant fixe :

A
B = A
C = B
etc.

De cette manière, B = A, C = B, etc., jusqu'à A = Z. Bien entendu, les vingt-quatre permutations ne sont pas les seules possibles.

Le 21 mars 1508, Trithémius termine sa *Polygraphie,* qui sera dédiée à l'empereur Maximilien le 8 juin de la même année. Il s'agit d'une œuvre de cryptographie et de sténographie, qui contient, cette fois-ci, trois cent quatre-vingt-quatre séries alphabétiques, dans lesquelles à chaque lettre est substitué un mot latin. Trithémius ne fait qu'exploiter ici jusqu'aux dernières conséquences une méthode qu'il avait déjà exposée dans la *Stéganographie*. Le texte codé a la forme inoffensive d'une longue prière en latin. En substituant à chaque mot une lettre, on obtient le vrai message chiffré. La *Polygraphie* suscita l'intérêt du public : à preuve, elle fut traduite en français dès 1561 par Gabriel de Collange. Ce que l'abbé Trithémius ne savait pas, c'est que la curie romaine avait depuis longtemps chargé Leon Battista Alberti de lui fournir un traité de cryptographie et que l'humaniste florentin s'en était acquitté depuis 1472.

L'idée des permutations circulaires des lettres de l'alphabet provient des exercices de kabbale chrétienne qui remontent déjà à Raymond Lulle. Sous le nom d'*Ars inveniendi* ou d'*Ars combinatoria,* celui-ci avait composé des figures consistant en deux ou plusieurs cercles superposés et mobiles, par le déplacement desquels on pouvait obtenir toutes les substitutions alphabétiques que l'on voulait. On voit encore ces figures, souvent assez compliquées, dans les commentaires de Giordano Bruno. La cryptographie trithémienne ne fait, au fond, qu'exploiter l'aspect « profane » de cette méthode de combinaison kabbalistique — une sorte de *gématrie* chrétienne.

Sans mériter le titre absolu de « père de la cryptographie », Trithémius doit être considéré, néanmoins, comme le « père de la cryptographie moderne », en tant qu'auteur du premier ouvrage d'importance capitale sur ce terrain[74].

Pour revenir à la *Stéganographie* : ses deux premiers livres sont loin de contenir quelque conjuration démonique que ce soit, et les noms d'esprits sont, comme Heidel l'a très bien vu, *ficta et pro beneplacito assumpta,* fictifs et arbitraires[75]. Il s'agit, au fond, d'une farce, dont le but est de confondre le public, pour que la cryptographie, dévoilée et divulguée, ne perde pas de son efficacité. Si tout le monde est capable de lire un message codé, autant vaut renoncer aux bénéfices de cet art. Trithémius a d'ailleurs brillamment réussi dans son intention : à l'exception de Caramuel et d'Heidel, les auteurs anciens, ainsi que la plupart de leurs confrères modernes, ont continué de voir, dans la *Stéganographie,* un des ouvrages les plus abstrus de kabbale et d'occultisme pratique.

Quiconque s'est penché avec une certaine curiosité sur les deux premiers livres de la *Stéganographie* ne pourra que donner raison à Caramuel et à Heidel. Mais la partie la plus intéressante de cette œuvre unique reste, sans doute, le fragment du troisième livre, qui, lui, n'admet plus du tout cette interprétation, brillante autant que véridique et inoffensive.

*
**

Trithémius a eu beaucoup d'apologètes, dont l'incapacité de comprendre le fragment du dernier livre de la *Stéganographie* est tout à fait explicable. Ce n'est qu'avec gêne qu'ils en parlent, ne reculant pas devant les hypothèses les moins vraisemblables pour justifier son existence. Ainsi, récemment, Klaus Arnold — qui, par ailleurs, s'avère un excellent biographe de Trithémius : « Le troisième livre reste incomplet, soit parce que son auteur ne devint jamais maître de ses intentions d'envoyer des messages sans caractères et sans messager, voulant cacher [cet échec] par des indications fragmentaires autant qu'obscures, soit parce que — bien que cela soit peu vraisemblable — cette partie [de son ouvrage] n'est plus à considérer comme authentique[76]. » Comme représentant de cette dernière hypothèse, Arnold cite le savant anglais D.P. Walker, qui pourtant ne l'a jamais formulée. Et comment eût-il pu le faire quand Agrippa, qui avait rencontré Trithémius, nous assure qu'il a pratiqué cette méthode, *et que cette méthode fonctionnait* ? Nous reviendrons par la suite sur son témoignage. Pour le moment, il suffit de conclure que les cinq lignes qu'Arnold consacre à la partie magique de la *Stéganographie* ne contiennent pas moins de trois inexactitudes : personne n'a osé prétendre — et d'autant moins D.P. Walker, qui est un spécialiste de la magie — que Trithémius n'était pas l'auteur de cette méthode bizarre ; la raison pour laquelle le troisième livre resta incomplet ne saurait être attribuée à l'inefficacité de ses recettes puisque, au dire d'Agrippa, elles étaient infaillibles ; les indications de Trithémius sont, peut-être, choquantes, mais pas du tout obscures, et leur caractère fragmentaire n'est dû qu'à la rédaction incomplète de l'ouvrage, *à l'état où Trithémius lui-même l'a laissé circuler.*

Que le lecteur s'en fasse lui-même une idée.

Dans un écrit de 1508, intitulé *De septem secundeis* ou *Chronologia mystica*[77], Trithémius dévoile à l'empereur Maximilien les secrets de l'univers. L'abbé prétend, dans un esprit fort ficinien, que Dieu gouverne le cosmos à travers sept « intelligences secondes » (*intelligentiae sive spiritus orbes post Deum moventes*), qui ne sont rien d'autre que les esprits planétaires : Orifiel, ange de Saturne, Anael, ange de Vénus, Zachariel, ange de Jupiter, Raphael, ange de Mercure, Samael, ange de Mars, Gabriel, ange de la Lune, et Michael, ange du Soleil. C'est à partir de la même doctrine que se précise le sens du troisième livre de la *Stéganographie*, à cette différence près que les esprits reçoivent ici une identité plus marquée. En effet, on peut les invoquer en traçant leur physionomie et en y ajoutant des formules. Le procédé rappelle l'art des emblèmes et présente des analogies frappantes avec la mnémotechnique, sauf que, dans notre cas, le magicien se transforme en peintre dans le sens le plus concret de ce mot : il doit modeler en cire ou tracer sur une feuille de papier une figure qui est censée représenter un ange planétaire, doué de ses attributs. Cette *invention* de l'esprit est également censée *invoquer* sa présence, lui soumettre une tâche qui, dans le cas en question, se rapporte à la communication à distance.

D'autres connaissances sont requises : les figures et les noms de tous les esprits représentent les entités zodiacales et, également, un calcul astrologique[78]. Supposons que l'opérateur veut envoyer un message à distance par l'intermédiaire d'Oriphiel, l'ange de Saturne. Voici ce qu'il doit faire :

« Fais une image en cire ou trace sur une feuille de papier

vierge la figure d'Orifiel sous la forme d'un homme barbu et nu, debout sur un taureau de diverses couleurs, ayant dans la main droite un livre et dans la main gauche une plume. Après avoir fait cela, dis : Que cette image du grand Orifiel soit intègre, parfaite et apte à transmettre le secret de mes pensées d'une manière sûre, fidèle et complète à mon ami N., fils de N. Amen. [Ici il faut exécuter une autre image, représentant le destinataire.] Écris sur le front ton nom avec une encaustique faite d'huile de roses diluée [*temperato*] et sur sa poitrine le nom de ton ami absent, en disant : Celle-ci est l'image de N. fils de N., auquel il faut que le dessein conçu par mes pensées soit annoncé par l'ange de Saturne Orifiel. Amen. Écris sur le front de l'image MENDRION et sur sa poitrine THROESDE et puis conjoins les deux images, en disant : Au nom du Père, du Fils et du Saint-Esprit, Amen. Écoute-moi Orifiel, prince de l'étoile de Saturne : par la vertu de Dieu tout-puissant, obéis-moi. Je t'ordonne et je t'envoie, par la faculté de cette image, transmettre à N. fils de N. le message suivant [qu'on formule ce message], de manière sûre, secrète et fidèle, sans rien omettre de ce que je veux qu'il sache et de ce que je t'ai donné en consigne. Au nom du Père, du Fils et du Saint-Esprit, Amen. Après cela, enveloppe ces deux images conjointes dans une pièce d'étoffe propre, lavée à l'eau blanche, et place-les dans un de ces récipients que les sages indiens appellent *pharnat alronda*. Couvre tout cela patiemment d'écorce rasée et mets le tout à l'entrée d'une maison fermée, où tu voudras. [C'est la traduction littérale du passage ; à vrai dire, on s'attendrait à voir l'opérateur enfouir le récipient sous le pas de sa porte.] Sans aucune hésitation, ton désir sera accompli dans l'espace de vingt-quatre heures. »

L'esprit pourra être également utilisé par le destinataire pour envoyer un message en sens inverse. « Après vingt-quatre heures, retire les images du lieu où tu les avais placées et mets-les de côté, car tu pourras t'en servir pour opérer par l'intermédiaire d'Orifiel à tout moment, non pas seulement pour transmettre des messages au même ami, mais à n'importe qui, n'ayant modifié que le nom de l'ami [...][79]. »

Par cette méthode, les présences surnaturelles avaient révélé à Trithémius, en rêve, ce qui avait dû être le désir le plus intime de son cœur : savoir tout ce qui arrive dans le monde.

Il le dit lui-même, *se servant de lettres majuscules,* sur l'avant-dernière page de ce qui nous reste de sa *Stéganographie :*

ET OMNIA, QUAE FIUNT IN MUNDO, CONSTELLATIONE OBSERVATA PER HANC ARTEM SCIRE POTERIS.

Dans les tout derniers passages du fragment du troisième livre, Trithémius nous informe que, par des procédés similaires, il est possible d'apprendre tout sur n'importe qui. Pourquoi s'arrête-t-il là ?

L'hypothèse la plus plausible est que, par la coopération des puissants démons planétaires, Trithémius se croyait également capable de prévoir les événements futurs. Or, c'est encore une fois Paul Grillandi qui nous fournit une explication indirecte de la raison pour laquelle Trithémius ne termina jamais ce troisième livre, ou — ce qui est encore plus probable — pourquoi il brûla à Heidelberg toute la suite de sa *Stéganographie.* Selon Grillandi[80], toutes les opérations magiques qui invoquent l'aide d'un démon *ad modum imperii* ne sont pas hérétiques, elles ne sont que sacrilèges. Par contre, la divination de l'avenir *est toujours hérétique.* Des distinctions de cette sorte devaient déjà circuler du temps de Trithémius et celui-ci, en expert de l'occultisme, ne devait point les ignorer. Pour ne pas tomber dans le péché d'hérésie, il détruisit la dernière partie du manuscrit autographe de la *Stéganographie,* qui devait, logiquement, avoir trait à la divination. Mais il ne se résigna pas à en détruire cette partie que, pour être sacrilège, il ne considérait pas moins comme une des méthodes les plus utiles de communication à distance. Cela explique d'ailleurs fort bien pourquoi la *Stéganographie* figura, de 1609 jusqu'au XIXe siècle, dans l'*Index librorum prohibitorum*[81].

Le lecteur est appelé à expérimenter lui-même la méthode de Trithémius, pour juger de son efficacité. En mentant quelque peu sur le caractère « naturel » de cette opération, Agrippa n'en vantait pas moins les mérites : « Il est possible de manière naturelle, loin de toute superstition et sans l'intercession d'aucun esprit, qu'un homme transmette le dessein de ses pensées à un autre homme, à n'importe quelle distance et où qu'il se trouve, en un temps fort bref. On ne peut pas mesurer avec précision ce temps, mais il est sûr que tout cela a lieu dans l'espace de vingt-quatre heures. Moi-même je savais faire cela et je l'ai fait souvent. L'abbé

Trithémius le savait également et l'a fait naguère » (*Occ. phil.*, I, 6, p. ix).

Il y a, hélas, des raisons bien fondées pour douter de cette affirmation péremptoire d'Agrippa. A lire les messages désespérés que celui-ci adresse si souvent à des correspondants qui ne s'empressent pas de répondre, on se demande parfois pourquoi notre occultiste n'emploie pas la méthode infaillible de Trithémius. Qu'Agrippa ne sût obtenir le secours aimable d'aucun esprit, ce sont maints épisodes de sa biographie qui nous le montrent. Au contraire, pour découvrir la raison de sa disgrâce auprès de Louise de Savoie, il n'hésite pas à recourir aux sorts bibliques (qui lui en révèlent, d'ailleurs, la cause), ce dont il aurait pu se dispenser, eût-il bénéficié de l'assistance d'un puissant démon planétaire[82].

L'indication d'Agrippa est toutefois précieuse, car elle confirme l'authenticité de la méthode trithémienne. Quant à son efficacité, une lettre qu'Agrippa adressa le 19 novembre 1527 au frère Aurelio d'Aquapendente paraît justifier un certain scepticisme de la part de ses lecteurs modernes :

« Humble mortel, avoue Agrippa, consacré chevalier dans le sang des combats, homme de cour pendant une vie presque entière, attaché par les liens de la chair à une épouse aimée, jouet des caprices de la fortune, esclave du monde et des soins domestiques, je ne pouvais prétendre aux dons sublimes des dieux immortels. Je n'en possède rien. Je m'offre seulement comme une sentinelle posée devant la porte pour indiquer aux autres le chemin [*velut indicem qui ipse semper prae foribus manens*][83]. » (Voir Appendices VIII et IX, p. 351 sq.).

TROISIÈME PARTIE

FIN DE PARTIE

La Renaissance est une renaissance des « sciences occultes » et non, comme on le dit quotidiennement dans les écoles, la résurrection de la philologie classique et d'un vocabulaire oublié. Loin de là, l'enjeu de sa lutte passionnée fut de rendre vie à des « sciences » mortes ou tombées dans l'oubli à cause du rationalisme scolastique. Comprendre les mots « Réformation » et « Renaissance » à partir de la philologie et peut-être de la technique artistique, et nier toutes les forces invisibles qui éclatent sous les apparences, c'est priver ces mots de leur sens interne.

(W.-E. Peuckert.)

CHAPITRE VIII

1484

1. Une mouche aptère

Est-il possible de comprendre les causes de la Seconde Guerre mondiale sans rien savoir de l'idéologie du national-socialisme allemand ? Certes, il y a des historiens qui ne voient rien au-delà des mobiles économiques. Et pourtant, suffisent-ils, ces mobiles, pour expliquer pourquoi l'Allemagne ne fut pas satisfaite par une expansion modérée en Europe centrale et en Afrique ? Les mêmes historiens observent que l'Allemagne ne pouvait point se déclarer contente de la distribution des colonies après la Première Guerre mondiale ; mais alors, pourquoi n'attaqua-t-elle pas les colonies des pays plus riches, pour les annexer ? Il arrive justement que le point de vue économique *à lui seul* est celui qui éclaire le moins les causes de la seconde guerre. Si les buts poursuivis par l'Allemagne nazie n'avaient été que d'ordre économique et stratégique, la guerre aurait eu, dès le début, une tout autre tournure.

La même observation paraît s'appliquer à la Révolution française. Dans une lettre célèbre, Frédéric Engels en cherchait les causes dans la pauvreté des masses et dans la mauvaise distribution de la richesse nationale. Or, il paraît que la France n'avait jamais connu une prospérité plus générale que celle qui précéda l'année 1789 et, même si cette donnée était vraiment discutable, il n'en reste pas moins que la révolution fut organisée par des intellectuels et que ses buts, avant d'être d'ordre économique, étaient idéologiques. En effet, elle devait être une *renovatio* d'ordre religieux, avec des implications dans tous les domaines de l'existence sociale ; autrement, on s'expliquerait mal le culte de l'Être suprême et de la déesse Raison, ainsi que ces étranges modifications du calendrier, des formules de salut, etc., qui marquaient l'avènement d'une nouvelle ère. Tout cela est, en grande partie, valable pour la révolution soviétique. N'oublions pas que les Russes n'avaient point connu de « révolution bourgeoise » et que celle-ci arrivait, en Russie, avec une lenteur caractéristique. Les signes de la *renovatio* soviétique s'inspiraient, dans une large mesure, de la *renovatio* française de 1789.

L'historien a trop souvent tendance à donner aux « faits », aux chronologies des événements, une importance capitale, oubliant que les causes de ces « faits » sont fort complexes et ne se réduisent point à un dénominateur de nature économique.

Nous n'avons pas l'intention de reprendre ici ce que nous avons exposé ailleurs avec plus de détails[1]. Ce qui constitue maintenant le centre de notre investigation, c'est l'essor de la science moderne. Or, ayant constaté que la science moderne présuppose une mentalité fort différente de celle qui présidait aux « sciences » de la Renaissance, l'historien des idées a non seulement le droit, mais le devoir de s'interroger sur *les causes qui ont produit ce changement énorme de l'imagination humaine,* qui a porté à la transformation des méthodes et des buts des sciences de la nature.

Il y a, bien entendu, quantité de réponses superficielles à cette question fondamentale de l'histoire de notre culture. Sans le perfectionnement de la lunette astronomique, dit-on, Galilée n'aurait pas pu contribuer à une image plus exacte du système solaire. N'empêche que, sans se servir d'aucun instrument optique, Copernic avait depuis longtemps envisagé un univers héliocentrique (ou héliostatique), suivant un modèle pythagoricien. Et, bien avant Copernic, Nicolas de Cues avait postulé, à partir d'idées empruntées à sa métaphysique personnelle, l'infinitude de l'univers. Cela démontre sans aucun effort que les perfectionnements de la technique n'ont joué qu'un rôle marginal dans la formation de l'esprit scientifique moderne.

Une autre hypothèse, également superficielle, affirme que les sciences de la Renaissance avaient pleinement démontré qu'elles étaient dépourvues de « valeur d'usage ». Il était normal qu'elles fussent remplacées par des sciences dont les résultats d'ordre pratique — la technologie moderne — s'imposaient à tout le monde par leur « valeur d'usage ». Le postulat de cette thèse est que leur méthode même condamnait à l'échec les sciences de la Renaissance, comme l'astrologie, la médecine, l'alchimie et la magie. On ne saurait nier que, dans des cas particuliers assez nombreux, ces « sciences » avaient enregistré des échecs. Néanmoins, il n'y a absolument aucune raison pour douter de la confiance générale qu'elles inspiraient de leur temps.

L'astrologie n'était pas infaillible, mais beaucoup de ses prédictions s'étaient révélées plus ou moins correctes ou on les avait ajustées, après coup, de telle façon qu'elles semblassent se rapporter à des événements récents. De même que les échecs individuels étaient loin de faire baisser le crédit d'un astrologue, ses prédictions exactes ou approximatives étaient susceptibles de lui créer une réputation imméritée. Vérité ou légende, l'astrologue anglais John d'Eschenden prétend avoir prévu l'épidémie de peste de 1347-1348, l'astrologue allemand Lichtenberger la naissance et l'activité de Luther et un autre astrologue du XVIe siècle, Carion, auquel on attribue quantité d'échecs, paraît avoir prédit exactement la Révolution française de 1789... Loin d'être une science en déclin, l'astrologie du XVIe siècle inspirait une confiance générale qui devait dépasser de loin sa valeur *réelle* à l'usage. Cependant, ce n'est qu'*a posteriori* qu'on peut contrôler cela ; pour les gens de la Renaissance, la valeur relative à l'usage de l'astrologie était tout aussi élevée que celle que nous attribuons, de nos jours, à la théorie de la radioactivité ou de la relativité.

Quant à la médecine astrologique — une science fort compliquée et rigoureuse —, elle n'était peut-être fondée que sur des prémisses infantiles, mais ses remèdes naturels devaient s'avérer, en certains cas, efficaces, ce qui implique que sa valeur relative à l'usage ne devait pas être inférieure à celle de l'astrologie. Les médecins eux-mêmes n'ayant aucune raison de mépriser leurs propres connaissances théoriques et pratiques, il n'y a pas lieu de douter qu'ils avaient la même assurance et le même aplomb que leurs confrères modernes, ce qui, dans les cas les moins graves, devait suffire pour guérir les patients. Quant à ceux-ci, ils étaient, dans la plupart des cas, si ignorants que peu leur importaient les méthodes du médecin, pourvu qu'ils aient en lui une confiance d'ordre personnel. La situation n'est, aujourd'hui, que fort peu changée de ce point de vue et, si tous nos docteurs étaient remplacés, par miracle, par des iatromathématiciens ou des iatrochimistes, la plupart des malades ne s'en apercevraient même pas.

L'alchimie, parmi les sciences de la Renaissance, est celle qui a enregistré les échecs les plus constants. Cependant, puisqu'elle avait un rôle important à jouer dans les remèdes de la iatrochimie, et même dans ceux de la médecine astrologique, on ne saurait lui dénier toute valeur d'usage. Dans la mesure où elle était intimement liée à des sciences dont très peu de gens niaient l'efficacité, l'alchimie n'avait aucune raison de se croire menacée dans ses fondements. Le nombre très élevé de charlatans l'a, bien sûr, discréditée ; mais les pratiques alchimiques de Newton nous démontrent qu'elle n'avait pas cessé de susciter l'intérêt des esprits les plus éclairés du XVIIe siècle. Quelques historiens des sciences se demandent encore pourquoi, si l'alchimie constituait la préoccupation fondamentale de Newton, celui-ci a publié tout, sauf les matériaux qui ont trait à ses expériences alchimiques[2]. La réponse est si simple qu'on s'étonne qu'elle soit si systématiquement évitée ou contournée : Newton vivait à une époque qui se caractérisait par le triomphe du puritanisme sur le plan politique. Or, le puritanisme abhorrait les sciences occultes, puisqu'elles n'étaient pas conformes à l'esprit de la Bible. Newton n'a pas rendu publiques ses expériences d'alchimie, puisqu'il avait la tête sur les épaules et qu'il préférait qu'elle y restât. De même, son proverbial silence n'est point le signe d'un trait personnel de caractère, mais d'une prudence que les circonstances d'alors lui imposaient. Car les contraintes psychologiques et même physiques qu'exerça la réforme de l'Église — du côté protestant comme du côté catholique — ne furent que de peu inférieures à celles exercées par la Révolution française à son apogée ou — *mutatis mutandis* — par la révolution soviétique.

Pour ce qui concerne la magie, il n'y a aucun doute que sa valeur relative à l'usage fut, du temps de la Renaissance, aussi grande que celle de l'astrologie. N'oublions pas que, sous l'étiquette de « magie naturelle », circulaient des connaissances techniques très variées — de la fabrication des couleurs animales et végétales jusqu'à la pyrotechnique et aux procédés optiques —, ainsi que des procédés théurgiques et médicaux, des méthodes de cryptographie, de sténographie et de télécommunication ; sans oublier des techniques de manipulation de l'individu et des masses qui n'ont trouvé leur pleine application que de nos jours. Quant à l'Art de la mémoire, celui-ci fonctionnait si bien qu'on s'étonne qu'il soit tombé en désuétude au cours du XVIIe siècle.

Il est tout à fait évident que les sciences de la Renaissance, quelle que fût leur valeur *réelle,* ne manquaient pas du tout de valeur *relative* à l'usage. Tous les témoignages contraires des contemporains sont, pour la plupart, suspects, puisqu'ils proviennent d'écrivains qui veulent obtenir un effet facile sur leur public. Giordano Bruno, qui y croyait fermement, n'hésitait pas à satiriser, dans sa comédie *Il Candelaio,* la théorie ficinienne de l'esprit ; mais il l'avait mise dans la bouche d'un charlatan sans scrupules. Les conclusions qu'on a tirées de passages de ce genre empruntés aux écrivains italiens[3] n'ont aucune pertinence : c'est comme si l'on jugeait de la personnalité de Socrate seulement d'après le théâtre d'Aristophane. Tout compte fait, les minorités qui se délectaient, au temps de la Renaissance, des satires des sciences contemporaines devaient être beaucoup moins nombreuses et puissantes que les groupes organisés qui, de nos jours, protestent contre l'usage de la technologie moderne.

Un autre domaine dans lequel on se fait une image très fausse de la Renaissance est celui de l'enseignement et de la transmission des connaissances. Or, il y avait en ces temps-là des universités fort célèbres et fières de leurs traditions, qui émettaient des diplômes valables. Ceux-ci conditionnaient l'exercice d'une profession à tel point qu'on voit Agrippa de Nettesheim s'attribuer des titres qu'il ne possédait pas pour occuper un poste où, même en présence d'un privilège royal qui semblait l'en exonérer, il en avait absolument besoin. Il n'y a aucun doute, un diplôme issu de la Sorbonne ou de l'université de Padoue représentait une garantie, car ces hautes institutions avaient la réputation de transmettre des connaissances infaillibles, dont il serait oiseux de contester la valeur *relative* à l'usage dans un contexte social donné, comme il serait oiseux de contester aux diplômes eux-mêmes leur valeur, *absolue* cette fois-ci, à l'usage.

L'erreur de principe que font la plupart des historiens de la culture revient, au fond, à nier la validité, *aujourd'hui,* de ces connaissances et de ces diplômes. Or, il est bien évident qu'aucune université au monde n'accepterait de donner la chaire de physique théorique ou de sémiologie médicale à un diplômé de la Sorbonne de 1500. Mais cet étrange raisonnement ne doit pas porter à la conviction que, puisque les connaissances d'un diplômé de 1500 sont refusées de notre temps, elles l'étaient également de ses contemporains — sans compter le fait qu'il y a des disciplines humanistes où l'on pourrait avoir plus de confiance dans un diplôme du xvie siècle que dans un de 1980.

La société de la Renaissance ne présente que peu de symptômes de décadence : elle n'est pas « en crise », elle ne nourrit que des doutes fort superficiels sur ses propres institutions et vérités d'ordre idéologique et pratique. L'hypothèse du défaut de « valeur d'usage » des sciences renaissantes doit être écartée. Elle ne représente qu'une explication *a posteriori* de la transformation de l'esprit scientifique et, en tant que telle, elle est dépourvue de toute vraisemblance.

Par contre, si l'on veut comprendre quelque chose à cette énigme de l'histoire qu'est l'apparition de la science moderne — qui surgit justement alors qu'*on n'en avait pas besoin* —, il faut pénétrer d'abord au cœur des sciences mêmes de la Renaissance, dont l'astrologie, à cause de son degré d'universalité, était la plus importante (la magie, la médecine et même l'alchimie peuvent être envisagées, en un certain sens, comme des disciplines astrologiques). Un autre facteur fondamental dans l'ensemble de l'idéologie de la Renaissance est constitué par la doctrine chrétienne et par l'institution de l'Église, qui n'accepte jamais complètement le message de la « science » : la vérité révélée prime sur toute vérité temporelle, qui ne peut avoir qu'un caractère relatif par rapport à la première.

La science moderne sort d'une interaction de forces idéologiques fort complexe, par un processus qui ressemble fortement à la sélection naturelle des espèces. Or, on sait que celle-ci n'est pas déterminée par une loi providentielle, mais par les accidents de l'ambiance, ces accidents que J. Monod a appelés, peut-être à tort, « hasard ».

Quelle chance une mouche aptère a-t-elle de se procurer de la nourriture dans notre climat ? Aucune, parce que, ne disposant pas d'un moyen de déplacement rapide, ni d'un abri sûr comme les vers souterrains, elle sera la proie facile des oiseaux. Ce mutant génétique sera éliminé par sélection naturelle. Et pourtant, c'est la même sélection qui, dans une île fort venteuse de l'archipel des Galapagos, a complètement détruit la race « normale » des mouches pourvues d'ailes, qui n'ont aucune chance de lutter contre le vent. Seules les mouches aptères ont été épargnées, puisqu'elles se déplacent sur le sol et que les oiseaux, pour la même raison citée avant, ont de la peine à les attraper.

Une mouche aptère est, par définition, une mouche « malade », cette mutation devant lui enlever la faculté de survivre. Et pourtant, en une certaine niche écologique, il n'y a que ces mutations, ces produits aberrants de la nature, qui ont la chance de se préserver.

C'est exactement ce qui arriva à l'esprit scientifique moderne, à l'esprit d'expérimentation qui renonce aux grands postulats pour ne construire que des raisonnements inductifs. Ce ne fut pas l'oiseau de paradis dont la Providence ou les lois (inexistantes) de l'histoire triomphale de l'esprit hégélien accouchèrent tout à coup pour remplacer les sciences, sans valeur et désormais sans attrait, de la Renaissance. Au contraire : notre esprit scientifique moderne est né comme une mouche aptère qui, dans les grands tourbillons de l'histoire du XVIe siècle, eut la chance de passer inaperçue et de ne pas être éliminée par la dure sélection naturelle. Celle-ci frappa si fort les sciences de la Renaissance qu'elle leur enleva toute chance de se redresser.

Nous allons examiner de plus près la situation dans laquelle notre mouche aptère est rendue apte à se multiplier. Les bûchers des sorcières couvraient l'Europe ; la réforme religieuse aurait préféré que le seul livre qui subsistât sur la terre fût la Bible, mais en tout cas elle n'était pas disposée à tolérer ni l'éros, ni la magie, ni les « sciences » contiguës de la Renaissance. Une invocation magique ou une expérience alchimique pouvaient coûter la tête. La grande peur eut raison de tout, et c'est pourquoi on renonça à l'astrologie, à la magie et à l'alchimie ou l'on se retrancha, comme Newton, dans un silence prudent sur les intérêts d'ordre occulte. L'Église catholique non seulement appela à la transformation des mœurs, mais s'appliqua avec acharnement à défendre ce qu'elle croyait avoir de plus précieux, le thomisme. Galilée frôla le bûcher non pas parce qu'il était un représentant de la « science moderne » (ce qu'il n'était assurément pas), mais parce qu'il osa s'opposer au thomisme. Bruno fut dévoré par les flammes parce qu'il était un magicien impénitent, non pas parce qu'il défendait les idées du cardinal de Cues. Partout, les gens s'adonnèrent à des occupations plus inoffensives, qui ne pouvaient pas contrarier l'image que se faisaient du monde et de la société humaine l'une ou l'autre des Églises chrétiennes. La contrainte les obligea à s'exprimer prudemment, à cacher soigneusement leurs buts. Quelques pythagoriciens enthousiastes subsistèrent, qui s'appelaient Galilée ou Kepler, mais leur race était en extinction. Il y eut des Descartes et des Bacon, qu'on soupçonne toujours fortement d'avoir eu des sympathies pour la farce des rose-croix et dont il n'est point aisé de déchiffrer les vraies intentions. Étaient-ils les représentants d'un monde nouveau ? Si oui, ce ne fut certainement pas du monde qui allait venir, pas plus que leur philosophie ne fut une « philosophie moderne ».

A un moment donné, la censure avait transformé la personnalité : les gens avaient perdu l'habitude d'utiliser activement leur imagination et de penser par « qualités », car cela n'était plus permis. La perte de la faculté d'imagination active entraîna forcément avec elle l'observation rigoureuse du monde matériel et celle-ci se traduisit par une attitude de respect pour toute donnée quantitative et de soupçon envers toute assertion d'ordre « qualitatif ».

En un certain sens, on peut dire que les mouches qui volent ont du monde une image complètement différente de celle des mouches qui se traînent sur terre, faute de posséder des ailes. Mais cette comparaison paraît impliquer un jugement de valeur dont elle se voudrait absolument exempte. L'homme de la Renaissance et l'homme de nos jours ont gardé peut-être la même forme extérieure, mais le dernier est une mutation psychologique du premier, à l'intérieur de la même espèce. Ceux qui affirment que l'homme de la Renaissance sentait, pensait et agissait comme nous se trompent énormément. Au contraire, nous avons désormais l'habitude séculaire de refouler en nous-mêmes tout ce qui constituait l'image du monde de l'homme de la Renaissance, au point que celui-ci se confond avec notre « ombre », avec ce que nous avons appris, par éducation, à extirper et à mutiler en nous-mêmes. C'est un confrère débile que nous abritons encore en nous-mêmes, faute de ne pouvoir nous en débarrasser complètement. Si, lui, il est notre caricature — puisqu'il accumule en lui nos traits les plus infantiles et ridicules —, essayons de nous mettre pour un instant à sa place : certes, il est fort probable qu'il ne doit pas avoir de nous une image plus flatteuse que celle que nous nous faisons de lui. Mais toute communication est impossible, et les barrières de l'âge ne se lèvent jamais. C'est pourquoi il y a peu d'espoir qu'un jour on puisse se comprendre et se serrer la main. Mais il y a encore moins d'espoir que cet hôte inquiétant de nos profondeurs disparaisse à jamais.

Faute d'arriver à une entente cordiale, il faut apprendre à le dévisager sans trop de supériorité. Car nous avons perdu ce qu'il avait et il n'a pas ce que nous avons conquis. Somme toute, ces quantités sont égales. Et, si nous avons réalisé quelques-uns parmi les désirs les plus ardents de son imagination, il ne faut pas oublier que nous en avons détruit autant d'autres et que ceux-ci pourraient se révéler irrécupérables.

2. Pourquoi l'année 1484 fut-elle si redoutable ?

Dans le genre d'histoire que nos contemporains cultivent, on ne donne de l'importance qu'à des événements qui, pour les gens de la Renaissance, ne devaient en avoir une que de second degré. Par contre, on ignore visiblement ce qui à leurs yeux était effectivement doué d'une importance cruciale.

A regarder nos chronologies, l'année 1484 ne présente aucun intérêt particulier : Colomb n'était pas encore parti, les Turcs ne forçaient pas plus que d'habitude les portes de l'Occident, la guerre de Naples n'avait pas encore éclaté, qui allait produire la diffusion européenne d'une des maladies les plus intéressantes, la syphilis, la Réforme, enfin, était encore loin... Le seul événement attribuable à cette année est la naissance de Luther, encore que les auteurs modernes préfèrent la placer en 1483, Luther lui-même inclinant tantôt pour l'une, tantôt pour l'autre de ces dates.

Ce ne sera donc pas sans étonnement que nous apprendrons que les astrologues du temps attribuaient à l'année 1484 une importance vraiment colossale. Au moins cette fois-ci il ne s'agit pas d'une retouche *a posteriori,* puisque ceux qui s'attendaient à ce que quelque chose arrive visiblement et palpablement en 1484 n'en furent que trop déçus.

Al-Kindî, dont nous connaissons déjà la théorie des radiations stellaires, avait également formulé une théorie des conjonctions générales des planètes et de leur influence sur le sort des religions. Les conjonctions générales dépendent des conjonctions périodiques des planètes supérieures, Jupiter et Saturne, puisque celles-ci avancent le plus lentement. D'après al-Kindî, il y avait « des petites conjonctions de planètes se produisant tous les vingt ans, puis des " moyennes " tous les deux cent quarante ans, et enfin des grandes tous les neuf cent soixante ans. Ces dernières exerçaient une influence capitale non seulement sur la nature perceptible, mais aussi sur les faits politiques et religieux ; chaque grande conjonction inaugurait une nouvelle ère de l'histoire[4] ». Le Moyen Age chrétien était au courant de cette théorie par le *Liber magnarum coniunctionum* d'Albumasar, disciple d'al-Kindî. Roger Bacon l'applique à la naissance des grandes personnalités de l'histoire et des vrais (ou faux) prophètes, avec une périodicité de trois cent vingt ans. Dans sa liste on retrouve d'abord Alexandre le Grand, puis Jésus, Mani et Mahomet[5].

En effet, une *coniunctio magna* avait eu lieu, en 7-6 avant J.-C., dans les signes des Poissons et du Bélier. Kepler, qui avait étudié attentivement la *coniunctio magna* de 1604 (dans le Sagittaire), écrivit deux traités (*De stella nova* et *De Vero anno*) où il s'occupe de la « vraie date » de la nativité du Seigneur.

Lors de la conjonction de 1604, une étoile *nova* était apparue au firmament « à l'endroit même où les trois planètes [supérieures] étaient réunies[6] ». C'est pourquoi Kepler croit qu'une étoile nouvelle avait également annoncé la naissance de Jésus — et celle-ci avait été l'étoile des Rois mages : « Cette action des grandes conjonctions sur l'existence humaine ne s'explique pas assez par la nature ; il a fallu que Dieu lui-même les plante en quelque sorte : l'expérience atteste qu'Il met au firmament ces grandes conjonctions avec des étoiles merveilleuses *extra ordinari* ou autres œuvres admirables de Sa providence. C'est pourquoi il fixa la naissance de son fils, le Christ, notre Sauveur, au moment même de la grande conjonction qui eut lieu dans les signes des Poissons et du Bélier, *circa punctum equinoctialem,* en soulignant ce double fait, l'événement qui se passait sur la terre et les conjonctions qui se montraient au ciel, par l'apparition d'une nouvelle étoile ; par le moyen de celle-ci, Il a conduit

vers la Palestine, la bourgade de Bethléem et la crèche où venait de naître le Roi des Juifs, les mages d'Orient[7]. »
Kepler ne fut pas le seul à suivre la suite de la conjonction de 1604 ; les rédacteurs des manifestes rosicruciens y spéculèrent eux aussi, puisqu'ils placèrent la date de mort de Christian Rosenkreuz en 1484 et la date de découverte de son tombeau en 1604, ce qui représentait exactement l'intervalle entre deux grandes conjonctions[8]. Il ne faut pas s'étonner que la « farce » des rose-croix anima d'ardeur les grands esprits de l'Europe d'alors : les dates coïncidaient parfaitement avec les données astrologiques et un renouvellement du monde était attendu après 1604. La révélation de l'ordre secret fondé par Christian Rosenkreuz ne faisait que combler l'espoir réveillé par l'événement dont l'importance est soulignée par Kepler. Quand Johann Valentin Andreae, qui en était un des principaux auteurs, qualifia les manifestes rosicruciens de *ludibrium* — ce qu'ils étaient effectivement —, on ne voulut plus le croire. Et Mlle F.A. Yates explique bien des données de l'existence de Descartes par une poursuite obstinée des rose-croix, dont il retrouva, en un certain sens, les traces[9].

Kepler n'était ni le premier ni le dernier à s'occuper de l'horoscope de Jésus-Christ. Le cardinal Pierre d'Ailly (1350-1425) avait donné le ton, suivi, à l'époque de la Renaissance, par le grand astrologue Luca Gaurico et par le non moins célèbre Jérôme Cardan. L'horoscope dressé par Pierre d'Ailly et repris par Cardan forma la base de toutes les tentatives successives de cette sorte, comme celle d'Ebenezer Sibly (*A Complete Illustration of the Occult Sciences,* 1790). Que pouvait-on lire dans l'horoscope de Jésus ? La filialité divine, la naissance d'une maison royale, la naissance virginale, son humilité, sa condamnation et sa crucifixion[10], bref, toute l'histoire de sa vie et de sa mort humaines. Certes, qu'un cardinal et un évêque (Gaurico) s'en fussent occupés, c'est un signe que l'entreprise, sans être commune ni dépourvue de danger, n'en était pas moins possible entre certaines limites. En effet, si l'on admet la thèse des deux natures — divine et humaine — de Jésus, il n'est point absurde d'appliquer à *l'homme* les limitations de la destinée astrale. Bien entendu, l'Église ne regardait d'un bon œil ni ces tentatives, ni l'astrologie en général.

D'Ailly, Gaurico et Cardan avaient calculé le thème de naissance de Jésus d'après les données conventionnelles ;

Kepler le calcula pour le printemps de l'an 6 avant l'ère chrétienne, et Sibly, nous ne saurions dire pourquoi, pour le 25 décembre de l'an 45 de l'ère chrétienne. Entre tous, Kepler, influencé par les événements astrologiques de l'an 1604, est le plus subtil, car il met en rapport la naissance du Sauveur avec une *coniunctio magna* et l'apparition d'une étoile *nova*.

La doctrine des conjonctions, dérivée d'al-Kindî et d'Albumasar, fut liée à plusieurs théories des cycles cosmiques, formulées par Roger Bacon, Pierre d'Abano, l'abbé Trithémius, Adam Nachemoser, Kepler... Il n'y a pas de concordance parfaite entre elles, mais elles partent toutes, néanmoins, des données d'al-Kindî, que W.-E. Peuckert résume en ces termes : « La conjonction des planètes supérieures se répète tous les 20 ans ; elle change 4 fois de suite entre les signes d'une triplicité [triangle] ; enfin, au bout de 240 ans, elle passe à la triplicité suivante dans l'ordre des signes et répète son cycle ; de même dans les 3e et 4e triplicités. Après 4 fois 240 ans (960), elle est à son point de départ, le premier signe de la 1re triplicité, au même degré qu'en commençant, et, en passant au degré suivant, elle commence un nouveau cycle. Il y a donc trois périodes ou cycles principaux :

« 1. Le petit, de 20 ans, entre deux conjonctions ;

« 2. Le moyen, de 240 ans, d'une triplicité à l'autre ;

« 3. Le grand, de 960 ans, jusqu'au retour de la conjonction au même endroit du zodiaque.

« Le dernier, qui fait environ un millénaire, indique un renouvellement complet du monde ; cela implique en particulier une religion nouvelle. Le moyen se réduit à de grands bouleversements politiques, des changements de règne, etc. Le petit, enfin, indique en général des événements importants, successions royales, révolutions et autres crises d'État[11]. »

Si l'on prenait ces nombres au pied de la lettre, les années 1484 et 1604 seraient exclues de la liste de toutes les conjonctions. Or, des conjonctions très importantes eurent lieu en 1345 dans le Verseau, en 1484 dans le Scorpion et en 1604 dans le Sagittaire. En décembre 1348, dans sa *Summa iudicialis de accidentibus mundi,* l'astrologue anglais John d'Eschenden écrivait, à propos de la grande peste qui venait justement de ravager l'Europe : « C'est exactement ce que j'avais écrit en l'an 1345. Car tout ce que j'avais prédit alors concernant les événements dont je viens de parler correspondait à l'opinion de nombreux astronomes. Les maux que j'avais annoncés se produisirent juste après 1345 et sur une grande échelle. La mortalité fut si grande en 1347 et 1348 que le monde entier semblait en révolution, et que dans beaucoup de pays des villes et des villages avaient été abandonnés ; les rares survivants fuyaient ces lieux, laissant derrière eux leur maison et leurs biens ; on n'osait même pas visiter les malades, ni enterrer les morts, car on avait à craindre la contagion[12]. » Il paraît donc que la vraie périodicité des conjonctions significatives n'était point de deux cent quarante, mais de cent vingt à cent quarante ans.

Puisque John d'Eschenden se référait, en 1348, à une prophétie antérieure que nous ne possédons pas, on pourrait à la rigueur en conclure qu'il ne l'avait formulée qu'après coup. Au contraire, nous savons qu'en Italie, au XVe siècle, on attendait la venue d'un prophète[13], qui devait naître ou se manifester en 1484. En octobre 1484, le Hollandais Paul de Middelbourg, évêque d'Urbino, composa ses *Pronostica ad viginti annos duratura,* dans lesquels il essayait de délayer la naissance du prophète, considérant que les effets de la conjonction s'étendraient sur vingt ans. Par conséquent, le « petit prophète » aurait dû naître en 1503 et agir pendant dix-neuf ans[14]. Plagié par l'Allemand Johannes de Clara Monte (Lichtenberger) dans sa *Practica,* Paul de Middelbourg s'en plaignit en 1492, dans une *Invectiva in superstitiosum quemdam astrologum,* ce qui n'empêcha pas que les prophéties de Lichtenberger eurent plus tard un énorme retentissement en Europe du Nord, puisqu'on y avait vu une anticipation vraiment étrange de la venue de Luther. Voici ce que prédisait Lichtenberger à propos de la conjonction de Jupiter et de Saturne dans le Scorpion, le 25 novembre 1484 : « Cette remarquable constellation et concordance des astres indique que doit naître un petit prophète qui interprétera excellemment les Écritures et fournira aussi des réponses avec un grand respect pour la divinité et ramènera les âmes humaines à celle-ci. Car les astrologues appellent petits prophètes ceux qui apportent des changements dans les lois ou créent des cérémonies nouvelles ou donnent une interprétation différente à la parole que les gens considèrent comme divine [...].

« Je dis que dans la terre soumise au Scorpion [l'Allemagne] un prophète naîtra et qu'auparavant on verra dans le ciel les choses les plus étranges et les plus rares mais il n'est pas possible de dire à quelle extrémité de la terre, si ce sera vers le midi ou vers le nord, tant les opinions des savants sont nombreuses et contradictoires. Albumazar pense que ce sera dans le signe d'Eau et vers le midi. Mais la plupart des astrologues pensent que cela se produira vers le nord. Que ce soit ce que cela voudra, dit Messahala, il naîtra dans un pays moyen en ce qui concerne la chaleur et l'humidité [...].

« On voit un moine dans une robe blanche avec le diable debout sur les épaules. Il a un grand manteau qui pend jusqu'à terre et qui a des larges manches et un jeune moine le suit [...].

« Il aura une intelligence très vive, saura beaucoup de choses et possédera une grande sagesse ; cependant il prononcera souvent des mensonges et il aura une conscience brûlée. Et comme un Scorpion, car cette conjonction s'effectue dans la Maison de Mars et dans les ténèbres, il jettera souvent le venin qu'il a dans la queue. Et il sera cause de grandes effusions de sang. Et comme Mars est son annonciateur, il semble qu'il confirmera la foi des Chaldéens, comme en témoigne Messahala[15]. »

Luther naquit, fort probablement, le 10 novembre 1483, mais Philippe Melanchthon, qui croyait fermement à l'astrologie, référa sa naissance aux prophéties de Lichtenberger, au point que d'autres dates alternatives apparurent, notamment le 22 octobre et le 23 novembre 1484. L'astrologue le plus en vogue à l'époque, Luca Gaurico, calcula l'horoscope de Luther pour le 22 octobre à une heure dix minutes du matin ; on y voyait clairement les propos et le sort d'un hérétique. Par contre, les astrologues allemands Carion et Reinhold, tous deux favorables à la Réforme, le calculèrent pour la même date, mais à neuf heures du matin, ce qui donnait un résultat tout à fait différent.

Tout cela relève des sympathies des astrologues eux-mêmes pour l'un ou l'autre parti. Ce qu'on ne saurait pourtant mettre en doute, c'est qu'on attendait, en Italie et en Europe du Nord, la venue d'un « petit prophète » pour l'année 1484, à cause de la conjonction entre Saturne et Jupiter dans le triangle d'eau : les témoignages de Paul de Middelbourg et de Johannes Lichtenberger sont formels.

Les effets de la conjonction devaient, pourtant, couvrir également un autre domaine. Cette fois-ci, l'explication ne saurait être qu'*a posteriori,* ce qui n'empêche pas qu'elle fut généralement acceptée et adoptée. On sait que, si la peste fit des ravages au XIVᵉ siècle, la syphilis — dans laquelle on voyait également une forme de peste — n'en fit peut-être pas moins entre le XVIᵉ et le XIXᵉ siècle. Or, importé d'Amérique, le « mal français » se développa en épidémie terrible lors des campagnes de Charles VIII à Naples (1495)[16]. Dès le début du XVIᵉ siècle, Joseph Grünpeck, astrologue à la cour de Maximilien d'Autriche, donna une explication astrologique à ce phénomène dans son *Tractatus de Pestilentiali Siorra sive Mala de Frantzos, Originem Remediaque Ejusdem Continens. Compilatus a venerabili viro Magistro Joseph Grünpeck de Burckhausen super Carmina quaedam Sebastiani Brant utriusque Juris Professoris*[17]. Voici ce qu'écrivait Grünpeck : « Sur le monde s'est abattue cette maladie cruelle, inouïe et incroyable, le mal français que la conjonction [de 1484] a fait passer de France en Italie du Nord et de là en Allemagne ; cela s'est produit, comme on s'en est aperçu, parce que Jupiter règne sur la France ; or, [Jupiter] est une planète chaude et humide[18]. » La même interprétation est reprise et approfondie par l'astrologue Astruc (1684-1765), dans son traité *De morbis venereis* de 1736[19].

Ce qui est remarquable, c'est que le traitement local au mercure — qui continue d'être employé de nos jours, non sans efficacité — n'est, à l'origine, qu'un remède astrologique et alchimique du *malum de Frantzos*[20].

Épidémie de syphilis et naissance du réformateur Luther, ce ne furent là que les effets palpables qu'on attribua, par la suite, à la conjonction du 25 novembre 1484. Ses effets impalpables furent pourtant d'une importance beaucoup plus grande.

Marvin Harris, un des plus brillants représentants de l'anthropologie écologique américaine, a interprété récemment la chasse aux sorcières, qui commence à la fin du XVᵉ siècle, comme une tactique de l'Église catholique pour détourner l'attention de l'opinion publique : en effet, le soupçon s'insinuant dans toutes les communautés humaines d'Europe, il devenait le principal allié de l'Église, lui permettant de mieux contrôler ses sujets. Harris croit que, au fond, la *Witchcraze* ne fut qu'une réponse, fort subtile, des autorités ecclésiastiques aux mouvements millénaristes et paysans qui, eux, représentaient une menace grave et immédiate pour l'ordre établi, religieux et social. En persécutant les marginaux, on visait, en réalité, à instaurer un climat de terreur dont le but était d'empêcher la formation de larges mouvements d'opinion et de masse[21].

Nous ne croyons pas que les visées du pape Innocent VIII furent si ambitieuses. Tous les historiens sont d'accord sur le fait que le signal de la chasse aux sorcières fut la bulle *Summis desiderantes affectibus*. Or, la date où elle fut promulguée est frappante : c'est le 5 décembre 1484, juste après la conjonction du 25 novembre !

On sait qu'Innocent VIII avait été un adversaire redoutable de la magie, de l'astrologie et de la kabbale ; il avait persécuté Jean Pic et menacé le chanoine Marsile Ficin. Cela implique qu'il était constamment informé sur les sciences occultes. Un événement aussi important que la conjonction de 1484, sur laquelle, au mois d'octobre, il pouvait lire l'ouvrage assez inquiétant de Paul de Middelbourg, n'était en mesure que de redoubler ses craintes. S'il avait attendu quelques années, l'opuscule de Lichtenberger lui aurait révélé que le « petit prophète » dont il aurait eu à se défendre était un moine vêtu de blanc... Il est toutefois probable que, dans le cas en question, Innocent VIII était convaincu de l'inanité des inventions de l'astrologie, qui avait tant d'influence sur les masses et qui était susceptible d'être utilisée contre les intérêts de l'Église catholique. Cependant, il ne pouvait pas frapper si lourdement des gens doctes et puissants, dont certains occupaient d'importantes fonctions ecclésiastiques. Il pensa à préparer, néanmoins, le terrain pour un successeur plus heureux, qui aurait pu se permettre, dans une autre conjoncture, de les faire taire (cela arriva un siècle plus tard, sous Sixte V). Pour le moment, Innocent VIII se contenta de déclencher un puissant mécanisme de répression contre la magie populaire, nourrissant probablement le sage espoir que cela finirait, un jour ou l'autre, par frapper également la magie des gens cultivés.

Les prévisions à très long terme que le pape Innocent VIII dut faire lorsqu'il promulgua la bulle de 1484 se révélèrent non seulement exactes, mais dépassèrent, probablement, ses espoirs les plus grands. Car le pape ne pouvait pas savoir qu'une aide inespérée l'attendait de la part de celui qu'il craignait, le petit prophète attendu en 1484 : Martin Luther.

Il n'est pas exclu que les successeurs d'Innocent aient eu l'intention de continuer ses plans secrets. Pour cela, ils avaient besoin de gens fort habiles et doctes, comme Pic de la Mirandole. Et il n'est point surprenant que celui-ci, qui était

bien informé sur les projets de la Curie romaine, se soit mis
à rédiger un grand traité contre l'astrologie. Au début du
XVIe siècle — à preuve les écrits de l'abbé Trithémius et
de Bernard de Como —, la bulle d'Innocent VIII avait
commencé à produire ses effets, et la persécution des sorcières
avait pris un caractère plus systématique. Il paraît, cependant,
que la Curie y prenait désormais un intérêt moindre qu'avant,
puisque les prophéties de 1484 ne s'étaient pas réalisées et
qu'une période de brève accalmie régna sur l'Europe jusqu'en
1517. Les juristes comme Andreas Alciatus ou Gianfrancesco
Ponzinibio contestaient l'autorité de l'Église dans les procès
de sorcellerie, et leur position libérale et sceptique aurait,
probablement, prévalu si Luther n'avait fait son apparition.
La présence de cet ennemi si puissant permit à l'Église de
prendre ces mesures extrêmes qu'Innocent VIII avait préparées dès 1484, par sa bulle *Summis desiderantes affectibus*.

CHAPITRE IX

LA GRANDE CENSURE DU FANTASTIQUE

1. Abolition du fantastique

C'est probablement sous l'influence du protestantisme libéral que certains livres d'histoire affirment encore que la Réforme fut un mouvement d'émancipation, dont le but était d'affranchir l'homme de la tutelle répressive de l'Église catholique. Vu la multiplicité des sectes protestantes, cette idée ne saurait être entièrement fausse, mais elle ne correspond sans doute pas aux intentions originales de la Réforme, ni aux idéologies des principales dénominations réformées, le luthéranisme et le calvinisme.

A feuilleter des manuels d'histoire, on rencontre souvent cette explication de la Réforme : au début du XVIᵉ siècle, il y avait une Église riche, qui s'était organisée en un puissant État et agissait comme tel ; le clergé et les moines s'occupaient, eux aussi, pour la plupart, de choses temporelles ; le trafic des choses spirituelles prospérait ; Luther vint pour mettre fin à cette situation, par une *réforme libérale* : il reconnut au clergé le droit au mariage, il abrogea le commerce des indulgences et le culte des images, il réduisit à un minimum les formes extérieures du rituel, pour se concentrer sur l'expérience religieuse intime.

C'est une explication qui prend les effets pour les causes et se contente d'un point de vue moralisateur qui, pour être utile en principe, n'en est pas moins dangereux dans ses applications. Au contraire, un vent libéral avait parcouru l'Église à la Renaissance, ce qui, par le précipice qui s'était créé entre la mentalité moderne du clergé et la morale chrétienne, avait porté à de nombreux abus. C'est à ce moment-là qu'intervint Luther, pour rétablir la pureté du message chrétien.

Loin de se manifester comme un mouvement libéral, la Réforme représenta, au contraire, un mouvement radical-conservateur au sein de l'Église, où elle avait eu de nombreux précurseurs (dont il suffira de mentionner ici le prédicateur Savonarole à Florence).

La Réforme ne prétendait pas « émanciper » l'individu ; en revanche, elle visait à rétablir sur le monde un *ordre chrétien* qu'elle tenait l'Église catholique — devenue, à ses yeux, une institution temporelle — pour incapable de maintenir.

C'est pourquoi les réformateurs considèrent l'Église comme une superfétation qui ne répond pas à l'esprit du christianisme et, par un retour à la Bible, ils n'entendent pas seulement réfuter l'institution catholique, mais aussi *rétablir la pureté originelle de la communauté chrétienne*.

Le renouvellement des attentes eschatologiques, l'iconoclasme, le refus des pratiques ecclésiastiques traditionnelles, la participation générale au culte, l'acceptation du mariage du clergé comme un *malum necessarium* permis par saint Paul ne sont que quelques-uns des aspects de la Réforme. Son reflet le plus important, qui, sous l'influence de Philippe Melanchthon, finira par se manifester moins dans l'Église luthérienne que dans celle de Jean Calvin à Genève et chez les puritains d'Angleterre, est *le refus en bloc de la culture « païenne » de la Renaissance, dont le seul substitut est l'étude de la Bible.* Pour réaliser ce but, les dénominations protestantes n'hésitent pas à déployer une intolérance qui, au début, dépassa certainement celle de l'Église catholique, rendue plus indulgente par l'expérience de la Renaissance.

Ce qui est caractéristique de la Réforme, c'est que celle-ci, à force de n'accepter aucune autre référence culturelle que la Bible, renouvela une situation de l'histoire du christianisme primitif qui correspondait encore à une phase naissante de celui-ci : celle d'une secte juive qui entame, avec une extrême réserve, le dialogue avec les gentils. Loin d'abroger la Torah, l'Ancien Testament, elle l'accepte en bloc, quitte à annoncer que la vie du chrétien est posée non pas sous le signe de la Loi, mais sous celui de la Grâce. Or, la religion juive a ceci de caractéristique que, tirant son originalité de la réaction contre les cultes canaanites, elle est aniconique et s'efforce de donner une signification *historique* à ce qui, chez les peuples voisins, n'était que des cultes périodiques de fertilité[1].

C'est pourquoi un des buts les plus importants de la Réforme est d'extirper le culte des idoles au sein de l'Église. Les conséquences de cet iconoclasme sont énormes, si l'on pense aux controverses sur l'Art de la mémoire suscitées par Bruno en Angleterre : au fond, la Réforme aboutit à produire *une censure radicale de l'imaginaire, puisque les fantasmes ne sont rien d'autre que des idoles conçues par le sens interne.*

La culture de la Renaissance était une culture du fantastique. Elle accordait un poids immense aux fantasmes suscités par le sens interne et avait développé à l'extrême la faculté humaine d'*opérer activement sur et avec les fantasmes*. Elle avait créé toute une dialectique de l'éros, dans laquelle les fantasmes, qui s'imposaient d'abord au sens interne, finissaient par être manipulés à volonté. Elle croyait fermement à la puissance des fantasmes, qui se transmettaient de l'appareil fantastique de l'émetteur à celui du récepteur. Elle croyait également que le sens interne était le lieu par excellence des manifestations de forces transnaturelles — les démons et les dieux.

En établissant le caractère idolâtre, impie des fantasmes, la Réforme abolit d'un coup la culture de la Renaissance. Et, puisque toutes les « sciences » de la Renaissance étaient des édifices dont le matériel de construction était précisément les fantasmes, elles durent également succomber sous le poids de la Réforme.

Mais quelle fut, se dira-t-on, la réaction de l'Église catholique ? Au fond, en dehors des désavantages manifestes d'une division interne, l'esprit de la Réforme ne pouvait que lui convenir. Pour répondre à Luther et au puritanisme, l'Église mit en marche sa propre réforme (que les historiens ont l'habitude d'appeler Contre-Réforme). Celle-ci, loin de consolider les positions assumées par le catholicisme à l'époque de la Renaissance, s'en détacha nettement, pour aller dans le même sens que le protestantisme. C'est sous le signe de la *rigueur* que la Réforme se développa, du côté protestant comme du côté catholique.

Cependant, la Contre-Réforme a ses caractéristiques

propres, qui présentent une importance particulière. L'Église précisa sa nouvelle ligne de conduite lors du concile de Trente, qui se déroula pendant la deuxième moitié du XVIᵉ siècle. Elle décida de confier l'instrument de l'Inquisition, qui avait été créé au XIIᵉ siècle lors des campagnes anticathares et qui s'était trouvé, traditionnellement, entre les mains des frères prédicateurs, à un nouvel ordre rigoriste surgi au XVIᵉ siècle : la Compagnie de Jésus, fondée par Ignace de Loyola. Dorénavant, le nom de la Sainte Inquisition se confondra avec celui des jésuites.

Dans la pratique spirituelle des jésuites, la culture fantastique de la Renaissance se montre une dernière fois dans toute sa puissance. En effet, l'éducation de l'imaginaire représente la méthode enseignée par Ignace de Loyola dans ses *Exercices spirituels,* imprimés en 1596. Le disciple est appelé à pratiquer une espèce d'Art de la mémoire. Au cours des exercices, il doit se représenter les tortures atroces de l'enfer, les souffrances de l'humanité avant l'incarnation du Christ, la nativité et l'enfance du Seigneur, sa prédication à Jérusalem — tandis que Satan lance, de sa résidence à Babylone, ses cohortes de démons de par le monde —, enfin le calvaire, la crucifixion et la résurrection du Christ. Il ne s'agit pas d'une simple méditation, mais d'un théâtre intérieur à fantasmes dans lequel le pratiquant lui-même doit s'imaginer comme spectateur. Il n'est pas seulement tenu d'enregistrer ce qui arrive, mais de percevoir les acteurs par les sens de la vue, de l'ouïe et du toucher (*Secunda Hebdomada, dies* I-VII). Introjecté dans son propre appareil fantastique, le fantasme du pratiquant est censé participer — d'une manière plus ou moins active — au déroulement du scénario.

Les exercices de Loyola tirent évidemment parti des grandes réalisations de la Renaissance sur le plan de la manipulation des fantasmes. Mais ces fantasmes sont mis ici exclusivement au service de la foi, pour réaliser la réforme de l'Église, ce qui revient à dire qu'*ils s'opposent activement à l'héritage de la Renaissance.*

Chez Loyola, *c'est la culture du fantastique qui retourne ses armes contre elle-même.* Au bout de quelques décennies, ce processus d'autodestruction sera presque accompli.

2. Quelques paradoxes historiques

Il n'est pas dans notre intention de rester sur le terrain des généralités. Le caractère et les progrès de la Réforme, du côté protestant et du côté catholique, seront illustrés par quelques exemples choisis au hasard. Ils pourraient être indéfiniment multipliés. Nous n'avons pas essayé de tracer l'histoire ou la phénoménologie de la Réforme. Ce livre se propose, en effet, d'enregistrer les conceptions d'un âge fantastique, leur apogée et leur déclin. Ce n'est que dans la mesure où la censure du fantastique et, par conséquent, la profonde modification de l'imagination humaine qui s'est ensuivie ont été produites par la Réforme que celle-ci nous intéresse.

En contraste avec les deux premières parties de ce livre, nous n'avons pas soumis la culture de la Réforme à une analyse rigoureuse. Après tout, elle ne sera abordée ici que dans la mesure où elle abrite encore des réminiscences du *mundus imaginalis* de la Renaissance, qu'elle s'efforce par tous les moyens d'exorciser et d'annihiler. Au cours du XVIᵉ siècle, on assiste à un phénomène fort caractéristique, qui est l'*ambivalence* de la culture de certains personnages comme Corneille Agrippa ou Giordano Bruno. Ce sont des représentants de la Renaissance fantastique qui ne subissent pas moins l'influence profonde du protestantisme. Quelquefois, ces deux directions inconciliables de l'esprit restent l'une à côté de l'autre sans s'interpénétrer : c'est le cas d'Agrippa, qui n'est pas seulement un des plus fameux auteurs d'occultisme, mais également un des plus farouches adversaires de l'occultisme ! Mais il y a aussi des tentatives subtiles de conciliation, comme celle de Bruno qui s'avère impossible et qui aboutit, pour son auteur, à un échec sanglant.

Au XVIIᵉ siècle, on assiste à deux phénomènes curieux : la Réforme donne ses fruits, et les gens commencent à penser, à parler, à agir et à s'habiller d'une façon tout à fait nouvelle, mais cela a lieu dans le camp protestant aussi bien que dans le camp catholique, de telle manière que, quoique la division *extérieure* entre les Églises subsiste, les différences entre l'*esprit* de la Réforme protestante et celui de la Réforme catholique se sont réduites à des questions plutôt futiles, comme l'administration de la communion, la confession des péchés et le mariage du clergé. Il s'agit d'un processus de *normalisation,* qui se traduit par l'apparition d'une nouvelle culture présentant des traits à peu près unitaires de Londres à Séville et d'Amsterdam à Wittemberg, à Paris et à Genève. Au moment même où les confessions chrétiennes issues du schisme d'Occident finissent par accepter leurs antagonismes profonds, ces antagonismes ont fini par se limiter à des questions d'organisation interne, qui n'ont plus rien à voir avec la question fondamentale de l'essence du christianisme. Sans renoncer à ses traditions millénaires, l'Église catholique se meut dans la direction du protestantisme ; de son côté, celui-ci, sans renoncer aux réformes pour lesquelles il avait engagé ses batailles victorieuses sur le plan local, se consolide en grandes institutions qui finissent par ressembler de plus en plus à l'Église catholique. C'est le moment où la confession catholique et les dénominations protestantes se sont rapprochées, sans s'en rendre compte, au maximum. Il ne s'agit plus, désormais, de Réforme et de Contre-Réforme ; sans jamais vouloir le reconnaître, les grandes confessions de l'Occident ne mènent plus une lutte solitaire. Côte à côte, elles construisent un édifice commun : la culture occidentale moderne. Les individus pourront encore nourrir des soupçons profonds envers ceux qui, à ce qu'il leur semble, se trouvent de l'autre côté de la barricade. Dans leur adhésion totale à leur parti, à leur institution, ils ne s'aperçoivent même pas que ceux qu'ils tiennent pour leurs adversaires leur ressemblent et que l'enjeu du conflit n'est plus l'essence du christianisme, mais seulement quelques questions d'organisation interne. La culture païenne de la Renaissance a été vaincue : à cela, catholiques et protestants ont contribué en mesure égale, sans se rendre compte que, loin de lutter entre eux, ils avaient livré bataille à un ennemi commun.

Tout cela paraît assez simple, sans toutefois l'être. Au moment où surgit la Réforme, elle attire dans son orbite — quitte à les désavouer presque immédiatement — une série de mouvements de « gauche » extrêmement divers, s'étendant sur une gamme qui va du libéralisme au libertinisme, de l'utopisme à l'esprit de révolution, de l'anti-autoritarisme à l'égalitarisme. Or, ceux-ci étaient apparus en conséquence directe de la Renaissance et, dans leurs manifestations les plus influentes, agissaient en conformité avec l'esprit et les « sciences » de la Renaissance.

Au début du XVIIe siècle, il y a encore un catholicisme libéral et utopique, représenté par le frère Tommaso Campanella, lequel, après plus de vingt ans de persécutions, trouve néanmoins un pape qui a besoin de ses connaissances en magie spirituelle. Or, dans sa réclusion, Campanella est visité par un membre du groupe d'amis de Johann Valentin Andreae. L'influence du frère calabrais sur le mouvement protestant libéral qui se cachait derrière la « farce » des rose-croix ne saurait être négligée. La particularité des grands penseurs qui graviteront autour de ce mouvement — un Robert Fludd, un Kepler, un Descartes ou un Bacon —, c'est qu'ils refusent de s'assujettir complètement à la piété religieuse réformée et continuent de chercher leurs sources d'inspiration dans la culture de la Renaissance. Nous sommes aux débuts de la science moderne, qui représentent en même temps une continuation de la Renaissance, dans la mesure où les grandes découvertes du XVIIe siècle partent encore du postulat des analogies entre le microcosme et le macrocosme et d'un complexe d'idées pythagoriciennes sur l'harmonie du monde, et une négation de la Renaissance, dans la mesure où l'esprit de la Réforme produit une modification substantielle de l'imagination humaine.

Quant aux mouvements libéraux et utopiques, persécutés par les Églises officielles, ils finiront — dans une Europe rigoriste et partagée entre deux pouvoirs qui, bien que ennemis en principe, ont une même essence — par gagner une énorme influence souterraine, sous la forme des sociétés secrètes.

Le progrès de l'esprit des institutions libérales représente une autre énigme de l'histoire, dont ce livre n'aura plus à s'occuper. A son origine, l'autorité protestante — qu'il s'agisse du mouvement conservateur de Luther en Allemagne, de la terreur calviniste à Genève ou de la terreur puritaine en Angleterre — ne fut certainement pas plus libérale que ne le furent les jésuites. Et pourtant, on assiste en Angleterre à l'apparition des institutions démocratiques, tandis que les jésuites, avant qu'ils ne soient expulsés de l'Amérique latine, y organisent la première expérience communiste de l'histoire moderne. Il n'est pas exclu que ces paradoxes s'expliquent comme des prolongements tardifs — ou comme une revanche ? — de la culture de la Renaissance.

3. La controverse autour de l'asinité

Avant de faire imprimer son traité *De la philosophie occulte* composé en 1509-1510[2], Corneille Agrippa publia, en 1530, une œuvre de réfutation des « sciences » renaissantes, sous le titre *De incertitudine et vanitate scientiarum atque artium*[3]. C'est un panorama des vanités terrestres, auxquelles n'échappent ni la société avec ses tares, ni les professions, ni les sciences de l'époque, ni même la théologie et la religion.

Endossant l'esprit de la Réforme, Agrippa se déclare opposé au culte catholique des images et des reliques. Il flétrit l'avidité du clergé et manifeste une hostilité intransigeante envers l'Inquisition et envers tous les ordres de moines, « troupe insolente de monstres encapuchonnés[4] ». « C'est le langage même, observe Auguste Prost, des plus violents sectaires de la réformation au XVIᵉ siècle et le ton général des adversaires de l'Église de Rome à cette époque[5]. »

Mais Agrippa est loin de se limiter à cela : dans la meilleure tradition réformée, il prétend qu'« il n'est pas d'hommes moins propres à recevoir la doctrine du Christ que ceux dont l'esprit est cultivé et enrichi de connaissances[6] ». Et il entreprend une longue louange de la simplicité d'esprit[7] : « Et qu'on ne me querelle pas, s'écrie-t-il, pour avoir dit des apôtres que ce sont des ânes. Je veux expliquer les mystérieux mérites de l'âne. Aux yeux des docteurs hébreux, l'âne est l'emblème de la force et du courage. Il a toutes les qualités nécessaires à un disciple de la vérité ; il se contente de peu, il supporte la faim et les coups. Simple d'esprit, il ne distinguerait pas une laitue d'un chardon ; il aime la paix, il supporte les fardeaux. Un âne a sauvé Marius poursuivi par Sylla. Apulée le philosophe, s'il n'eût été changé en âne, Apulée n'eût jamais été admis aux mystères d'Isis. L'âne a servi au triomphe du Christ ; l'âne a su voir l'ange que n'apercevait pas Balaam. La mâchoire de l'âne a fourni à Samson une arme victorieuse. Jamais animal n'a eu l'honneur de ressusciter d'entre les morts, sinon l'âne seul, à qui saint Germain a rendu la vie ; et cela suffit pour prouver qu'après cette vie l'âne aura sa part d'immortalité. »

Ce passage nous révèle la tradition chrétienne à laquelle dut s'inspirer Robert Bresson en tournant le film *Au hasard Balthazar*. Mais il nous révèle également la signification de la polémique de Giordano Bruno contre l'asinité (*asinitas*, la qualité essentielle de l'espèce asine). En effet, Bruno raille ouvertement Agrippa dans ses dialogues italiens *Cabala del cavallo pegaseo* et surtout *De gl'heroici furori*. En défenseur de la culture de la Renaissance, il ne peut pas accepter le point de vue d'Agrippa. Selon Bruno, il faut soigneusement distinguer la grâce passive de la contemplation active : le saint est simple d'esprit comme un âne qui transporte les sacrements de la grâce ; le héros, représentant « l'excellence de la nature humaine », est une « chose sacrée » par lui-même[8].

Par ailleurs, Agrippa lui-même n'était fait que pour démentir son propre idéal de simplicité d'esprit. Pendant sa jeunesse, il avait formé une société secrète parmi ses collègues de la Sorbonne qui pratiquaient l'alchimie. Il paraît avoir enregistré des succès comme pyrotechnicien en Espagne, il avait étudié les sciences occultes et professé — en feignant des titres qu'il ne possédait pas — les métiers de conseiller juridique et de médecin, il était féru de culture, se trouvant donc à l'antipode de l'« âne ». Et cependant, il manifeste parfois un zèle réformé qui, pour lui être inspiré par le cercle de l'abbé Trithémius, n'en reste pas moins étrange chez un personnage comme Agrippa.

En 1519, il était conseiller stipendié de la ville de Metz, où, entre autres, il s'attira la haine de l'inquisiteur pour être intervenu de toutes ses forces en défense d'une prétendue sorcière du village de Woippy[9]. D'ailleurs, il n'hésita pas à abandonner cette sinécure assez solide, pour s'être querellé avec le prieur des dominicains sur la question — défendue par Lefèvre d'Estaples — de la monogamie de sainte Anne. Sur cette question, il manifeste un zèle puritain qui s'explique, probablement, par ses contacts avec Trithémius une dizaine d'années auparavant (Trithémius était membre d'une association fondée par Arnoldus Bostius de Gand, qui défendait l'idée de la conception immaculée de la Vierge par sainte Anne et qui portait le nom de Joachim).

Mais comment expliquer les ambivalences d'Agrippa, qui s'accentuent dès que l'on pense qu'il dut également quitter d'urgence Pavie pour y avoir exposé un traité du kabbaliste Reuchlin ? Or, Reuchlin fait sans doute partie de la culture magique de la Renaissance, tandis que la question de la monogamie de sainte Anne relève déjà de la pruderie d'une culture réformée. C'est qu'Agrippa — comme Trithémius, d'ailleurs — se trouvait à cheval entre deux âges, dont il ne saisissait pas les contradictions : il s'imaginait pouvoir être à la fois magicien et pieux, héros et âne. Malheureusement pour lui, il exhiba toujours le mauvais côté dans des situations où il lui aurait fallu en exhiber l'autre : pieux à Pavie et kabbaliste à Metz, peut-être n'aurait-il encouru la haine de personne...

Mais croyait-il aux sciences de la Renaissance ? Là aussi, ses propres témoignages sont ambivalents. A Lyon, Agrippa avait trouvé de nouveau un emploi stable, comme médecin de cour. Pressé par la reine mère, Louise de Savoie, de rédiger l'horoscope de François Ier, il commit l'imprudence impardonnable d'écrire au sénéchal de France qu'il n'avait aucune confiance en l'astrologie et que, d'ailleurs, à en croire l'horoscope qu'il avait dressé, l'adversaire du roi, le duc de Bourbon, sortirait vainqueur dans l'année même (1526). Il n'y a pas lieu de s'étonner que le pauvre médecin fût privé à nouveau de sa sinécure, ni qu'il lui fallût beaucoup de temps pour en avoir la certitude — puisque le parti du roi ne voulait pas que le duc de Bourbon attirât à lui un personnage dont la réputation de spécialiste en machines de guerre remontait à sa première jeunesse et à ses aventures espagnoles. Au début de 1527, le duc de Bourbon offrit une préfecture dans son armée à Agrippa, que celui-ci refusa, non sans lui avoir rédigé un horoscope favorable et, probablement, sans avoir effectué des conjurations magiques au profit de l'ennemi du roi[10]. Malheureusement, l'horoscope s'avéra incomplet sur un point : les murs de Rome s'écroulant selon la prévision d'Agrippa, le duc lui-même, le 6 mai 1527, trouva la mort dans cet écroulement[11] !

Comment faut-il interpréter les lettres d'Agrippa au sénéchal de France : méprisait-il vraiment l'astrologie, ou bien était-il un astrologue si scrupuleux qu'il ne se sentait pas en mesure d'interpréter les informations que lui communiquaient les étoiles d'une manière favorable au roi ?

Les ambiguïtés, nous l'avons vu, s'accumulent dans sa personne : Agrippa n'est plus un homme de la Renaissance, et n'est pas encore un réformé.

4. Les ruses de Giordano Bruno

Giordano Bruno fut, sans doute, l'un des personnages les plus complexes du XVIe siècle. A la différence d'Agrippa, il est facile de le classer : Bruno fut un représentant de l'âge fantastique à l'époque de la Réforme. Et cependant, l'influence de celle-ci sur lui n'est pas à négliger. A Nola, dans le couvent dominicain, il avait des accès d'iconoclasme qui lui attirèrent des poursuites et des déboires avec les autorités religieuses. En Angleterre, il se posa en défenseur de l'Art de la mémoire contre le ramisme. Or, aux yeux des puritains, la mnémotechnique de la Renaissance passait pour un instrument périmé et diabolique, indigne de leur réforme générale des mœurs, d'autant plus qu'il paraissait lié en quelque sorte aux activités de l'Église catholique. Étranger en Italie, Bruno ne le fut pas moins en Allemagne et en Angleterre.

Agrippa et Bruno sont tous deux des impulsifs et témoignent d'une étonnante inaptitude à comprendre les gens et les situations qui les entourent. Cependant, tandis qu'Agrippa paraît renier (pour la forme ?) son passé d'occultiste et entrer dans les rangs des réformés, Bruno a l'ambition de défendre ses idées jusqu'au martyre, étant convaincu que les grandes personnalités de l'esprit ne reculent pas devant la souffrance physique. Agrippa est trop naïf pour se plier aux compromis, mais assez réaliste pour se décider à rétracter ses idées ; au contraire, Bruno est trop fier pour se rétracter, mais, après s'être laissé entraîner par son impulsivité sur des voies sans retour, il espère encore pouvoir y trouver un remède dans le compromis. Ici encore, il ne pèche pas par naïveté, mais par l'inverse, un excès de ruse qui aboutit, au fond, à un même résultat.

Nous avons cité quelques-unes des tentatives de Bruno pour convertir son public à l'exercice de l'Art de la mémoire. Nous rappelons encore que son *Spaccio de la bestia trionfante* était une « expulsion » des signes du zodiaque du ciel, s'accompagnant de leur substitution par une cohorte de vertus et de vices. Par cela, Bruno entendait donner au système de la mémoire astrologique un caractère plus abstrait et plus chrétien.

Bruno n'était point le premier à avoir eu l'idée d'un « ciel chrétien ». « Le Moyen Age voulut remplacer tous les signes du zodiaque par d'autres empruntés à la Bible — ce qu'Hippolyte repoussait en mettant en garde contre les astro-théosophes. Un poète carolingien (comme le prêtre Opicinus de Canistris, de S. Maria Capella) proposa de remplacer le Bélier par l'Agneau (le Christ), et, en 1627, Julius Schiller suggéra, dans son *Coelum stellatum christianum,* de substituer les apôtres aux signes du zodiaque. L'*Astroscopium* de Wilhelm Schickhardt, en 1665, reconnut dans le Bélier l'animal du sacrifice d'Isaac, dans les Gémeaux Jacob et Esaü et, dans les Poissons, ceux de la multiplication des pains. A partir de là, il n'y avait plus qu'un pas vers une interprétation entièrement arbitraire. Opicinus de Canistris le franchit en s'assimilant au Capricorne, parce que son péché, à lui Opicinus, était l'orgueil et la sensualité[12]. »

Il n'est pas surprenant que ces tentatives se soient multipliées au XVIIᵉ siècle, quand l'esprit de la Renaissance n'avait pas complètement déserté l'Europe occidentale et qu'on espérait encore une réconciliation des rigueurs du christianisme réformé et des « sciences » de l'époque fantastique. Nous avons sous nos yeux une carte du ciel chrétien rédigée par Andreas Cellarius pour son *Atlas Coelestis seu Harmonia Macrocosmica* (1661). Sur le *coeli stellati christiani haemispherium prius,* on voit que saint Jacques le Majeur s'est substitué à la constellation des Gémeaux, saint Jean au Cancer, saint Thomas au Lion, saint Jacques le Mineur à la Vierge, saint Philippe à la Balance et saint Barthélemy au Scorpion. En outre, l'Ourse mineure a été remplacée par saint Michel, l'Ourse majeure par la barque de saint Pierre, le Boréas par saint Pierre lui-même, le Serpentaire par saint Benoît, le Centaure par Abraham et Isaac, etc.

L'entreprise d'Andreas Cellarius présuppose un exercice de l'imagination très proche de l'Art de la mémoire, qui n'était peut-être concevable que du côté catholique de la Réforme. Il y a lieu de rappeler ici que l'Inquisition elle-même se servait amplement de l'arme de l'imaginaire ; seulement elle l'avait retournée *contre* la culture de l'âge fantastique. La christianisation des signes du zodiaque relève d'un processus du même genre. Cependant, une tentative de la sorte n'avait aucune chance de s'imposer auprès des puritains d'Angleterre, qui avaient été conquis par la mnémotechnique abstraite de Pierre de la Ramée. Un apôtre ou une bête zodiacale n'étaient, pour les puritains qui avaient jeté les icônes hors des églises, que des idoles conçues par l'imagination. C'est pourquoi Bruno s'adresse à eux dans un langage qui aurait été susceptible de les intéresser bien plus que les fantaisies d'Andreas Cellarius : il remplace les animaux du cercle zodiacal par des entités abstraites. Mais, par là, les concessions qu'il fait au ramisme sont tellement grandes que les caractéristiques principales de son propre système de mémoire artificielle finissent par s'estomper.

5. La Réforme ne fut qu'une

Si l'Église catholique ne renonça point au culte des images et au célibat de ses prêtres, il y a d'autres domaines où la Réforme aboutit, du côté protestant et du côté catholique, aux mêmes résultats. Il n'y a qu'à penser à la persécution des sorcières ou à la lutte contre l'astrologie et la magie.

Dans sa dix-huitième session, le concile de Trente enjoignit aux évêques de supprimer tous les livres d'astrologie en leurs diocèses. Cette décision fut suivie par la bulle *Coeli et Terrae Creator Deus* de Sixte V (1586), dont nous aurons encore à nous occuper dans les pages suivantes.

Dans ce contexte, le *Traitté curieux de l'astrologie judiciaire* publié par Claude Pithoys en 1641, moins célèbre que les *Disputations* de Jean Pic ou le *De vanitate scientiarum* d'Agrippa, a le mérite de nous montrer jusqu'à quel point catholiques et protestants pouvaient être d'accord sur quelques problèmes fondamentaux de la Réforme.

Claude Pithoys (1587-1676), né à Vitry-le-François dans la Champagne pouilleuse, rejoignit l'ordre des frères minimes. Sa carrière religieuse ne nous intéresse pas ici[13]. En 1632, « il renonça à ses vœux, abjura sa foi et devint protestant, se mettant sous la protection du duc de Bouillon, qui lui assura un poste dans l'académie protestante de Sedan[14] ». La communauté protestante de Sedan s'y était installée vers la moitié du XVIᵉ siècle, en y instaurant un climat totalitaire que les termes de cette ordonnance du 20 juillet 1573 caractérisent fort bien : « Tous athéistes, libertins, anabaptistes et autres sectes réprouvées sont accusés de lèse-majesté divine et punis de mort[15]. » L'académie, qui méritait sa réputation de rigorisme et de dogmatisme, avait été fondée en 1578 par Henri de la Tour, duc de Bouillon. Elle était fréquentée par des étudiants calvinistes anglais, hollandais et silésiens, qui eurent Pithoys pour professeur de philosophie. Il continua d'occuper tranquillement ce poste jusqu'en 1675 (il avait alors quatre-vingt-huit ans), quoique Sedan eût été cédée à la France en 1651 et que, sous le gouvernement du maréchal Fabert, elle fût rentrée lentement dans les voies du catholicisme[16].

La *Traitté curieux* fut publié, néanmoins, en 1641 — l'année où le protecteur de Pithoys, Frédéric-Maurice de la Tour, duc de Bouillon, avait enregistré sur les troupes royalistes une victoire écrasante, à La Marfée. Les arguments de Pithoys contre l'astrologie n'ont rien d'original. Il n'est que l'un des nombreux combattants contre les généthlialogues et « leur fantaisie ecervelée et miserablement prostituée à toutes sortes d'imaginations extravagantes que les demons y ont voulu peindre, pour servir de couvertures à leur imagie diabolique[17] ». Il les accuse de pacte avec le diable (p. 192-193) et affirme que c'est le démon qui suggère aux devins toutes leurs prédictions : « Cela se peut faire en parlant à eux sous une forme humaine qui leur est facile à representer. En formant quelque parole en l'air, ou dans l'oreille du devin. En imprimant dans l'imagination du devin les phantasmes des choses qu'ils coniecturent devoir arriver. En faisant rencontrer au devin les lettres, characteres, figures, marques, signes qu'ils cognoissent avoir la signification de telles choses en l'estime du devin » (p. 197).

Ce sont là des arguments classiques, qu'on peut déjà rencontrer dans le *Malleus maleficarum,* dans l'œuvre du médecin protestant Jean Wier ou dans celle du jésuite Martin Del Rio. Mais ce qui est fort intéressant dans cette réfutation de l'astrologie publiée *par un calviniste* en 1641, c'est qu'elle paraît avoir été rédigée du temps où Pithoys était encore frère minime à Bracancour, en province de Champagne[18]. Cela paraît d'autant plus vraisemblable que Pithoys ne se donne même pas la peine de changer ses références, citant en autorité la bulle de Sixte V *Coeli et Terrae Creator Deus* de 1586, dont il pourvoit son *Traitté* d'une traduction française[19]. Il n'y a aucun doute qu'il la tient pour valable des deux côtés de la Réforme : « Voila une Censure Papale qui confirme tout ce que nous avons dit de l'Astromantie et des Genethliaques. Les voila declarez *pervers, presomptueux, temeraires, deceveurs, miserables* et leur art *invention diabolique,* et leurs predications *inspirations des diables.* Les voila cenzurez et condamnez eux et leurs livres comme impies, infames et pernicieux. Les voila livrez au tribunal de l'Inquisition, non seulement eux et leurs livres, ains encor tous ceux qui les liront ou retiendront. Que pourront alleguer les Genethliaques là dessus ? Peut estre diront-ils que les Peres, les Conciles et les Papes ne les peuvent pas excommunier ny maudire, ny severement censurer pour ce sujet. A quoy je respond que pour le sujet de leur censure il ne peut jamais estre plus legitime, puis

que tout le Christianisme tient leur art pour magique »
(p. 209).

Protestants et catholiques ne s'accordent pas sur les pratiques extérieures du culte ni sur le problème du célibat du clergé. Mais, au XVIIe siècle, ils paraissent être tout à fait d'accord sur le caractère impie de la culture de l'âge fantastique et de l'imaginaire en général. Les catholiques et les luthériens, il est vrai, sont légèrement plus tolérants que les calvinistes ; mais ils n'en croient pas moins que l'exercice de la divination de toutes sortes a lieu par inspiration démonique. Or, le lieu où s'établit la communication entre le démon et l'homme est l'appareil fantastique. C'est pourquoi l'ennemi numéro un que *tout le christianisme* doit combattre, c'est la fantaisie humaine. (Voir Appendice X, p. 361 sq.)

6. La modification de l'image du monde

La censure de l'imaginaire et le rejet en bloc de la culture de l'âge fantastique qu'exercent les milieux chrétiens rigoristes aboutissent à une modification radicale de l'imagination humaine.

Ici encore, il y a dans la littérature historique et dans les œuvres de certains historiens des idées un préjugé indéracinable : celui de croire que cette modification fut provoquée par l'avènement de l'héliocentrisme et de l'idée de l'infinitude de l'univers. Il y a encore des auteurs qui se permettent d'affirmer *sérieusement* que Copernic (ou Bruno, ce qui serait beaucoup plus correct) fut à l'origine d'une « révolution » non seulement scientifique, mais psychologique. Selon eux, le cosmos thomiste, fini, aurait été susceptible de faire taire les inquiétudes humaines, qui explosèrent dès que la croyance en un univers infini se fut généralisée.

Cela ne serait pas grave si l'on n'enseignait qu'aux écoliers des fantaisies de ce genre, encore qu'eux aussi méritent quelque chose de mieux. Malheureusement, elles circulent même dans les traités les plus doctes et ce serait un espoir vain que de croire à leur disparition immédiate. Il s'agit là d'inventions si commodes et si superficielles que personne ne se donne plus la peine de les contrôler. Elles continuent de circuler, de génération en génération, constituant une des traditions les plus persistantes de la culture moderne.

Le responsable en est une certaine conception du progrès linéaire de l'histoire, qui cherche partout des signes de « passage » et d'« évolution ». Pour avoir proposé une image héliocentrique de notre système solaire, qui est plus proche de la vérité scientifique, Copernic s'identifie à un moment clé du passage, de l'évolution, bref, du progrès. A noter que ceux qui affirment encore que l'héliocentrisme et l'infinitude de l'univers ont eu un effet désastreux sur l'équilibre psychique de l'individu et des masses ne partagent pas moins les conceptions exposées plus haut, puisqu'ils ne doutent pas que les « coupables » en furent des gens comme Copernic et Bruno...

Dès qu'on soumet à une analyse plus rigoureuse le cadre historique où ces importants changements de perspectives sur le cosmos ont eu lieu, on s'aperçoit que ni le cardinal de Cues, ni Copernic, ni Bruno n'y sont pour rien.

D'abord, demandons-nous si le système ptoléméen-thomiste pouvait avoir une influence psychologique équilibrante sur l'individu. Pas du tout, puisque celui-ci apprenait qu'il se trouvait, en quelque sorte, dans la poubelle du cosmos, à son point le plus bas. Dans la cosmologie aristotélicienne, l'important n'est pas que la terre se trouve au centre de l'univers, mais qu'elle occupe son point inférieur ; qu'elle est, pour ainsi dire, le pôle négatif de tout le cosmos et qu'en cette qualité elle ne se caractérise pas par une surabondance d'être, mais presque par une *privation d'être* : elle est moins que tout ce qu'il y a au-dessus d'elle. C'est contre cette conception que s'élève la voix de Nicolas de Cues, qui veut investir la terre d'une dignité égale à celle de toute autre étoile. L'individu dans le cosmos ptoléméen est, en quelque sorte — pas essentiellement, bien entendu, mais accidentellement —, une ordure dans la poubelle du monde. L'individu dans le cosmos infini de Nicolas de Cues est une pierre précieuse qui contribue à la beauté du « joyau » (*kosmos*), à l'harmonie du tout. On ne saurait dire pourquoi cette dernière hypothèse aurait été plus « déséquilibrante » que l'autre.

La même chose vaut pour l'héliocentrisme, que les théologiens les plus inspirés du XVIIe siècle acceptèrent de bon gré. Le cardinal P. de Bérulle écrivait, en 1622, dans son *Discours de l'Estat et des Grandeurs de Jesus :* « Cette opinion nouvelle, peu suivie en la science des Astres, est utile, et doit estre suivie en la science de salut. Car Jesus est le

Soleil immobile en sa grandeur, et mouvant toutes choses. Jesus est semblable à son Père, et estant assis à sa dextre, il est immobile comme luy, et donne mouvement à tout. Jesus est le vray Centre du Monde, et le Monde doit estre en mouvement continuel vers luy. Jesus est le Soleil de nos Ames, auquel elles reçoivent toutes les graces, les lumieres, et les influences. Et la Terre de nos Cœurs doit estre en mouvement continuel vers luy, pour recevoir en toutes ses puissances et parties les aspects favorables, et benignes influences de ce grand Astre[20]. »

Deux ans plus tard, en 1624, le père Mersenne, l'adversaire traditionnel de Robert Fludd, reprenait à peu près les mêmes arguments, encore qu'il ne fût pas persuadé de la validité astronomique du système héliocentrique[21]. Ceci prouve, comme nous l'a très bien montré Clémence Ramnoux, que toute une imagination théologique aurait pu facilement déserter le thomisme pour envahir le terrain si magnifiquement préparé par le cardinal de Bérulle. Cela n'advint pas. Et ce fut dommage.

Quand on remonte au cœur de la dispute sur les deux systèmes du monde, on y retrouve les mêmes arguments que l'on répétait encore il y a un quart de siècle, au point de s'étonner que nos contemporains aient si peu d'imagination.

Le premier argument, que Smitho, partisan du géocentrisme, oppose à Teofilo, partisan de l'héliocentrisme, dans *La Cena de le ceneri* de Giordano Bruno, est le suivant : « La Sainte Écriture [...] présuppose un peu partout le contraire » (*Op. it.*, I, p. 91). A Teofilo de répliquer que la Bible n'est pas un écrit philosophique (c'est-à-dire scientifique) et que, pour s'adresser aux masses, elle ne se soucie que des apparences. Smitho lui donne raison, mais il observe également que s'adresser aux masses par un discours qui contredit les apparences, ce serait pure folie (*ibid.*, p. 92). Et il emprunte à al-Ghazali un argument qu'on peut souvent rencontrer dans certains écrits publiés juste après la Seconde Guerre mondiale : « Le but des lois n'est pas celui de chercher en premier lieu la vérité des choses et des spéculations, mais la bonté des usages ; ceci pour le profit de la civilisation, l'entendement entre les peuples et la facilité de la conversation humaine, le maintien de la paix et le progrès des républiques. Souvent et à beaucoup d'égards, il est chose plus sotte et ignorante de dire les choses selon la vérité que selon l'occasion et l'opportunité. » Au lieu de dire : « Le soleil se lève, le soleil se couche, il se dirige vers le midi, tourne vers le nord », l'Ecclésiaste (I, 5-6) aurait-il pu s'exprimer ainsi : « La terre tourne vers l'orient et dépasse le soleil, qui disparaît à la vue ? » Ses auditeurs l'auraient pris, et à juste titre, pour un fou.

Il est vrai, Smitho s'arrête ici, sans prétendre que la psychologie humaine tirait un sentiment de confort de l'idée d'un cosmos ordonné avec la terre au centre, sentiment que le système de Giordano Bruno aurait dissipé à tout jamais. Mais il lui manquait très peu pour arriver à cette conclusion, car il était déjà sur la bonne voie. Le puritain Smitho, qui adhérait à l'autorité de l'Écriture, rencontrait sur le même terrain son confrère qui adhérait à la pensée de Thomas d'Aquin. Mais, dans les deux cas, ce n'était pas le souci de vérité qui leur dictait cette attitude ; ils la croyaient utile pour ne pas perturber la paix de l'âme par des hypothèses trop audacieuses. Or, ce raisonnement convient beaucoup plus au puritain qu'au thomiste, car le système ptoléméen, pour donner raison des mouvements apparents des planètes, est d'une extrême complexité. Par rapport à celui-ci, le système héliostatique de Copernic est un jeu d'enfant. Du moment que cette simplification — mis à part la contradiction entre le mouvement apparent et le mouvement réel des astres — ne pouvait que plaire aux masses, du moment — à preuve le cardinal de Bérulle — qu'elle ne pouvait que renforcer la théologie, on s'étonne encore de l'argument fallacieux qui nous est présenté pour justifier ce qui ne fut qu'une grave erreur de calcul historique.

Malheureusement, l'esprit ouvert de P. de Bérulle ne constitua qu'une exception ou presque dans le panorama spirituel du XVIIe siècle. La peur, toute puritaine, de l'éloignement de Dieu, qui se traduisit par un endurcissement des attitudes traditionnelles, l'emporta sur le jugement optimiste et équilibré du cardinal. Le puritanisme, avec ses excès, s'étendit et arriva à envahir le camp adverse. Sa victoire éclatante fut aussi sa défaite, car, à force de vouloir préserver l'âme de la contamination et des abus de la science, afin qu'elle puisse être plus proche de Dieu, il n'aboutit qu'à chasser Dieu du monde.

Blaise Pascal, né un an après la publication du *Discours* du cardinal de Bérulle, est le témoin majeur de ce silence de Dieu exilé de la nature. Y a-t-il intention polémique dans les angoisses du converti abandonné parmi « ces effroyables espaces de l'Univers qui [l'] entourent », dans le sentiment d'être entouré par « des infinités de toutes parts » (*Pensées*, 1) ? Ou bien l'idée de l'infinitude de l'univers avait-elle été unanimement acceptée à l'époque où Pascal rédigeait ses *Pensées* ? Ni l'un ni l'autre. Pascal, qui ajoute même au grand infini le petit infini, tout aussi mystérieux et inquiétant que le premier, paraît adopter l'attitude puritaine et s'en effrayer. Est-ce par nostalgie de l'image finie de l'univers thomiste ? On ne saurait lui imputer cela. Est-ce par crainte de l'effet fourvoyant que le nouveau système du monde aura sur les masses ? Cela est également improbable.

On a dit que Pascal est en quelque sorte le héraut d'un nouvel âge, d'une nouvelle expérience du monde. Cette interprétation existentialiste de Pascal a le tort de négliger la quantité connue par rapport à quoi le penseur se définit, à la faveur d'une quantité qui lui était complètement inconnue : l'avenir. Avant de prendre une attitude « positive » envers un avenir qui n'existait pas, Pascal prend une attitude (négative) envers le passé, qui devait lui être familier. Il n'est le prophète d'un âge nouveau que dans la mesure où il contribue lui-même à sa construction.

Or, son option nous paraît sans équivoque : il participe à cette révolution puritaine qui, dans sa volonté de retour aux origines, exerce une activité nihiliste d'une ampleur extraordinaire sur toute la période intermédiaire, qui n'est pas seulement celle de l'Église, mais celle du *pacte entre christianisme et philosophie païenne*. L'infini de Pascal, qui n'est effrayant que parce que Dieu en est absent, est à l'antipode métaphysique et existentiel de l'infini de Nicolas de Cues, de celui de Giordano Bruno, pour lequel la présence divine se manifeste en chaque pierre, en chaque grain de sable de l'univers. Proclamation de la transcendance infinie de Dieu, refus du panthéisme, voilà le contenu puritain du message de Pascal. Or, dans la mesure où cette activité nihiliste s'exerce sur le cosmos platonicien de la Renaissance, le seul représentant de la philosophie moderne avec lequel Pascal peut être comparé est Nietzsche, dont le premier a l'air de préparer, en quelque sorte, l'avènement.

N'oublions pas que Nietzsche n'établissait aucune distinction entre platonisme et christianisme. Pour lui, ces deux traditions formaient un bloc compact, et sa négation du christianisme est, en réalité, une négation du platonisme[22]. Pascal lui prépare le terrain dans la mesure où, adoptant le message aride du puritanisme, il renie le platonisme, ce platonisme qui concevait le tout, même en son infinitude, comme un organisme vivant. Or, ce qui effraie Pascal, c'est justement l'*absence de vie* de l'univers.

On pourrait dire que l'angoisse de Pascal n'est causée que par le fait d'adhérer à une image du monde trop abstraite et trop inhumaine. Ce n'est pas l'infini qui fait peur à Pascal et à ceux auxquels il s'adresse, *c'est le fait d'être puritain*.

L'idée de l'infinitude de l'univers n'est pas la seule qui, exaltée pendant la Renaissance, produit un effroi considérable à des époques successives. Quelle différence entre l'apologie du libre arbitre humain dans l'*Oraison sur la dignité humaine* de Jean Pic et l'expérience angoissante de la responsabilité chez le protestant Kierkegaard ! L'idée de liberté, qui consentait à l'homme de rejoindre les natures supérieures, finit par devenir un fardeau écrasant, puisque les points de référence viennent à manquer. Dès que Dieu se retire du monde dans sa transcendance radicale, toute tentative humaine de sonder ses intentions se heurte à un silence affreux. Ce « silence de Dieu » est, en réalité, silence du monde, silence de la nature.

Or, la lecture du « livre de la nature » avait été l'expérience fondamentale de la Renaissance. La Réforme ne sut jamais trouver assez de moyens pour fermer ce livre. Pourquoi ? Parce que, pour elle, loin d'être un facteur de rapprochement, *la nature était le principal responsable de l'éloignement de Dieu et de l'homme*.

A force de chercher, la Réforme trouva, enfin, le grand coupable de tous les maux de l'existence individuelle et sociale : *la nature pécheresse*.

CHAPITRE X

LE DOCTEUR FAUST, D'ANTIOCHE À SÉVILLE

1. La permissivité de la Renaissance

Que la femme soit identifiée à la nature et l'homme aux valeurs de la culture, voilà un point de vue fort répandu dans nombre de sociétés anciennes. L'idéologie du Moyen Age chrétien n'en était point exempte et, lorsque le *Malleus maleficarum* affirme que la femme est un « mal de la nature », il ne fait, au fond, que reprendre une idée en quelque sorte traditionnelle.

Le climat dont surgit le christianisme se caractérise par une tension dualiste entre la divinité, qui est transcendante, et l'existence dans le monde naturel. Or, puisque la vraie patrie de l'homme, le port du salut, est le ciel, la nature est envisagée comme un lieu d'exil et le corps — selon la maxime platonicienne — comme un tombeau. Cette situation implique, d'une part, une séduction constante que la nature exerce sur l'homme, séduction dont l'effet est une aliénation de plus en plus marquée par rapport à la divinité ; d'autre part, elle implique un effort constant — dont la religion elle-même et la morale religieuse sont les principaux instruments — pour échapper aux pièges de la nature.

La nature est un organisme sans réflexion, doué de beauté et d'une énorme capacité de fascination, qui engendre les êtres, les nourrit et les détruit. Au contraire, la religion représente un ensemble de règles dont le but est de préserver l'homme de la destruction naturelle, lui assurant l'indestructibilité sur le plan spirituel. Au niveau de la division sexuelle, c'est la femme qui remplit le rôle de la nature et l'homme celui de la religion et de ses lois. Il s'ensuit que plus une femme est belle, plus elle présente les marques de ses fonctions naturelles (insémination, fécondité, nutrition), et plus elle est suspecte du point de vue religieux. En effet, la beauté signifie une capacité accrue de séduction en vue de l'insémination et, par conséquent, un puissant danger pour l'homme qui doit se préserver des souillures du désir sexuel. Quant aux signes somatiques de la fécondité et de la fonction nutritive (les hanches, les seins), ce sont ceux-là mêmes qui engendrent la convoitise et le péché. C'est pourquoi la culture du Moyen Age propose son propre idéal de beauté, qui est contraire à la beauté naturelle : c'est la beauté de la vertu, qui s'obtient dans le mépris et la mortification du corps.

L'histoire de la mode féminine nous donne des informations précieuses à ce sujet. Au-delà de ses variations, le costume a la fonction primaire de cacher entièrement le corps féminin — y compris les cheveux, s'il s'agit d'une femme mariée. Le buste doit être nivelé, plat, puisque l'idéal de beauté vertueuse requiert des seins presque inexistants. Ce qu'on admire toujours jusqu'à la fin du Moyen Age, c'est la taille fine de la femme, l'apparence fragile et virginale de celle-ci : « Vous savez combien fines sont les fourmis en leur milieu, dit Wolfram d'Eschenbach, mais la jeune fille l'est encore plus[1]. » L'habitude que le mari et la femme couchent nus au lit conjugal n'apparaît qu'au XIVe siècle[2]. Avant cette période, il y a des témoignages formels qui nous forcent à croire qu'il n'était pas rare qu'un mari ne voie jamais sa femme toute nue. Le poète mystique d'Ombrie Jacopone da Todi ne découvre qu'à la mort de son épouse que celle-ci portait sous ses vêtements un cilice rugueux qui avait produit des blessures profondes sur son corps.

Au XIVe siècle a lieu un changement radical des mœurs, qui se traduit par l'apparition d'une mode féminine tout aussi révolutionnaire. La *Chronique du Limbourg* nous informe que le décolleté était devenu si profond « qu'on pouvait y voir les seins à moitié ». Isabelle de Bavière introduit les « robes à la grand'gorge », ouvertes jusqu'au nombril. Les seins restent parfois complètement découverts, les tétins sont ornés de rouge, d'anneaux aux pierres précieuses et même percés pour permettre d'y insérer des chaînons en or[3]. Ce courant de la mode arrive jusqu'aux villages, sous une forme, bien sûr, plus modérée. Les paysannes adoptent elles aussi des robes aux couleurs vives et décolletées. Geiler de Keisersberg, un moraliste du début du XVIe siècle, se scandalise d'avoir aperçu une fois les seins d'une jeune femme à travers l'ouverture de son décolleté. Mais ce qui le comble d'étonnement, ce sont les danses villageoises où, la jeune fille étant jetée en l'air, « on peut y voir tout, par arrière et par devant, jusqu'au pubis[4] » — les sous-vêtements féminins n'existant pas encore, dans ces milieux, à son époque.

Au XVe siècle, si l'on n'adopte que rarement le *topless* — comme Simonetta Vespucci peinte par Piero di Cosimo —, un nouvel idéal de beauté surgit, qui accentue les charmes de la nature au détriment des charmes de la vertu. Jan Hus, le réformateur de Bohême, brûlé vif à Constance en 1415, dénonce ces femmes qui « portaient des robes aux décolletés si profonds et si larges, que près de la moitié de leur poitrine était visible et que tout le monde pouvait voir leur peau éclatante n'importe où, dans les temples de Dieu, devant les prêtres et le clergé, aussi bien qu'au marché, mais davantage encore à la maison. *La partie de la poitrine couverte est tellement mise en évidence, artificiellement grossie et proéminente, qu'elle ressemble à deux cornes* ». Et ailleurs : « Puis, elles font deux [...] cornes sur la poitrine, remontées très haut et, au moyen d'artifice, projetées vers l'avant, même quand la nature ne les a pas dotées d'avantages si importants ; enfin, grâce à la forme du corsage et d'un surcroît de vêtements, les cornes de leur poitrine se dressent[5]. »

La préférence pour les formes rondes, mûres s'accentue avec le progrès de la Renaissance. « Les jeunes gens élancés et les jeunes filles fragiles du Trecento et du Quattrocento sont devenus des hommes forts et résolus aux larges épaules, et des femmes adultes, vigoureuses, aux lignes amples du Cinquecento, telles que nous les connaissons d'après les chefs-d'œuvre de Léonard de Vinci, Raphaël, Michel-Ange, Sansovino, Giorgione, Titien, le Corrège et d'autres. La forme du corps était parfois dévoilée, parfois accentuée par le costume. Catherine de Médicis introduisit à la cour de France une mode qui rappelait celle de Crète. Le décolleté profond mettait en valeur la poitrine qui était cachée par un tissu léger et transparent ou laissée complètement nue[6]. »

La mode italienne au XVe siècle était à taille haute, ce

qui permettait aux seins d'être mis en évidence. On le voit même sur le monument funéraire d'une matrone de la ville de Lucca, exécuté par Jacopo della Quercia (*ob.* 1438), sculpteur de la maternité des formes pleines[7]. Au XVIᵉ siècle, la mode italienne prévoit la taille basse, la poitrine étant couverte d'un « corselet court au décolleté carré[8] ». Le fresque *Les Tisseuses* (1468-1469) de Francesco del Cossa au palais Schifanoia à Ferrare est une vraie parade de la mode à taille haute ; par contre, les portraits de femmes de Raphaël témoignent de la descente de la taille et de l'évolution du décolleté ; ses madones et ses anges portent parfois également des robes à taille basse.

Un certain équilibre ne fait pas défaut à ces variations de l'habit féminin : la taille haute met en évidence la poitrine, qui reste cependant couverte ; la taille basse l'aplatit, mais le décolleté, parfois assez large pour s'étendre sur les épaules, en découvre sur sa partie supérieure cette « peau éclatante » qui avait tellement scandalisé le réformateur Jan Hus.

En conclusion, la mode et les coutumes à la fin du Moyen Age et à l'époque de la Renaissance présentent tous les indices d'une permissivité et même, en certains cas — que l'on pense aux bains publics mixtes ou aux danses villageoises[9] — d'une promiscuité inconnues jusqu'alors. La littérature n'est pas faite pour démentir cette impression générale, car, exception faite pour les fabliaux[10], jamais les sujets érotiques n'avaient été traités, à l'ère chrétienne, avec la franchise d'un Boccace, d'un Chaucer, d'un Machiavel, d'un Rabelais ou d'un Bruno. L'art enregistre également ce changement des mœurs : pour ne pas se lancer dans des considérations trop générales, il n'y a qu'à rappeler l'énorme différence dans le traitement du corps humain entre l'art du gothique tardif et l'art renaissant du Quattrocento, chez Masaccio, par exemple[11]. Les sujets s'inspirant de la mythologie antique deviennent — chez Pollaiolo, Piero di Cosimo, Lorenzo di Credi, Luca Signorelli, Botticelli, Léonard, Michel-Ange, etc. — un prétexte pour des études de nus féminins d'une incroyable audace. Dans la ville de Florence, parcourue par les cortèges bacchiques de Lorenzo de Medici, Simonetta Vespucci pose en *topless* pour Piero di Cosimo et Raphaël n'aura aucune difficulté à trouver des modèles pour ses nus.

Un vent d'indépendance soufflait de toutes parts et l'autorité religieuse ne pouvait qu'en être inquiète. Luigi Cortusio, juriste de Pavie, mort le 17 juillet 1418, avait laissé des dispositions testamentaires assez bizarres, qui nous indiquent combien la mentalité privée s'était affranchie par rapport aux traditions du Moyen Age. Le légataire universel de Cortusio allait être ce membre de sa famille qui, dans le cortège funèbre, aurait fait la mine la plus *naturellement* gaie ; par contre, ceux qui auraient versé des larmes devaient être déshérités. Cortusio refusait le deuil et les cloches funèbres ; la maison et l'église où son corps allait être déposé devaient être ornées de guirlandes et de fleurs et de feuilles vertes. Cinquante musiciens jouant l'alléluia devaient accompagner la procession jusqu'au cimetière. Aucun moine vêtu de noir ne devait être admis au cortège ; par contre, le catafalque devait être transporté par douze jeunes filles vêtues de vert, censées entonner des refrains allègres[12].

Nous ne saurions dire si la permissivité des autorités alla assez loin pour permettre que les dispositions de Cortusio fussent réalisées. Mais la réaction à l'émancipation sexuelle, à la mode exhibitionniste et à l'anticonformisme ne se fit pas attendre. Les sermons moralisateurs d'un Jan Hus en Bohême et d'un Savonarole à Florence[13], dont la force de persuasion et l'efficacité furent énormes, nous permettent d'entrevoir ce qu'allait être, au XVIᵉ siècle, la mentalité réformée.

2. Il fera plus chaud en Enfer !

Partout où s'instaure la Réforme, les mœurs changent. Dans la mode féminine, cela se traduit par la disparition complète du décolleté, auquel se substitue un corsage au col haut, et par l'apparition d'une jupe double, dont l'un des buts paraît avoir été d'éviter les regards indiscrets lors de la danse[14]. Les bains publics mixtes, qui s'étaient multipliés au XIVᵉ siècle, n'existent presque plus au XVIᵉ[15].

La Réforme allemande ne lança pourtant aucune mode unitaire. Après 1540, l'influence dominante vient d'Espagne et très vite gagne l'Europe tout entière, y compris les pays protestants.

L'idéologie qui préside à la mode féminine espagnole est simple et claire : la femme est l'instrument aveugle de séduction de la nature, elle est le symbole de la tentation, du péché et du mal. En dehors de son visage, ses appâts principaux sont les signes de sa fécondité : les hanches et les seins, mais aussi chaque millimètre de peau qu'elle exhibe. Le visage doit, hélas, rester découvert ; mais il est possible de lui imprimer une expression rigide, virile. Le cou peut être enveloppé par un haut col de dentelle. Quant à la poitrine, le traitement qu'on lui applique rappelle de près la déformation traditionnelle des pieds chez les dames japonaises, sans être, d'ailleurs, moins douloureux et malsain. La coutume, qui resta inchangée jusqu'au début du XVIIIe siècle, nous est décrite en ces termes par la comtesse d'Aulnoy[16] : « C'est une beauté parmi [les femmes espagnoles] de n'avoir point de gorge, et elles prennent des précautions de bonne heure pour l'empêcher de venir. Lors que le Sein commence à paroître elles mettent dessus de petites plaques de plomb, et se bandent comme les Enfants que l'on emmaillote. Il est vrai qu'il s'en faut peu, qu'elles n'aient la gorge aussi unie qu'une feuille de papier. »

Les dessous du corps étant tabous, on invente un système pour rendre la jupe plus longue que les jambes, en adoptant notamment des chaussures à hautes semelles de bois ou de liège. « Ce type de chaussures trouva des alliés inespérés dans les milieux ecclésiastiques d'Italie qui voyaient dans ces chaussures inconfortables une arme efficace contre les plaisirs de ce monde et par-dessus tout contre la danse. Celles qui les portaient avaient droit à des indulgences[17]. » La couleur des habits était, bien sûr, le noir.

La mode détermine certainement le seuil de l'excitation sexuelle : une mode permissive qui donne l'occasion à la femme d'exhiber tous ses charmes naturels aboutit à une certaine indifférence entre les sexes ; par contre, une mode répressive a comme résultat un abaissement proportionnel du seuil de l'excitation. L'on s'en rend facilement compte en apprenant que, lors du triomphe de la mode espagnole, « la dernière faveur » qu'une femme accordait à son soupirant, le comblant de bonheur, était de lui montrer son pied. Au XIXe siècle, la situation n'était pas complètement changée, puisque Victor Hugo nous informe, dans ses *Misérables,* que Marius fut plongé dans une longue rêverie érotique pour avoir entrevu, par hasard, la *cheville* de Cosette.

Le seul pays où la mode espagnole ne prit pas pied fut l'Italie. Le fait que Rome ait toujours abrité le Vatican et que, parmi la Curie romaine, il y ait toujours eu des gens doués d'une intelligence et d'un scepticisme remarquables a préservé l'Italie des excès de l'intolérance : ce fut, d'ailleurs, la seule province de l'Église qui ne connut presque pas la persécution enragée des sorcières. L'art baroque est imprégné de sensualité et le costume féminin du Seicento est loin de présenter la même uniformité rigide que dans le reste de l'Europe.

L'idéal féminin proposé par la Réforme trouve son expression la plus parfaite dans la mode espagnole. Il s'agit d'une femme déféminisée, virilisée, dont le rôle n'est plus d'exercer sur l'homme une séduction néfaste, mais de l'aider sur les chemins ardus de la perfection morale. La culture tend à détruire ses attraits de nature par des pratiques cruelles et malsaines : on aplatit sa poitrine au moyen des plaques de plomb, on annule la mobilité expressive de son visage, on élève sa taille, on la couvre du cou jusqu'au bout des orteils, bref, on essaie de lui donner l'aspect le plus masculin possible.

La féminité naturelle, débordante, voluptueuse, pécheresse est rejetée dans le camp de l'illicite. Ce ne seront désormais plus que les sorcières qui se permettront d'avoir les hanches larges, les seins proéminents, le derrière saillant, les cheveux longs. Il n'y a qu'à regarder les gravures de Hans Baldung Grien ou celles dont est orné l'ouvrage *Die Emeis* (Strasbourg, 1517) de Johannes Geiler de Keisersberg pour se rendre compte de l'extraordinaire vitalité dont jouissent les *maleficae*. A cette image du féminin naturel, tentateur, anticonformiste et destructif, s'opposent la silhouette rigide et uniforme et le visage émacié de la femme vertueuse espagnole.

La littérature et l'imagerie se rapportant à la sorcellerie confinent au genre pornographique : ce sont les refoulements de toute une époque répressive qui s'y déversent. Toutes les perversions possibles et impossibles sont attribuées aux sorcières et à leurs partenaires diaboliques. Hans Baldung Grien ne recule pas devant la représentation naturaliste d'un *cunnilingus* entre une jeune hérétique fort voluptueuse, les cheveux longs dans le vent, et le dragon Léviathan, qui sort de sa bouche une espèce de membre viril en forme de vrille (1515). Les tableaux du sabbat contiennent des scènes tout aussi scabreuses, dont l'intention manifeste est d'édifier le lecteur sur les pratiques antisociales des sorcières. Mais le contenu latent de toute cette iconographie est facile à saisir : prenant comme prétexte les fantaisies érotiques des marginaux qui avaient affleuré lors du processus de transfert mis en marche par l'Inquisition, les persécuteurs eux-mêmes y projetaient tous leurs refoulements personnels.

Aux XVIe et XVIIe siècles, il suffit que certaines femmes soient plus insouciantes de leur comportement « pour qu'on leur prépare dans ce monde-ci les tortures de l'enfer[18] ». On les voit, dans les gravures de l'époque, qui se regardent au miroir et, au lieu de leur propre visage, y aperçoivent le derrière d'un démon. Des cheveux en désordre et des vêtements décomposés suffisent pour engendrer le soupçon de sorcellerie. En Allemagne au XVIIe siècle, une femme est livrée aux autorités par son propre mari, qui l'avait surprise *pendant la nuit* non pas nue, mais déchevelée et déboutonnée[19] ! Et si une coquette, délaçant son corset, lance un : « Il fait trop chaud — objectez-vous ? » son interlocuteur de répliquer : « Il fera bien plus chaud en Enfer[20] ! »

3. Un moralisme exhaustif : la légende de Faust

L'expression la plus parfaite de la Réforme est la légende de Faust, dans laquelle s'accumulent tous ces traits idéologiques dont nous avons déjà produit quelques témoignages : la censure de l'imaginaire, la culpabilité intrinsèque de la nature et de son instrument principal : la femme, enfin la masculinisation de celle-ci.

Il existe également une tradition historique — documentée par Trithémius, Wier et d'autres — qui ne nous intéresse guère dans ce contexte : celle du charlatan Jorg Faust, qui affectait le nom latinisé de Georgius Sabellicus. Il aurait vécu à peu près entre 1480 et 1540, et les habitants du village de Kittlingen le tiennent encore pour le plus célèbre parmi ses natifs.

Quant à la légende, on en compte deux rédactions anciennes : celle de l'« anonyme de Wolfenbüttel[21] » et le *Volksbuch* imprimé par Johann Spies à Francfort en 1587[22], dont le compilateur pourrait être un certain Andreas Frei, principal au collège classique de Speyer.

En 1592, le *Volksbuch* fut traduit en anglais par P.F. Gent sous le titre *The histoire of the damnable life and deserued death of Doctor Iohn Fausts*[23]. Ainsi devint-il accessible à Kit Marlowe, auteur dramatique et ténébreux espion assassiné dans une taverne, qui l'assaisonna de doctrine calviniste de la prédestination, dont il s'était nourri à Cambridge[24]. Adapté pour le théâtre, d'acteurs et de marionnettes, le *Faustspiel* fut aussitôt exporté en Hollande[25]. Son énorme popularité du côté protestant de la Réforme ne manque pas de recommander ce texte dans les cercles catholiques, et Calderón de la Barca l'adapta librement, en 1637, pour le public espagnol.

Que l'auteur du *Volksbuch* fût Andreas Frei ou un autre, il s'agit en tout cas d'un lettré dont les inventions pieuses étaient puisées à des sources antiques et combinées avec la tradition historique allemande. Autant que cela paraisse étrange, le nom de Faust ne semble pas emprunté à celle-ci, mais au célèbre Simon le Mage, le contemporain des apôtres, surnommé *Faustus*. Celui-ci était le héros négatif de plusieurs histoires narrées dans les écrits attribués à saint Clément de Rome et dans d'autres sources de l'Antiquité tardive, que Baronius, un auteur du XVIe siècle, avait patiemment recueillies dans ses *Annales* (*Ann.* 68, n. 21). D'autre part, Simon le Mage passait également pour le premier gnostique et, en cette qualité, il prétendait être divin et avait épousé une prostituée du nom d'Hélène, qui incarnait pour lui Hélène de Troie aussi bien que la Sagesse (*ennoia*) de Dieu[26]. Dans le *Volksbuch*, Faust obtient par ses arts magiques le simulacre d'Hélène de Troie, épisode qui s'explique, d'une part, à partir de la légende de Simon-Faustus et, d'autre part, à partir d'une autre tradition ancienne : celle de saint Cyprien d'Antioche.

La légende de Cyprien remonte à une source encratite : or, les encratites représentaient une tendance à l'intérieur du christianisme oriental qui se caractérisait par la répression absolue de la sexualité — y compris le mariage — et par un régime d'ascétisme sévère. La première version du récit figure dans les Actes apocryphes de l'apôtre André, rédigés en grec vers l'an 200, dont une traduction copte fragmentaire a été récemment récupérée par Gilles Quispel parmi les manuscrits du professeur Carl Schmidt[27]. Dans sa forme canonique, l'histoire — très célèbre — date du IVe siècle, où elle n'enregistre pas moins de trois rédactions : la *Confessio seu poenitentia Cypriani*, déclarée hérétique par le pape Gélase Ier, qui confond Cyprien d'Antioche avec un autre

Cyprien, celui-ci évêque de Carthage ; la *Conversio Sanctae Justinae virginis et Sancti Cypriani episcopi,* qui perpétue la même erreur ; enfin, le martyre des deux saints. En 379, Grégoire de Nazianze mentionne la légende dans un de ses sermons, tandis que l'historien ecclésiastique Photius résume plus tard, dans ses écrits, le contenu d'un poème héroïque en trois chants sur saint Cyprien, composé par Eudoxie, fille du philosophe Léontius, qui devint impératrice en 421. L'œuvre de Vincent de Beauvais et la *Légende dorée* de Jacques de Voragine assurèrent au récit de Cyprien et Justine une très large audience. D'autre part, une seconde version de la légende fut rédigée au Xe siècle par Siméon Métaphraste, traduite en latin en 1558 par Aloysius Lipomanus et republiée par Laurentius Surius en 1580 et 1618, dans une œuvre édifiante qui eut beaucoup d'influence à son époque[28].

Calderón paraît avoir enregistré le récit de Surius, mais ses deux sources principales restent la *Légende dorée* et un recueil des vies des saints intitulé *Flos Sanctorum*[29].

Au-delà de ses nombreuses variations, la légende raconte que Cyprien, un magicien d'Antioche — ou un ami à lui, Aglaïdas —, soupire après la belle Justine, sans savoir qu'elle est chrétienne et qu'elle a voué sa chasteté au Seigneur. Bien sûr, il en est repoussé fièrement. Il ne lui reste qu'à faire un pacte avec le démon, qui lui promet Justine en échange de son âme. Mais, n'ayant pas de pouvoir sur les chrétiens, le démon ne peut en réalité exaucer le vœu de Cyprien ; il essaie de le duper, mettant à sa disposition un simulacre qui ressemble de loin à Justine, mais qui n'est qu'une apparence diabolique. Impressionné par la force de Justine et de son Dieu, Cyprien se convertit lui-même et la suit dans son martyre.

A part sa conclusion, la structure du *Volksbuch* de Faust est assez similaire, et son adaptation pour le théâtre, dépouillée des nombreuses digressions moralisantes de la version en prose, doit ressembler encore de plus près à la légende de Cyprien et Justine : il s'agit d'un magicien qui recourt au pacte avec le diable pour en obtenir, entre autres, les faveurs d'une jeune fille et le simulacre de la belle Hélène de Troie.

Imaginons que quelqu'un ait eu l'occasion d'assister à une représentation théâtrale du *Faust,* en anglais ou en hollandais, sans y comprendre mot. Il l'aurait prise pour une version pessimiste de la légende de Cyprien, où le magicien, au lieu de suivre Justine dans le martyre, serait damné. Il paraît que ce fut là le cas de Calderón lui-même, qui, selon le témoignage de son ami et éditeur J. de Vera Tassis y Villarroel, aurait passé dix ans au service de Sa Majesté, d'abord à Milan et puis au sud des Pays-Bas. Plus tard, ses biographes réduisirent cette période aux seules années 1623-1625. Or, en 1623, des troupes anglaises donnèrent de nombreuses représentations aux Pays-Bas. Sans aucun doute, Calderón — qui cependant ne comprenait ni l'anglais ni le hollandais — y assista[30]. Le jeu scénique lui permit d'y identifier la légende de Cyprien. Il y vit des scènes qu'il avait déjà rencontrées dans le théâtre espagnol : le pacte avec le démon, qui figurait, entre autres, dans les pièces *El esclavo del demonio* et *El amparo de los hombres* de Mira de Amescua[31], et l'apparition du simulacre de Justine, qui ressemblait également à une scène de *El esclavo del demonio* (1612)[32]. Mais il put aussi enregistrer les différences, qu'il utilisa dans sa propre création théâtrale : par exemple, le pacte avait lieu, dans la représentation anglaise, sur la scène ; chez Mira de Amescua, il se déroulait dans les coulisses[33]. Enfin, le spectacle anglais débutait par le monologue de Faust, ce même monologue que Goethe transforma dans le célèbre « Monologe des *grübelnden Gelehrten* ». Calderón crut en deviner le contenu à travers l'expression scénique et s'en servit non seulement dans le *Magico prodigioso,* mais aussi dans ses pièces : *Los dos amantes del cielo, El José de las mujeres* et *El gran principe de Fez*[34]. Quant au nom de Faust lui-même, Calderón l'utilisa d'une façon inattendue dans la première version du *Magico prodigioso,* restée inédite jusqu'en 1877[35]. Dans la légende de Cyprien, la jeune fille Juste change son nom en Justine lorsqu'elle est baptisée. Or, dans la première partie de la pièce de Calderón, elle ne s'appelle pas Justa, mais *Faustina.*

L'histoire de Cyprien et Justine avait surgi, vers la fin du IIᵉ siècle de l'ère chrétienne, en milieu encratite. L'encratisme condamnait la sexualité même dans le cas où sa finalité n'était point le plaisir, mais la procréation. C'est pourquoi les actes apocryphes des apôtres André et Thomas relatent diverses conversions opérées par nos héros parmi les femmes mariées, qu'ils engageaient à pratiquer la continence. Les réactions brutales des maris et les persécutions des apôtres ne doivent pas nous étonner : leur message était un peu excessif pour ce monde.

La morale de l'histoire du IVe siècle était d'ordre apologétique : elle démontrait la force du christianisme. Le démon ne peut rien contre une jeune fille chrétienne qui récite ses prières. Convaincu d'avoir servi des maîtres impuissants, Cyprien déserte son métier de magicien pour embrasser la foi en un dieu triomphant : le Dieu de Justine.

Dans la mesure où l'amour de Cyprien pour Justine cherche son apaisement, il ne pourra le trouver que dans la mort, puisque son objet s'avère — grâce à la force du message chrétien — inexpugnable. Cyprien est contraint au sacrifice, puisque sa magie érotique n'a pas donné ses fruits. Et son raisonnement reste jusqu'à la fin celui d'un sorcier : son échec démontre la puissance *magique* de Justine, qu'il ne pourra obtenir qu'en devenant lui-même chrétien. Mais Justine l'appelle également à témoigner (c'est là le sens étymologique du mot « martyre ») de la supériorité du Dieu chrétien, et l'ex-magicien ne peut que s'empresser de répondre à cette offre gracieuse.

Certes, on peut comprendre le sens de cet *exemplum* pieux du temps où le martyre des chrétiens était exigé. Mais quel pouvait être son message en la ville de Yepes, l'an 1637 — quand le *Magico prodigioso* fut présenté pour la première fois ? Cette fois-ci, Cyprien — comme Johann ou Jorg Faust — ne représente pas un symbole de l'Antiquité païenne vaincue par le christianisme, mais de la Renaissance vaincue par la Réforme. Son exemple est donc le renoncement aux valeurs de la Renaissance et la conversion aux valeurs de la Réforme, représentées par la jeune fille au buste aplati appelée Faustina-Justina.

Dans la pièce de théâtre de Calderón, le sorcier Cipriano se présente d'emblée comme un disciple de la Renaissance, qui voit le monde comme une fascinante œuvre d'art (v. 146-147, Morel-Fatio). A son tour, le démon lui-même ne fait que répéter les mêmes conceptions (v. 355 sq.), démontrant qu'il avait été l'élève de Marsile Ficin et de Corneille Agrippa. C'est comme si ceux-ci étaient maintenant jugés en sa personne par la nouvelle interprétation publique, celle de la Réforme. Le démon de Calderón n'est point du tout une apparition transnaturelle ; ce n'est qu'une fiction idéologique qui s'exprime comme Ficin et Jean Pic, accumulant en lui l'essentiel d'une doctrine que le public réformé avait appris à mépriser et à détester. Il suffit de l'entendre parler : *Vien/ En la fabrica gallarda/ Del mundo se be,*

*pues fue/ Solo un concepto al obrarla./ Sola una voluntad
luço/ Esa arquitectura rara/ Del cielo, una sola al sol,/
Luna y estrellas viçarras,/ Y una sola al hombre, que es/
Pequeño mundo con alma.* La *Théologie platonicienne* de
Ficin est la source où le démon puise sa sagesse trompeuse :
là aussi le monde est envisagé comme un chef-d'œuvre d'art
(*artificiosissimum mundi opificium*) et l'homme-microcosme
(*parvus mundus*) comme l'artifice d'une nature hardie
(*naturae audentissimum artificium*). La science que le démon
possède est l'« Art », c'est-à-dire la magie (v. 219) : en particulier, il peut faire descendre les astres sur la terre
(v. 1790 sq.) et convainc Cipriano de ses possibilités en
déplaçant une montagne (v. 2579 sq.).

Quant à Cipriano lui-même, il apprend la nécromancie,
la pyromancie et la chiromancie et, pour opérer, il trace des
caractères, s'assurant la coopération des astres, des vents et
des esprits des défunts (v. 2720 sq.), dans la tradition de
Marsile Ficin, de Corneille Agrippa et de Giordano Bruno.

A vrai dire, les opérations magiques ne sont décrites que
fort superficiellement dans le *Magico prodigioso*. Ce qui était
important, c'était d'établir une relation directe entre la magie
et le démon et entre celui-ci et la Renaissance, l'ennemi
numéro un de la Réforme. Calderón y arrive sans aucune
peine. Il se concentre ensuite sur ce qu'on pourrait appeler
la « signification libidinale » de la magie, sur l'équation
éros = magie qui provient, elle aussi, de l'héritage de la
Renaissance. C'est à cet instant qu'entre en jeu *Faustina,*
dont le nom acquiert un symbolisme assez précis, du moment
qu'il faut le mettre en rapport avec Faust.

Or, avant d'être *essentiellement* une chrétienne (ce que
Cipriano ne sait pas), Faustina est une *femme,* un produit
de la nature : et ce doit être un produit parfait par sa beauté,
puisqu'elle compte bien des admirateurs et que ceux-ci
n'hésitent pas à se supprimer l'un l'autre pour accéder à ses
grâces. Sans le vouloir et sans le savoir, Faustina a été
façonnée par la nature pour être un objet érotique, une cause
de convoitise et de dissensions. La contradiction et la tension
entre la destination *naturelle* de Faustina et l'aspiration *culturelle,* acosmique, de Justina se trouvent au centre du scénario
de Calderón.

Comme le *Faust* de Goethe, le *Magico prodigioso* débute
par un « prologue dans le ciel » où le démon, qui est dans
la dépendance du Seigneur, se propose de mettre à l'épreuve

la science de Cipriano et la vertu de Justina. Suit le « Monologe des *grübelnden Gelehrten* », où le jeune Cipriano ne s'avère pas préoccupé, comme Faust, par le problème de la vieillesse et de la vanité des choses terrestres, mais simplement par une question théologique qu'il n'arrive pas à résoudre : il voudrait, notamment, comprendre qui est ce dieu décrit dans un passage de Pline en termes de « beauté absolue, essence et cause, tout entier vue et action » (*todo vista y todo manos*, v. 261-263). Essayant de séparer deux prétendants furieux de la belle Justina, fille de Lisandro, Cipriano s'éprend lui-même de cette merveilleuse créature. Or, il ignore qu'en réalité Justina est le nom de baptême de Faustina, que celle-ci n'est pas la fille de Lisandro et que, d'ailleurs, celui-ci n'est pas non plus ce qu'il paraît être. Lisandro et Justina sont tous deux des cryptochrétiens, des chrétiens qui se cachent à l'intérieur d'une société qui leur est hostile ; Lisandro a adopté Faustina à la mort de sa mère, qui avait été une martyre chrétienne. Et ce que Cipriano ignore également, c'est que Justina a voué son âme et son corps au même Dieu par amour duquel sa mère avait sacrifié la vie.

Au fond, Cipriano ne voit en Justina que ce qu'elle n'est plus : la belle *Faustina,* un produit parfait de la nature, qui exerce sur lui une puissante fascination érotique. Au fond, bien qu'innocente, la jeune fille ne peut pas s'empêcher de lancer tout autour d'elle des charmes magiques naturels : c'est elle qui *faustise* Cipriano, qui l'échange en Faust, qui l'oblige presque à user de la magie érotique.

A comparer le *Magico prodigioso* avec la légende chrétienne, on voit que, chez Calderón, un jeu érotique plus subtil interfère dans le récit, un jeu qui correspond parfaitement aux conceptions de la Réforme : c'est la nature elle-même qui est pécheresse, qui engendre l'éros ; c'est Faustina qui, à son insu, *faustise* tous les mâles autour d'elle. Comment sortir de ce dilemme ? La jeune fille ne saurait pas encore employer les moyens raffinés de la culture pour flétrir ses appâts, pour aplatir sa poitrine, pour prendre des allures masculines. Elle n'a, pour se défendre des assauts de Cipriano et des autres, que l'arme de la méditation et de la prière. Mais l'éros a ses mécanismes à lui : plus Cipriano est repoussé, et plus sa passion augmente. Pour obtenir l'objet de sa convoitise, il ne lui reste qu'à signer, de son propre sang, un pacte avec le démon, lui promettant son âme en échange de Justina. A son tour, le démon déclenche de puissantes opérations de magie érotique, qui devraient aboutir à lui livrer Justina malgré elle-même. Loin d'appeler à son aide des confrères hideux des abîmes infernaux, le démon se contente de provoquer, par ses invocations magiques, *un doux fantasme érotique* dont le but serait de troubler Justina, d'éveiller son être naturel assoupi, de susciter et d'encourager sa féminité. Le principe de cette opération repose sur les lois de la magie érotique énoncées par Ficin et développées par Bruno : il faut agir sur la fantaisie du sujet, en tenant compte de ses propres particularités. Or, outre qu'il a compté trop sur le fait que Justina est aussi Faustina — c'est-à-dire un produit de la nature aussi bien qu'un produit de la culture, une femme en plus d'une chrétienne —, le démon avait commis l'erreur irréparable de ne pas lire l'*Institutio Sacerdotum* du cardinal Francisco de Toledo (ob. 1596), qui venait juste de sortir à Rome[36], avant le départ de Calderón pour les Pays-Bas. S'il l'avait lu, le démon aurait appris qu'il lui était impossible d'influencer le libre arbitre de quelqu'un ; tout ce qu'il peut faire se limite à produire des fantasmes pour agir sur l'imagination, mais le libre arbitre reste. On peut accuser le démon d'une certaine ignorance dans le domaine de la théologie, mais non pas de ne pas avoir agi selon les règles de la magie fantastique. Il avait révélé à Justina le monde de la nature, parcouru tout entier par le souffle de l'éros, pour réveiller en elle les appétits charnels : *Ea, infernal abismo,/ Desesperado imperio de ti mismo,/ De tu prison ingrata/ Tus lascivios espiritus desata,/ Amenaçando ruyna/ Al virgen edificio de Justina./ Su casto pensamiento/ De mil torpes fantasmas en el viento/ Oy se informa, su honesta fantasia/ Se llene, y con dulcissima armonia/ Todo proboque amores,/ Los pajaros, las plantas y las flores./ Nada miren su ojos/ Que no sean de amor dulces despojos./ Nada oygan sus oydos/ Que no sean de amor tiernos gemidos* (v. 2823 sq.).

La méditation et la prière sauvegardent la libre volonté de Justina, l'expulsant du monde naturel et l'ancrant dans le monde des valeurs de la religion. Les démons « lascifs » de l'abîme ne réussissent pas à l'attirer dans le monde de la nature, qui, par ses « liens » magiques, invite tous les êtres à l'apaisement de leur désir. Le démon n'arrive pas à transformer Justina en Faustina, le sujet de la culture en sujet de la nature. Mais son échec ne signifie pas seulement le triomphe de l'esprit de la Réforme sur l'esprit de la

Renaissance, mais aussi le triomphe du principe de la réalité sur le principe du plaisir. En effet, la magie érotique, dont le présupposé est la transmission des fantasmes de l'émetteur au récepteur, ne donne point de résultats : le démon ne peut offrir à Cipriano qu'une apparence hideuse de Justina, qu'un spectre démonique. Cela veut dire que la magie érotique n'est capable de produire que des fantasmes et que l'apaisement du désir qu'elle propose n'est pas réel, mais *fantastique* lui aussi. Autrement dit, les opérations de la magie ont lieu en cercle fermé : *la magie érotique est une forme de l'autisme.*

Certes, cette conséquence dépasse de loin les intentions moralisantes de Calderón, mais n'est pas moins implicite dans le déroulement de l'action. Plus tard, quand l'élan religieux de la Réforme s'éteint, c'est tout ce qui en reste : le puissant contraste entre l'imagination (principe du plaisir) et le libre arbitre (principe de la réalité) et l'idée que l'autisme magique n'a pas de force *réelle*.

A force de triompher sur Faustina — sa contrepartie « naturelle », sa propre féminité, son propre droit de désirer et de jouir —, Justina finit par triompher sur Cipriano. Le final de la pièce correspond parfaitement aux intentions de la Réforme et peut facilement être interprété selon les réalités historiques de l'époque : Cipriano et Justina seront unis dans la mort, ce qui signifie une victoire complète de la culture sur la nature, du libre arbitre sur l'imagination, du principe de la réalité sur le principe du plaisir, de Thanatos sur Éros. Le martyre à deux n'est plus qu'un symbole anachronique : selon l'idéal de la Réforme, si Cipriano avait été un jeune savant récupéré par l'Église et Justina une jeune fille vertueuse aux seins aplatis, ils auraient pu se marier, avoir des enfants, pourvu que les feux de l'éros fussent à jamais éteints entre eux.

La révolution de l'esprit et des mœurs opérée par la Réforme aboutissait à la destruction complète des idéaux de la Renaissance. Celle-ci concevait le monde naturel et social comme un organisme spirituel dans lequel il y avait des échanges permanents de messages fantastiques. C'était là le principe de la magie et de l'éros, celui-ci étant lui-même une forme de la magie.

La Réforme détruit tout cet édifice de fantasmes en mouvement, elle défend l'exercice de l'imagination et proclame la nécessité de l'extinction de la nature pécheresse. Elle entreprend même l'uniformisation artificielle des sexes, pour que les tentations naturelles disparaissent.

Au moment où les valeurs *religieuses* de la Réforme perdent toute leur efficacité, son opposition théorique et pratique à l'esprit de la Renaissance reçoit une interprétation d'ordre culturel et scientifique. Mais c'est une leçon que l'humanité tient désormais pour acquise : l'imaginaire et le réel sont deux domaines distincts, la magie est une forme d'autisme, le principe de la réalité s'oppose au principe du plaisir, etc.

4. Un produit final ?

La civilisation occidentale moderne représente, en son entier, le produit de la Réforme — d'une Réforme qui, vidée de son contenu religieux, en garda néanmoins les formes.

Sur le plan théorique, la grande censure de l'imaginaire aboutit à l'apparition de la science exacte et de la technologie moderne.

Sur le plan pratique, son résultat est l'apparition des institutions modernes.

Sur le plan psychosocial, c'est l'apparition de toutes nos névroses chroniques, dues à l'orientation trop unilatérale de la civilisation réformée, à son refus principiel de *l'imaginaire*.

Nous vivons encore, pour ainsi dire, dans un appendice sécularisé de la Réforme et, à y regarder de près, bien des phénomènes de notre époque dont nous n'avons jamais cherché une explication historique remontent aux grands conflits spirituels et politiques du XVIe et du XVIIe siècle. Nous sommes habitués à considérer comme tout à fait normaux les progrès de la technologie militaire et la « course aux armements ». Nous serions d'autant plus surpris de découvrir qu'eux aussi sont imputables aux idéologies du XVIIe siècle, en premier lieu à un personnage fort célèbre à son époque, mais dont peu de gens connaissent encore le nom : le chimiste Johann Rudolf Glauber.

Profondément affecté par les événements de la guerre de Trente Ans (1618-1648) entre les États catholiques et les États protestants, Glauber arriva à la conclusion — de nature religieuse aussi bien que pratique — qu'il n'y avait qu'une seule puissance capable d'assurer l'ordre et la paix en Europe : l'Allemagne. Pour atteindre ce but, il fallait que l'Allemagne fût proclamée *monarchie mondiale* ; pour cela, il fallait d'abord qu'elle établisse sa suprématie militaire et économique sur le reste de la terre, ce qu'elle n'aurait pu faire qu'en développant une technologie militaire plus avancée. Laissons de côté la solution économique de Glauber, qui consistait à accumuler des produits pour les années de famine. Sa solution stratégique est décidément plus intéressante et nous livre la clé pour comprendre l'origine de la « course aux armements ». Glauber préconise l'usage de l'arme chimique non pas seulement pour garantir la suprématie militaire de l'Allemagne, mais aussi pour freiner les progrès des Turcs en Europe. Il crée lui-même une arme plus efficace que la poudre à fusil, notamment des tubes à pression par lesquels on peut pulvériser des acides sur l'armée ennemie et également des grenades et des bombes à l'acide qui permettent de conquérir les fortifications de l'adversaire. L'arme chimique a, pour Glauber, un double avantage : celui d'assurer la victoire à l'armée qui la possède, et celui d'aveugler les soldats ennemis sans les tuer. Les prisonniers pourront ainsi être transformés en une force de travail à bon marché, qui garantira de surcroît la suprématie économique de l'Allemagne.

Glauber se rend compte que les secrets des nouvelles armes finiront fatalement par être connus de l'adversaire — que ce soient les Turcs ou les autres. C'est pourquoi il envisage l'existence d'un groupe de savants — « des gens doués d'une intelligence rapide et pénétrante » — dont la seule tâche doit être de développer et de perfectionner des armements de plus en plus sophistiqués. Le caractère de la guerre changera complètement : elle ne sera plus gagnée par la force brutale, mais par l'intelligence des savants et des ingénieurs : « La force fera place à l'art, car l'art aboutit parfois à vaincre la force[37]. »

Les prévisions de Glauber devaient se révéler exactes : non seulement l'Allemagne essaya plusieurs fois, sans succès, d'obtenir la « monarchie du monde », mais le caractère de la guerre moderne changea effectivement à tel point qu'elle ne se déroule plus du tout sur le terrain, mais seulement dans les laboratoires des grandes puissances.

Tout cela ne constitue pas une curiosité d'ordre historique, mais la preuve éclairante que notre civilisation se meut encore dans les sillons qui lui ont été tracés par la Réforme et par les événements politiques qui s'ensuivirent. L'Occident moderne assume — comme Nietzsche l'a très bien vu — le caractère d'un produit *fatal* de la Réforme. Mais en est-il également le produit *final,* dont les lignes de développement ont été fixées, une fois pour toutes, aux XVIe et XVIIe siècles ?

Sur cette interrogation se ferme notre livre, sans oser formuler trop clairement un espoir qui ne serait qu'utopique : qu'une nouvelle renaissance du monde puisse avoir raison de toutes nos névroses, de tous nos désirs de suprématie, de tous les conflits et de toutes les divisions existantes.

Pour qu'une telle renaissance se manifeste, il faudrait qu'une nouvelle Réforme intervienne, qui produise à nouveau une profonde modification de l'imagination humaine, pour lui fixer d'autres tracés et d'autres buts. Nous doutons seulement qu'elle aura une apparence amicale et bénigne pour ceux qui en connaîtront les bouleversements.

Après tout, ce qui importe, c'est qu'elle prépare le climat écologique pour qu'une nouvelle « mouche aptère » puisse se traîner sans être détruite : pourvu que cette mutation génétique soit celle que nous souhaiterions !

Bucarest, 1969 — Groningue, 1981.

APPENDICE I

(au chapitre I, 3)

Les origines de la doctrine du véhicule de l'âme

Les néo-plotiniens qui ont utilisé la doctrine du véhicule de l'âme prétendaient qu'elle existait déjà dans les écrits de Platon ; mais les passages du Maître sur lesquels ils s'appuyaient (*Phédon*, 113b ; *Phèdre*, 247b ; *Timée*, 41e, 44e, 69c) n'avaient aucun rapport avec le corps subtil qui enveloppe l'âme. Il est pourtant vrai que, dans ses *Lois* (898e sq.), où l'on discute la façon dont l'âme gouverne le corps, Platon admettait, comme simple hypothèse logique, l'existence d'une enveloppe ignée ou aérienne de l'âme, intermédiaire entre celle-ci et le corps physique.

Aristote adoptait ce point de vue, en faisant du *pneuma*, l'esprit de feu sidéral, le siège de l'âme irrationnelle (*De gen. animal.*, 736b, 27). Cette partie de l'agrégat humain est innée (*symphyton*), en ce sens qu'elle se transmet dans l'acte de la procréation (*De part. animal.*, 659b, 16). L'expression *symphyton pneuma* est attribuée par Galien (*Stoic. veterum, Fragm.* II, p. 715 von Arnim) à tous les stoïciens et également à Straton de Lampsaque, le deuxième chef du Lycée après Aristote (cf. G. Verbeke, *L'Évolution de la doctrine du pneuma,* p. 29). L'expression *symphyes hemîn pneuma* apparaît chez le doxographe Diogène Laërce (VII, 156), sa traduction latine (*consitum spiritum*) chez l'apologète chrétien Tertullien (cf. Verbeke, p. 24).

C'est toujours Diogène Laërce qui attribue à Épicure la conception de l'âme comme « un corps très subtil » (*lepto-

meres ; X, 63) et l'adjectif « subtil » (*leptotaton*) est également employé par les stoïciens (cf. Verbeke, p. 30-31).

Les anciennes idées sur le *pneuma* ne forment pourtant qu'une des composantes essentielles de ce qui sera la doctrine néo-plotinienne du véhicule de l'âme. L'autre composante doit être cherchée, d'une part, dans l'astrologie populaire hermétique, qui se développe à partir du IIIe siècle avant J.-C., et, de l'autre, dans la doctrine de la descente (*kathodos*) et de l'ascension (*anodos*) de l'âme, qui se forme en étroite liaison avec les milieux astrologiques et se cristallise vers la moitié du IIe siècle après J.-C. C'est vers ce temps-là que les préoccupations ontologiques du docteur gnostique Basilide rencontrent celles de l'érudit éclectique Numénius d'Apamée et de l'auteur des *Oracles chaldaïques,* Julien dit le Théurge, fils de Julien le Chaldéen. C'est toujours vers ce temps-là qu'il faut situer la composition d'une partie du *Corpus hermeticum,* qu'il ne faut pas confondre avec la vulgate astrologique hermétique préchrétienne. Dans le *Corpus hermeticum,* la doctrine de la descente (*kathodos*) et de l'ascension (*anodos*) de l'Homme primordial, ainsi que de l'âme individuelle, joue un rôle essentiel.

L'astrologie hermétique populaire comprenait plusieurs livres, la plupart perdus ou conservés seulement dans des traductions latines de la Renaissance, livres qui s'occupaient d'astrologie universelle, de cycles cosmiques, de divination par la foudre, des prédictions du Nouvel An, d'astrologie individuelle et iatrologique, de « clérologie » ou tirage des sorts planétaires (*kléroi*), de mélothésie ou sympathie entre les planètes et l'information astrale contenue dans le microcosme — base théorique de la iatro-mathématique ou médecine astrologique —, enfin de pharmacopée et pharmacologie astrologiques (cf. W. Gundel - H.G. Gundel, *Astrologumena,* p. 15-19). Cette vulgate astrologique proposait une méthode de divination basée sur des calculs mathématiques. En tant que telle, elle réinterprétait en clé astronomique des techniques divinatoires fort anciennes. Les planètes, les maisons et les décans du zodiaque, les jours de la semaine planétaire, ainsi que d'autres fictions spatio-temporelles faisant partie de l'instrumentation conceptuelle de l'astrologie, étaient représentés comme des entités personnelles, des *démons*. En plus, la contemplation du ciel n'était pas, pour les astrologues aussi bien que pour les platoniciens et les stoïciens, une simple affaire de recherche abstraite préoccupée d'établir des relations entre les positions respectives des astres errants, mais un acte qui impliquait profondément l'être même du sujet. Scruter le ciel, cela signifiait en quelque sorte remonter à sa propre origine, admirer l'harmonie des révolutions sidérales (*Timée*, 34d sq.), harmonie qui a été aussi renfermée dans l'âme humaine. « La vue est pour nous, à mon sens, la cause du plus grand bien, en ce sens que pas un mot des explications qu'on propose aujourd'hui de l'univers n'aurait jamais pu être prononcé, si nous n'avions pas vu les astres, ni le soleil, ni le ciel [...]. C'est de la vue que nous tenons la philosophie, le bien le plus précieux que le genre humain ait reçu et puisse recevoir jamais de la munificence des dieux [...]. Dieu a inventé et nous a donné la vue, afin qu'en contemplant les révolutions de l'intelligence dans le ciel, nous les appliquions aux révolutions de notre pensée, qui, bien que désordonnées, sont parentes des révolutions imperturbables du ciel [...] » (*Timée*, 47b, trad. d'E. Chambry). C'est pourquoi l'astrologie n'était pas une invention humaine, mais une révélation ouranienne.

C'est ainsi que Néchepso, personnage du premier écrit astrologique populaire (IIe siècle avant J.-C.) dont des fragments sont parvenus jusqu'à nous (cf. Gundel - Gundel, p. 27-32), au bout d'une nuit entière passée dans la contemplation du ciel, fut interpellé par une voix d'en haut et reçut la révélation au moyen d'un vêtement céleste qui descendit et enveloppa son corps (*ibid.*, p. 30). *Perspicimus coelum*, dira Manilius, *cur non et munera coeli* ? Le mot « théorie », que nous mettons en général en relation avec une doctrine abstraite, provient du grec *theoria*, « contemplation des dieux », qui, dans le vocabulaire des stoïciens, désignait le regard plein de piété et de révérence que le philosophe fixait sur les astres, les dieux sidéraux.

Le fameux astronome Claude Ptolémée (c. 100-178 après J.-C.) a le sentiment de quitter la terre et d'être présent au festin des dieux « lorsque [son] esprit suit le cœur des astres » (cf. Cumont, *Lux perpetua*, p. 305). Vettius Valens, astrologue d'Antioche au IIe siècle après J.-C., promet au lecteur pieux qui lira son anthologie le commerce direct avec les dieux sidéraux et l'immortalisation (Gundel - Gundel, p. 218). Tout comme Vettius, l'auteur païen Firmicus Maternus, qui finira par se transformer en apologète chrétien (IVe siècle), considère que la condition indispensable pour déchiffrer les mystères du ciel est le « cœur pur » (*ibid.*, p. 229). Ce mysticisme astral qui accompagne l'astrologie, qu'elle soit populaire ou savante, provient de croyances fort anciennes relatives à l'apothéose de dieux et de héros et aux catastérismes (transformations en astres ou constellations) de divers personnages mythologiques ou politiques.

Certaines techniques divinatoires que l'astrologie prélève, pour les mettre à son profit, n'en sont pas moins anciennes. Une de celles-ci était le jet des sorts.

Selon la mythologie gréco-romaine, les dieux olympiens sont en général tenus responsables pour une certaine sphère de l'activité humaine : Mars préside à la guerre, Vénus à l'amour, Mercure au commerce et à l'art oratoire, etc. Selon W. Gundel (*Sternglaube, Sternreligion und Sternorakel*, p. 132), les noms de ces divinités étaient inscrits sur des sorts, qu'on jetait sur une surface répartie en « champs » ou portions auxquels on attribuait des significations spéciales. La disposition des sorts dans les champs — ceux-ci correspondant aux « maisons » et aux « signes » du zodiaque — se retrouvait dans un répertoire de toutes les configurations possibles, à chaque configuration du système correspondait un texte qui donnait la sentence oraculaire.

Cette méthode a été transposée dans l'astrologie divinatoire populaire attribuée à Hermès Trismégiste, d'où elle a été reprise par l'astrologie savante. Loin de représenter une technique auxiliaire, la détermination du *locus fortunae* avait une importance de premier ordre, à preuve l'histoire concernant un astrologue égyptien qui avait prédit que la Tyché et le Daïmon de César étaient plus forts que ceux d'Antonius (*ibid.*, p. 134). Une variante de la méthode des sorts astraux apparaît déjà chez Néchepso et Pétosiris, tandis que Sérapion, Vettius Valens et Firmicus Maternus en discutent d'autres.

Mais ceux qui expliquent en détail l'obtention des divers « lieux » sur l'horoscope sont Paul d'Alexandrie, dans ses *Eisagogiká* écrits après 378 après J.-C., et son commentateur Héliodore, élève de Proclus à Athènes, actif entre 475 et 509. Paul d'Alexandrie puise la doctrine et la méthode des sorts (*sortes*, en grec *kléroi*) au traité hermétique *Panaretos*, appartenant à l'astrologie populaire hellénistico-égyptienne préchrétienne (Gundel - Gundel, p. 236-239).

Nous avons déjà mentionné, au passage, l'existence de plusieurs procédés pour déterminer le *locus fortunae* et les lieux des « sorts » de chaque planète. W. Gundel, dans son excellent livre *Sternglaube, Sternreligion und Sternorakel*, en expose deux en détail. Quelques notions préliminaires d'astrologie seront nécessaires pour permettre au lecteur de suivre notre exposé. Les 360 degrés du cercle qui représente le ciel sont partagés en douze signes et chacun de ceux-ci en trois « décans » (10 degrés du cercle). En plus, l'astrologie divinatoire partage le cercle en huit « champs », en établissant huit points sur la circonférence (*octatopos*) : l'ascendant (*horoscopos, ascendens*) et son opposé, le descendant (*dysis, descendens*), le zénith ou apogée du Soleil (*mesuranema, medium coelum*) et le nadir ou hypogée du Soleil (*antimesuranema, immum coelum*) ; les quatre autres points sont situés à 45 degrés par rapport aux quatre premiers, de sorte que le cercle est divisé en huit secteurs de 45 degrés chacun. Les huit points forment deux carrés, l'un inscrit au cercle et l'autre l'inscrivant. En traçant le contour d'un nouveau carré à partir des points où les diagonales du grand carré touchent les côtés du petit, on obtient le tableau des douze maisons célestes.

La signification fixe des douze maisons est résumée en ces deux vers latin du Moyen Age :

Vita lucrum fratres genitor nati valetudo
Uxor mors pietas regnum benefactaque carcer.
(Boll-Bezold-Gundel, *Storia dell' astrol.*, p. 88-89.)

Celle-ci est la méthode des « maisons fixes », dans lesquelles se rangent les signes du zodiaque d'après l'horoscope du moment. L'autre méthode consiste à placer les douze signes zodiacaux dans les douze champs (« signes fixes »), ce qui donne une disposition similaire à celle des maisons.

C'était probablement sur une table carrée aux signes fixes, ou circulaire, contenant par-dessus les trente-six décans, qu'on pratiquait la méthode élémentaire du jet des sorts. Ceux-ci n'étaient que huit figures, représentant les « sorts » des sept planètes de l'Antiquité, auxquels s'ajoutait l'ascendant (*horoskopos*). Le lieu du sort du Soleil établissait l'*agathos daimon*, le bon génie du sujet ; celui de la Lune l'*agathé tyché*, la « bonne fortune » ; celui de Jupiter la position sociale ; celui de Mercure les dispositions naturelles ; celui de Vénus l'amour ; celui de Mars le courage et les risques ; celui de Saturne la fatalité (*nemesis*) (W. Gundel, *Sternglaube*, p. 132-133).

La méthode exposée par Paul d'Alexandrie et Héliodore remplace le jet des sorts par un calcul astronomique assez simple. Le *locus fortunae* est déterminé par les positions du Soleil, de la Lune et de l'ascendant dans l'horoscope de la nativité (« thème de géniture »). Dans le cas d'une naissance diurne, on procède à une déduction du nombre de signes et degrés de la Lune du même nombre relatif au Soleil. L'opération est inverse dans le cas d'une naissance nocturne. Le nombre de signes et de degrés ainsi obtenu est déduit de l'ascendant, ce qui donne le *kléros* ou *locus fortunae*. Les sorts des autres planètes s'obtiennent par une simple déduction du nombre exprimant en degrés la position de l'astre respectif de l'ascendant (*ibid.*, p. 134). Héliodore précise, dans l'ordre suivant, quelle sera la sphère d'activité sur laquelle chaque sort aura de l'influence :
— la Lune détermine tout ce qui a trait au corps humain ;
— le Soleil détermine le « génie personnel » de chacun, soit l'« image » de la destinée humaine, comprenant la possibilité d'exercer le libre arbitre ;
— c'est de Jupiter que dépendent le rang et la gloire du sujet ;
— Mercure détermine les qualités de l'intelligence et les capacités expressives du sujet ;
— Vénus règne sur la sphère de l'amour ;
— Mars sur celle de l'agressivité ;
— Saturne règne sur la fatalité (*ibid.*, p. 132-133).

L'ordre des sorts planétaires que nous communiquent Paul d'Alexandrie et son commentateur a une importance toute particulière pour ce qui suivra (Jupiter, Mercure, Vénus, Mars, Saturne). Avec une simple inversion de place entre Mercure et Vénus, on retrouve le même ordre sur un *ostrakon* démotique du Ier siècle après J.-C. et dans les *Apotelesmata* du pseudo-Manéthon, dont l'auteur, né en réalité en mai 80 après J.-C., a dû exercer son activité sous le règne de l'empereur Hadrien (117-138 après J.-C. ; cf. Gundel - Gundel, p. 160-163). Selon W. et H.G. Gundel, cette disposition des planètes remonte à un ordre égyptien qu'on retrouve sur les monuments de la XIXe et de la XXe dynastie (*ibid.*, p. 163). Vers le IVe siècle après J.-C., l'ordre Saturne, Mars, Mercure, Vénus, Jupiter reparaît dans l'écrit gnostique *Pistis Sophia* (IV, CXXXVI, p. 234, 24 sq. Schmidt). On le retrouvera encore (chez Servius) dans les pages qui suivront. Il est fort probable que, vers la fin du

Iᵉʳ siècle après J.-C., Plutarque de Chéronée l'ait rencontré et utilisé dans la doctrine assez originale des « couleurs de l'âme » désincarnée, devant le tribunal des dieux (cf. Culianu, *Iter in silvis,* vol. I, p. 69-71).

C'est pendant la même période que les gnostiques et les hermétiques, auteurs anonymes du *Corpus hermeticum,* adaptaient la doctrine astrologique des sorts à l'esprit de leur propre pensée. Le gnosticisme se caractérise par son acosmisme anthropologique et par son anticosmisme : l'homme est une créature jetée dans le monde mauvais qu'est le monde naturel. Par son origine, l'homme dépasse pourtant celle du lieu maléfique où il est emprisonné, car il contient en lui-même une étincelle pneumatique qui provient de la *vraie* transcendance. Cela signifie qu'il y a aussi une transcendance « fausse », notamment celle du démiurge mauvais de ce monde et de ses aides ou « princes » (*archontes*). La gnose en elle-même représente la connaissance théorique et pratique de l'origine de l'homme et de la remontée, à travers les murs du camp de concentration cosmique, gardés par les archontes, jusqu'au Père qui réside au-delà de ce qui est visible. L'hermétisme, dont l'attitude envers le cosmos est oscillante, reproduit souvent les principes dualistes du gnosticisme.

Dans l'orientation nihiliste de leur volonté d'inverser les valeurs de la philosophie grecque, les gnostiques, qui étaient au courant de l'astrologie gréco-égyptienne, ont retenu de celle-ci l'idée que les planètes, selon leurs positions respectives dans l'horoscope, peuvent avoir une influence négative sur le sort humain. C'est probablement dans les cercles gnostiques égyptiens que l'ancienne idée de la descente de l'âme du ciel se combine avec un schéma cosmologique d'origine grecque. Bien entendu, la sélection culturelle exige que le fondement nihiliste du gnosticisme y soit présent, dans l'attribution aux planètes d'effets uniquement négatifs.

Que les archontes gnostiques soient des divinités planétaires, il y a plusieurs textes qui nous en informent. Irénée de Lyon le dit expressément pour ce qui concerne les Ophites : *sanctam autem hebdomadem septem stellas, quas dicunt planetas, esse volunt* (*Adv. haer.,* I, 30, 9). Les maîtres du mal sont conçus comme des personnages réels, pourvus de noms, ayant des corps thériomorphes : de lion, d'âne, de hyène, de dragon, de singe, de chien, d'ours, de taureau, d'aigle, etc. (cf. M. Tardieu, *Trois Mythes gnosti-*

ques, p. 61-69). Ces représentations proviennent, fort probablement, de l'interprétation de l'astrologie hermétique elle-même, où toutes les conventions spatiales étaient personnifiées. Le mot « zodiaque » (*zodiakos*) signifie, d'ailleurs, « (cercle) animalier », car la moitié des signes ont la forme d'animaux : bélier, taureau, crabe, lion, scorpion et un animal fantastique, le capricorne (moitié chèvre, moitié poisson). Ces entités étaient conçues comme vivantes, pourvues d'une existence autonome. Elles pouvaient être invoquées par des rites magiques, tout comme les astres en général, et surtout la Lune (cf. S. Lunais, *Recherches sur la Lune*, I, p. 221-223).

Aux sept archontes gnostiques correspond une hebdomade de vices. Or, l'âme du gnostique, dans son ascension posthume vers le Père, rencontre précisément sur son chemin ces douaniers terribles, qu'elle doit faire fléchir au moyen de mots de passe et d'amulettes. Il est probable que ces douaniers célestes ne se contentaient pas de cela ; en certains cas, ils étaient censés retenir l'âme dans laquelle ils retrouvaient le vice dont ils étaient eux-mêmes les représentants.

Un autre texte du gnosticisme populaire, *Pistis Sophia,* nous apporte plus de précisions au sujet du processus de cosmisation-décosmisation de l'âme. Le chapitre CXXXI de cet écrit copte publié par C. Schmidt raconte comment les archontes, recevant le pneuma lumineux qui descend, le corrompent « en y plaçant chacun sa part dans l'âme ». Le même chapitre précise que les cinq archontes sont les esprits préposés aux planètes, auxquels s'ajoutent, lors de la formation de ce revêtement négatif de l'âme (*antimimon pneuma*), les influences du Soleil et de la Lune : « Et les archontes placent l'*antimimon pneuma* à l'extérieur de l'âme [...], ils l'attachent à l'âme avec leurs sceaux [*sphragides*] et leurs liens et le scellent [*sphragizein*] sur l'âme, de manière qu'il pousse l'âme tout le temps à poursuivre ses passions et ses injustices [...]. » Puisque dans le chapitre CXXXVI de *Pistis Sophia* l'ordre des planètes est celui qui apparaît dans l'exposé de la doctrine des « sorts » du traité *Panaretos,* nous pouvons en conclure que l'idée d'attribuer aux archontes planétaires la faculté de déposer des vices sur l'âme n'était que le remaniement mythologique de la cléromancie astrologique. Cela d'autant plus qu'un texte plus tardif, appartenant à Servius, le commentateur de Virgile, nous donne une preuve irréfutable à l'appui de notre thèse : *quum descendunt animae...*, « dans leur descente, les âmes reçoivent de Saturne la torpeur, de Mars la violence, de Vénus la luxure, de Mercure l'avidité matérielle, de Jupiter le désir du pouvoir » (*Ad Aen.*, VI, 714). Une doctrine similaire, n'impliquant pourtant pas le processus de cosmisation de l'âme, est exposée par Servius dans un autre passage de son commentaire de l'*Énéide*, où l'ordre des planètes est celui des jours de la semaine astrologique (*Ad Aen.*, XI, 51). Dans la première partie de ce dernier passage, Servius ne fait qu'exposer le principe de la cléromancie astrologique : la Lune détermine les qualités du corps, Mars le sang, Mercure l'intellect, Jupiter le rang, Vénus le désir, Saturne l'humeur. Selon la conclusion, « les défunts se libèrent de tout cela dans les [sphères] singulières [des planètes] », ce qui est une allusion à l'ascension de l'âme, dans un contexte assez impropre puisque l'ordre des jours de la semaine ne correspond pas à l'ordre des planètes dans l'univers. Mais, du moment qu'il s'agissait de la même théorie cléromantique qui avait servi de base à l'élaboration de l'idée de descente et d'ascension de l'âme à travers les sphères planétaires, il y a lieu de croire que Servius mélangeait sciemment cause et effets.

C'est du gnosticisme populaire que s'inspire le docteur alexandrin Basilide. Celui-ci était un chrétien fort érudit du IIe siècle, influencé par le christianisme égyptien, la gnose vulgaire et le moyen platonisme. Pour Basilide, le *pneuma* transcendant appartient au cosmos. Les vices cosmiques attaquent l'âme et s'y incrustent sous forme de concrétions ou « appendices » (*prosartémata*), qui correspondent de près à l'*antimimon pneuma* du traité copte *Pistis Sophia*. Une conception similaire doit avoir été soutenue par son fils Isidore, auteur d'un traité *Sur l'âme adventice* (cf. W. Bousset, *Hauptprobleme der Gnosis,* p. 365 ; sur Basilide, cf. G. Quispel, *Gnostic Studies,* II ; en général, Culianu, *Psychanodia I,* Leiden, 1983).

Le *Corpus hermeticum* ne se limite pas à reprendre les vues des gnostiques, mais y ajoute la description de l'ascension de l'âme, après la mort physique, avec l'abandon des vices respectifs dans les planètes successives. Le premier et le dixième traité du *Corpus* s'occupent également de la cosmisation et de la décosmisation de l'Homme primordial, processus qui représente le modèle de la destinée de chaque âme individuelle qui descend dans le monde physique. Après son incorporation, l'individu porte en soi-même, de manière tout à fait concrète, l'information astrale qu'il a reçue lors de son passage planétaire, sous la forme de l'*heimarméné* ou « destinée stellaire ». C'est A.-J. Festugière (*Hermétisme et mystique païenne*, p. 20) qui résume l'histoire de l'*ensomatosis*, descente dans le corps, incorporation de l'Homme primordial : « Cet homme idéal, en vertu d'une chute dont les péripéties varient de mythe à mythe mais dont le principe est communément l'éros, tombe dans le monde de la matière, c'est-à-dire sur la terre. Au cours de sa chute, l'Homme commence en général [...] par revêtir un corps astral ou pneumatique, véhicule (*ochéma*) du *noûs* (qui ne peut avoir directement contact avec la matière), intermédiaire entre le *noûs* immatériel et les concrétions de plus en plus hyliques qui vont s'attacher à lui ; puis, à mesure qu'il traverse les sept sphères (ou, en d'autres mythes, les douze signes du zodiaque), cet Homme-*noûs* revêt, ainsi que des tuniques, les vices des sept planètes (ou des archontes qui y président...), et c'est ainsi souillé qu'il s'incarne enfin dans un corps terrestre et s'unit à la nature matérielle. »

Les chapitres XXV et XXVI du *Poimandrès* hermétique décrivent la décosmisation de l'âme individuelle, la déposition des vices planétaires dont la somme forme l'*heimarméné*, la fatalité astrale : « Et de cette façon l'homme s'élance désormais vers le haut à travers l'armature des sphères, et à la première zone il abandonne la puissance de croître et de décroître, à la seconde les industries de la malice, fourbe désormais sans effet, à la troisième l'illusion du désir désormais sans effet, à la quatrième l'ostentation du commandement démunie de ses visées ambitieuses, à la cinquième l'audace impie et la témérité présomptueuse, à la sixième les moyens vicieux d'acquérir la richesse, désormais sans effet, à la septième zone le mensonge qui tend des pièges » (*Corp. herm.*, I, 25, p. 15 ; 15-16, 4 Nock-Festugière, corrigé par Festugière, *Révélation d'Hermès Trismégiste*, vol. III, p. 303-304).

L'auteur du *Pimandre*, sans donner les noms des sphères, adopte dans ce passage l'ordre « chaldéen » des planètes (Lune, Mercure, Vénus, Soleil, Mars, Jupiter, Saturne), provenant du calcul grec des distances moyennes des « astres errants » par rapport à la Terre, en raison des durées respectives de leurs révolutions. Cet ordre, dont l'antiquité ne doit pas être moins vénérable que celle de l'ordre « égyptien » que lui préférait Platon, était devenu classique dans tous les traités d'astrologie.

Enfin, le terme *ochéma*, « véhicule », se réfère déjà, dans un passage du dixième traité du *Corpus*, au corps pneumatique qui enveloppe l'âme (X, 13). Et pourtant, ni Plotin ni son disciple immédiat, Porphyre, ne donnent encore ce nom au corps astral ou corps subtil qui enveloppe l'âme, dont ils connaissent cependant l'existence. Ce ne seront que les néo-platoniciens tardifs qui parviendront à la théorie complète du « véhicule de l'âme », dont l'expression la plus élaborée se retrouve dans les *Éléments de théologie* de Proclus.

[Pour des détails beaucoup plus précis et une bibliographie supplémentaire, nous renvoyons le lecteur à notre « *Ordine e disordine delle sfere* », dans *Aevum*, n° 55 (1981), p. 96-110, et surtout à *Extase, ascension, récit visionnaire*, à paraître chez Payot.]

APPENDICE II

(au chapitre II, 3)

Les délices de Leo Suavius

La fortune de l'*Hypnérotomachie* en France forme un des chapitres assez intéressants de l'histoire de l'occultisme parisien au XVIe siècle, étant liée à la personnalité de l'alchimiste et homme de lettres Jacques Gohory, à tort oublié de nos jours.

En août 1546, Loys Cyaneus achevait d'imprimer pour Jacques Kerver, « marchand libraire juré de l'université de Paris », l'*Hypnérotomachie ou Discours du Songe de Poliphile, Déduisant comme Amour le combat à l'occasion de Polia*[1]. Ce volume s'ouvrait par la dédicace du traducteur Jean Martin au cardinal de Lenoncourt, dont il était le secrétaire.

Dans une note en latin ajoutée à la deuxième édition, publiée par Marin Masselin pour Jacques Kerver en 1553, Jacques Gohory lui-même raconte une histoire qui le rend suspect d'être le traducteur d'une première version de l'*Hypnérotomachie*, ciselée ultérieurement par Jean Martin.

Gohory aurait reçu la visite d'un chevalier de Malte, « homme d'esprit et de culture » (*vir ingenio facili cultoque*), qui aurait déposé entre ses mains une traduction imparfaite du livre. Impressionné par son contenu initiatique, mais incapable d'effectuer la révision du manuscrit (à cause, sans doute, de ses multiples activités), Gohory s'en déchargea sur son ami Jean Martin[2].

L'attention que Gohory porta au livre de Colonna, orné de ces admirables bois qu'on a attribués tour à tour à

Raphaël, à Jean Bellini, à Carpaccio et à Mantegna[3], mérite ici une analyse attentive.

Avocat au parlement de Paris et diplomate, Jacques Gohory ou Gohorry, en latin Iacobus Gohorius, qui écrit aussi sous le pseudonyme de Leo Suavius, appartient à la galerie des esprits curieux du XVIᵉ siècle. Il s'intéresse aux choses du Nouveau Monde, traduit en français l'*Amadis de Gaule* et Machiavel, pratique l'alchimie et la magie, suit les débats sur l'Art de la mémoire, croit à la démonomagie de Trithémius et rédige un commentaire des œuvres de Paracelsus, qu'il interprète en termes ficiniens. Il voyage, édite des livres et signe d'innombrables préfaces.

Cette activité débordante répond, pourtant, à un dénominateur commun : Gohory ne s'occupe, à quelques exceptions près, que de textes d'une déconcertante obscurité[4]. C'est l'alchimiste qui prend ici le dessus, qui redécouvre dans chaque ouvrage abstrus l'allégorie de l'Œuvre, expliquant *obscurum per obscurius*. C'est ainsi que l'*Amadis de Gaule*, le poème médiéval *La Fontaine périlleuse*[5] ou des gravures illustrant les exploits de Jason[6] se transforment en « mystères secrets de la science minérale ». Cette tendance se rencontre aussi dans la note latine à la deuxième édition de l'*Hypnérotomachie*, œuvre composée pour les *initiati sacris sanctioris Philosophiae,* qui « se retirèrent dans la contemplation des choses abstruses », *sese in rerum abstrusarum contemplatione abdiderunt*. Loin de les suivre, l'avocat Gohory participait activement à la vie publique. Entre 1554 et 1556, il accompagna en mission diplomatique à Rome l'ambassadeur Odet de Selve et fit connaissance dans la Ville sainte avec Joachim Du Bellay et Olivier de Magny. Il était lié d'amitié avec plusieurs membres et amis de la Pléiade, dont Dorat, Belleau, Baïf, Jodelle, M.A. Muret, Denisot, Fauchet, Pasquier[7]. L'Académie de poésie et de musique inaugurée par Baïf en 1570 ne le compte pourtant pas parmi ses membres, peut-être à cause de certaines intrigues de cour dont Gohory semble parler avec amertume[8]. Il s'empresse d'ouvrir lui-même, en 1571, le *Lycium philosophal San Marcellin* (dans le faubourg Saint-Marceau)[9], où, dans le jardin apothicaire qu'il cultive pour disposer de la matière première de ses expériences alchimiques, il paraît préférer la compagnie des médecins. Déjà bien avant, puisque Jean Fernel est mort en 1558, il avait eu d'interminables discussions avec celui-ci au sujet de la médecine paracelsienne. Une autre fois, il avait rencontré Ambroise Paré, Jean Chapelain et Honoré Chastellan chez un autre médecin, Léonard Botal[10]. Dans son livre sur les propriétés du tabac, publié en 1572 sous le titre *Instruction sur l'herbe Petum,* Gohory nous a laissé une mémorable description de son parc, où il préparait des médicaments paracelsiens, pratiquait l'alchimie et fabriquait des talismans « suivant l'opinion d'Arnaud de Villeneuve et de Marsilius Ficinus[11] » :

> Or j'espère sur le printemps qu'il n'y aura simple rare et estrange en ce païs qu'il n'y soit semé ou planté pour donner ce contentement aux gens d'esperit qui souvent se delectent au labyrinthe d'arbres garniz de ce donjon au milieu, et de quatre tourelles d'ormes courbez au 4 coingz. Les autres, en la fontaine artificielle saillante par conduictz de plomb. Les autres, ès fruits des Entes qui y sont de toutes sortes en grand nombre plantees à la ligne de deux costez, sur les allées et sentiers. Aucuns à l'orée des deux pavillons, l'un couvert de pruniers l'autre de cerisiers. Autres à l'exercice de la boule ou quille soubz un long et large berceau de treillage. Et quand quelque assignation les presse de partir, regardant l'heure au quadran horizontal de compartiment. Autres s'addonnent à faire Musique de voix et instrumens en la galerie historiee [...][12].

Nous serions peu surpris si les chercheurs de l'avenir devaient montrer qu'à cet occultiste passionné de pharmacopée, traducteur d'une anonyme *Histoire de la Terre Neuve du Perù* (1545), revient une place de précurseur dans l'étonnante histoire de l'importation de la coca, dont le prophète, un Corse du nom d'Angelo Mariani, fut stoppé net par l'entrée en vigueur de la « Pure Food and Drug law » de 1906[13]. Il en resta, néanmoins, une des plus florissantes industries des États-Unis, celle du coca-cola.

En tout cas, la riche personnalité de Jacques Gohory nous intéresse ici pour d'autres raisons. Traducteur ou, pour le moins, intermédiaire dans l'édition française de l'*Hypnérotomachie,* Gohory appréciait cet écrit pour les profonds mystères alchimiques entrevus à travers le voile de son obscurité. Commentateur de Paracelse, il était habitué aux plus délicates opérations herméneutiques. Une de celles-ci consiste dans l'interprétation de Paracelse à travers les ouvrages, tout à fait transparents, de Marsile Ficin[14]. La clarté de ce dernier ne lui assure point la faveur de Leo Suavius, qui n'y voit qu'une « version timide et superficielle de Paracelse[15] », mais lui permet tout de même de comprendre la grandeur ténébreuse du médecin suisse. D'après Walker, cette superposition ne fonctionne pas toujours, puisque Gohory lui attribue une théorie de la magie spirituelle empruntée à Ficin, tandis que, par contre, Paracelse niait l'influence des planètes sur l'esprit humain[16]. En tout cas, Ficin, Paracelse et Gohory partagent l'idée du corps astral qui s'interpose entre le corps physique et l'âme. Cette assiduité de notre personnage dans l'application des théories ficiniennes explique au moins son intérêt pour l'*Hypnérotomachie*, sinon toute sa carrière d'occultiste. Seul le premier étant ici en cause, on peut conclure que, même si l'interprétation de Gohory n'est pas adéquate, celui-ci avait vu juste en traitant cet écrit comme une description d'événements ayant lieu dans le *mundus imaginalis*. C'est justement ce que l'*Hypnérotomachie* est : une aventure fantastique qui se consume entre fantasmes.

APPENDICE III

(au chapitre II, 4)

Tout aussi tost que cest esprit angelicque se fut disparu de ma fantaisie, se plaint Poliphile, je m'esveillay, las et cassé par les estroictz ambrassements dont il m'avoit estrainct à mon advis ; et demouray plein d'amertume, voyant absenter de moy celle par qui je devoye vivre, laquelle m'a conduict et eslevé à si hautes pensées.

Le passage concernant les « pensées élevées » ainsi que la tirade finale sur la vanité de « toutes choses terrestres » ne doivent pas être pris au sérieux ; ce qui compte le plus, dans la deuxième partie de l'*Hypnérotomachie*, ce sont sans doute « les estroictz ambrassements » du succube Polia, sa possession fantastique qui provoque chez Poliphile sa lassitude.

L'un et l'autre avaient été séparés au cours d'un événement dramatique : une épidémie de peste qui trouva Polia abandonnée de tous les siens. Elle fit un vœu à la déesse Diane, à condition qu'elle vînt à son secours : « J'alloye vouant et promettant que si par sa douce clémence j'échappoye au peril, je la serviroye en chasteté tout le demourant de ma vie. » Sauvée par l'intervention divine, elle renonça au monde, se retirant dans un sanctuaire de Diane, avec « d'autres vierges religieuses ». Le jour même de sa profession, Poliphile la retrouva et, après nombre de tentatives, obtint d'elle une entrevue en tête à tête dans le temple de la chasteté, où il pria Polia d'avoir pitié de lui et de sa passion.

Son discours, bien que chargé d'émotion, est plus réaliste que celui de Polia. Celle-ci, en raison de son vœu, affecte une insensibilité totale devant les humbles requêtes de l'amoureux. C'est qu'elle n'a jamais entendu parler du principe psychanalytique de la compensation, selon lequel toute attitude consciente inflexible sera contrecarrée par une réaction de force égale et de sens inverse de la part de l'inconscient. On s'attend déjà que les lois de la nature, vexées par la décision sans appel de Polia, prennent leur revanche sur elle. Or, Poliphile prévoit en quelque sorte ce dénouement, puisqu'il se rend compte que l'attitude de Polia est contre nature :

> Adoulcissez quelque peu la dureté de votre cœur, essaie-t-il de l'attendrir, moderez l'obstination de votre fantaisie ; car votre noble nature ne monstre point d'estre rebelle.

Traduite en langage pneumatique, cette prière sonnerait à peu près ainsi : « Ouvrez vos yeux et votre sens interne, pour que mon fantasme puisse entrer dans votre esprit et arriver jusqu'à votre cœur, de même manière que votre fantasme est entré dans le mien ; d'ailleurs, tout démontre que vous êtes faite pour l'amour : ne vous obstinez pas à le refuser, ne me tuez pas, car vous serez punie, à votre tour, comme une meutrière. »

Poliphile souffre, bien entendu, du syndrome léthal *amor hereos* ; le fantasme de Polia l'a dépossédé de sa sujétité et, tant qu'il ne peut habiter le cœur de la jeune fille, il risque d'en mourir. Mais Polia, fidèle à son vœu de chasteté, ne peut rien faire d'autre que protéger son appareil pneumatique contre les assauts de l'amoureux. Tout arrive comme prévu. C'est Polia qui raconte :

> Lors en proferant ces parolles, il jecta un grand soupir, et tumba comme mort à mes piedz, ayant perdu l'usage de tous ses sens, fors de la langue, qui lui servoit de faire de longues lamentations angoisseuses, trop plus piteusement que je ne vous ay sceu racompter. Et nonobstant cela, ne trouva onques en moy aucun estincelle de doulceur ; car je ne luy daignay respondre un mot, ny abbaisser mon œuil vers luy, ains demouray obstinée, les oreilles closes à ses prieres et plus sourde que la roche solide, persistant en severe volunté ; parquoy le cœur lui creva de dueil, et en mourut. Je ne fu pour toutes ces choses esbranlée de mon dur courage, et sans faire autre

demonstration de pitié, pensay de m'en aller, apres que je l'eu tiré par les piedz en un coing du temple où il demoura ; car quant à moy j'avoye bien peu de soucy qui en feroit les funerailles ; seulement me retiray en grande haste toute tremblante, troublée de frayeur, comme si j'eusse perpetré quelque grand crime.

La comparaison hypothétique n'est pas à sa place ici : Polia était vraiment coupable d'un crime fantastique, et c'est en tant que telle qu'elle devra en rendre compte devant le tribunal des divinités vexées. Car, pour plaire à Diane, elle n'en avait pas moins profondément déplu à Éros. Et, puisque son attitude consciente, diurne, avait été cohérente, dans le sens où elle n'avait pas hésité devant le pire pour ne pas rompre son vœu de chasteté, c'est pendant la nuit que l'inconscient déchaîne contre elle ses terribles fantasmes de compensation. La censure fantastique de Polia s'avère incontrôlable sur le plan onirique. A peine sortie du temple où elle s'était comportée si cruellement, la jeune fille raconte avoir été emportée par un tourbillon de vent,

> lequel en moins de rien me porta au profond d'une forest obscure, sans me faire mal ni douleur, et me posa en un lieu desvoyé, encombré de buissons, ronces et espines. Il ne fault pas demander, o belles nymphes, si je me trouvay bien esbahie et environnée de toute frayeur ; car incontinent commençay à entendre ce que je vouloie crier, asavoir : Las, malheureuse infortunée. Ce cry procedant d'une haulte voix feminine accompagnée de dolentes lamentations. Bientost apres je vey venir deux damoyselles miserables, nues et deschevelées, si que c'estoit grand horreur, lesquelles trebuchoient souvent par se heurter aux racines des arbres. Ces povres femmes estoient piteusement enchainées à chaines de fer ardent et tiroient un chariot tout espris de feu, dont leur chair tendre et delicate estoit cruellement arse et grillée. Leurs mains estoient lyées sur leurs doz, qui fumoient et bresilloient comme le fer chault jecté en l'eau, grinsant les dentz et laissant plouvoir de grans ruysseaux de larmes sur les chaines dont elles estoient attachées.
> Dedans le chariot y avoit un enfant de feu, horriblement furieux qui les chassoit et battoit sans cesse à tout une escourgée faicte de nerfz, monstrant un visage espouventable et terrible sur toutes choses. Parquoy les povres

damoyselles alloient courant et jectant maintes voix plainctives. Ce neantmoins tousjours leur failloit fuyr atravers la forest et trebucher à chacun pas entre les ronces et espines, dont elles estoient escorchées et dessyrées depuis le pied jusques à la teste. Brief le sang leur plouvoit de tous costez, si que la terre par où elles passoient en devenoit toute vermeille. Helas elles toroient ce chariot ça et là, tantost d'une part, tantost d'autre, sans tenir voye ni sentier ; et a veoir leur povre charnure, je la jugeoye cuytte et crevassée comme un cuyr ars et passé par le tan. Quant à leurs gorges elles estoient si estrainctes, et leurs voix tant cassées et enrouées, qu'elles ne pouvoient qu'à bien grand peine respirer. Ces povres langoureuses venues à l'endroict du lieu où j'estoye, je vey arriver à l'entour du chariot plusieurs bestes cruelles, comme lyons, loups, chiens affamez, aigles, corbeaux, millans, vaultours et autres, que ce bourreau arresta là. Bourreau, dy-je, non pas enfant, comme il en monstroit l'apparence. Apres estre descendu de son chariot, il delya ces deux povres martyres, puis d'une espée trenchante leur perça les corps tout atravers du cœur. A ce carnage accouroient toutes les susdictes bestes, et l'enfant couppa les deux demoyselles chacune en deux pieces, desquelles il tira les cœurs, et les jecta aux oyseaux de rapine, et pareillement toutes les entrailles ; puis demembra en quartiers le demourant du corps. Alors ces bestes affamées accoururent incontinent pour devorer celle tendre chair feminine et dessyrer aux ongles et aux dentz. Helas, je regardoye ces miserables membres qui trembloient encore entre leurs gensives, et entendoye rompre et froisser les oz, si que j'en avoye la plus grande pitié du monde. Jamais ne fut plus cruelle boucherie, ny spectacle plus piteux (voir fig. 7).

De quoi s'étaient-elles rendues coupables, les demoiselles écartelées par Éros ? Évidemment, de n'avoir point permis au fantasme de leurs soupirants de pénétrer dans leur pneuma, ce qui a dû entraîner la mort de ces pauvres diables, dans les atroces tortures de l'*amor hereos* et de la dépersonnalisation. On s'attend que le dieu courroucé de l'amour administre à ces dames insensibles une punition équivalente à celles qu'elles-mêmes ont fait subir à leurs amoureux innocents : œil pour œil et dent pour dent. Et

Polia est appelée à y assister, pour qu'elle soit avertie du sort qui l'attend.

Cependant, sans le savoir, avec le tableau des fantasmes déchiquetés par les bêtes sauvages, Colonna s'approche de la phénoménologie de l'éros mystique décrite par Jean Pic et Giordano Bruno, avec laquelle nous ferons connaissance dans le prochain chapitre de ce livre. Le fait que, dans deux scénarios à fantasmes si différents l'un de l'autre, celui de Colonna et celui de Bruno, le moment central soit marqué par l'image d'un démembrement n'est peut-être pas fortuit. Dans le cas de Bruno, l'analogie avec la phénoménologie de la mort et de la renaissance initiatique que Mircea Eliade nous décrit dans ses célèbres *Naissances mystiques* s'impose de soi. Chez Colonna, aucune référence à l'initiation n'est possible, mais le scénario psychologique ne manque pas de vraisemblance. N'oublions pas que « la noble nature de Polia ne montre point d'être rebelle » aux avances que lui fait Poliphile. L'inflexibilité de son attitude consciente est en contradiction flagrante avec sa destinée et sa destination naturelles. N'oublions pas non plus que l'expérience onirique du démembrement est assez courante et peut intervenir juste au moment crucial de la dialectique d'amour où l'inconscient doit marquer son choix.

Bien sûr, Polia voit dans les tortures infligées aux deux demoiselles par l'épée du dieu courroucé de l'amour et par les fanges des animaux sauvages un avertissement de ce qu'elle aura elle-même à subir. Sa situation est sans issue, puisqu'elle ne peut choisir qu'entre le châtiment de Diane et celui d'Éros, entre la désobéissance aux impératifs de la conscience et la désobéissance à ceux de l'inconscient. Devant cette alternative effrayante, elle passe le reste de sa journée en grande angoisse et mélancolie, et la nuit ne lui apporte aucun soulagement. En effet, sans que son histoire nous le dise clairement, la fille est visitée par des incubes :

> Il me fust advis que j'ouy rompre l'huys de ma chambre, et y vey furieusement entrer deux grans bourreaux sales et mal vestuz, rudes, cruelz, les joues enflées, les yeux louches et encavez, les sourcilz gros et noirs, la barbe longue et meslée et pleine de crasse, les levres pendantes, grosses et espoisses, les dens longues, rares, jaulnes et baveuses, la coleur mortifiée, la voix enrouée, le regard despiteux, la peau rude comme bazanne, les cheveux

herissez, gras, à demy chanuz, les mains grandes, raboteuses et sanglantes, les doigtz courbes, les ongles roux, les nez camus et pleins de morve. Bref ils sembloient bien gens maudictz, mechans, infames. Leurs corps estoient environnez de cordes en escharpe et autres outilz de leur mestier, pour monstrer de quoy ils savoient servir. Ces grans vilains en fronceant les sourcilz et me regardans de travers, commencerent à brayer ; car ils n'avoient point parolle humaine, et me dirent : Vien superbe et mechante creature, vien rebelle, vien ennemye des dieux, vien folle et insensée pucelle, qui desprises les graces et benedictions divines. Tantost sera faicte de toy une punition cruelle comme d'une mauvaise femme que tu es, et telle que tu la veiz faire hyer de deux autres perverses damoyselles orgueilleuses. Je vous laisse à penser, o nymphes, quel effroy ce me fut quand je senty auprez de moy deux telz monstres, qui me descoifferent et empoignerent par les cheveux, me voulans trayner je ne sçay où : dont je me deffendoye selon mon petit pouvoir, cuidant resister à leur effort. Mais c'estoit en vain, car ils estoient trop rudes ; parquoy je commençay à crier à haulte voix : Helas, pour dieu mercy ; en demandant secours. Mais ilz n'en faisoient compte et me tiroient plus oultrageusement pour me mettre hors de mon lict. Et ainsi qu'ilz s'efforçoient de ce faire, de leurs corps et vestemens sortoit une puanteur si grande, qu'il n'est cœur qui la peus endurer. Je fu longtemps travaillée et molestée de cette altercation desplaisante, pendant laquelle je me debatoye trop rudement dedans mon lict, tant que j'esveillay ma norrice qui estoit fort endormie. Ce neantmoins elle sentit et paraventure ouyt quelques parolles mal formées ; parquoy me voyant en ce point tormenter, me serra entre ses braz, et m'appela bien haultement. Adonc je m'esveillay en sursault, et fut longtemps sans luy respondre, soupirant et me plaignant en aussi grande angoisse que je fey en jour de ma vie, tant moulue et lassée que je ne povoye lever les braz, mon cœur battant en ma poictrine oultre mesure, et ma chemise tant mouillée de larmes, qu'elle me tenoit partout au corps. Mes cheveux estoient tout moites et meslez ; mes poulx esmeuz et alterez, comme si j'eusse esté en grosse fievre.

Tout cela a bien l'air d'une tentative de viol, mais tellement maladroite qu'elle ne laisse à la victime que le choix de s'y opposer. Mais le message est clair : Polia a appris que la nature est décidée à prendre sa revanche et que, si elle ne cède pas aux insistances du doux, propre et sympathique Poliphile, elle sera possédée par des fantasmes masculins beaucoup plus désagréables. Le châtiment que lui infligent les forces de l'inconscient à cause de l'endurcissement de l'attitude consciente lui paraît insupportable. Après cette leçon, tout ce qui lui reste à faire est de céder au charmant jeune homme, mais elle se défend comme elle peut de ce dénouement inattendu :

> Comme donques j'eusse voué ma virginité à la deesse Diane, et me feusse par profession abstraincte à la servir toute ma vie, le service de Venus me sembloit grief et intolerable, comme du tout different à ma premiere institution.

La nourrice, qui a une longue expérience de vie, l'aide à dépasser ces derniers scrupules :

> Davantage devez considere qu'Amour est un tyran cruel, doué d'une telle puissance, qu'il blesse, brule sans aucun esgard ou misericorde, non seulement les hommes mortelz, mais les dieux souverains, mesmement le grand Jupiter qui faict la pluye et le beau temps. Il n'est rien si vray qu'il ne s'est peu exempter de ceste subjection servile, ains pour parvenir à ses ententes, a esté contrainct de se transfigurer jusques en forme de beste.

Lui racontant toutes sortes d'histoires empruntées aux *Métamorphoses* d'Ovide, la nourrice déploie toute la persuasion subtile qu'on pourrait attendre de son personnage. Son discours arrive à dissiper les derniers doutes de Polia, qui consent finalement à ouvrir son corps pneumatique pour y accueillir le fantasme de Poliphile :

> En ces entrefaictes, Amour trouva une petite voye pour entrer en mon cœur, qui jusques alors luy avoit esté interdicte. Par là passa ce petit dieu jusques au fons de ma poictrine, où il se norrit de consentemens, et feit en peu d'heure si grand, qu'il ne fut plus en moy de resister à sa puissance.

Ravagée par l'amour et par les remords, Polia court au temple de Diane et inonde de larmes le corps sans vie de

Poliphile. Évidemment, celui-ci n'attend que d'être ranimé :

> Et cependant advint qu'en trebuchant sur luy, j'appuiay ma main droicte sur son estomach, et senty un poulx sourd et profond, tant debile que rien plus. Ce neantmoins il me sembla que son cœur, sentant aupres de luy ce qu'il aymoit, reprint un peu de vigueur, tellement que mon cher Poliphile s'en esveilla, et en ouvrant les yeux, jecta un soupir de plainte.

Au sein de Polia, Poliphile reprend ses couleurs naturelles, sur quoi les fidèles de Diane interviennent pour chasser les deux amants du temple profané de la déesse vierge (fig. 8). Abandonnant les œuvres de la chasteté, Polia ne met guère de temps à s'habituer à l'idée d'une existence bourgeoise. Elle se met à coudre et à broder toutes sortes d'objets qui lui rappellent Poliphile et leur amour, décidée « de changer [ses] coutumes sottes et sauvages, en conditions gracieuses et humaines ».

Hymen

Qu'arrive-t-il à Poliphile, pendant sa brève mort d'amour ? Selon le motif classique[1], sa catalepsie s'accompagne d'un voyage de l'âme jusqu'au trône céleste de la déesse Vénus, devant laquelle le jeune homme dépose plainte contre sa meurtrière. La scène est intéressante, puisqu'elle transpose dans le champ de vision extatique la phénoménologie courante de l'éros. Vénus appelle Cupidon, qui amène « l'effigie de Polia exprimée au naturel ». Il s'agit, évidemment, d'un double fantastique, sur lequel les divinités de l'amour exercent leur magie :

> Cupidon benda son arc, et print à sa trousse une fleche ferrée d'or, empennée d'espins de diverses couleurs, et tira droict au mylieu de la poictrine de l'image qu'il m'avoit monstrée. Mais ja plustost ne fut le coup donné, que la pucelle se rendit à son obeissance, anclinant humblement la teste : qui fut signe qu'elle seroit desormais traictable, doulce, benigne et gracieuse, autrement qu'elle n'avoit été. Aussi elle confessa son erreur, asseurant qu'elle estoit vaincue, de sorte que plus ne povoit contrevenir aux commandemens d'amour.

L'auteur, le frère Colonna, intervient ici pour semer le

FIG. 7 : « ... et l'enfant couppa les deux damoyselles chacune en deux pieces... » *Hypnérotomachie*, p. 266.

FIG. 8 : Polia chassée du temple de la chaste Diane. *Hypnérotomachie*, p. 281.

doute et entretenir l'ambiguïté de son récit, sans laquelle celui-ci aurait pu être attribué au genre érotique léger, voire pornographique. Il affirme que Polia ne serait que la « partie raisonnable » de l'âme de Poliphile, pour suggérer que l'*Hypnérotomachie* doit être interprétée comme un traité illustrant les fantasmes de l'éros mystique. Or, il s'agit ici d'une tentative de mysticisation par mystification, puisque, parmi les exégèses possibles, celle-ci est la moins vraisemblable[2].

Cette impression est aussi confirmée par un passage appartenant à la première partie du livre, quand les pérégrinations de Poliphile parmi les fantasmes de la mémoire artificielle se concluent par la rencontre avec Polia. Les deux étant arrivés devant le sanctuaire de Vénus, Poliphile déflore le rideau symbolique appelé IMHN, sans doute pour ϹYMHN, *hymên*. L'explication donnée par Colonna à ce mot, tout en étant plausible[3], ne répond pas à sa signification contextuelle : « La petite peau dont l'enfant est entortille dedans le ventre de sa mere. » Mais l'hymen désigne couramment une autre membrane, celle de la virginité, et c'est celle-ci que les passages successifs ont en vue :

> Ceste cortine estoit tirée devant la fontaine pour couvrir ce qu'il y avoit dessoubz, et afin qu'elle fust ouverte, Polia et moy estans à genoux devant Cupido nostre maistre, il bailla sa fleche d'or à la nymphe Synesie, lui faisant signe qu'elle se presentast à Polia pour en rompre et dessirer la courtine. De quoy la belle se monstra aucunement mal contente, et sembloit qu'elle le feit mal voluntiers, comme s'il luy eust depleu d'obeyr aux sainctes loix d'amour ausquelles desja s'estoit assujectie ; mais cela luy advenoit par timidité virginale, joincte à faulte d'experience. Lors ce grand dieu voyant cela, se print un peu à soubzrire, et derechef commanda par expres à ladicte nymphe Synesie qu'elle la consignast à Philede pour la m'apporter, afin que j'en meisse à effect ce que Polia n'osoit entreprendre. Incontinent que ce divin instrument fut entre mes mains, sans user de contredicte ou refuz, estant pressé par un ardant désir, et affection aveugle de voir la deesse Vénus, je rompy la belle cortine ; et en cest instant me sembla que je vey Polia changer de couleur et s'en doloir en son courage. Adonc me fut à plein manifestée la majestée de la saincte

deesse qui se baignoit en la fontaine garnye de toutes les beautez que nature peult imaginer. Aussitost que j'eu jecté mes yeux sur ce divin object, et jouy d'une veue tant inspirée, Polia et moy meux d'extreme doulceur et d'un plaisir longuement attendu, demourames comme raviz, hors de cognoissance et quasi en ecstase, pleins de peur et de crainte grande, au moins moi par especial...

Le contenu latent de ce passage est si transparent qu'il nous dispense de toute explication. Par pudeur, l'auteur a exprimé le rituel de la défloration et de l'accouplement sexuel par le biais d'une action symbolique qui produit chez les deux acteurs les mêmes effets « d'extreme douceur et de plaisir » qu'un accouplement.

Une autre action symbolique est introduite ici pour permettre la description scrupuleuse des sensations érotiques et du processus fantastique provoqué par la flèche de Cupidon :

A peine eut il lasché la corde, que je senty passer la vire tout par le travers de mon cœur et d'un mesme coup donner dedans l'estomach de Polia, où elle demoura fichée, apres m'avoir navré d'une playe en laquelle n'y avoit plus lieu de medecine ou aucune guerison. Ce faict, Cupido s'approcha de Polia, et retira la fleche qui sortoit à demy. Puis la lava en la fontaine, pour la nettoyer de notre sang dont elle estoit souillée. Helas, helas, je fu à ce coup tant espris d'une ardeur excessive qui se repandit tout au long de mes veines, que j'en devins obfusqué de mon entendement. Ce neantmoins je me senty ouvrir le cœur et y engraver la figure de ma mieux aymée Polia, ornée de ses vertuz pudiques et louables, et fut la trasse tant profonde qu'il n'est possible l'effacer, ains est une chose necessaire que l'emprainte y demeure toute ma vie et ma dame en prenne possession telle que nulle autre n'y puisse jamais avoir part, non seulement y pretendre l'entrée. Sur moy n'y eut nerf ny artere qui de ce feu ne feust bruslé comme un paille seiche au milieu d'une grande fournaise, en sorte que quasi je ne me cognoissoie plus, et pensoie estre mué en autre forme.

La déesse Vénus calme son ardeur avec de l'eau salée puisée à la fontaine de l'amour. Cet épisode d'initiation aux mystère de l'éros fantastique est marqué par le changement symbolique des vêtements de Poliphile.

APPENDICE IV

(au chapitre III, 1)

Ficin pense par *triades*, dont le terme moyen, celui qui effectue la liaison entre les deux extrêmes, est également celui qui reçoit les qualificatifs les plus flatteurs. Dans le système des triades ficiniennes, presque tous les termes moyens se correspondent.

Le premier et le plus célèbre exemple de triade porte l'*âme* comme terme moyen. Celle-ci, comme un *Janus bifrons,* regarde simultanément dans le monde sensible et dans le monde noétique : *Anima Iani bifrontis instar vultum geminum habere videtur*. Elle est « liant du monde » (*copula mundi*), car elle accomplit la médiation entre les choses supérieures et les choses inférieures, elle est immobile et mobile à la fois, elle désire à la fois le haut et le bas, sans jamais se pencher d'un seul côté : *Et dum ascendit inferiora non deserit, et dum descendit sublimia non reliquit ; nam si alterutrum deserat, ad extremum alterum declinabit, nec vera erit ulterius mundi copula.*

Une autre triade, qui se superpose presque exactement à la première, traduit la procession en termes bibliques : le Dieu créateur et l'échelle des créatures (Dieu-Homme-*animal*, où *animal* signifie tout organisme vivant, les animés non doués de raison). L'Homme se définit en tant qu'Ame, il est donc *nodus et copula mundi*, image microcosmique, « vicaire de Dieu sur la terre ». « L'homme est un grand miracle », dit Hermès Trismégiste dans l'*Asclépius* latin, puisqu'il représente la quintessence de tous les êtres : il mène la vie des plantes, des animaux, des héros, des démons, des anges et de Dieu. *Omnis hominis anima haec in se cuncta quodammodo experitur, licet aliter aliae*. Pour la même raison, Zoroastre aurait appelé l'homme l'« artifice d'une nature trop hardie », dans lequel Dieu contemple satisfait le « chef-d'œuvre d'art du monde » qu'il a construit.

Dans son *Oratio de hominis dignitate* ou *Carmen de pace* de 1486, Jean Pic de la Mirandole se sert de formules très semblables à celles de Ficin. Il cite l'*Asclépius* hermétique et reprend, dans un passage vibrant, le thème de la liberté humaine que Ficin avait déjà esquissé dans sa *Théologie platonicienne* : « Toi, tu n'es limité par aucune barrière, dit Dieu à l'Homme primordial. C'est de ta propre volonté, au pouvoir de laquelle je t'ai remis, que tu détermineras ta nature. Je t'ai installé au milieu du monde afin que de là tu examines plus commodément autour de toi tout ce qui existe en ce monde. Nous ne t'avons fait ni céleste ni terrestre, ni mortel ni immortel, afin que, maître de toi-même et ayant pour ainsi dire l'honneur et la charge de modeler ton être, tu te composes la forme que tu auras préférée. Tu pourras dégénérer en formes inférieures, animales ; tu pourras, par ta propre décision, être régénéré en formes supérieures, divines » (trad. franç. citée d'après H. de Lubac). C'est à cause de cette capacité de se transformer, de mener tout genre possible de vie, qu'on peut l'appeler *caméléon* et *Protée* : *Quis hunc nostrum chamaeleonta non admiretur ? Quem non immerito Asclepius [...] per Proteum in mysteriis significari dixit*. Si les deux premières triades ficiniennes se réfèrent à l'entière procession de l'Être et à l'entière échelle des créatures, il y en a plusieurs autres (nous en avons compté au moins cinq) qui ne s'occupent cette fois-ci que du passage de l'incorporel au corporel. Or, l'âme est une substance incorporelle qui a besoin d'un terme médian pour s'incarner. En principe, dit Ficin en reprenant une idée plotinienne, c'est la *qualité* (*qualitas*) qui permet à l'incorporel de passer au corporel. Dans l'incorporation de l'âme, c'est l'*esprit* qui est médiateur entre celle-ci et le corps. Les autres triades s'intègrent dans le même schéma. Dans la tradition platonicienne (confirmée par Plotin), Ficin établit une hiérarchie des sens : la vue, le plus noble, correspond au feu, l'ouïe à l'air, et ainsi de suite, d'après le tableau suivant :

Les deux triades des facultés de l'âme

I. Triade spirituelle

Faculté	*Élément*	*Monde phénoménal*
1. Raison	(Dieu)	
2. Vue	Feu	Couleurs et formes
3. Ouïe	Air	Voix (son)

II. Triade matérielle

Faculté	*Élément*
4. Odorat	Vapeur
5. Goût	Eau
6. Toucher	Terre

Dans la colonne du milieu, il s'agit d'une échelle des éléments où Dieu est encadré pour la symétrie ; l'éther manque, mais il y a, inférieure à l'air, la vapeur. La verticale vers le bas exprime la dégradation progressive des éléments. Dans la colonne de gauche sont marquées les facultés psychiques qui correspondent à la hiérarchie des éléments. Dans la colonne de droite sont marqués les traits « subtils » du monde sensible que l'âme perçoit par ses facultés. Ficin n'en cite que deux, mais il y a — en Occident comme en Orient (il suffit de penser ici au système Sâmkhya) — des systèmes complets. Qui ne se souvient de cette figure de la tête de l'homme-microcosme dans l'*Utriusque cosmi historia* de Robert Fludd, où, à côté du monde élémentaire et des cinq sens, il y a aussi un *mundus imaginabilis* ? Fludd — comme la philosophie sâmkhya — travaille avec un système de pentades ; Ficin leur préfère les triades. Leur modèle commun, c'est la psychologie médiévale, où ce genre de correspondances fait l'objet de classifications plus ou moins rigoureuses.

Une dernière série de triades ficiniennes s'occupe des correspondances de l'éros :

Hiérarchie de l'éros

Plan créatural	*Espèce d'éros*	*Faculté par laquelle se réalise l'éros*
DIVIN	Contemplatif	Raison
HUMAIN	Actif	Vue
ANIMAL	Voluptueux	Toucher

(*Sopra lo Amore*, VI, 7-8.)

Au-dessus et au-dessous de la triade érotique, il y a deux autres termes : *Calodemon, che significa buon Demonio,* et *Cacodemon, che s'intende malo Demonio.* Ils doivent en être retirés, pour que le schéma triadique ne souffre pas. Le terme moyen — donc privilégié — dans ce schéma c'est l'Humain, auquel correspond l'éros actif, qui se réalise par le sens de la vue.

APPENDICE V

(au chapitre III, 2)

Comme nous l'avons déjà dit, la première traduction du *Commentaire ficinien* en français date de 1546 (*Le Commentaire de Marsile Ficin* [...] *sur le Banquet d'amour de Platon*, faict françois par Symon Silvius, dit J. de la Haye, valet de chambre de [...] Marguerite de France, royne de Navarre. Achevé d'imprimer le XVI février 1545 avant Pâques. On le vend à Poictiers, à l'enseigne du Pélican, 1546). Elle fut suivie par celle — beaucoup plus célèbre — de Guy Lefèvre de la Boderie, dédiée à la même Marguerite de Navarre (Paris, chez Lucas Breyel, 1578). En 1581, Guy Lefèvre de la Boderie publiait également la traduction des trois traités *De vita* (*Les Trois Livres de la vie, le I. pour conserver la santé des studieux, le II. pour prolonger la vie, le III. pour acquérir la vie du ciel*. Avec une apologie pour la medecine et astrologie, le tout composé premièrement en latin par Marsile Ficin, prestre, philosophe et medecin tres excellent, et traduict en françoys par Guy Le Fevre de la Boderie. A Paris, pour Abel l'Angelier, 1581).

Les poètes influencés par la dialectique ficinienne d'amour furent très nombreux en France. Il suffira de citer les noms de Jean Lemaire de Belges, Jean Bouchet, A. Héroët, M. Scève, Jean de Tournes, Pontus de Tyard, Gilles Corrozet, Marguerite de Navarre, J. Du Bellay et P. Ronsard (cf. J. Festugière, p. 10 et 78 sq.). Le moment privilégié par eux était le transfert du sujet en l'objet de son amour et la perte de la sujétité, qui équivalaient à une mort. J. Festugière (p. 115-117) a montré que, au fond, un poète comme A. Héroët (*Parfaicte Amye*) ne faisait que versifier les passages respectifs du *Commentaire* ficinien au *Banquet*, dans la version de G. Lefèvre de la Boderie. Il ne manquera pas d'intérêt de comparer les trois textes :

1) Ficin, *De am.*, *Opera*, II, 290 : *Moritur quisque amat. Ejus enim cogitatio, sui oblita semper in amato se versat. Si de se non cogitat, in se non cogitat. Quare in se mortuus est quicunque amat* [...]. *Ubi vero amatus in amore respondet, in eo saltem vitam agit amator* [...]. *Hic certe mira res : quoties duo aliqui mutua se benevolentia complectuntur, hic in illo, ille in hoc vivit. Vicissim hujusmodi homines se commutant, et seipsum uterque utrique tribuit, ut accipiant alterum : sic uterque amantium, in se mortuus, in alio reviviscit* [...]. *O mirum commercium : quo quis seipsum tradit pro alio, nec habet, nec habere se desinit. O inestimabile lucrum, quando duo ita unum fiunt, ut quisque duorum pro uno duo fiat : O felicem mortem quam duae vitae sequuntur.*

2) Traduction de G. Lefèvre de la Boderie : « Quiconque aime meurt en aimant : d'autant que son penser s'oubliant se retourne en la personne aimée. S'il ne pense point de soy, certainement il ne pense point en soy : et pourtant quiconque aime est mort [...]. Mais là où l'aymé respond en Amour, l'amoureux vit pour le moins qu'il soit en l'aymé [...]. Icy chose merveilleuse avient quand deux ensemble s'entr'ayment, cestuy et celuy, et celuy en cestuy vit. Ceux-cy font ensemble un contre-eschange, et chascun se donne à autruy pour d'autruy recevoir : ainsi l'un et l'autre des Amants, mort en soy, en autruy ressuscite [...]. O merveilleux contrat, auquel l'homme se donne pour autrui : et autruy, ny soy n'abandonne ! O gaing inestimable quand deux deviennent un en telle manière, que chascun des deux pour un seul devient deux : O mort heureuse que deux vies ensuyvent » (f. 29v-30r).

3) A. Héroët, *Parfaicte Amye*, v. 123-131, 37-47 et *passim* :

Ainsi de luy plus que de moy pensive,
En moy j'estois trop plus morte que vive.
Et ruminois en luy non aultrement
Qu'en me rendant *mutuel* pensament.
Comme noz cueurs à mourir incités
Se soient l'un l'autre entreressuscités,
Comme le mien aymant au sien aymé
Ayt, sans changer, sa forme transformé.

[...] O changement utile et precieux,
Quand le bon cœur, d'ung vouloir gracieux,
En se donnant, n'est de rien estonné
Que veoir celluy qui le prend redonné !
O changement, ou nul ne se deçoit,
Faisant present moindre qu'il ne reçoit !
O cueurs heureux ! ô félicité d'eulx,
Quand pour ung seul on en recouvre deux !
O beau mourir, pour en celluy revivre,
La mort duquel double vie delivre, etc.

(L'infection fantastique d'éros et la « mort d'amour » chez Ficin sont décrites avec vivacité par J. Festugière, p. 37-38. Celui-ci, traduisant par « amie » le mot latin *amatus* — « aimé », employé génériquement pour désigner les deux sexes —, cède pourtant à une interprétation personnelle qui diffère de celle de Ficin.)

Les platonisants français du XVIe siècle qui s'occupent de l'éros illustrent, bien entendu, la même tradition ficinienne. Il suffira de citer Symphorien Champier (*La Nef des dames vertueuses*, 1502), Claude de Cuzzi (*Philologue d'Honneur*, 1537), Anthoine Vias (*La Diffinition et Perfection d'Amour*, 1542), C. de Taillemont (*Discours de Champs Faëz*, 1553) et Jean de Tournes (*Le Premier Livre de la belle et puissante histoire de Philandre [...] et de Passerose*, 1544).

La genèse du mythe d'Actéon chez Bruno paraît s'expliquer par deux facteurs que nous n'avons pas encore analysés. L'un, c'est la tradition d'origine ficinienne qui voit en Socrate le « veneur de la vérité » par la force de l'amour (cf. Nina Façon, « *Activismul în gîndirea Renasterii italiene* », dans *Conceptia omului activ*, Bucarest, 1946, p. 7-35). La seconde est, probablement, la pratique des lettres françaises lors de son séjour à Paris (1581-1583). En effet, un des passages les plus importants du commentaire au sonnet des *Fureurs héroïques* sur Actéon paraît traduit directement du français, de *La Nef* de Symphorien Champier. Champier, né à Lyon vers 1471, polygraphe célèbre au début du XVIe siècle, se posait en défenseur passionné de Ficin. *La Nef des dames vertueuses,* parue en 1503 chez Jacques Arnollet à Lyon, connut un succès modéré, puisqu'elle enregistra deux autres éditions, à Paris, en 1515 et 1531. Une de celles-ci a dû tomber entre les mains de Bruno. Au quatrième livre de *La Nef,* on apprend que Galesus, le beau-fils du noble Aristippe de Chypre, est appelé Cymon, « cest a dire bestial », pour être « incensé et fol de nature ». En contemplant la belle jeune fille Iphigénie dormant sur une pelouse, Cymon s'humanise : « de rustique et bestial, il devient homme sage et discret ». Or, cette expression désigne chez Bruno la transformation du « veneur de la vérité » sous l'emprise de la contemplation de Diane, la déesse nue.

APPENDICE VI

(au chapitre v, 4)

Pour mieux comprendre la doctrine des *facies* ou figures célestes, nous reproduisons ici ces figures d'après Teucre de Babylone, selon leur description chez Giordano Bruno, *Imagines facierum signorum ex Teucro Babilonico*, écrit qui sert d'appendice à un de ses traités mnémotechniques (*Op. lat.*, II, p. 135-141). C'est à des *facies* de la sorte que Ficin devait penser, bien qu'il soit assez difficile, pour nous, de préciser quel était le rapport entre ces images et les situations de la vie humaine auxquelles elles devaient répondre. La doctrine des démons, que nous aurons l'occasion d'analyser de plus près, voyait dans ces effigies astrologiques des descriptions de démons, ce qui, après tout, ne devait pas être loin des intentions de leurs inventeurs, pour lesquels toutes les entités astrologiques étaient personnifiées.

Imagines facierum signorum ex Teucro Babilonico quae ad usum praesentis artis quam commode trahi possunt. — Aries. Ascendit in prima facie arietis homo niger, immodicae staturae, ardentibus oculis, severo vultu, stans candida precinctus palla. In secunda mulier non invenusta, alba induta thunica, pallio vero tyrio colore intincto superinduta, soluta coma, et lauro coronata. In tertia homo pallidus ruffi capilli rubris indutus vestibus, in sinistra auream gestans armillam, et ex robore baculum in dextra, inquieti et irascentis prae se ferens vultum cum cupita bona nequeat adipisci nec prestare. — Taurus. In prima Tauri facie Nudus arans, de palea pileum intextum gestans, fusco colore, quem sequitur rusticus alter femina iaciens. In secunda Claviger nudus, et coronatus aureum baltheum in humeris gestans et in sinistra sceptrum. In tertia vir sinistra serpentem gestans et dextera hastam sive Sagittam, ante quem testa ignis, et aquae lagena. — Gemini. *In prima geminorum facie, vir paratus ad serviendum, virgam habens in dextera. Vultu hilari atque iucundo. In secunda, homo terram fodiens et laborans: iuxta quem tibicen nudis saltans pedibus et capite. In tertia Morio tibiam dextera gestans, in sinistra passerem et iuxta vir iratus apprehendens baculum.* — Cancer. *In prima Cancri coronata, optime induta olivam gestans in dextra et phialam in sinistra. In secunda vir cum muliere sedentes ad mensam et ludentes ante virum sunt indumentorum genera; ante mulierem aurea argenteaque vasa. In tertia vir venator quem antecedunt et consequuntur canes, cornu gerens et balistam, incessu volucri et girovago.* — Leo. *In prima Leonis facie vir colore ruffus, croceis indutus vestibus, coronatus auro, gallumin dextra gestans, leonem equitans. In secunda foemina ambulans in coelum manibus tensis, et iuxta illam vir quasi paratus ad vindictam, gladium habens districtum, atque scuthum. In tertia peram gestans seu scuticam; vultu tristi, demisso, et invenusto, quem sequitur adolescens albis indutus (sc. vestibus).* — Virgo. *In prima Virginis facie: Puella floribus corollata, et vir flores et frondes spargens contra illam, indutus veste viridi et discinctus. In secunda homo niger corio vestitus, crumenam gerens in manu, pallium habens a capite demissum. In tertia senex duobus innixus baculis, incultis capillis ante frontem, dispersa barba, fusco indutus colore.* — Libra. *Primam librae faciem, habet homo librum inspiciens, pugionem habens in dextera vel stilum. Truci incedens vultu. Secundam duo altercantes et turbati coram sedente pro tribunali qui virgam in eos extensam in dextra, et sinistram elevatam habet. Tertiam Sagittarius ferox, quem sequitur vir manu panem gestans et scyphum vini; et homo nudus totus antecedit.* — Scorpius. *Ascendit in prima scorpii facie mulier formosa et optime induta pro qua duo iuvenes invicem irati se verberibus cedentes fatigantur. In secunda mulier nuda penitus, et duo viri penitus nudi, quorum alter stat ad latus mulieris, alter in terra cubat cum cane colludens. In tertia vir exponens dorsum percutienti mulieri, ambabus manibus ambos tenens pedes.* — Sagittarius. *Sagittarii primam faciem habet vir armatus totus, parmam gestans in sinistra, et in dextra latissimum ensem, in cuius incessus terra tremere videtur. Secundam foemina tristis, lugubri induta vestimento, puerum alterum intra brachia gestans, alterum manu ducens. Tertiam vir in terra cubans, baculum temere exagitans, vultu pallidus et habitu sordido, et porcus adstat illi, fodiens terrae maniplos.* — Capricornus. *Primam Capricorni faciem vir in habitu mercatoris turpis faciei et tristis quem sequitur iuvenis saltans et plaudens manibus. Secundam vir in columbam volantem intorquens iacula: et duae mulieres ad unum se complexantes virum. Tertiam virgo albis induta; pedibus conculcans vulpeculam, et librum lectitans.* — Aquarius. *Primam Aquarii faciem habet pater familias, et matrona, in gestu cogitantium: quorum ille calculos habet in manu, et ista colum. Secundam vir in habitu consiliarii atque sedens, schedulas memoriales in manu habens, e cuius mento prolixa pendet barba, homoque videtur vultu severiore. Tertiam iuvenis iratus cuius facies ira videtur inflammata: manibus quasi impetentibus, et digitis contortis.* — Pisces. *In prima piscium facie, figura hominis sua bona transportantis, et novam perquirentis habitationem: quem sequitur mulier tripodem gestans et perticam. In secunda vir accinctus quasi et ad operandum, contractis vestibus, et denudatis brachiis agilitatem prae se ferens corporis, et vultus hilaritatem. In tertia adolescens adamans et complectens puellam et iuxta illos aves Iunoniae duae colluctantes.* — *Habitus et actus imaginum praedictarum licet per se ad artem memorativam non conferant: complere tamen possunt imaginum rationes.*

APPENDICE VII

(au chapitre VII, 3)

La réalité de la sorcellerie

Somme toute, l'explication *réelle* du phénomène de la sorcellerie est plutôt décevante, surtout si l'on tient compte des innombrables hypothèses fantaisistes qui ont été formulées depuis plus de mille ans, la bibliographie du dernier siècle ne faisant pas exception puisque, à côté des recherches patientes d'un Joseph Hansen ou d'un Henry Charles Lea, on y rencontre également les célèbres élucubrations de Mlle Murray et du révérend Montague Summers, aussi bien que la théorie « radicale » qui prétend que la sorcellerie n'est qu'une invention de l'Inquisition...

Or, il faut soigneusement distinguer les pratiques de sorcellerie — attestées depuis quelques millénaires — de la terreur mise en marche par les Églises chrétiennes entre le XVIe et le XVIIIe siècle. Non, ce n'est pas le système des tortures inquisitoriales qui a créé le phénomène de la sorcellerie : celui-ci existait déjà depuis trop longtemps pour qu'il pût être inventé *ad hoc* par des religieux pervers. Certes, cela ne justifie ni n'excuse la fin atroce d'un nombre imprécis de victimes — les chiffres varient entre cinq cent mille et deux millions. Mais l'analyse scientifique du phénomène ne doit pas être influencée par le sentiment naturel de révolte qui nous saisit dès que l'on pense aux abus commis par les autorités dans la plupart des procès de sorcellerie depuis 1468.

Certes, la sorcellerie n'a absolument rien à faire avec la religion chrétienne : elle la précède, elle l'accompagne et elle a eu la malchance de tomber sous sa législation. C'est pourquoi elle a été abusivement transformée en hérésie et punie comme telle. Mais il ne faut pas que cette énorme erreur d'optique cache à nos yeux l'essence même de la sorcellerie et nous fasse croire qu'il s'agit d'une pure invention de ses persécuteurs sadiques refoulés et misogynes.

Le caractère systématique de la grande chasse européenne aux sorcières doit d'autant moins nous faire oublier que le droit coutumier des pays d'Europe leur réservait déjà un traitement qui, pour n'avoir été appliqué que sporadiquement, n'en est pas moins atroce que les tortures dont les documents des procès nous informent ou qu'ils nous laissent deviner. L'ordalie de l'eau et du feu qu'on réservait aux sorcières potentielles n'est pas une invention de l'Inquisition ni de l'Église de Byzance, paraît-il, quoique les deux s'en servissent volontiers. Autrement, Sérapion, évêque de Vladimir (1274-1275), n'aurait pas protesté dans ses *Sermons* contre la pratique barbare et la superstition absurde du peuple qui consistaient à voir si, par hasard, les femmes soupçonnées de sorcellerie flottaient sur l'eau — ce qui était une preuve suffisante de culpabilité — ou à exhumer les cadavres des noyés, dont l'esprit était tenu pour responsable du mauvais temps et des mauvaises récoltes.

Pour comprendre l'essence du phénomène de la sorcellerie, il ne faut pas s'adresser aux procès-verbaux de l'Inquisition ou des autorités protestantes, car ceux-ci, outre qu'ils ne révèlent parfois que les *patterns of mind* des persécuteurs, sont chargés *a priori* d'une valeur émotionnelle susceptible d'influencer le chercheur qui s'en occupe. Incontestablement, les archives inquisitoriales nous réservent encore quelques surprises — comme ce fut le cas des *benandanti* du Frioul, redécouverts par C. Ginzburg. Et cependant, il suffit de parcourir entièrement les trois volumes des *Matériaux* de H.C. Lea pour se rendre compte qu'il n'y a là rien de vraiment neuf ou d'exceptionnel : des classes de sorciers « bons » et « mauvais » sont assez largement attestées, aussi bien que les luttes qu'ils engagent entre eux. C'est pourquoi on ne saurait effectivement approcher la sorcellerie dans un esprit objectif et scientifique que dans une aire latérale d'Europe où la puissance des Églises chrétiennes ne suffit pas pour procéder aux persécutions des *malefici*. Mais une telle aire latérale existe-t-elle ?

On pourrait, à la rigueur, s'adresser à la Russie. Certes,

les croyances slaves relatives à la sorcellerie nous démontrent bien qu'il s'agit d'un phénomène réel, qui ne fut pas inventé par les autorités ecclésiastiques. Et pourtant, le désavantage d'une recherche dans l'aire slave est que les Russes sont devenus chrétiens trop tard pour pouvoir mesurer l'interaction entre leurs croyances populaires et la propagande d'une Église plus tolérante que celles d'Occident. Les Russes devinrent chrétiens au Xe siècle puisque leur prince se convertit, et cela arriva pour d'autres raisons que celles qui avaient poussé les premiers martyrs à embrasser le christianisme. La légende — plus crédible, cette fois-ci, que toute apologie — nous informe que le prince Vladimir de Kiev reçut la visite des représentants de plusieurs religions. Tout d'abord, il se sentit attiré par l'islamisme, qui lui promettait de jouir d'un harem non seulement dans ce monde-ci, mais aussi dans l'au-delà. Or, le prince Vladimir savait apprécier la beauté féminine. Cependant, il s'aperçut rapidement du côté intolérable du mahométisme : il lui aurait fallu renoncer à la viande de porc et au vin ! La circoncision lui répugnant également, il accepta le christianisme, prononçant cette phrase mémorable : « La joie de la Russie, c'est la boisson ; enlevez-la-lui, et elle ne pourra plus subsister. » Ce fut plutôt un baptême de liquide que d'esprit. Il n'en fut pas moins accepté avec joie et n'en eut pas moins de conséquences. Et pourtant, cela nous laisse voir combien les Russes restèrent slaves et combien leurs croyances sont loin de celles des peuples d'Occident. Nos recherches ne sauraient partir de là.

Le seul peuple qui paraît offrir toutes les conditions requises est le peuple roumain. Les Roumains étaient déjà chrétiens au IVe siècle, quand les Slaves n'avaient pas encore commencé leurs migrations en Europe orientale. Mais l'Église sur le territoire où l'on parle le roumain ne put se constituer hiérarchiquement qu'après que des États eurent surgi, et cela n'arriva qu'au XIVe siècle, après mille ans pendant lesquels des peuples germaniques, mongols, slaves, turcs et finno-ougriens avaient parcouru l'ancienne province romaine appelée Dacie. Liée aux peuples occidentaux par des liens linguistiques et génétiques, la Roumanie — par quoi nous entendons une entité ethnique qui ne fut que très brièvement une entité géographique — avait embrassé le christianisme oriental, mais n'avait jamais eu une Église assez forte pour procéder à des persécutions contre la sorcellerie. C'est pourquoi celle-ci n'est pas attestée par des sources écrites provenant des persécuteurs ; elle n'est attestée que sous la forme d'une croyance populaire, dans l'établissement de laquelle l'Église n'est nullement intervenue.

Et pourtant, il y a un quart de siècle encore, les matériaux relatifs à la sorcellerie chez les Roumains étaient renfermés dans des livres aussi rares que douteux. Ce n'est que fort récemment qu'on a donné publicité à des matériaux d'une extraordinaire valeur : les réponses aux questionnaires distribués méthodiquement dans tous les villages de Roumanie vers la fin du XIXe siècle par deux ethnographes de marque, B.P. Hasdeu, qui fut également un grand linguiste, et N. Densusianu. Les deux agirent tout à fait indépendamment et leurs questionnaires se complètent à merveille, nous donnant un inventaire presque sans égal de toutes les croyances populaires vivantes d'un pays de l'Europe orientale. Les résumés systématiques des réponses au questionnaire de Hasdeu furent publiés en 1970 par le folkloriste O. Bîrlea, qui continuait le travail commencé par son collègue I. Muslea (I. Muslea - O. Bîrlea, *Tipologia folclorului. Din raspunsurile la chestionarele lui B.P. Hasdeu*, Bucarest, 1970). Les réponses au « questionnaire historique » de N. Densusianu furent systématisées par le folkloriste A. Fochi en 1976 (A. Fochi, *Datini si eresuri populare de la sfîrsitul secolului al XIX-lea : Raspunsurile la chestionarele lui Nicolae Densusianu*, Bucarest, 1976). M. Eliade ne manqua pas de signaler leur importance exceptionnelle pour l'étude de la sorcellerie (cf. *Occultisme, sorcellerie et modes culturelles*, Paris, 1978), préparant ainsi les voies d'une recherche approfondie.

Le phénomène de la sorcellerie a ceci de particulier qu'il répond à des données psychophysiologiques constantes, mais connaît également des changements historiques fort importants.

La maîtresse de Photis dans les *Métamorphoses* d'Apulée était une sorcière qui savait préparer des onguents à propriétés psychédéliques extraits des plantes ; et la vieille femme du village de Woippy que l'inquisiteur voulait brûler et dont Agrippa prit vigoureusement la défense était également une sorcière.

Par « sorcières » on entend, donc, deux catégories de personnes : des « pharmaciens drogués » appartenant à une tradition immémoriale, et des gens qui, à partir plus ou moins du Xᵉ siècle après J.-C., outre qu'ils se servent d'hallucinogènes, ont également une idéologie commune, qui consiste à attribuer des contenus plus ou moins constants à leurs fantaisies en état de transe : ils volent dans les airs, ils forment des groupes doués de certaines particularités (la *Mesnie Sauvage* ou *Wilde Jagd*), ils ont une patronne appelée Diane, Hérodias, Domina Abundia, etc., et ont une relation étroite avec une sorte de procession macabre appelée *Familia Herlechini*. Plus tard, ces caractéristiques changent sous l'influence de l'Église : la *Mesnie Sauvage* se transforme en sabbat, le patron des sorcières devient Satan lui-même, auquel les suppôts consacrent un culte blasphématoire et obscène, etc.

Il y a, donc, deux sortes de catégories phénoménologiques qui s'appliquent aux sorcières : constantes et variables. Les catégories constantes concernent la capacité des sorcières d'extraire et de fabriquer des drogues, sous l'influence desquelles elles accomplissent certaines actions fantastiques : elles volent à travers l'air, peuvent se transformer en d'autres êtres et sont censées avoir certains pouvoirs sur les hommes et sur la nature. Les catégories variables consistent dans une certaine idéologie que les sorcières elles-mêmes s'attribuent ou qui leur est attribuée par leurs contemporains et juges.

Le grand savant Henry Charles Lea a tracé une distinction — encore valable, dans l'état des recherches récentes — entre *sorcery*, phénomène qui se manifeste en Europe entre le Xᵉ siècle et la première moitié du XVᵉ siècle, et *witchcraft*, ou la sorcellerie ainsi qu'elle fut considérée et combattue par l'Inquisition à l'époque de la *witchcraze*. *Sorcery* était un phénomène sans conséquence, que ses contemporains interprétaient comme la fantaisie de gens malades et qui ne comportait pas de punition — sauf dans des cas isolés. L'autorité, tout en reconnaissant l'existence de personnes qui *se croyaient* sorciers, leur niait toute capacité de nuire à leurs prochains. Par contre, la *witchcraft* a affaire avec l'arsenal classique, comportant la présence du diable, du blasphème, du sabbat, de la messe noire. La *sorcery* était attribuée à l'ignorance du peuple ; la *witchcraft* est transformée en hérésie inspirée par le diable.

Les pharmacologues ont constaté il y a cinquante ans déjà que les sorcières savaient se servir de plusieurs hallucinogènes extraits de plantes. Les anthropologues n'ont accepté que fort récemment cette évidence, et le professeur américain Michael Harner s'en est fait le porte-parole (M. Harner, « *The Role of Hallucinogenic Plants in European Witchcraft* », dans M. Harner [Ed.], *Hallucinogens and Shamanism,* Oxford University Press, 1973, p. 125-150). Lorsque le professeur Hofmann de Basel découvrit l'acide lysergique (LSD) dans la *claviceps purpurea,* une végétation cryptogamique qui infecte le seigle (*Secale cornutum*) lors de sa croissance, il se souvint des phénomènes étranges qui s'étaient vérifiés parmi les paysans de Pologne et d'Espagne se nourrissant de pain de seigle (cf. R.E. Schultes - A. Hofmann, *The Botany and Chemistry of Hallucinogens,* Springfield, Ill., 1973). Et l'anthropologue hollandais Jojada Verrips découvrit que des épidémies de chorée religieuse qui avaient eu lieu pendant la seconde moitié du XVIIIe siècle à Nijkerk et s'étaient propagées partout aux Pays-Bas n'étaient dues, en réalité, qu'aux très mauvaises récoltes de seigle avec lequel on fabriquait le pain (J. Verrips, « *De Genese van een Godsdienstige Beweging : Het Nieuwkerkse Werk* », dans *Tijdschrift voor Sociale Geschiedenis,* juin 1980, p. 113-138). M. Van Os, ex-professeur de pharmacologie à l'université de Groningue, qui a eu l'amabilité de nous donner des informations fort intéressantes sur la chimie des hallucinogènes, nous a assuré que, depuis quelques années, les récoltes de seigle infecté de *claviceps purpurea* n'apparaissent plus sur le marché, n'étant destinées qu'aux recherches : les *junkies* avaient commencé à les acheter en gros...

Certes, ce serait recourir à un rationalisme facile que de prétendre que cela explique *tout* sur la sorcellerie. Celle-ci se constitue aussi à partir de catégories variables de nature idéologique, dont les données constantes de l'hallucination (le vol, l'assemblée) ne forment que le point de départ. Les matériaux roumains nous permettent de tirer des conclusions fort importantes concernant les traits idéologiques de la sorcellerie et leur origine. Cela parce que le territoire roumain n'est pas seulement une aire latérale de l'Europe, une aire où le christianisme a existé sans toutefois avoir le pouvoir d'exercer des activités répressives, mais aussi une *aire isolée,* une île linguistique néo-latine entourée de pays de langues slaves ou finno-ougrienne. Cela n'implique pas seulement un conservatisme presque incroyable sur le plan linguistique, mais également la persistance tenace, dans le folklore, d'éléments romains. Il suffira de dire que les Roumains échangent encore, le 1er mars, des petites figures suspendues à deux fils entortillés de couleur rouge et blanche. Ce sont des porte-bonheur qu'on fixe aux pardessus et qu'on porte jusqu'au 1er avril, quand il faut les déposer sur les branches des arbres (en réalité, on n'en dépose plus que le fil, pour des raisons d'économie). Laissons de côté le fait que les fils entortillés faisaient partie de l'arsenal de la magie romaine, le fil blanc représentant l'air et le fil rouge le feu (le noir manque, qui représentait la terre). Mais toute la coutume du *martisor* — c'est ainsi que s'appelle le porte-bonheur du mois de mars, le premier mois du printemps, du renouveau de la végétation — est importée d'Italie, où ces objets s'appelaient *oscilla* et étaient également déposés sur les premières branches fleuries au printemps... Et pourtant, *c'est seulement en Roumanie* que la coutume a résisté à vingt siècles d'histoire : en Italie on n'en retrouve plus nulle trace, pas plus que dans les autres ex-provinces de l'Empire romain.

C'est pourquoi on ne s'étonnera point que le mot qui désigne la sorcière en roumain soit le mot latin lui-même : *striga*. Il est vrai qu'il n'est plus le mot courant (celui-ci étant *vrajitoare*) ; mais, dans les croyances populaires, la réalité de la sorcellerie est concentrée autour des *strigoi*, qui sont des sorciers (ou des spectres) des deux sexes. Le mot *strigoi*, qui, dans la langue moderne, ne signifie plus que « fantôme, esprit d'un défunt », provient, au masculin singulier, du féminin *striga* avec le suffixe masculin *-oi*. Son pluriel est invariable, mais les sorcières ou les spectres féminins sont désignés parfois comme *strigoaica* (singulier) et *strigoaice* (pluriel), selon la flexion normale de ce suffixe.

Dans le folklore roumain, il y a deux catégories de *strigoi* : les « *strigoi* vivants » — qui sont simplement des sorciers des deux sexes — et les « *strigoi* morts » — qui sont des vampires comme le légendaire Dracula.

Les *strigoi* vivants sont des hommes et des femmes nés en des circonstances spéciales, dont les particularités varient selon la région. Ainsi, par exemple, le septième ou le douzième enfant dont tous les aînés sont du même sexe — masculin ou féminin — sera un *strigoi*. Mais, en général, il lui suffit d'avoir certaines marques spéciales à la naissance : un os sacral ressemblant au reste d'une queue, des cheveux sur le corps ou, en particulier, être « né coiffé », c'est-à-dire avec la tête enveloppée dans une portion de la membrane fœtale. En certains cas, l'enfant ne devient *strigoi* que s'il avale la « coiffe ». La « queue » et la « coiffe » continuent de former une des parties les plus importantes de l'arsenal du futur sorcier : c'est notamment dans la « queue » qu'il emmagasine ses pouvoirs occultes et c'est en mettant sur la tête la « coiffe » (que sa mère a, bien entendu, gardée, après l'avoir fait sécher) qu'il peut devenir invisible et passer par les portes fermées. En principe, les *strigoi* sont plutôt mauvais — surtout les morts —, quoique aucun sentiment d'horreur ne se dégage des matériaux roumains que nous avons consultés. Ils ont le mauvais œil, ils peuvent produire des maladies chez les hommes et les bêtes, ils peuvent faire cailler le lait des vaches et ont, en général, du pouvoir sur les phénomènes météorologiques. Ce sont là les traits généraux qu'on attribuait aux sorcières en Europe occidentale avant que les persécutions ne commencent. Somme toute, il s'agit de personnages assez inquiétants, mais la peur collective ne doit jamais avoir dépassé, en Roumanie, des proportions fort raisonnables, puisque aucune poursuite judiciaire n'y est enregistrée en dehors du territoire de la province de Transylvanie, qui a été, jusqu'en 1918, sous administration austro-hongroise.

Les *strigoi* roumains, comme les *strigae* latines et les sorcières d'Europe occidentale, peuvent se transformer, par l'usage de certains onguents, en divers animaux ou insectes. On ne devait pas non plus abuser de la drogue, car, dans la plupart des cas, le « vol magique » n'est attesté que deux fois par an, la nuit de la Saint-Georges (le 23 avril) et celle de la Saint-André (le 30 novembre). Les *strigoi* roumains étaient également persuadés qu'il ne s'agissait que d'un voyage en esprit et que leur corps restait sagement à la maison jusqu'à leur retour. Ils n'employaient pas moins, pour voler, des manches à balai, des tonneaux et d'autres instruments pourvus d'un manche ou facilement chevauchables : on sait que cela permettait aux composantes actives des onguents de pénétrer dans l'organisme par la peau particulièrement sensible du vagin, dans le cas des femmes, du scrotum et de l'anus, dans le cas des hommes. L'esprit ainsi libéré du corps sortait de la maison par le trou de la cheminée ou de la serrure, ou par les fentes de la porte et des fenêtres. A cheval sur le manche à balai, etc., ils se rendaient à un lieu d'assemblée fixé d'avance, où ils recouvraient leur forme humaine et engageaient entre eux des luttes — souvent sanglantes — qui duraient jusqu'au premier chant du coq. C'est alors qu'ils se retiraient à nouveau chez eux et rentraient dans leur corps. Certains informateurs ajoutent même que, si quelqu'un déplaçait pendant ce temps le corps en état de catalepsie, l'esprit ambulant ne pouvait plus le retrouver. Le corps se décomposait et l'esprit restait à l'état de *strigoi* vagabond. Il ne manquait pas de se venger des responsables de cette farce atroce.

Ce qui est intéressant en tout cela, c'est que Pline et Plutarque enregistrent une histoire de ce genre concernant le médium grec Hermotime (ou Hermodore) de Clazomènes, dont la femme livra le corps inanimé à ses ennemis, les Cantharides, qui le brûlèrent. L'esprit d'Hermotime ne put plus rentrer dans sa « gaine » — comme s'exprime Pline. Or, cette histoire appartient à la Grèce archaïque, où les Cantharides étaient les représentants d'une confrérie dionysiaque, jalouse des exploits extatiques d'Hermotime. Raison de plus pour s'étonner des traits fort anciens que conservent encore les croyances populaires roumaines.

Il y a d'autres informations recueillies en Roumanie qui nous indiquent que les sorcières — cette fois-ci des femmes seulement — n'agissaient pas isolément, mais qu'elles formaient des confréries. Or, il n'est point difficile de déduire qu'il s'agissait de confréries *initiatiques*, puisque le nombre des sorcières était réduit par rapport au nombre des femmes d'un village ou d'un district ; en outre, on nous assure que certaines actions n'étaient accomplies que par les sorcières et l'on sait également que le secret des onguents n'était connu que d'elles. Or, elles ne s'en servaient que deux fois par an : la première fois, pendant la nuit de la Saint-Georges, elles n'étaient pas seulement censées voler et se rendre au lieu d'assemblée générale, mais aussi effectuer des pratiques magiques qui doivent avoir un substrat rituel tout à fait réel. L'on croyait notamment qu'elles se rendaient *nues* dans les champs, avec l'intention d'emmagasiner la « puissance » des semailles de leurs voisins et de la transférer sur leurs propres champs. Sur ceux-ci, les récoltes étaient abondantes ; sur ceux-là, elles restaient maigres. Encore plus, elles effectuaient la même opération dans les étables de leurs voisins, transférant la « puissance » des vaches à leur propre bétail, qui produisait plus de lait et d'une meilleure qualité. Tout cela ressemble à un rituel plus qu'à une activité ayant seulement lieu « en esprit ». Et pourtant, il y a des sources qui nous informent que les sorcières accomplissant ces opérations asociales la nuit de la Saint-Georges ne sont pas visibles à l'œil nu : pour les voir, il faut recourir à un procédé assez compliqué. Il faut, notamment, capturer un serpent et couper sa tête avec une monnaie d'argent ; il faut ensuite introduire une gousse d'ail dans la gueule du serpent et enfouir la tête ainsi préparée sous le pas de la porte. Celui ou celle qui mange ou emporte la gousse d'ail pendant la nuit de la Saint-Georges pourra voir les sorcières à l'œuvre. On ne s'étonnera pas que les *strigoi,* vivants ou morts, aient une grande aversion pour l'ail : c'est là un des traits communs des histoires de vampires.

Le corpus d'informations sur les *strigoi* s'arrête là. Mais il y a d'autres croyances qui nous indiquent que, sur le terrain de la sorcellerie, les Roumains et les Romains ont beaucoup plus en commun que le simple nom de *strigae.* En effet, des fées aériennes s'appelant *zîne* sont particulièrement populaires chez les Roumains : or, leur nom dérive du théonyme latin Diana, tout comme le napolitain *jánara* (sorcière), le sarde *jarrá, džana* (sorcière), l'albanais *zanë* (fée) et le serbe *yana* (fée). Tout comme Diane, la maîtresse des sorcières au Moyen Age, les *zîne* roumaines ont un rapport étroit avec une Mesnie Sauvage.

Elles ont beaucoup de noms (les Belles, les Venteuses, les Pentecôtes, etc.), mais le plus commun est celui de *Iele* : « Elles », qui relève d'une interdiction de prononcer leur « vrai » nom (tout comme on évitait de prononcer le nom du diable). Ces êtres féminins aériens ne se manifestent que pendant la nuit. Comme la Mesnie Sauvage ou le *Wilde Jagd,* elles jouent des instruments à vent et dansent au-dessus de la terre. Celui qui a la malchance d'être aux champs lorsque les fées se manifestent sera tué sur le coup ou restera paralysé jusqu'à la fin de ses jours (Muslea - Bîrlea, p. 213-214). Par-dessus le marché, il perdra la raison.

Cependant, le folklore roumain n'établit aucune relation entre les *zîne-dianae* et les *strigoi-strigae.* Or, c'est justement là le propre de la sorcellerie du Moyen Age décrite par le *Capitulum Episcopi,* par Gratien et par Burchardus de Worms : qu'elle reconnaît en Diane (Hérodiade, Dame

Abonde, etc.) sa patronne et qu'elle a affaire avec une Mesnie Sauvage qui joue des instruments à vent.

Cette différence paraît indiquer, d'une part, que les données du folklore roumain sont antérieures au Xe siècle, puisque les croyances aux *strigae* ne se sont pas encore combinées aux croyances concernant les *dianae* ; d'autre part, cela signifie que la version du Moyen Age occidental provient d'une fusion entre deux phénomènes séparés : la sorcellerie et la Mesnie Sauvage de Diane. Puisque le folklore roumain n'est pas datable, voici une précaution de plus pour prouver ce que la linguistique nous montre d'emblée : que le mot *striga* et le mot *zîna* dérivent du latin et n'ont pas été remplacés par d'autres mots d'origine slave, grecque ou turque. Cela signifie que la réalité exprimée par ces mots doit être antérieure aux migrations des Slaves, etc., puisque les légions romaines ne stationnèrent en Dacie qu'entre 106 et 271.

Ce n'est pas une nouveauté d'affirmer que les militaires romains de Dacie montraient une révérence particulière pour Diane et pour ses nymphes. Nombre d'inscriptions de Dacie sont dédiées à *Diana regina, vera et bona, mellifica,* et aux *Nymphae salutiferae* et *sanctissimae* (cf. N. Gostar, « *Cultele autohtone în Dacia romana* », dans *Anuarul Inst. de Istorie si Arheologie,* Univ. de Jassy, II/1965, p. 237-254). Au sud et au nord du Danube, cette révérence a pris la forme d'un culte dont il serait impossible de préciser les traits, mais qui ne doit pas, en principe, être étranger aux croyances locales dans les *zîne-dianae* aériennes.

Cela suffit pour montrer que le phénomène de la sorcellerie a eu une existence ininterrompue jusqu'au Xe siècle et qu'il est, fort probablement, d'origine romaine — ce qui n'exclut point l'existence, chez les peuples conquis par les Romains, de connaissances de pharmacopée populaire et d'hallucinations provoquées par des extraits de Solanacées absorbés par la peau. Personne n'a encore songé à reconstituer la figure de la sorcière romaine : et pourtant, elle savait employer son onguent tout aussi bien que ses futures collègues pour se transformer en oiseau ; et elle était également capable d'autres prouesses, dont certaines ne sont attestées ni en Roumanie, ni chez les sorcières d'Occident. Quant à Diane, son origine romaine ne fait pas l'ombre d'un doute et l'existence d'un culte secret des militaires, ayant Diane et les nymphes pour objet principal d'adoration, ne saurait être une fantaisie dépourvue de toute vérité.

Les *zîne* roumaines exécutent une danse en rond qui ne diffère pas des « rondes des sorcières » ou « rondes des fées » du folklore français. Elle a lieu, en principe, dans l'air, mais cela n'empêche pas que les *zîne* puissent aussi descendre sur la terre et y laisser des marques visibles qui avertiront les passants qu'elles y ont été présentes.

L'explication naturelle des « rondes des sorcières » est tout aussi décevante que celle de la sorcellerie en général. Il s'agit du développement circulaire de plusieurs sortes de champignons, dont le *Marasmius oreades* est parmi les plus connus. Écoutons J. Massart : « Sur les pelouses riches où l'herbe est courte et serrée et où paissent les bestiaux, on voit fréquemment des cercles dont le pourtour est jalonné par des chapeaux de *Marasmius oreades*. Ces rondes des sorcières peuvent atteindre un diamètre d'une dizaine de mètres. Chacune a débuté par un point unique central. Il est probable que le champignon laisse dans le sol une substance qui est toxique pour lui-même et qui l'empêche donc de se développer deux années de suite à la même place ; d'où la croissance en cercles qui s'élargissent de plus en plus. A l'automne, lorsque les chapeaux pourrissent en grand nombre à la circonférence, celle-ci reçoit une abondante fumure en sels minéraux, qui permet à l'herbe d'y pousser avec plus de vigueur qu'ailleurs ; la périphérie du cercle est ainsi marquée en toute saison par la hauteur plus grande et la teinte foncée de l'herbe » (J. Massart, *Esquisse de géographie botanique de la Belgique*, cité par Is. Teirlink, *Flora Magica. De plant in de tooverwereld*, Anvers, 1930, p. 30-31). Les champignons *Tricholomia columbetta* et *Agaricus campestris* produisent les mêmes effets ; en Suède, la « ronde des fées » appelée *Elfdanser* est particulièrement spectaculaire, parce qu'elle a la couleur bleue : elle est due au développement centrifuge de l'herbe *Sisleria coerulea L.* En Hollande et en Belgique, plusieurs variétés de l'herbe *Lycopodium complanatum* produisent également des cercles au milieu des prés (Teirlink, p. 31).

Le phénomène du vampirisme admet-il une explication de la sorte ?

En Roumanie, les vampires sont appelés « *strigoi* morts » ; ce sont des morts dont le cadavre ne se décompose pas dans le tombeau. Ils prennent des formes d'animaux et sucent le sang des bêtes et des hommes ; parfois ils en mangent aussi le cœur.

Comment peut-on devenir vampire ? Il suffit d'être né avec la coiffe ou de l'avoir avalée ; mais cela ne constitue pas la règle générale. En principe, quelqu'un devient vampire après la mort si ceux qui ont la charge de surveiller son cadavre ne font pas bien leur devoir. Lorsqu'une bête — que ce soit un chat, un chien, une souris, une poule, un oiseau quelconque, un cafard ou même un homme — passe sur le cadavre sans que les surveillants l'en empêchent, le mort aura toutes chances de prendre les apparences de la bête en question et d'exercer, sous cette forme, son activité nuisible. Heureusement, le vampire ne supporte pas l'ail : dès qu'on soupçonne qu'un mort s'est transformé en vampire — et les indices physiques le confirment —, il faut mettre de l'ail dans toutes les ouvertures de son corps (qui sont au nombre de neuf) et lui percer le cœur d'un objet pointu.

Pour tout cela, Nancy Garden a trouvé l'explication. Nous la reproduisons ici parce que, sans être tout à fait sans faille, elle est tout aussi décevante que nos hallucinogènes qui enlèvent tout mystère à la sorcellerie et que les champignons ou les herbes au développement centrifuge qui ravissent le charme aux « rondes des fées ». La lycanthropie ? Rien de plus simple : il s'agit d'une maladie appelée hypertrichosis. Les gens qui en sont atteints ont une chevelure abondante à tous les endroits du corps, y compris le visage. Élément suffisant pour l'imagination populaire, pour qu'elle en fasse des loups-garous.

Quant au vampirisme, il s'agit d'une maladie encore plus remarquable : elle s'appelle porphyrie, et ceux qui en souffrent ont les dents et les ongles fluorescents. Ses victimes sont hypersensibles à la lumière solaire : c'est pourquoi ils ne peuvent se promener que pendant la nuit. La porphyrie est héréditaire et, dans les villages isolés où les relations consanguines sont plus ou moins normales, elle pouvait atteindre toute la communauté. (Nancy Garden, *Werewolves-Vampires,* Philadelphia - New York, 1978.)

Des malades d'hypertrichosis, j'en ai vu à la piscine communale. Cela ne m'étonne pas qu'ils aient pu être pris pour des loups-garous.

Je n'ai rencontré aucune personne atteinte de porphyrie, mais cela ne veut pas dire qu'il n'y en a pas.

Par contre, j'ai vu beaucoup de drogués, il ne se passe pas un jour que je n'en entende parler et j'ai lu toute une littérature sur leurs expériences. C'est pourquoi je suis persuadé que l'usage des hallucinogènes — sous la direction de « spécialistes » et à l'intérieur de confréries initiatiques — est à l'origine de quantité de croyances de l'humanité, en particulier de celles qui ont trait à la mobilité de l'âme et au vol magique. Dans le cas de la sorcellerie, cela ne fait pas l'ombre d'un doute.

(Cet appendice contient le texte inédit d'une conférence en langue hollandaise, intitulée *De hekserij en de Roemeense folklore,* tenue à l'Institut de documentation visuelle d'histoire des religions de l'université de Groningue en mars 1981.)

Note

Hans Peter Duerr a été un des premiers qui se soit donné la peine de lire le manuscrit de ce livre. L'auteur de *Traumzeit* m'a communiqué ses observations concernant mon traitement de la sorcellerie, des observations qui reflètent, parfois, des points de vue différents. J'essaierai de les résumer ici et de leur donner une réponse, puisque, somme toute, ma perspective du phénomène en général n'en fut pas altérée.

Duerr observe, d'abord, que lors de la chasse aux sorcières il n'était presque plus question d'absorption des drogues par la peau : l'onguent s'était transformé en un stéréotype qui, en tant que tel, ne pouvait pas manquer dans une confession de sorcellerie : victimes et bourreaux le savaient tout aussi bien. D'ailleurs, dit Duerr, ce ne sont que les lettrés comme Porta qui fournissent des recettes d'onguent contenant des agents actifs extraits de Solanées ; toutes les recettes dont la formule fut relevée par les sorcières elles-mêmes lors des procès sont dépourvues d'agents actifs. Quant au *Datura stramonium,* il n'apparaît que dans une seule recette chez Porta : on ne saurait donc en faire la plante la plus utilisée par les sorcières. En conséquence, selon Duerr, il n'y avait, au temps de la *Witchcraze,* qu'une sorcière sur dix mille qui se droguait ; le reste fournissait des confessions selon un modèle conventionnel qu'on attendait d'elles, où l'onguent avait également une place conventionnelle.

Les arguments de Duerr m'auraient convaincu si, par hasard, il n'avait ajouté que le stéréotype de l'onguent apparaît même chez les *Benandanti* du Frioul. Or, à la suite de Harner, j'avais interprété d'une manière tout à fait différente la présence de l'onguent dans les confessions des *Benandanti* : j'avais été persuadé — et je le suis encore — que les *Benandanti* se servaient eux aussi d'une drogue pour se rendre à leurs réunions nocturnes, mais que ni eux-mêmes ni les inquisiteurs n'établissaient un rapport causal étroit entre l'onguent et l'hallucination.

Ces deux lectures sont constamment possibles ; ce qui est impossible, c'est de démontrer laquelle des deux est la vraie. Selon l'une, la présence de l'onguent appartient au stéréotype de la confession, un stéréotype connu de tout le monde ; selon l'autre, l'onguent était vraiment utilisé, mais ce qu'on ignorait, c'était son rôle essentiel dans la formation de tout le complexe d'expériences extatico-érotiques et de croyances ayant trait à la sorcellerie.

Une deuxième observation de Duerr a trait à mon explication de la froideur de l'organe génital des incubes ; je l'attribuais, notamment, à l'évaporation rapide de certaines composantes de l'onguent, créant une sensation de froideur dans le vagin. Or, pour Duerr, cette froideur ne serait qu'une métaphore linguistique transposée dans le champ de l'expérience : l'allusion à la froideur apparaît dans diverses expressions qui indiquent un acte sexuel consommé sans partenaire. Je ne saurais souscrire à cette interprétation. La possibilité que l'effet de la drogue se traduise en hallucinations érotiques est acceptée par la plupart des auteurs qui se sont occupés de la question (cf. Louis Lewin, *Phantastica,* trad. franç., Paris, 1970, p. 147 ; J. Finné, *Érotisme et sorcellerie,* Verviers, 1972, p. 202 sq. ; R. Christinger, *Le Voyage dans l'imaginaire*, Paris, 1981, p. 63). Or, le caractère glacé du membre viril et du sperme de Satan est une des données étrangement constantes dans toute description d'amour sorcier ; pour le reste, ces descriptions peuvent être entièrement divergentes (cf. Finné, *loc. cit.*). Expliquer cela comme la traduction onirique d'une métaphore linguistique me paraît un peu sommaire. Jusqu'à preuve nouvelle, l'hypothèse de l'évaporation me semble la plus vraisemblable. Quant au bâton, on ne saurait exagérer son importance : « Le bâton était tenu à la main, comme le bourdon du pèlerin, ou serré entre les cuisses. On peut se demander à ce propos si l'on n'a pas fait parfois usage d'un bâton enduit d'un produit hallucinogène afin de provoquer un orgasme suivi d'hallucinations. Selon une expression argotique qui trouverait alors toute sa valeur et sa saveur, la sorcière se serait alors vraiment " envoyée en l'air " » (Christinger, *op. cit.*, p. 53-54).

APPENDICE VIII

(au chapitre VII, 4)

Le théâtre magique de Fabio Paolini

Dans son excellent ouvrage *Spiritual and Demonic Magic from Ficino to Campanella*, D.P. Walker accorde à Fabio Paolini une place d'honneur parmi les représentants de la magie spirituelle au XVIe siècle (cf. p. 126-144). Faute d'avoir eu l'occasion de conduire des recherches spéciales à ce sujet, nous nous limiterons à exposer dans cet appendice les observations de Walker, nous réservant le droit d'y revenir lorsque l'œuvre et la carrière de Paolini nous seront connues.

Paolini, comme Jules Camille, était udinais de naissance. Il étudia avec Bernardino Barthenio, qui était un admirateur de Camille et associait son nom avec Hermogène de Tarse, dont l'auteur du théâtre de la mémoire avait traduit en italien *Le Idee, overo Forme della Oratione Da Hermogene considerate, et ridotte in questa lingua per M. Giulio Camillo Delminio Friulano* (Udine, 1594). Paolini hérita des deux le goût pour la rhétorique magique, qu'il combina avec des préoccupations d'ordre médical (il fut l'éditeur de la version latine de Gérard de Crémone du *Canon medicinae* d'Avicenne et également de l'œuvre de Galien, les deux publiées à Venise en 1595-1596). De surcroît, Paolini avait étudié Ficin, Trithémius et Agrippa. Esprit encyclopédique, il fut le fondateur d'une *Accademia degli Uranici* à Venise (1587 - avant 1593) et l'un des neuf membres fondateurs de la *Seconda Accademia Veneziana*, qui démarra en 1593.

Dans les assemblées de l'*Accademia degli Uranici*, Paolini

exposa son œuvre de synthèse qui sortit à Venise en 1589 sous le titre : *Hebdomades, sive septem de Septenario libri, Habiti in Uranicorum Academia in unius Vergilii versus explicatione*. L'on se rappelle que la division septénaire était la marotte de Jules Camille ; Paolini la respecte scrupuleusement, transformant son livre en un catalogue général de séries de sept objets, partagé en sept livres ayant chacun sept chapitres. Ce système de mémoire astrologique est présenté comme un commentaire à un seul vers de l'*Énéide* virgilienne (VI, 646) :

Obloquitur [Orpheus] numeris septem discrimina vocum.

Cependant, la rédaction de séries septénaires n'est pas le but principal de Paolini. Ce qui l'intéresse, ce sont les fondements de la magie *extra-subjective* : « Comment la musique d'Orphée peut-elle produire des effets manifestes non pas seulement chez les hommes et les animaux, mais également chez les pierres et les arbres ? » (Walker, p. 130). Ce problème avait surgi lors de la discussion qui suivit une conférence tenue par Paolini à l'*Accademia degli Uranici*. Dans la tradition ficinienne, qui remonte en réalité aux stoïciens, Paolini avait expliqué l'effet extra-subjectif de la musique d'Orphée par l'existence d'un Souffle Universel (l'esprit cosmique) qui anime tous les membres du monde. Cela donna lieu à une séance passionnée, où le péripatéticien Ottavio Amalteo attaqua les vues de Paolini, engageant une polémique avec Valerio Marcellino, platonicien, défenseur d'Orphée et de Paolini. La rédaction des *Hebdomades* paraît avoir été suscitée par cette discussion.

Devant la magie, qui était condamnée à son époque, Paolini affecte une attitude d'indifférence, quitte à adhérer aux vues de Trithémius et d'Agrippa, sans prononcer les noms de leurs auteurs (ce qui lui valut, d'ailleurs, une réfutation de la part du jésuite Del Rio). Au fond, la sobriété apparente de Paolini cache la passion fervente de l'occultiste. Comme Ficin, il adopte des formules prudentes (*tradunt nonnulli, dicunt, asserunt,* etc.), toujours impersonnelles, pour éviter d'être soupçonné d'impartialité et d'une attitude favorable à la magie.

Au fond, il est tout à fait convaincu de la possibilité d'une magie intersubjective et même extra-subjective, qui est provoquée par les mêmes affections intenses développées par l'opérateur dans son appareil fantastique : *Traduntque nonnulli, et asserunt animi nostri sensus, conceptionesque reddi posse volatiles, corporeasque vi imaginationis, eosque pro sui qualitate ad sidera, et planetas ferri, qui rursus planetarum virtute affecti, et corroborati descendunt nobis obsecuturi in his, qui volumus* (*Hebd.* p. 206-207, cité par Walker, p. 135).

Et encore : *Volunt vehementes animae nostrae motus, at desiderium, per communem mundi vitam, atque animam ubique vigentem [...] diffusa, ad ipsa mundi numina perduci, vicissimque horum numinum motus per eandem animam, atque vitam ad nos trahi, vel ex ea ratione qua diximus in Astrologia, quod scilicet animi sensus quidam putant reddi imaginatione corporeos, et aligeros, et ad planetas evolantes, pro suo quosdam ordine, nempe Joviales ad Jovem, eorum affici potestates, et ad nos reverti obsecuturos ad omnia* (*Hebd.*, p. 216-217, cité par Walker, p. 135).

Comment faut-il se représenter ce procès ?

Il s'agit de développer des fantasmes appartenant à une certaine série planétaire (par exemple joviens). Ceux-ci commencent à mener une existence autonome et, devenus volatiles, s'envolent jusqu'à la planète à laquelle ils appartiennent. Là-bas, ils se chargent de puissance astrale et reviennent chez l'opérateur, prêts à obéir aux ordres de celui-ci. On reconnaît ici des réminiscences de la théorie ficinienne du passage de l'âme à travers les planètes (cf. chap. I, 3 et Appendice I, *supra*), des pratiques démonomagiques du troisième livre de la *Stéganographie* de Trithémius et de l'ancienne doctrine de la capacité des affections à se transmettre de l'émetteur au récepteur, développée par Agrippa et surtout par Giordano Bruno en une technique singulière.

A partir de ces données fondamentales, Paolini reprend l'idée du théâtre de Jules Camille, dans lequel tous les objets du monde devaient être distribués en sept séries planétaires. Cette division a pour but d'indiquer d'emblée le genre des affections que l'opérateur doit susciter à l'égard de chaque objet. Écoutons Walker :

« Par l'intermédiaire de la magie [de Paolini], l'on accordait un caractère planétaire à une pensée ou à une image mentale, qui par la suite allait obéir, faire ce que l'on voulait d'elle. Et qu'est-ce que l'on voulait, si on était orateur ? En premier lieu, que cette pensée ou image soit toujours disponible lorsqu'on en a besoin ; en second lieu, qu'elle produise un puissant effet sur l'auditoire. Par la magie trithémienne [pourquoi trithémienne ? Walker paraît se méprendre sur ce point], l'on imprime à un fantasme [*you affect a thought,* ce qui est impropre] — disons celui d'un lion — le caractère planétaire qui lui est propre — en l'occurrence celui du Soleil — et on l'introduit dans le schème mnémonique planétaire (le théâtre de Jules Camille). Activé par la puissance planétaire, [le fantasme] apparaîtra dès que l'on pense ou que l'on prononce une sentence solaire » (Walker, p. 142).

Walker observe également qu'il y avait là « une tentative sérieuse, quoique erronée, d'utiliser ces forces psychologiques qui échappent au contrôle conscient » (*ibid.*). Pour le reste, les distinctions qu'il trace entre l'usage de l'affectivité chez Trithémius et chez Ficin ne nous semblent pas pertinentes.

Quel était l'avantage du système de mémoire affective de Paolini ? C'est que, dans un théâtre universel — imaginaire, bien entendu — partagé en séries planétaires, chaque image, chaque pensée et chaque mot avaient été associés à une émotion d'ordre général. Il suffisait d'exhumer le fantasme de sa case, et l'orateur se voyait non pas en possession d'un mot ou d'une sentence, mais d'une *force* planétaire qu'il ne manquait pas de communiquer à son auditoire.

Il serait fort intéressant d'étudier les rapports que le noble Giovanni Mocenigo avait entretenus avec l'académie de Paolini fréquentée, au dire de Walker (p. 128), par des philosophes, des théologiens, des juristes, des historiens, des orateurs, des ambassadeurs et des aristocrates vénitiens. C'est peut-être Paolini lui-même qui avait fait naître en Mocenigo le goût d'apprendre l'Art de la mémoire de Bruno. Et ce fut Mocenigo qui invita Bruno à Venise, pour se faire enseigner les secrets de l'Art universel. Déçu, il le déféra, en 1592, à l'Inquisition.

Ce fut là un grand échec de la magie intersubjective de Bruno : qu'il ne parvînt pas à donner à Mocenigo ce que celui-ci voulait, qu'il ne parvînt pas à le manipuler selon les préceptes contenus dans *De vinculis in genere*. N'avait-il pas reconnu lui-même qu'il est bien plus facile d'influencer une masse qu'un sujet singulier ?

APPENDICE IX

(au chapitre VII, 4)

La conviction personnelle que ni la « philosophie occulte » d'Agrippa, ni la « magie mathématique » de Bruno n'apportent rien de décisivement nouveau dans le développement de la magie renaissante après Ficin et Trithémius nous détermina à ne pas leur réserver une place dans le texte même de ce chapitre. C'est pourquoi nous fournissons en appendice quelques données essentielles sur ces deux formes de magie.

On trouvera la bibliographie moderne sur Agrippa chez W.-D. Müller-Jahncke, *Magie als Wissenschaft im frühen 16. Jahrhundert. Die Beziehungen zwischen Magie, Medizin und Pharmacie im Werk des Agrippa von Nettesheim (1486-1535)* (thèse), Marbourg, 1973 ; du même auteur, voir « *Von Ficino zu Agrippa. Der Magie-Begriff des Renaissance Humanismus* », dans R.-C. Zimmermann - A. Faivre (éd.), *Epochen der Naturmystik,* Berlin, 1979, p. 24-51, et « Agrippa von Nettesheim et la Kabbale », dans « Kabbalistes chrétiens » (*Cahiers de l'Hermétisme*), Paris, 1979, p. 197-207.

Sur le *De occulta philosophia,* voir surtout W.D. Müller-Jahncke, « Agrippa von Nettesheim : " De occulta philosophia " », dans *Magia Naturalis, op. cit.,* p. 19-29. Parmi les autres études récentes, on peut se résumer à citer celle de C.-G. Nauert, *Agrippa and the Cris of Renaissance Thought,* Urbana, 1965.

L'*editio princeps* de l'œuvre d'Agrippa, parue à Lyon (s.a., mais 1565 ou après) a été réimprimée par des procédés anastatiques à Hildesheim-New York, 1970, en deux tomes.

Le *De occulta philosophia*, a également connu une réimpression aux soins de K.A. Nowotny (Graz, 1967).

Le meilleur biographe d'Agrippa reste encore Auguste Prost (*op. cit.*), avec toutes ses limites, surtout en ce qui concerne son interprétation du *De occulta philosophia*. Nous citerons souvent l'ouvrage de Prost dans la dernière partie de notre livre.

La « philosophie occulte » d'Agrippa est un audacieux mélange de théorie ficinienne et de démonomagie.

La « magie mathématique » de Bruno n'est qu'un mélange de stéganographie et de démonomagie empruntée à Agrippa. On peut s'en faire une idée en lisant les notes des éditeurs en marge de la compilation anépigraphe *De Magia Mathematica* (*Op. lat.*, III, p. 498 sq.), comprenant des citations littérales de la *Stéganographie*, du *De occulta philosophia* et d'Albertus Magnus, *De Secretis Mulierum Item de Virtutibus Herbarum Lapidum et Animalium* (éd. utilisée : Amsterdam, 1662). Ficin y est aussi présent (*ibid.*, II : *Quia ascensus et descensus per exitum et ingressum duarum portarum Cancri et Capricorni — quarum altera Deorum dicitur, altera hominum — designati sunt ab antiquis profundae philosophiae authoribus*. On sait que la source première de ce passage est le *Commentaire* de Macrobe au *Songe de Scipion*).

Pour le reste, la magie de Bruno, sans être originale, n'est tout de même pas une simple compilation. Elle se range parfaitement dans cette pensée néo-platonicienne qui, d'après Werner Beierwaltes, forme « la substance de la Renaissance » (voir W. Beierwaltes, « *Neuplatonisches Denken als Substanz der Renaissance* », dans *Magia Naturalis, op. cit.*, p. 1-16).

De dérivation ficinienne est l'idée de procession, qui explique et justifie la coopération des divers niveaux ontologiques (cf. *De Magia, Op. lat.*, III, p. 401-402 : *Habent magi pro axiomate, in omni opere ante oculos habendum, influere Deum in Deos, Deos in [corpora caelestia seu] astra, quae sunt corporea numina, astra in daemones, qui sunt cultores et incolae astrorum, quorum unum est tellus, daemones in elementa, elementa in mixta, mixta in sensus, sensus in animum, animum in totum animal, et hic est descensus scalae ; mox ascendit animal per animum ad sensus, per sensus in mixta, per mixta in elementa*, etc.). L'équivalence entre les processus de procession et de conversion ainsi que l'explication des deux en termes de *lumière* proviennent également de Ficin. Bruno distingue trois genres de magie (divine, physique et mathématique), d'après les trois mondes : *Iuxta tres praedictos magiae gradus tres mundi intelliguntur : archetypus, physicus et rationalis. In archetypo est amicitia et lis* [c'est-à-dire la discorde ; cf. Empédocle], *in physico ignis et aqua, in mathematico lux et tenebrae. Lux et tenebrae descendunt ab igne et aqua, ignis et aqua a concordia et discordia ; itaque primus mundus producit tertium per secundum, et tertius per secundum reflectitur ad primum* (*ibid.*, p. 403).

Bruno soutient l'idée d'un *instinct inné*, inscrit dans le sens interne, qui produit les affections spontanées et primaires (sympathie et antipathie). Celui-ci est également le fondement de sa magie érotique. A leur tour, sympathie et antipathie sont perçues par le sens interne puisqu'elles sont inscrites dans l'esprit universel qui est présent partout (p. 406-407). *Virtutum seu formarum seu accidentium, quae de subiecto in subiectum deferuntur, aliae sunt manifestae, ut quae sunt in genere activarum et passivarum qualitatum, et earum quae immediate consequuntur eas, ut sunt calefacere, frigefacere, humectare, siccare, mollificare indurare, congregare disgregare ; aliae sunt occultiores iuxta occultos etiam effectus, ut exhilarare contristari, appetitum vel taedium immitere, timorem et audaciam, ut sunt motiva ab extrinsecis speciebus per opus cogitativae in homine et aestimativae in brutis appellant, quibus puer seu infans viso serpente et ovis viso lupo absque alia experientia concipit imaginem inimicitiae seu timorem mortis seu destructionis suae, quorum ratio refertur ad sensum internum, qui sane ex speciebus externis commovetur, mediate tamen.* La théorie, quoique inacceptable, n'en est pas moins intéressante : Bruno croit à l'existence de pulsions *instinctives* chez l'homme, tandis que les exemples qu'il donne relèvent simplement de l'existence de pulsions *instinctuelles* (sur la différence entre « instinctuel » et « instinctif » en biologie, voir notre essai *Religione e accrescimento del potere, op. cit.*).

La nature est pourvue, selon Bruno, de *régularité* et de *diversité,* ce qui implique le fait que l'âme du monde, tout en étant présente partout, le soit de manières diverses. La régularité consiste dans le fait que les espèces restent délimitées, qu'une chienne ne pourra jamais donner naissance à un singe, et vice versa. *Ita et magus quicunque vult perficere opera similia naturae, est quod praecipue cognoscat ideale principium, specificum quidem a specie, moxque numerale ad numerum, seu individuale ad individuum* (p. 408). Ceci est important, puisque l'opération du mage peut être *dirigée sur* (et limitée à) certains individus, sans en affecter d'autres. Posé l'existence de l'esprit universel (p. 408-409) qui établit une communication entre tous les niveaux de l'univers, le principe de la magie est énoncé par une analogie : si une aiguille pique le doigt, la douleur sera ressentie par le corps entier ; de même, *cum animus cuiusque unius continuationem habeat cum anima universi, non sequitur ea impossibilitas, quae fertur in corporibus, quae non se mutuo penetrent ; siquidem in substantiis spiritalibus huiusmodi alia est ratio, veluti si innumerae lampades sint accensae, quae concurrunt in virtutem unius luminis, non accidit ut alia alius lumen impediat vel retundat vel excludit [...] ita innumerabiles spiritus et animae per idem spacium diffusae non se impediunt, ita ut diffusio unius diffusionem infinitarum aliarum impediat* (p. 409-410). L'âme est *mobile*, elle est libre d'opérer hors du corps : *Ecce principium quo innumerabilium effectuum, qui admirationem faciunt, causa adducitur, ratio et virtus inquiritur ; neque deterioris conditionis debet esse anima et substantia haec divina, quam accidentia quae procedunt ab ipsa tanquam sine effectus, vestigia et umbrae. Si inquam vox operatur extra proprium corpus, in quo enascitur, et est tota in innumerabilibus auribus circumcirca, cur non tota debet esse in diversis locis et partibus ea substantia quae vocem producit, et alligata certis membris ?* (p. 410-411). Pourquoi pas, en effet ?

Or, cet esprit universel dont il s'agit possède un langage occulte dont la connaissance permet d'agir sur les affections internes d'un sujet. Ainsi, les *sons* — par exemple les chœurs tragiques — sont capables de semer le doute dans les âmes sensibles, et les *caractères* sont capables d'induire l'amitié ou la haine, la perte (*pernicies*) et la dissolution : *Tales erant litterae commodius definitae apud Aegyptios, quae hieroglyphicae appellantur seu sacri characteres, penes quo pro singulis rebus designandis certae erant imagines desumptae e rebus naturae vel earum partibus ; tales scripturae et tales voces usu veniebant, quibus Deorum colloquia ad mirabilium executionem captabant Aegyptii ; postquam per Teutum*

[*Thot ?*] *vel alium inventae sunt litterae secundum hoc genus quibus nos hodie utimur cum alio industriae genere, maxima tum memoriae tum divinae scientiae et magiae iactura facta est* (p. 411-412).

Les langages que l'on parle sur la terre ne sont pas susceptibles de nous procurer le contact avec les entités supérieures. *Et sicut homines unius generis cum hominibus alius generis sine idiomatum communione non est conversatio neque contractio, nisi per nutus, ita et nobis cum certo numinum genere, non nisi per definita quaedam signa, sigilla, figuras, characteres, gestus et alias ceremonias, nulla potest esse participatio* (p. 412). Malheureusement, les chercheurs modernes jugent la magie de Bruno seulement d'après ce passage — souvent reproduit —, ainsi que d'après le suivant : *Qui noverit ergo hanc animae continuationem indissolubilem et eam corpori quadam necessitate adstrictam, habebit non mediocre principium, tum ad operandum, tum ad contemplandum verius circa rerum naturam. Corpus vere continuum est corpus insensibile, spiritus nempe aëreus seu aethereus, et illud est activissimum et efficacissimum, utpote animae coniunctissimum propter similitudinem, qua magis recedit a crassitie hebetioris substantiae sensibilis compositorum* (p. 414-415). Il est vrai que l'essence de la magie brunienne est là, et qu'elle s'avère dépendante de la théorie ficinienne de l'esprit ; cependant, on ne saurait nier à Bruno une remarquable capacité à l'exposer.

Sa démonologie et la théorie des *vincula* ont été discutées ailleurs dans ce livre ; la première est, en général, empruntée à Michel Psellus (dans la traduction de Marsile Ficin) ; la seconde représente une contribution personnelle à la théorie et à la pratique de la magie, une contribution qu'on peut, sans hésitation, qualifier de géniale.

Pour conclure ce chapitre sur la démonologie, nous présentons au lecteur un dernier passage tiré des écrits de Bruno (*De rerum principiis, elementis et causis,* ms. portant la date du 16 mars 1590, *Op. lat.*, III, p. 525-526) : *Et spiritus [...] est ille cui operationis physicae seu magicae tribuuntur. Hinc illecebrae animalium invisibilium, qui sibi cognato veluti nutrimento atque pabulo ad certos huiusmodi spiritus accurrunt, hinc illae suffumigationes [...] quae aëreos et aqueos et igneos spiritus et daemones alliciunt. Unde fertur certa ratione ex medicamine iecoris chamaeleontis combusto, ab altitudine tecti, concitari tonitrua et fulmina ; eiusdem quoque gutture et capite accenso roboreis lignis imbres et tonitrua concitari. Et est hoc rationi consentaneum et naturae, quia animal illud omnino est aëreum et spirituale, spiritu et aëre vivens, ideoque eius corporis materia aëreis impressionibus innovandis commodior apparet, si reliquiae aderunt circumstantiae quas practici magi cognoverunt. Item famosum et vulgatum est ex coriandro, alio, hyoscyamo cum cicuta facto fumigio daemones congregari ; unde vulgariter « herbae spirituum » appellantur. Item ex cannae radice ferulae cum succo hyoscyami, cicutae, [...] et sandali rubro et papavere nigro facta confectione et inde suffitu provocari figuras daemones et extraneas ; quibus si addatur apium, fugat daemones et destruit idola illorum.*

Avec des recettes de ce genre, il serait effectivement impossible *de ne pas voir* des présences étranges. Et cela nous indique que la haute magie, comme la sorcellerie, ne reculait pas devant l'usage d'hallucinogènes. (Il serait tout à fait intéressant d'analyser la croyance populaire selon laquelle l'ail fait fuir les démons, à la lumière de la chimie actuelle. Est-ce que cette plante merveilleuse, vermifuge, ne contiendrait pas, par hasard, quelque composante qui a la propriété de neutraliser l'effet des hallucinogènes extraits de Solanacées ? Ou n'était-ce peut-être que son odeur pénétrante qui mettait en déroute les esprits ? En tout cas, Bruno parle ici du persil [*apium*], à moins qu'il ne faille lire *alium* au lieu de *apium*.)

APPENDICE X

(au chapitre IX, 5)

Le texte complet en latin de la bulle de 1586 est donné par Whitmore en appendice, p. 239-247.

Certes, le *Traitté* de Pithoys est loin d'être la plus intéressante réfutation de l'astrologie du xve au xviiie siècle. Nous ne l'avons mentionné ici que pour illustrer la position de *toutes* les confessions chrétiennes sur cette question. L'histoire de Pithoys est singulière, puisque, devenu protestant, il crut néanmoins bon de publier, sans rien y changer, un opuscule qu'il avait rédigé lorsqu'il était encore frère minime. Calviniste, il n'en accepte pas moins la validité de la bulle de Sixte V contre l'astrologie et la divination en général.

Pour connaître les principes sérieux de la réfutation de l'astrologie, il ne faut pas s'adresser au provincial Pithoys, mais à des gens comme Jean-François Pic de la Mirandole, le neveu du plus célèbre Jean Pic. Daniel Pickering Walker range Jean-François, à côté du médecin Jean Wier et de Thomas Erastus, parmi les *Evangelical hard-heads*, les « têtes dures de l'évangélisme » (Walker, p. 145).

Dans son opuscule *De rerum praenotione*, Jean-François Pic attaque quelques-unes des principales sources de la magie astrologique à la Renaissance : Orphée (personnage important de Ficin à Fabio Paolini), Proclus, al-Kindî, Roger Bacon, le *Picatrix*, Pierre d'Abano, etc. Sa réfutation de la théorie des radiations stellaires d'al-Kindî est particulièrement intéressante (cf. *De rerum praenotione*, VII, 6 ; *Opera*, II, p. 651, *apud* Walker, p. 149-150). Nous savons qu'al-Kindî affirmait que tous les objets du monde lancent des radiations, et que celles émises par le sens interne peuvent se transmettre à l'appareil fantastique d'un sujet récepteur : *Imaginationem deinde ponit radios habere, mundi radiis apprime conformes, quod fieri ut facultas ei sit in rem extrariam imprimere, quodque in ea concipitur actualem, ut inquit, existentiam habere in spiritu imaginario, quapropter extra produci posse quod conceptum est* [...]. *Multa hic falsa, multa impossibilia, neque enim insunt imaginationi quos fingit radii : Sed quicquid ex ab homine, ex corporeis spiritibus provenit, quibus tanquam instrumentis utitur anima : eo autem impensius feruntur, et quodammodo proiicitur, si vehemens desiderium fuerit.* Jean-François Pic ne nie pas l'existence du pneuma ; mais il lui refuse la faculté de lancer des messages fantastiques qui peuvent être captés par un récepteur. Refusant d'admettre la validité de la théorie d'al-Kindî, il réduit l'émission d'esprits à ses dimensions physiques : il y a, dit-il, des affections qui provoquent des émanations d'esprit, comme l'émission séminale produite par le désir ardent ou la fascination oculaire produite par la colère. Mais l'effet *transitif* de tout cela est fort maigre et dépend de plusieurs facteurs, dont les plus importants sont les prédispositions du sujet et la distance entre l'émetteur et le récepteur.

La contestation de la magie en général exprimée par Jean-François Pic s'effectue sur une base rationnelle et représente une attaque contre l'occultisme provenant, pour ainsi dire, de son intérieur. L'idée qu'il faut que l'opérateur et le sujet soient tous deux convaincus de la validité des opérations fantastiques se retourne contre elle-même : puisqu'il en est ainsi, la validité de la magie ne saurait être que fort limitée.

Une position similaire, plus concessive quant aux effets de la magie, mais, au fond, d'un scepticisme encore plus profond, est soutenue par Pierre Pomponazzi, professeur à Bologne, dans son *De naturalium effectum causis, sive de Incantationibus, Opus abstrusionis plenum*, composé en 1520 et publié en 1556 à Bâle, avec les notes de Gulielmus Gratarolus, médecin célèbre du fait surtout de son intérêt pour l'alchimie (il est l'éditeur d'un recueil fort important, sans figures, intitulé *Verae Alchemiae artisque metallicae, citra enigmata, doctrina, certusque modus* [...], Bâle, 1561, en deux parties de 244+299 p., in-4°).

Pomponazzi croit que les incantations et les caractères ont un pouvoir réel, qui leur est conféré par la *vis imagi-*

nativa. Mais, dès que le sujet n'y croit plus, ils cessent d'opérer, puisque l'esprit du patient refusera de se laisser influencer par celui du manipulateur. C'est pourquoi la valeur de la magie est limitée par la nécessité d'une crédulité, d'une confiance préalable en elle, sans quoi elle est impuissante : *Puto in causa esse vehementem fidem habitam verbis illis, non minus ex parte praecantati quam praecantantis : ex qua fide maior et potentior fit evaporatio ratione praecantantis, et melior dispositio ex parte praecantanti* (*op. cit.*, p. 93-94, *apud* Walker, p. 109). Mais Pomponazzi est loin de s'arrêter à cela ; comme Bruno, qu'il aurait pu influencer, il croit que toute religion n'est qu'une forme de magie. En un certain sens, Pomponazzi va plus loin que Bruno, parce qu'il élabore déjà une théorie de l'*historisme* intégral qui ressemble à celle de Benedetto Croce, surtout dans la formulation, appliquée à l'histoire des religions, que lui donna l'ethnologue Ernesto de Martino (*Il mondo magico*, Turin, 2ᵉ éd., 1973). La conséquence radicale des théories astrologiques et magiques est, selon Pomponazzi, qu'il ne peut pas y avoir de religion universellement et éternellement valable : chaque religion ne peut durer qu'un certain temps, et ses symboles ne sont efficaces que pour des périodes déterminées, jusqu'au moment où les étoiles cessent de leur conférer force et prestige. C'est ainsi, par exemple, que la croix et le nom de Jésus n'ont de pouvoir que pendant le moment où les étoiles y sont favorables : après quoi, ils cesseront automatiquement de pouvoir effectuer des miracles. « Selon cette théorie, les hymnes orphiques n'ont plus d'effet à l'ère chrétienne » (Walker, p. 110), et les symboles du christianisme seront soumis à la même loi dès qu'une nouvelle religion surgira.

L'historisme intégral de Pomponazzi n'a été adopté qu'en une certaine mesure par Bruno, puisqu'on peut objecter que, Dieu n'étant qu'un, il y a des concordances dans toutes les révélations religieuses du monde. Cette théorie de la « révélation primordiale » jouissait d'un immense prestige, ayant été formulée par Augustin. On en retrouve encore des traces jusqu'aux premiers représentants de la phénoménologie hollandaise des religions, P.-D. Chantepie de la Saussaye et C.-P. Tiele, et, au début du XXᵉ siècle, elle sera reprise par le père Wilhelm Schmidt et son école de Vienne. C'est pourquoi la position de Pomponazzi resta isolée et ne fut reprise, de nos jours, que par De Martino, dans le cadre d'une anthropologie empirique. Elle fut critiquée par Mircea Eliade (cf. *Aspects du mythe*) qui, par son adhésion à la phénoménologie religieuse, appartient plutôt à l'autre école, étant également favorable aux théories de W. Schmidt, à condition que l'on y retranche le côté fidéistique. Au fond, Pomponazzi était le représentant à la Renaissance d'une théorie rationalisée des cycles cosmiques ; mais il admettait également l'idée d'un progrès inexorable de l'humanité, sans quoi il aurait dû convenir, comme le philosophe païen Celse, que, « lorsque les étoiles après une longue période viennent à la même relation mutuelle qu'elles avaient au temps de Socrate, il est nécessaire que Socrate naisse de nouveau des mêmes parents, souffre les mêmes traitements, l'accusation d'Anytos et de Mélètos, la condamnation par le Conseil de l'Aréopage ». (Cf. Origène, *Contre Celse*, V, 21, 3-7, éd. Borret, vol. III, p. 66 ; voir nos articles « La Grande Année de la métempsycose », dans U. Bianchi [éd.], *Actes du colloque sur la sotériologie des cultes orientaux dans l'Empire romain*, Leiden, 1982, et « Un temps à l'endroit, un temps à l'envers », dans *Le Temps chrétien, des origines au Moyen Age*, Paris, 1984, p. 57-61.)

APPPENDICE XI

(au chapitre III)

L'éros, maintenant

Toute culture étant une manipulation fantastique, il serait intéressant, sans doute, de contempler quelques-uns des fantasmes érotiques mis en œuvre par la culture de notre temps. Depuis les films *hard* jusqu'au roman rose, il y en a pour tout le monde, et qui n'est plus satisfait par nos produits autochtones, de l'*Ars amatoria* d'Ovide jusqu'aux variations du marquis de Sade et de Sacher Masoch, aura à sa disposition une vaste gamme de produits exotiques, où le tantrisme indien et les raffinements techniques chinois sont à l'honneur.

La prolifération des images érotiques et leur liberté de circulation ont atteint un niveau sans précédent. Ce que certains reprochent encore à une législation trop permissive est devenu un besoin de plus en plus pressant de notre époque. Pour bien des marginaux des grandes villes, travailleurs ou non, émigrés ou non, les fantasmes érotiques à bon marché se sont transformés en une espèce de pain spirituel quotidien. L'imagination est trop faible, ou trop personnelle, pour donner satisfaction ; l'objet concret s'avère trop peu maniable, inaccessible, complètement divers par rapport aux espoirs secrets du sujet. La seule solution pour concilier les deux, c'est de transférer le processus érotique sur un terrain intermédiaire, qui soit « objectif » — c'est-à-dire étranger aux facultés et impulsions du sujet lui-même — et qui réponde en même temps aux attentes du sujet.

Certainement, le point de départ de cette opération est

une immense frustration : descendre sur le terrain fantastique, cela veut dire, dans la plupart des cas, que l'apaisement réel du désir est impossible. Le sentiment initial du consommateur de fantasmes envers ceux-ci (qui sont censés représenter un objet) sera de haine et de vengeance : pouvant manier et châtier les fantasmes à son gré, il aura la possibilité de compenser, de cette manière, les humiliations réelles que l'intraitabilité de l'objet lui inflige quotidiennement. C'est l'origine de toutes sortes de fantaisies, la plupart sadiques (mais aussi du projet d'une nouvelle femme, mécanique et électrique, qui se substitue à la vraie femme, trop vulgaire en ses manifestations, conçu par Villiers de L'Isle-Adam en 1886).

D'autre part, l'attitude du sujet envers l'objet et le fantasme qui le représente est ambivalente : il en est fortement impressionné, il témoigne envers lui d'une impulsion souveraine de soumission, qui peut assumer des formes innocentes, mais peut aussi aboutir à des scénarios masochistes.

En troisième lieu, il existe une mythologie érotique, répondant probablement à une structure culturelle très ancienne, qui organise de l'intérieur les récits fantastiques selon un modèle stable : l'objet (féminin) est vu en situation de danger, et le sujet (masculin), s'identifiant au fantasme du héros, vient à son secours. Le fantasme féminin reconnaissant récompensera le héros en lui cédant, en se donnant à lui. Ce scénario permet un apaisement fantasmatique *complet,* équivalant à la soumission de l'objet aux approches sadiques. En plus, la situation de danger implique d'emblée une violence faite à la femme, qu'elle soit attaquée par des monstres inconnus, martyrisée par des sauvages, par une rivale qui s'est vouée au mal ou par un gueux. Invariablement, le héros archétypal viendra à sa rescousse.

Ce stéréotype a été, bien entendu, dépassé dans la lutte des producteurs de fantasmes contre la répression et les tabous. Une extrême liberté a envahi le marché des images érotiques. Celles-ci, s'adressant à des consommateurs divers, doivent, bien entendu, épuiser toute la gamme des intérêts possibles. Il y a une production de fantasmes bourgeois, comme il y a une production de fantasmes répondant aux obscénités, aux perversions et aux situations psychologiques les plus bizarres.

Les bandes dessinées ont la priorité dans ce domaine.

Sans aucun moyen technique coûteux, elles peuvent se permettre de coupler les effets du genre *horror* à la pornographie sans aucune inhibition. Le personnage féminin est souvent un vampire (Vampirella, Jocula, Blakula, etc.), ce qui répond au besoin de martyre du sujet. Appartiennent au même genre les nombreuses bandes dessinées dont l'héroïne est inaccessible, autosuffisante ou maléfique.

Toute la gamme des compensations érotiques est possible dans la production des fantasmes. Cette liberté sans précédent a poussé à l'extrême le seuil de la fonction d'apaisement qu'à l'origine la consommation d'images érotiques était censée remplir. Se transformant en une industrie soumise fatalement aux lois du marché, l'image érotique doit en plus faire face à la concurrence, ce qui implique la recherche de plus en plus stérile du scabreux.

En outre, la libération sexuelle et la lutte anti-répression ont abouti dans tous les domaines de l'expression érotique à un même résultat. En Allemagne, un grand succès a été dernièrement enregistré par le roman autobiographique *Sonja*, de Judith Hoffmann, qui raconte une expérience d'amour lesbien avec une infirme qui se suicide au final ! (C'est le « suicide du sexe », aurait dit un écrivain américain qui a signalé la gravité sociale et individuelle du problème.) Tout ce que Judith Hoffmann raconte est, sans doute, véridique. Mais déjà Aristote nous enseignait que la fonction de la littérature, inversement à celle de l'histoire, n'est pas de décrire la vérité, mais seulement la vraisemblance des faits. La leçon d'Aristote est un peu trop vite oubliée de nos jours.

L'industrie de l'image érotique mériterait, sans aucun doute, une étude psychosociologique fort attentive. Mais, au-delà de ce domaine, en grande mesure conditionné par les lois du commerce, il y a des raisons de croire que l'érotisme humain n'a pas changé de contenu à notre époque.

Tout immanente, bien sûr, l'expérience de l'écrivain Pierre Bourgeade n'est, au fond, que l'expérience de Marsile Ficin et des platoniciens : l'instauration du fantasme dans l'appareil spirituel, à travers le couloir des yeux. Voici ce qu'il confesse, dans un passage fort « pétrarquisant », en répondant à la question posée par E. Alexandre pour *Marie-Claire* (juillet 1980, p. 31) :

« Une manière simple de répondre à votre question

[Qu'est-ce que les hommes jugent érotique chez une femme ?] serait de dire : chez une femme, les cheveux sont érotiques. Le front est érotique. Les oreilles sont érotiques. Les yeux sont érotiques. Les joues (les joues creuses) sont érotiques. Le nez est érotique. La bouche est érotique. Les dents sont érotiques. La langue est érotique. La voix est érotique. Le cou est érotique. Les clavicules sont érotiques. Les bras sont érotiques. Les poignets sont érotiques. Les mains sont érotiques. Les aisselles sont érotiques. La taille est érotique. Le dos est érotique. Les fesses sont érotiques. Le ventre est érotique. L'extérieur du sexe est érotique. L'intérieur du sexe est érotique. Les cuisses sont érotiques. Les genoux sont érotiques.

« Les jambes sont érotiques. Les chevilles sont érotiques. Les pieds sont érotiques — et je m'excuse auprès des morceaux que j'ai pu oublier en route. (Je m'aperçois que j'ai oublié, entre autres, l'odeur de la femme — ou parfum — qui est, bien sûr, extrêmement érotique.)

« Mais cela passe par les yeux. Les yeux de la femme sont des longs couloirs ripolinés de diverses couleurs [...] qui conduisent (parfois) à sa cervelle, qui commande l'accès au reste. A mon avis, rien n'est plus érotique que ce couloir, et c'est dans le voyage qu'il y fait (ou dans les promenades qu'il y fait, car il ne s'agit pas toujours de longs voyages) avant d'arriver là où la femme veut qu'il arrive (lui ayant ouvert ces couloirs qu'elle peut, à son gré, tenir ouverts, entrouverts, ou fermés) que l'homme approche l'érotisme. »

NOTES

Introduction

1. Voir Robert K. Merton, *Science, Technology & Society in Seventeenth Century England,* New York, 1970 (1ʳᵉ éd. 1938).
2. C'est la thèse énoncée par Max Weber dans *L'Éthique protestante et l'esprit du capitalisme,* Paris, Plon, 1964.
3. Voir surtout Paul Feyerabend, *Against Method. Outline of an anarchistic theory of knowledge,* Wiltshire, 1982 (1975), et, du même auteur : *Science in a Free Society,* Londres, 1982 (1978). Voir aussi Hans Peter Duerr, *Versuchungen. Aufsätze zur Philosophie Paul Feyerabends,* 2 vol. comprenant plusieurs contributions, Francfort, 1980. Dans son excellent livre *Traumzeit* (Francfort, 1978), Duerr se fait le porte-parole de Feyerabend au niveau de l'interprétation du phénomène de la sorcellerie.

Chapitre I

1. L'influence du savant W. Jaeger a fait croire pendant longtemps que ce fut le médecin Dioclès de Caryste qui s'inspira des théories d'Aristote ; démontrant que Dioclès a été le contemporain, sinon le devancier d'Aristote, F. Kudlien a renversé les données du problème : cf. F. Kudlien, « Probleme um Diokles von Karystos » (1963), dans H. Flashar (éd.), *Antike Medizin,* Darmstadt, 1971, p. 192-201. Quant à Kurt Pollak *(Die Heilkunde der Antike. Wissen und Weisheit der alten Ärzte,* II, Düsseldorf-Wien, 1969, p. 140 sq.), il reconnaît volontiers que, selon toute probabilité, Dioclès a été le contemporain plus jeune de Platon et, comme celui-ci, a été profondément influencé par les doctrines de Philistion, le médecin sicilien établi à Athènes. Par l'intermédiaire de Dioclès, Aristote est également redevable aux enseignements de la médecine empédocléenne.
2. L'intellect est lui aussi *phantasma tis* : cf. *De anima,* 432a ; cf. 428b.
3. Thomas d'Aquin, *Summa Theol.* I, q. 89aI. Il est étrange que, dans son livre sur l'Art de la mémoire *(The Art of Memory,* Chicago, 1972, p. 71), F.A. Yates oublie de citer le passage chez Thomas

d'Aquin. De même, la traduction du mot *phantasma* chez Aristote (p. 32) par *mental picture* (« image mentale ») ne nous paraît pas adéquate.

4. Espoir vrai ou espoir faux ? L'historien des idées doit s'abstenir de formuler un jugement de valeur. Cependant, la plupart des historiens des sciences — même parmi les plus avertis — exagèrent dans le sens inverse, niant à la science de la Renaissance toute « valeur d'usage ». Nous discuterons vers la fin de ce livre la maigre pertinence du concept de « valeur d'usage ». Il suffira de préciser ici que la défection de la science prémoderne n'est pas due à ses défaillances internes ; il s'agit d'un système clos qui, même dépourvu de valeur *absolue* à l'usage, n'en fonctionne pas moins, en dépit de la fausseté de ses présupposés : du point de vue épistémologique, il faudrait lui reconnaître une valeur *relative* à l'usage qui équivaut, en ses effets, à la valeur de tout autre système scientifique, y compris celui de notre époque.

5. Sur Empédocle et son traitement de la catalepsie, voir notre article « Iatroi kai manteis. Sulle strutture dell'estatismo greco », dans *Studi Storico-Religiosi* (Rome), N.S. IV (1980), 2, p. 287-303, spécialement p. 293-294. A cela devraient s'ajouter d'autres observations contenues dans notre étude *Psychanodia I. A Survey of the Evidence concerning the Ascension of the Soul and its Relevance* (EPRO, 99), Leiden, 1983.

6. Voir notre article « Magia spirituale e magia demonica nel Rinascimento », dans *Rivista di Storia e Letteratura Religiosa* (Turin), n° 17 (1981), p. 360-408, spécialement p. 373-374.

7. Une exposition exhaustive de ces théories est contenue dans l'excellent ouvrage de Gérard Verbeke, *L'Évolution de la doctrine du pneuma du stoïcisme à saint Augustin*, Paris-Louvain, 1945, p. 13-215 ; plus récemment, chez M. Putscher, *Pneuma Spiritus, Geist*, Wiesbaden, 1973.

8. Cf. Verbeke, p. 14 ; Pollak, p. 140.

9. Sur l'influence du *Corpus hippocraticum* sur les théories formulées par Platon dans son *Timée*, voir l'excellent ouvrage d'Anders Olerud, *L'Idée de macrocosmos et de microcosmos dans le Timée de Platon*, Uppsala, 1951.

10. Cf. Aëtius, *Placita*, IV, 19,1.

11. Cf. note 1, *supra*. Les données du problème sont discutées avec compétence dans l'article de F. Kudlien (1963).

12. Cf. G. Verbeke, p. 76.

13. La comparaison appartient à Calcidius, *Commentaire sur le Timée*, chap. CCXX (voir l'édition de J.H. Waszink). La formule *typosis en psyché* appartient à Zénon de Citium ; cf. Verbeke, p. 32.

14. Verbeke, p. 74 sq. ; cf. Aëtius, *Placita*, IV, 15,3.

15. Cf. Verbeke, p. 75 sq. ; voir aussi l'étude de G. Agamben, *Stanze. La parola e il fantasma nella cultura occidentale*, Turin, 1977, p. 108. Sur ce livre en général, voir notre compte rendu dans *Aevum* (Milan), n° 54 (1980), 2, p. 386b-387b.

16. Épictète, *Diss.*, II, 23,3. Cf. aussi Plutarque de Chéronée, platonicien, contemporain du stoïcien Épictète, dans ses *Quaest. conviv.*, V, 7.

17. Cf. Verbeke, p. 214-215.

18. Sur les œuvres de Galien et les traducteurs latins de la *materia medica arabe*, cf. D. Campbell, *Arabian Medicine and its influence on the Middle Ages*, 2 vol., Londres, 1926 (reproduction anastatique, New York, 1973), spécialement le second volume.

19. Cf. notre compte rendu de Bartholomæus Anglicus, *On the Properties of Soul and Body. De proprietatibus rerum libri III et IV.*

(Bibl. nationale, ms. latin 16098), édition de R. James Long, Toronto, 1979, dans *Aevum*, n° 54 (1980), p. 391b-392a.

20. L'édition récente de R. James Long ne contient que les livres III et IV de la somme de Barthélemy, d'après les copies manuscrites de l'ouvrage qui avaient appartenu à deux docteurs de la Sorbonne, Pierre de Limoges et le *doctor venerandus* Godefroy des Fontaines.

21. Traduite en latin par Marc de Tolède au cours de la première moitié du XIIe siècle ; cf. D. Campbell, vol. I, p. 61-63.

22. Les classifications de Barthélemy varient selon les chapitres ; celle que nous avons retenue est la plus cohérente.

23. Les généralisations romantiques ont fait de la Renaissance une époque définie de l'histoire universelle, pourvue de sa propre « essence » qui diffère, par exemple, de l'« essence » du Moyen Age ou de la Réforme. Contre cette conception, Étienne Gilson affirmait que la catégorie culturelle de « Renaissance », ainsi qu'elle avait été décrite par Sismondi, Michelet et Burckhardt, pouvait tout aussi bien s'appliquer à la culture du XIe siècle. « Il n'y a pas d'*essence* du Moyen Age, ni de la Renaissance, en concluait-il ; c'est pourquoi il ne saurait y avoir de définition » (*Héloïse et Abélard. Études sur le Moyen Age et l'humanisme,* Paris, 1938, p. 164). Ernst Cassirer lui répondait indirectement, en écrivant quelques années plus tard : « L'historien des idées ne se demande pas tout d'abord quelle est la *substance* de certaines idées. Il se demande quelle est leur *dynamique*. Ce qu'il cherche ou qu'il devrait chercher, c'est moins le contenu des idées que leur *dynamique* » (« Some Remarks on the Question of the Originality of the Renaissance », dans *Journal of the History of Ideas,* n° 4, 1943, p. 49-56).

24. En français, en anglais et en allemand, le mot « Renaissance » s'applique également à cette période ; il est suivi de la spécification : « du XIIe siècle ». Les historiens italiens ont deux vocables pour distinguer les deux périodes : *la Rinascita (romanica)* et *il Rinascimento*. C'est de *la Rinascita* qu'il s'agit ici et de son importance dans la cristallisation du contenu idéal du *Rinascimento*.

25. Sur les rapports entre Ficin et le jeune J. Cavalcanti, cf. l'admirable étude de Raymond Marcel, *Marsile Ficin (1433-1499),* Paris, 1958 ; succinct et précis, André Chastel, *Arte e Umanesimo a Firenze al tempo di Lorenzo il Magnifico* (traduction italienne revue et amplifiée de l'ouvrage français homonyme), Turin, 1964.

26. Nous aurons à nous occuper plus tard de ce problème (cf. chap. III, 1).

27. Voir notre compte rendu à R. Boase, *The Origin and Meaning of Courtly Love. A Critical Study of European Scholarship,* Manchester, 1977, dans *Aevum*, n° 55 (1981), p. 360a-363a, spécialement p. 360b-361a.

28. L'école de poésie sicilienne se forma à la cour de Frédéric II, qui accorda asile à bien des troubadours de Provence, poursuivis par l'Église sous l'accusation de (crypto-) catharisme. C'est ainsi qu'une liaison historique indirecte existe entre la poésie provençale et le *Dolce Stil Novo* italien.

29. Notre exposé, trop bref pour ne pas être schématique, se limitera ici à une incursion très rapide dans le domaine des théories érotiques du XIIe et du XIIIe siècle. Démarche presque désespérée — étant donné l'ampleur de cette matière, ainsi que son importance à l'époque — que seul justifie le fait que le sujet n'aurait pas pu ne pas être entamé dans ce livre.

30. Voir J.-P. Roux, *L'Islam en Occident. Europe-Afrique,* Paris, Payot, 1959, p. 33 sq.

31. Sur le bogomilisme, cf. D. Obolensky, *The Bogomils. A Study in Balkan Neo-Manichaeism,* Twickenham, 1972 ; sur les éléments

communs entre catharisme et manichéisme, cf. H. Söderberg, *La Religion des cathares*, Uppsala, 1949 ; sur la doctrine bogomile, cf. H.-Ch. Puech et A. Vaillant, *Le Traité contre les bogomiles de Cosmas le prêtre*, Paris, Institut d'Études slaves, 1945. Sur le bogomilisme dans le cadre global des « hérésies » médiévales, cf. M. Lambert, *Medieval Heresy*, Londres, 1977, p. 12-13. Fort important pour l'histoire des bogomiles à Byzance, J. Gouillard, « Le Synodikon de l'orthodoxie. Édition et commentaire », dans *Travaux et Mémoires du Centre de recherche d'histoire et civilisation byzantines*, n° 2, Paris, 1967, particulièrement p. 228 sq.

32. Cette théorie paraît, désormais, prouvée : cf. Lambert, p. 32 sq.
33. Cf. Lambert, p. 26-27.
34. *Ibid.*, p. 28.
35. *Ibid.*, p. 49-54.
36. *Ibid.*, p. 55.
37. *Ibid.*, p. 109. Les études sur le catharisme sont tellement développées en France que nous n'oserons citer ici que le petit chef-d'œuvre de René Nelli, *Dictionnaire des hérésies méridionales*, Toulouse, 1968, d'une remarquable utilité pour les lecteurs non initiés. Il comprend des informations, succinctes mais fidèles, sur toutes les « hérésies » méridionales, leur histoire et leur doctrine.
38. Bernardus Guidonis, *Practica inquisitionis heretice pravitatis*, Paris, 1886, p. 130.
39. L'autorité civile n'y était pas moins concernée, car les parfaits, le jour de leur *consolamentum*, promettaient de ne pas prêter serment (*quod non jurarent*) et aussi de ne jamais tuer quelqu'un (*nullo casu occidendum*), ce qui équivalait au refus du service militaire. Ceci faisait, d'ailleurs, dire aux cathares que les prédicateurs de la Croix sont tous des homicides, *quod predicatores Crucis sunt omnes homicidae*.
40. R. Boase, p. 79, se référant à J.-Cl. Vadet, *L'Esprit courtois en Orient dans les cinq premiers siècles de l'Hégire*, Paris, Maisonneuve-Larose, 1968.
41. Boase, p. 78-79.
42. Cf. H. Corbin, *Histoire de la philosophie islamique*, Paris, Gallimard, 1964, p. 282.
43. Traduite dans H. Massé, *Anthologie persane*, Paris, 1950.
43 bis. Cf. M. Asín Palacios, *El Islam cristianizado. Estudio del « sufismo » a travès de las obras de Abenarabi de Murcia*, Madrid, 1931, p. 83-84.
44. Cf. Henry Corbin, *L'Imagination créatrice dans le soufisme d'Ibn 'Arabî*, Paris, Flammarion, 1975, p. 110-111.
45. *Ibid.*, p. 112.
46. *Ibid.* p. 113-114.
47. Asín, p. 52-54.
48. Pour une évocation suggestive de l'amour courtois, le lecteur pourra toujours avoir recours au beau livre de Denis de Rougemont *L'Amour et l'Occident*, Paris, Plon, 1972.
49. *Andreae Capellani Regis Francorum, De Amore libri tres*. Recensuit, E. Trojel, Munich, 1964 (1892). Le traité fut écrit autour de 1170 (cf. p. V).
50. Cf. Agamben, p. 21 et 133, n. 1. Sur l'*amor hereos* en général voir note suivante.
51. R. Boase, *op. cit.*, Appendice I, 2, p. 132-133, avec bibliographie. A retenir spécialement l'étude de John Livingstone Lowes, « The Loveres Maladye of Hereos », dans *Modern Philology* 11 (1913-1914), p. 491-546. Voir aussi H. Crohns, « Zur Geschichte der Liebe als " Krankheit " », dans *Archiv für Kultur-Geschichte*, 3, Berlin, 1905, p. 66-86. La tradition du syndrome passionnel remonte au

médecin grec Oribasius (v. 360 apr. J.-C.), dont l'œuvre connut deux traductions latines, au vɪᵉ et au xᵉ siècle.

52. C'est l'hypothèse préférée par R. Boase ; cf. aussi Ficin, *De amore*, VI, 5, p. 90 (Ottaviano).

53. C'est l'hypothèse retenue par G. Agamben.

54. Cette tradition devint un lieu commun de la démonologie néoplatonicienne, où les héros sont toujours mentionnés à côté des dieux et des démons. Cf. *infra*, chap. vII, 1.

55. *Causae et curae*, cité par G. Agamben, p. 20.

56. *Sopra lo Amore*, VI, 9, p. 100 : *Le quali cose osservando gli antichi medici dissono lo Amore essere una spezie di umore malinconico, e di pazzia : e Rafis medico comandò che e' si curasse per il coito, digiuno, erbrietà e esercizio*.

57. Melanchton, *De amore*, cité par Agamben, p. 22. n. 2.

58. Sur la vie et l'œuvre de Bernardus Gordonius, cf. L.E. Demaître, *Doctor Bernard de Gordon, Professor and Practitioner*, Leiden, 1980.

59. Cité d'après Lowes, p. 499-501.

60. D'après Lowes, p. 52-3.

61. Asín, p. 51.

62. Voir notre *Iter in silvis. Saggi scelti sulla gnosi e altri studi*, vol. I, Messina, 1981, p. 126.

63. *Poeti del Duecento*, a cura di G.F. Contini, Milan-Naples, 1960, vol. I, p. 49.

64. Agamben, p. 94, n. 1.

65. *Ibid.*, p. 94-95.

66. Sur l'esprit chez Dante, cf. Robert Klein, « Spirito peregrino », dans *La Forme et l'intelligible*, Paris, Gallimard, 1970, p. 32-64.

67. Sur la signification érotique de la *significatio passiva*, cf. notre étude « Les fantasmes de l'éros chez M. Eminescu », dans *Neophilologus* 1981, p. 229-238.

68. *Heliostatic is a better word since Copernicus did not place the sun exactly at the center* (de son univers) : A.G. Debus, *Man and Nature in the Renaissance*, Cambridge, 1978, p. 81.

69. Cf. S.K. Henninger Jr., « Pythagorean Cosmology and the Triumph of Heliocentrism », dans *Le Soleil à la Renaissance. Science et mythes*, Bruxelles-Paris, 1965, p. 35-53.

70. Voir l'excellent article de J. Flamant, « Un témoin intéressant de la théorie héliocentrique d'Héraclide du Pont. Le ms. Vossianus lat. 79 q-to de Leyde », dans M.B. de Boer - T.A. Edridge (édit.), *Hommages à M.J. Vermaseren*, Leiden, 1978, p. 381-391. Cf. aussi I.P. Culianu, « Ordine e disordine delle sfere », dans *Aevum*, n° 55 (1981), p. 96-110, spéc. p. 103-104.

71. Cf. I.P. Culianu, « Démonisation du cosmos et dualisme gnostique », dans la *Revue de l'histoire des Religions*, n° 196 (1979), p. 3-40 (maintenant dans *Iter in silvis*, I, p. 15-52).

72. Voir les observations de M. de Gandillac, dans *Le Soleil à la Renaissance*, p. 58.

73. *De docta ignorantia*, II, 12 ; cf. E. Cassirer, *Individuo e cosmo nella filosofia del Rinascimento*, trad. it., Florence, 1951, p. 50.

74. Le nom de Nicolas de Cues n'apparaît qu'une fois dans l'œuvre, pourtant imposante, de Marsile Ficin ; il est altéré en « Nicolaus Caisius Cardinal » cf. Cassirer, p. 76. C'est un indice qui tend à montrer que Ficin ne l'avait pas lu.

75. Cf. Cassirer, p. 74-80.

76. Cf. A.G. Debus, p. 92-95.

77. *Ibid.*, p. 133.

78. Voir Gundel-Gundel, *Astrologumena*.

Chapitre II

1. Pour l'œuvre de Ficin, nous avons utilisé les éditions suivantes : *Opera omnia* (édition de Bâle, 1576, 2 vol.), dans les *Monumenta politica et philosophica rariora*, série I, 7-8, 2 vol., Turin, 1962 (reproduction anastatique de : *Marsilii Ficini Florentini* [...] *Opera, et quae hactenus extitere* [...] *in duos Tomos digesta, Basileae, Ex Officina Henricpetrina, s.a.*). Pour la *Théologie platonicienne,* nous avions le choix entre l'édition en deux volumes de Michele Schiavone (Bologne, 1965), dont certains chapitres, particulièrement importants pour notre recherche, ont été omis, et celle, encore incomplète mais infiniment meilleure, de Raymond Marcel (Paris, 1964-). C'est pourquoi nous avons utilisé en général l'édition de l'*Œuvre*. Pour le *Commentaire sur le Banquet* ou traité *Sur l'amour,* nous avons le choix entre l'édition française de Raymond Marcel (Paris, 1956) et celle, plus récente, en italien : *Sopra lo amore o ver' Convito di Platone. Comento di Marsilio Ficino Fiorentino sopra il Convito di Platone,* édité par G. Ottaviano, Milan, 1973. Dans la plupart des cas, les citations se réfèrent à cette dernière. Quant au traité *De vita coelitus comparanda,* celui qui sera analysé en détail dans la deuxième partie de cet ouvrage, nous en avons consulté plusieurs éditions : celle de l'*Œuvre*, Bâle, 1561, vol. I, p. 531 sq. ; celle de l'*Œuvre*, Bâle, 1576, vol. I, p. 529 sq. ; celle de Venise, 1498, reproduite récemment par les soins de Martin Plessner et de F. Klein-Franke (*Marsilius Ficinus « De Vita libri tres », Kritischer Apparat, erklärende Anmerkungen, Namenregister und Nachwort von Martin Plessner. Nach dem Manuskript ediert von F. Klein-Franke,* Hildesheim - New York, 1978. Voir aussi notre compte rendu dans *Aevum,* n° 54 (1980), p. 394 a-b). Enfin, une dernière édition utilisée par nous est insérée parmi les traités de iatromathématique servant d'appendice à l'œuvre de Jean d'Hasfurt, qui ne saurait être que Johannes Virdung d'Hasfurt, correspondant de l'abbé Trithémius (*Ioannis Hasfurti Medici ac Astrologi Praestantissimi De Cognoscendis et medendis morbis ex corporum coelestium positione lib. III. Cum argumentis, et expositionibus Ioannis Paulli Gallucij Saloensis..., Venetiis, Ex Officina Damiani Zenarij,* 1584, f. 118 r sq.). Puisque, somme toute, l'édition de Plessner nous a paru la plus commode (quoique, en plusieurs endroits, elle soit incorrecte ou inintelligible), nous l'avons suivie dans la plupart de cas. C'est pourquoi nous n'avons pas donné des indications de pages (celles-ci n'étant pas numérotées), citant directement dans le texte le chapitre dont nous avons traduit des extraits. Les traductions de la *Théologie platonicienne* et du *Sur l'amour* dues à Raymond Marcel sont infiniment meilleures que les nôtres. Si toutefois nous leur avons préféré nos propres traductions, c'est qu'elles se conformaient à l'appareil conceptuel utilisé partout dans ce livre. Les mêmes observations sont valables dans le cas des traductions du traité *De gl'heroici furori* de Giordano Bruno que le lecteur français a à sa disposition dans l'édition de P.-H. Michel ; si nous n'avons pas suivi celle-ci, ce n'est que parce qu'une traduction littérale a l'avantage de mettre en évidence certains termes techniques que les soins stylistiques du traducteur français ont déformés. En tout cas, il faudra convenir que nos traductions du latin ou de l'italien, quoique précises, sont dépourvues de toute élégance ; nous ne saurions en conseiller aux lecteurs de meilleures que celles qui existent déjà en français. Quant aux détails techniques, il devra s'adresser à des ouvrages comme celui-ci pour arriver à comprendre leur signification dans le contexte culturel de l'époque.

Le traité *De vita sana* (II, *Opera,* p. 496) dont nous avons tiré cet extrait est dédié (sans date) à Giorgio Antonio Vespucci et à Giovan Battista Boninsegna. Il a été publié pour la première fois à Florence en 1489, avec les deux autres traités *De vita*.

2. *Vita coel.*, III, *Opera*, p. 535. Le traité est dédié au *Serenissimo pannoniae Regi semper invicto* à la date de 10 juillet 1489. Le *Prooemium* contient l'immanquable eulogie et également des prédictions astrologiques sur le sort du souverain. Il est suivi par une « Exhortation au lecteur », terminée par une *Protestatio catholici auctoris* contenant ces paroles : *In omnibus quae hic aut alibi a me tractantur, tantum assertum esse volo, quantum ab ecclesia comprobatur* (cf. aussi notre « *Magia spirituale* », p. 368, n° 19). Cette protestation de foi n'épargna pas à Ficin certains soucis ; convenons qu'elle était fort commode...

3. Épictète, *Diss.*, II, 23, 3.

4. Cf. Agamben, p. 119, n° 1.

5. Agrippa de Nettesheim, *De occulta philosophia*, I, 65 ; cf. Viviana Pâques, *Les Sciences occultes d'après les documents littéraires italiens*, Paris, Institut d'Ethnologie, 1971, p. 155. Sur le « mauvais œil » dans les conceptions de la Renaissance, cf. aussi Dr S. Seligman, *Die Zauberkraft des Auges und das Berufen* (1921), reprint La Haye s.a., p. 458-465. L'auteur ne semble pas saisir la signification exacte de la notion d'esprit chez les auteurs de la Renaissance.

6. V. Pâques, *loc. cit.*

7. Léonard de Vinci, *Scritti letterari*, Milan, 1952, cité par V. Pâques, *op. cit*, p. 156.

8. Notre exposé de l'Art de la mémoire ne contient des observations originales que sur les écrits italiens de Bruno et leur interprétation. Pour le reste, bien que nous ayons entamé, il y a longtemps, l'étude de l'*Ars combinatoria* de Raymond Lulle et ses commentaires (cf. *Raymundi Lullii Opera ea quae ad adinventam ab ipso artem universalem...*, Argentorati-Sumptibus Haeredem Lazari Zetzneri, 1651, 1110 + Index + 150 p., in-12), le caractère incomplet de nos recherches nous oblige à donner priorité aux commentaires de F.A. Yates (dont *The Art of Memory*, que nous citons d'après la deuxième édition de 1972, a paru en traduction française, Paris, 1975) et d'E. Gombrich. Cette partie de notre livre aurait peut-être dû figurer en appendice, si elle n'avait été indispensable à la compréhension de tout ce qui suivra.

9. Yates, p. 71 ; cf. Aristote, *De anima*, 432, a9, et *De memoria et reminiscentia*, 449, b31 ; Yates, p. 32.

10. Yates, p. 86-103.

11. *Ibid.*, p. 112.

12. Publié à Venise en 1533 ; cf. Yates, p. 115.

13. *Congestorium*, p. 119, d'après Yates, fig. 6b au chap. v.

14. Rossellius, *Thesaurus artificiosae memoriae*, Venise, 1579, p. 119 v, d'après Yates, p. 119.

15. Yates, p. 130 sq.

16. Publié à Udine en 1594 ; cf. D.P. Walker, *Spiritual and Demonic Magic from Ficino to campanella*, Londres, 1958, p. 141.

17. C'est là l'opinion de Yates, p. 136.

18. *Francisci Georgii Veneti Minoritae Familiae, De Harmonia Mundi Totius Cantica Tria*, Venise, 1525.

19. Yates, p. 155.

20. *Ibid.*, p. 136.

21. Cf. J. Flamant, *Macrobe*, Leiden, 1977, p. 544 sq.

22. « *L'Idea del Teatro* », dans *Tutte le opere*, Florence, 1550, p. 67 ; cf. Yates, p. 140.

23. Ficin, *Vita coel.*, chap. XIX.

24. *Opera*, II, p. 1768.

25. Cf. E. Gombrich, « *Icones Symbolicae* », dans *Symbolic Images. Studies in the Art of the Renaissance II*, Oxford, 1978, p. 222, n° 82, et p. 158-159.
26. Cf. E. Iversen, *The Myth of Egypt and its Hieroglyphs in European Tradition*, Copenhague, 1961.
27. E. Garin, *Storia della filosofia italiana*, vol. I, Turin, 1966, p. 383.
28. *Comp. in Timeaum*, p. 27, *apud* A. Chastel, *Marsile Ficin et l'Art*, Genève, 1954, p. 105, n° 5.
29. *Th. pl.*, XV, 13 ; cf. également Garin, *op. cit.*, p. 401-402. La tradition de cet « œil intérieur » provient de Plotin, *Ennéades*, I, 6, 9. Chez Ficin, il s'agit d'un organe fantastique ouvert vers le haut (le monde intelligible).
30. P.O. Kristeller, *Il pensiero filosofico di Marsilio Ficino* (trad. italienne revue et amplifiée), Florence, 1953, p. 218 sq.
31. Voir G. Verbeke, *op. cit.*, p. 498-507.
32. Pour l'histoire de l'*oculus spiritalis*, voir H. Lewy, *Chaldaean Oracles and Theurgy. Mysticism, Magic and Platonism in the later Roman Empire*, Le Caire, 1956 (réimpression anastatique, Paris, 1978, par les soins de M. Tardieu), p. 370 sq.
33. A. Chastel, *op. cit.*, p. 147.
34. *Prooem. in Platonis Parmenidem* (*Opera*, II, p. 1137). Il s'agit tout simplement de la traduction latine d'une expression que Xénophon avait utilisée pour désigner la méthode socratique (*paizein spoudé*). Sur la mode du « jeu sérieux » chez Ficin et ses contemporains, voir E. Wind, *Pagan Mysteries in the Renaissance*, Oxford, 1980 (première éd. 1958), p. 236-238.
35. E. Wind les attribue à son disciple Jean-André de Bussi.
36. Sur ce mythe orphique, voir W.K.C. Guthrie, *Orphée et la religion grecque*, trad. franç., Paris, 1956, p. 253 sq. ; H. Jeanmaire, *Dionysos. Histoire du culte de Bacchus*, Paris, Payot, 1950, p. 383 sq. et 472-473.
37. Héraclite, fr. 52. Sur l'interprétation « orphique » de ce fragment, voir V. Macchioro, *Eraclito, nuovi studi sull'Orfismo*, Bari, 1922. Sur l'interprétation « initiatique » du jeu de Dionysos, cf. Andrew Lang, *Custom and Myth* (1885), reprod. anast. Ooserhout, 1970, p. 29-44, spéc. p. 39-41, et R. Pettazzoni, *I misteri. Saggio di una teoria storico-religiosa*, Bologne, 1924. Sur le *ludus mundi*, chez Karl Jaspers en particulier, cf. D.L. Miller, *Gods and Games*, New York - San Francisco - Londres, 1973, p. 163-164. Sur l'interprétation du fragment 52 d'Héraclite de Nietzsche à Heidegger, cf. G. Penzo, *Il nichilismo da Nietzsche a Sartre*, Rome, 1976.
38. *La Forme et l'Intelligible*, Paris, 1970, p. 31-64.
39. Sur la biographie du frère F. Colonna, voir M.T. Casella-G. Pozzi, *Francesco Colonna. Biografia e Opere*, Padoue, 1959, 2 vol.
40. Cf. l'édition récente de G. Pozzi-L.A. Ciapponi, *Hypnerotomachia Polifili*, Padoue, 1964.
41. En 1463, Ficin, âgé de 30 ans, traduisait le *Pimandre* attribué à Hermès Trismégiste. Pour précoce qu'elle fût, sa réputation n'était pas arrivée de Florence à Trévise avant 1467.
42. Yates, p. 123-124.
43. Cf. *Hypnérotomachie*, éd. Guégan-Kerver, p. 309.
44. Voir la discussion de la thèse de J. Flamant (*Macrobe et le néoplatonisme latin, à la fin du IVe siècle*, Leiden, 1977) dans notre article déjà cité « *Ordine e disordine delle sfere* » (cf. également notre compte rendu du livre de Flamant dans *Aevum*, 1979). Deux autres passages de l'œuvre de Ficin se reportent à la doctrine de la descente de l'âme parmi les sphères planétaires et de l'acquisition

de véhicules. Dans sa *Théologie platonicienne* (XVIII, 4-5), Ficin fait allusion à trois véhicules de l'âme (céleste, aérien et matériel), ce qui paraît renvoyer à la distinction établie par Synésius de Cyrène entre un *vehiculum divinioris animae*, qui est éthéré, et un véhicule matériel, commun aux animaux et à l'homme (cf. notre *Magia spirituale...*, note 103). Proclus fait également cette distinction (cf. notre *Ordine e disordine delle sfere*). Cette attitude n'est pas constante chez Ficin, puisque dans son commentaire aux *Ennéades de Plotin* (II, 6) nous retrouvons ce passage, très proche de Proclus, Macrobe et Servius : *Ex eorum iterum animabus in nostris animis a Saturno contemplatio cautioque et conservatio diligens augetur, ab Jove civilis et prudens potissimum gubernatio, a Marte magnanimitas malorum iniuriarumque expultrix, a Mercurio inquisitio quaelibet et expressio, a Venere charitas et humanitas, a Sole honestatis cura pudorque et gloriae studium verioris, a Luna denique rerum vitae necessariam cura et providentia diligens* (*Opera*, II, p. 1619). Le terme néo-plotinien « véhicule » ne figure pas ici, mais les démons planétaires non plus, qui apparaissent dans le texte du *Commentaire au Banquet*. Il est fort caractéristique que, dans le dix-huitième livre de sa *Théologie platonicienne*, Ficin affirme ne pas croire à la doctrine du passage de l'âme à travers les sphères, qu'il qualifie de « fantaisie des Platoniciens ». Or, puisqu'il l'expose dans ses commentaires aux *Ennéades* et au *Banquet* de Platon, il est fort probable qu'il donne son adhésion à cette théorie. Plus étrange encore, c'est qu'il ne la mentionne même pas là où elle aurait dû avoir une place d'honneur, c'est-à-dire dans le livre *De vita coelitus comparanda*. En effet, aucune justification théorique de la magie astrologique n'est si simple que celle fournie par l'idée que, au cours de sa descente, l'âme s'est enveloppée de tuniques astrales qui répondent aux influences momentanées des planètes. Walker (p. 39) croit que Ficin évitait cette explication à cause de son caractère hérétique : en effet, elle paraissait présupposer la *préexistence* des âmes qui s'incarnent, ce qui représentait une trace d'origénisme ou de prédestinationisme. Sans pouvoir exclure l'interprétation de Walker, l'absence de la doctrine du véhicule de l'âme du livre *De vita coelitus comparanda* — dépôt d'affirmations tranchantes qui frisent l'hérésie — a de quoi étonner.

45. Florence, Biblioteca Nazionale, Conventi soppressi I, 1, 28. Le commentaire au passage de Macrobe, *in Somn. Scip.*, I, 12, 13-14, se trouve aux ff. 57v-58r du ms. ; cf. P. Dronke, *Fabula. Explorations into the Uses of Myth in Medieval Platonism*, Leiden-Köln, 1974, p. 112 : *A Saturno enim tristiciam, a Iove moderationem, a Marte animositatem, a Venere cupiditatem, a Mercurio interpretandi possibilitatem, a Sole calorem qui [est] etica, id est sentiendi vis, dicitur, a Luna phyticam accipit, quod appellatur incrementum.*

46. *Philosophia mundi*, IV, 10, dans *Patrologiae Latinae*, t. CLXXII, col. 88, *apud* Dronke, p. 173. La même idée se retrouve dans le commentaire à Macrobe, f. 50r, cité par Dronke, *ibid*.

47. Lettre à Filippo Valori du 7 novembre 1492, dans *Opera*, p. 888, citée par Chastel, *M.F. et l'Art*, p. 170.

48. Voir notre compte rendu à Agamben, *op. cit.*, p. 387.

49. E. Panofsky-F. Saxl, *Dürers Melencholia I*, Leipzig-Berlin, 1923 ; cf. aussi E. Panofsky, *The Life and Art of Albrecht Dürer* (1943), Princenton, 1965, chap. V ; R. Klibansky-E. Panofsky-F. Saxl, *Saturn and Melancholy*, Londres, 1964.

50. Cf. Ficin, *Am.*, VI, 9, p. 100-101 (Ottaviano).

51. Jean d'Hasfurt, *op. cit.*, f. 4.

52. *Ibid.*, f. 22v.

53. *Ibid.*, f. 22r.

54. *Ibid.*, f. 4r.
55. *Probemata*, XXX, 1 : « Pourquoi les génies sont-ils mélancoliques ? » Une discussion exhaustive du problème a été entreprise par W. Müri, « *Melancholie und schwarze Galle* » (1953), dans H. Flashar (éd.), *Antike Medizin*, p. 165-191.
56. Cf. Müri, p. 167.
57. *De memoria et reminiscentia*, cité par Klibansky-Panofsky-Saxl, p. 69 sq.
58. *Theol. plat*, XIII, 2.
59. *Vita coel.*, II : *Saturnus non facile communem significat humani generis qualitatem tamquam sortem* [chez Hasfurtius, f. 162r, le texte porte la leçon évidemment erronée *atque fortem*], *sed hominem ab aliis segregatum, divinum, aut brutum, beatum, aut extrema miseria pressum.*
60. Agamben, p. 6-19.
61. Chastel, *op. cit.*, p. 165.
62. Kristeller, *op. cit.*, p. 230.
63. Lettre à Matteo Corsino, dans *Tomo Primo delle divine lettere del gran Marsilio Ficino, tradotte in lingua toscana per M. Felice Figliucii senese...*, In Vinega, Appresso Gabriel Gioloto de Ferrari, 1546, 14r-v.
64. Campanella, dans *Opere di Giordano Bruno e Tommaso Campanella, a cura di A. Guzzo e R. Amerio*, Milan-Naples, 1956, p. 1053.
65. *Ibid.*, p. 1054.
66. Freud, *Métapsychologie*, trad. franç., Paris, Gallimard, 1968, p. 151.
67. Agamben, p. 13.
68. Agamben, p. 19, citant Guillaume d'Auvergne, *De universo*, I, 3, 7.
69. Sören Kierkegaard, *Enten-Eller. Un frammento di vita*, traduit en italien par A. Cortese, vol. I, Milan ,1976, p. 74.
70. Chastel, p. 168.
71. *Am.*, VI, 9, p. 100-101.
72. *Th. pl.*, XIV, 7.

Chapitre III

1. C'est le portrait physique que fait de lui le biographe Giovanni Corsi dans sa *Vita* écrite en 1506 et publiée à Pise en 1771 : *Statura fut admodum brevi, gracili corpore et aliquantum in utriusque humeris gibboso : lingua parumper haesitante, atque in prolatu dumtaxat litterae S balbutiente : et utraque sine gratia : cruribus, ac brachiis sed praecipue manibus oblongis : facies illi obducta : et quae mitem ac gratum adspectum praebent color sanguineus, capilli flavi, ac crispantes ; ut qui super frontem in altum prominebant.* En dehors de la biographie de Corsi, il y en a une seconde, écrite probablement par Piettro Caponsachi, qui connaît une version longue et une version brève (cf. R. Marcel, *Marsile Ficin*, p. 679 sq.). Nous lui empruntons les détails suivants : Ficin étudiait par tranches de deux heures ; dans les intervalles, il jouait de la lyre, pour faire reposer son esprit (corps éthérique). Il prenait un soin extrême de sa santé, qui était fragile. Pour renforcer son esprit, il buvait du vin à petits traits ; où qu'il fût invité, il avait avec lui une bouteille de son « bon vin de Valdarno » car les changements de boisson étaient réputés mauvais pour sa complexion. Tout cela montre bien qu'il suivait lui-même les recettes exposées dans les traités *De vita.*

2. Pour l'œuvre de Jean Pic, nous avons utilisé la reproduction anastatique : Giovanni Pico della Mirandola-Gianfrancesco Pico, *Opera omnia (1557-1573). Con una introduzione di Cesare Vasoli,* Hildesheim, 1969, vol. I (qui reproduit l'édition de Bâle : *Opera omnia Ioannis Pici Mirandulae Concordiaeque comitis...*). Pour le *Commento,* nous avons utilisé en outre l'édition complète d'E. Garin (Florence, 1942), la seule dont les passages relatifs à Marsile Ficin n'aient pas été expurgés. On trouvera une bibliographie mise à jour sur Pic de la Mirandole dans le livre d'Henri de Lubac, *Pic de la Mirandole. Études et discussions,* Paris, Aubier-Montaigne, 1974. En particulier, les circonstances de la composition du *Commento* y sont discutées p. 84 sq. (pour le texte du *Commento,* voir *Opera,* I, p. 898-923). Cf. aussi l'étude d'E. Wind, « *Amor as a God of Death* », dans *Pagan Mysteries,* p. 152-170, spéc. p. 154-157.

3. De Lubac, p. 85.

4. *Ibid.,* p. 85, n° 2.

5. *Op.,* I, p. 897a-b.

6. *Ibid.,* p. 922a-b.

7. Édition d'E. Garin, p. 466, 488, 499, 559.

8. Le thème de la *concordia discors* entre Plotin et les gnostiques (qu'il combat — par procuration pourrait-on dire — dans ses *Ennéades,* II., 9 ; cf. notre « Vol magique dans l'Antiquité tardive », dans la *Revue de l'histoire des religions,* 1981, p. 57-66, où le problème n'est présenté qu'en ses données essentielles) est un des sujets préférés de Hans Jonas, qui le discute dans la deuxième partie de son *Gnosis und spätantiker Geist* (Göttingen, 1954 ; c'est, en réalité, la première partie du deuxième volume de l'ouvrage, qui n'a jamais été continué) et dans quelques autres études publiées par la suite. Cependant, il nous confiait en 1975 qu'il ne croit plus être en mesure de réaliser son rêve de jeunesse, à savoir d'écrire ce livre longtemps attendu où il allait montrer que Plotin est le continuateur métaphysique des gnostiques. Dans l'excellent livre de Jonas, *La Religion gnostique,* paru récemment en traduction française chez Flammarion (1978), la partie concernant Plotin a été retranchée (cf. notre compte rendu de la traduction italienne de *Gnostic Religion,* dans *Aevum,* 1976). Sur les analogies entre la mythologie gnostique et la pensée de Plotin, on pourra lire la subtile étude de H.-Ch. Puech. « Position spirituelle et signification de Plotin », dans *En quête de la gnose I : la gnose et le temps,* Paris, Gallimard, 1978, p. 55-82. Pour ce qui est de la thèse de C. Elsas, commentée et acceptée dans notre article cité *supra,* à savoir que les adversaires de Plotin dans *Enn.* II, 9 et les *uiri noui* du polémiste chrétien Arnobe ne seraient, en réalité, que les mêmes gens groupés autour du disciple de Plotin Amélius, nous ne saurions plus y souscrire aveuglément. En substance, les adversaires de Plotin professent une doctrine qui porte les traces du gnosticisme valentinien : ils croient que le monde et son créateur sont mauvais et que l'âme du monde elle-même a subi une chute ; pour Plotin lui-même, le créateur du cosmos ne saurait être que bon, le cosmos nécessaire à la perfection du tout et l'âme du monde au-dessus de toute vicissitude. Ce ne sont que les âmes individuelles qui déchoient. Quand même, le schème plotinien de la *procession* de l'Être (ce qu'on appelle « schème alexandrin »), qui est en même temps une descente graduelle de l'Intellect vers la matière, relève d'un processus de *dévolution* (le terme appartient à Hans Jonas) qui est typique pour les systèmes gnostiques « syro-égyptiens ».

9. *Am.,* VII, 13.

10. Cf. Kristeller, *Il pensiero filosofico,* p. 210. Pic reprend cette formule ficinienne dans son *Commento,* p. 909b-910a.

11. *Th. pl.*, III, 2 ; d'après Kristeller, p. 102 sq., ce passage ficinien repose sur Plotin, *Enn.*, IV, 2, 1.
12. *Th. pl.*, XIV.
13. *Commento*, I, 11, p. 901a.
14. *Ibid.*, p. 901b.
15. *Ibid.*, III, 10, p. 919b.
16. De Lubac, p. 308, n° 1, écarte cette hypothèse : « Une œuvre aussi importante ne peut en tout cas s'expliquer par des motifs de cet ordre. »
17. *Comm.*, p. 920a.
18. *Ibid.*, p. 919b.
19. De Lubac, p. 325-326.
20. *Ibid.*, p. 325.
21. *Ibid.*
22. *Comm.*, p. 921a.
23. *Ibid.*, III, 10, p. 921a-b.
24. *Ibid.*, III, 8, *in Stanza*, IV, p. 915b-917b.
25. *Ibid.*, p. 916b.
26. *Ibid.*, p. 917a.
27. *Ibid.*
28. *Ibid*, p. 910a.
29. Cf. Wind, *op. cit.*, p. 154.
30. *Ibid.*, p. 155.
31. G. de Ruggiero, *Rinascimento Riforma e Controriforma*, Bari, 1966, p. 454.
32. Les œuvres italiennes de Bruno ont été éditées en trois volumes par G. Gentile et V. Spampanato : *Opere italiane* (I : *Dialoghi metafisici*, con note di G. Gentile ; II : *Dialoghi morali*, con note di G. Gentile ; III : *Candelaio. Commedia*, con introd. e note di V. Spampanato), Bari, 2ᵉ éd., 1923-1925. C'est l'édition que nous avons utilisée. Les dialogues italiens ont été réédités en un volume, d'après l'édition Gentile, par G. Aquilecchia, Florence, 1958, plusieurs réimpressions successives. Pour les œuvres latines, nous avons utilisé la réimpression anastatique de l'édition nationale de Tocco, Vitelli, Imbriani et Tallarigo : *Jordani Bruni Nolani Opera Latine conscripta. Faksimile-Neudruck der Ausgabe, 1879-1891. Drei Bände in acht Teilen*, Stuttgart-Bad Cannstatt, 1961-1962. Nous avons également consulté, pour les dialogues italiens, l'édition (incomplète) d'A. Guzzo, Milan-Naples, 1956. Pour le dialogue *De gl'heroici furori*, nous avons aussi utilisé l'édition de F. Flora, Turin, 1928, et celle de P.-H. Michel, Paris, 1954 (avec traduction française). La bibliographie sur Giordano Bruno est immense. On peut s'en faire une idée d'après la *Bibliografia di Giordano Bruno (1582-1950)*, Florence, 1958, rédigée par V. Salvestrini (et ses suppléments). Nous avons consulté une multitude d'ouvrages ; après réflexion, il paraît que les œuvres vraiment importantes sur Bruno ne sont pas fort nombreuses. Nous en citons quelques-unes : Luigi Firpo, *Il processo di Giordano Bruno*, Naples, 1949, une excellente — mais toujours incomplète — reconstitution du procès Bruno ; Antonio Corsano, *Il pensiero di G. B. nel suo svolgimento storico*, Florence, 1940, une œuvre qui, tout en étant fort utile, néglige systématiquement la pensée magique et la mnémotechnique bruniennes ; ce même défaut est également visible chez les interprètes plus anciens du Nolain : Erminio Troilo, *La filosofia di G.B.*, 2 vol., Turin-Rome, 1907-1914, et *Giordano Bruno*, Rome, 1918 ; Giovanni Gentile, *G.B. e il pensiero del Rinascimento*, Florence, 1920, Leonardo Olschki, *Giordano Bruno*, Bari, 1927 ; Edgar Papu, *Giordano Bruno. Viata si opera*, Bucarest, 1947 ; Bertrando Spaventa, *Rinascimento, Riforma, Controriforma*, Venise, 1928 ; Augusto Guzzo, *I dialoghi di G.B.*, Turin, 1932, etc. On trouvera

des données fort précieuses sur Bruno chez P.O. Kristeller *(Eight Philosophers of the Italian Renaissance,* Stanford, 1964) et chez E. Garin *(La cultura filosofica del Rinascimento italiano,* Florence, 1961 et *Storia della filosofica italiana,* vol. II, Turin, 1966). D'inspiration marxiste directe est l'œuvre de Nicola Badaloni, *La filosofia di Giordano Bruno,* Florence, 1955 ; d'inspiration indirecte le livre d'Hélène Védrine, *La Conception de la nature chez G.B.*, Paris, Vrin, 1967. Fort important reste le livre de F.A. Yates, *Giordano Bruno and The Hermetic Tradition,* Londres, 1964, surtout complété par ses observations sur Bruno contenues dans *The Art of Memory* et, plus récemment, dans *Astraea*. Le mérite inconstestable de Mlle Yates est d'avoir intégré l'œuvre de Bruno à son propre contexte culturel ; pour la première fois dans l'histoire de la philosophie moderne, Bruno n'était plus regardé comme le précurseur malhabile, grotesque et « bacchantique » de la pensée moderne, mais comme un des représentants de marque de la pensée renaissante. Il s'agit, au fond, de lui appliquer des catégories diverses et de le mesurer à l'aune d'une autre époque, et les historiens des idées ne sauraient jamais être assez reconnaissants à Mlle Yates pour leur avoir patiemment expliqué la différence. Cela n'empêche pas qu'elle applique l'étiquette d'« hermétisme » à toutes sortes de doctrines de l'Antiquité tardive, dont l'hermétisme s'est, bien sûr, servi, mais qui n'ont point du tout une origine « hermétique ». Les citations dans le texte et dans les notes suivent les éditions de Bruno mentionnées au début de cette note. Le passage concernant l'interrogatoire du 30 mai 1592 est reproduit par Gentile, *Op. it.*, II, p. 211, n.1.

33. Ces données biographiques sont incontestables. On les retrouve dans presque tous les ouvrages cités *supra*, n° 32.

34. J.-R. Charbonnel, *L'Éthique de G.B. et le deuxième dialogue du Spaccio... Contribution à l'étude des conceptions morales de la Renaissance*, Paris, 1919, p. 35.

35. *Ibid.,* p. 276.

36. Henninger, art. cité, p. 44.

37. Voir l'observation de Keller, dans *Le Soleil à la Renaissance,* p. 63-64. Sur l'empyrée infini de Digges — idée qui n'était, au fond, que traditionnelle en quelque sorte —, cf. aussi Debus, *op. cit.*, p. 87-88.

38. Cf. Keith Thomas, *Religion and the Decline of Magic,* Harmondsworth, 1978 (1971), p. 412. Sur John Dee en général, voir Peter J. French, *John Dee : The World of an Elizabethan Magus,* Londres, 1972.

39. *Op. it.,* I, p. 21.

40. *Ibid.;* cf. *De docta ignorantia,* II, p. 11-12.

41. *Op. cit.,* I, p. 92.

42. P. Ramus, *De religione christiana,* éd. de Francfort, 1577, p. 114-115, cité par Yates, *The Art of Memory,* p. 237.

43. Yates, *ibid.*, p. 234-235.

44. *Ibid.,* p. 237.

45. *Ibid.,* p. 261.

46. Cf. *supra,* note 38.

47. Yates, p. 266 sq.

48. Cité par Yates, p. 277-278.

49. G. Perkins Cantabrigensis, *Antidicsonus,* Londres, 1584, p. 45, cité par Yates, p. 274-275. Au fond, Perkins avait plus raison que Mlle Yates ne le croit ; il est vrai que, chez Pierre de Ravenne, il s'agit d'une pratique tout à fait inoffensive (il considère que l'image d'un ancien amour est particulièrement apte à être enregistrée par la mémoire, grâce à sa charge émotionnelle). Cependant, chez Bruno, la technique assume un caractère systématique, à preuve ce passage

extrêmement intéressant du *Sigillus sigillorum* (*Op. lat.*, II, 2, p. 166) : *Excitent ergo, quae comitante discursu, cogitatione fortique phantasia movent affectum, quibusque zelantes, contemnentes, amantes, odientes, maerentes, gaudentes, admirantes, et ad sensuum trutinam referentes, cum zeli, contemptus, amoris, odii, maeroris, gaudii, admirationis et scrutinii speciebus, cum memorandae rei forma efficimur. Porro fortiores atque vehementiores fortius consequentia quadam atque vehementius imprimunt* (21). *Has autem si vel tua vel rei concipiendae natura non adferat, industria citet affectus. In istis enim exercitatio nedum ad optimos pessimosque mores viam aperit, sed et ad intelligentiam et (quantum per hominem fieri potest) omnium pro viribus eiusdem activitatem. Confirmatur hoc, quod populi et gentes, quibus promptior est libido et ira, sunt activiores ; et ex iisdem intense odientes et amantes apprime impios, aut si se se vertant quo divinus eos agat amor atque zelus, apprime religiosos habes, ubi idem materiale principium summam ad virtutem pariter proximum esse atque ad vitium potes agnoscere* (22). *Hunc amorem omnium affectuum, studiorum et affectuum parentem (qui proxime allata causa geminus est) daemonem magnum appellavit antiquitas, quem si tibi affabre consiliaveris, omni procul dubio nil tibi supererit difficile. Itaque, prout expedit, explicavimus, unde quasi per artem non solum rerum memoriam, sed et veritatem atque sapientiam per universum humanam possis assequi* (23). Bruno ne nie pas que l'émotivité ouvre la voie aux mœurs les plus nobles ainsi qu'aux plus perverses, néanmoins il est d'avis que *toutes* les émotions — y compris celles qu'on pourrait considérer comme négatives ou immorales — sont favorables à la mnémotechnique.

49 bis. P.-H. Michel, d'après Sellers, tient pour certain que l'imprimeur en fut John Charlewood. Cf. Avant-propos à Giordano Bruno, *Des fureurs héroïques*, Paris, Belles Lettres, 1954, p. 8.

50. Yates, p. 184.

51. *Ascl.*, IX ; cf. Ficin, *Op.*, II, p. 1865 ; Bruno, *Op. it.*, II., p. 180.

52. *Op. lat.*, II, 2, p. 133 ; en son entier, le passage sonne : *Primus praecipuusque pictor est phantasica virtus, praecipuus primusque poëta est in cogitativae virtutis adpulsu, vel conatus vel inditus noviter quidam enthusiasmus, quo vel divino vel huic simili quodam afflatu ad convenienter aliquid praesentandum excogitatum concitantur. Idem ad utrumque proximum est principium ; ideoque philosophi sunt quodammodo pictores atque poëtae, poëtae pictores et philosophi, pictores philosophi et poëtae, mutuoque veri poëtae, veri pictores et veri philosophi se diligunt et admirantur ; non est enim philosophus, nisi qui fingit et pingit, unde non temere illud : " intelligere est phantasmata speculari, et intellectus est vel phantasia vel non sine ipsa " ; non est pictor nisi quodammodo fingat et meditetur ; et sine quadam meditatione atque pictura poëta non est. Phantasiam ergo pictorem, cogitativam poëtam, rationem philosophum primum intelligito, qui quidem ita ordinantur et copulantur, ut actus consequentis ab actu praecedentis non absolvatur.*

53. Mlle Yates, p. 253, traduit cette expression ainsi : « comprendre signifie spéculer avec les fantasmes ». Mais le verbe *speculari*, dans l'expression *intelligere est phantasmata speculari*, ne saurait avoir un autre sens que celui de « contempler, observer, regarder ». En effet, l'intellect comprend en regardant les fantasmes projetés sur l'écran du sens interne.

54. *Apud* Gombrich, *op. cit.*, p. 123.

55. Il s'agit de G. Agamben. Sur le contexte du dialogue, voir John Charles Nelson, *Renaissance Theory of Love. The Context of Giordano Bruno's* « *Eroici furori* », New York, 1958. Il faudra convenir que le titre *Fureurs héroïques* rappelle le nom du

syndrome *amor hereos* ou *heroycus*. Cependant, la signification du mot
« héros » chez Giordano Bruno — du moins dans le contexte de ce
dialogue — n'est pas la signification néo-platonicienne courante (un
être des entre-mondes, une âme supérieure désincarnée, une sorte de
démon). Au contraire, le « héros » de Bruno est, ici, un personnage
humain qui peut manipuler à son gré les fantasmes et, par ce procédé
qui tient à la fois de la mnémotechnique et de la magie, peut s'élever
jusqu'à la connaissance du monde intelligible. La « fureur héroïque »
n'est donc pas un syndrome atrabiliaire, mais une faculté spéciale qui
consiste dans la canalisation correcte de l'émotivité. Ceux qui en
disposent sont les « violents » (cf. *supra*, n. 49), capables d'un amour
et d'une haine intenses qui stimulent leur imagination et leur mémoire.
Ce sont eux qui peuvent devenir des « héros », c'est-à-dire conquérir
cet accès au monde noétique que les « saints » obtiennent par grâce
divine. Le héros s'oppose au saint et, pour Bruno, il est préférable
d'être un héros qu'un saint. C'est pourquoi le titre *Fureurs héroïques*
n'a rien à faire avec l'*amor hereos*.

56. Cf. notre article « Le vol magique... », déjà cité.
57. R. Mondolfo, *Figure e idee della filosofia del Rinascimento*, trad. it., Florence, 1970, p. 73.
58. E. Garin, *La cultura filosofica*, p. 703.
59. G. Gentile, *G.B. e il pensiero del Rinascimento*, p. 91.
60. Cf. V. Spampanato, *L'antipetrarchismo di Giordano Bruno*, Milan, 1900.
61. Cf. H.-P. Duerr, *Traumzeit. Uber die Grenze zwischen Wildnis und Zivilisation*, Francfort-sur-le-Main, 1978, p. 73.
62. A. Sarno, « La genesi degli " Eroici furori " di G.B. », dans *Giornale critico della filosofia italiana*, Rome, 1920, p. 158-172 ; cf. aussi la préface de F. Flora à son édition de *De gl'heroici furori*, p. XX qui approuve l'interprétation de Sarno.
63. *Candelaio, Comedia del Bruno Nolano, Academico di nulla Academia, detto il Fastidito. In Parigi, Appresso Guglielmo Giuliano, Al Segno de l'Amicizia*, 1582 (*Op. it.*, III, 1923). Le héros de la comédie, un peintre (inculte) du nom de Gioan Bernardo, a été identifié par Spampanato (p. XXXII) comme le peintre napolitain Giovan Bernardo, élève d'Andrea Sabatini, actif jusqu'en 1600 et célèbre en son temps. Cependant, il ne faudrait pas négliger le fait que Gioan Bernardo est l'anagramme de Giordano Bruno et que celui-ci aime se définir comme un « peintre », un peintre philosophe et poète, dont la toile est le pneuma et les couleurs les fantasmes. Il faut préciser, en outre, que Bruno accepte sans commentaire, dans ses œuvres de magie, la même scolastique ficinienne qu'il raille dans le *Candelaio*. Il suffira de citer ici cette définition de l'esprit (*Theses de Magia*, XII, *Op. lat.*, III, p. 462) : *Anima per se et immediate non est obligata corpori, sed mediante spiritu, hoc est subtilissima quadam substantia corporea, quae quodammodo media inter substantiam animalem est et elementarem ; ratio vero istius nexus est, qui ipsa non est omnino substantia immaterialis*. Et encore cette définition de l'esprit universel (*De Magia*, ibid., p. 408-409) : *Et ex harum rerum experientia, aliis praetermissis rationibus, manifestum est omnem animam et spiritum habere quandam continuationem cum spiritum universi, ut non solum ibi intelligatur esse et includi, ubi sentit, ubi vivificat, sed etiam et immensum per suam essentiam et substantiam sit diffusus, ut multi Platonicorum et Pythagoricorum senserunt* [...]. *Porro animus ipse cum sua virtute praesens est quodammodo universo, utpote talis substantia, quae non est inclusa corpori per ipsam viventi, quamvis eidem obligata, adstricta. Itaque certis remotis impedimentis, statim subitoque praesentes habet species remotissimas, quae non per motum illi coniunguntur, ut nemo infi-*

ciabitur, ergo et per praesentiam quandam. (Mais il croit, par exemple, qu'un nouveau nez peut être transplanté, et que le transplant réussit par la vertu de l'âme.)

64. Jacques du Fouilloux, *La Vénerie et l'adolescence*, édité par Gunnar Tilander, Karlshamn, 1967. A part les très nombreuses éditions françaises qui se succédèrent sans interruption jusqu'en 1650, l'ouvrage fut traduit en allemand, anglais et italien. Souvent imité, il tomba en désuétude après la publication, en 1655, de la *Vénerie royale* de Robert de Salnove.

65. *Complainte du cerf à monsieur du Fouilloux* par Guillaume Bouchet, p. 180-183, Tilander.

66. Ce sonnet a reçu de très nombreuses interprétations. Nous n'en citons que quelques-unes : Olschki, p. 96-97 ; Spaventa, p. 224-225 ; Guzzo, p. 153-155 ; Garin, dans *Medioevo e Rinascimento*, Bari, 1954, p. 198 et 210-211 ; Papu, p. 98-100 ; Badaloni, p. 54-63, etc.

67. *Sciolto dalli nodi de' perturbati sensi ;* l'expression, qui ressemble à celle du polémiste chrétien Arnobe (IVe siècle), *liberati e nodis membrorum*, paraît remonter aux *Oracles chaldaïques* de Julien le Théurge (cf. notre art. « Le vol magique... »).

68. C'est l'interprétation de Mlle Yates, *The Art of Memory*, p. 258-259. Elle se réfère au *Sigillus sigillorum, Op. lat.*, II, 2, p. 190-191. Dans ce passage, Bruno parle effectivement de saint Thomas, de Zoroastre et de saint Paul, mais n'affirme pas qu'il est comme eux ; il les donne comme exemples de personnes qui ont réalisé la forme suprême de l'extase, celle où *l'imaginatum coelum* (le monde intelligible ainsi qu'il est imaginé par l'opérateur au cours de sa pratique de manipulation des fantasmes) correspond à la réalité transcendantale. Cependant, deux pages plus avant (p. 193), Bruno paraît se référer à lui-même quand il écrit : *Ego eum, qui timet a corporeis, numquam divinis fuisse coniunctum facile crediderim ; vere enim sapiens et virtuosus, cum dolorem non sentiat, est perfecte (ut praesentis vitae conditio ferre potest) beatus, si rem rationis oculto velis aspicere.* Cela explique probablement son indifférence devant la condamnation à mort.

69. Cf. S. Lunais, *Recherches sur la Lune*, I, Leiden, 1978, p. 122 sq.

70. Cf. F. A. Yates, *Astraea. The Imperial Theme in the Sixteenth Century*, Londres-Boston, 1975, p. 85.

71. Cf. notre article « *Inter lunam terrasque... Incubazione, catalessi ed estasi in Plutarco* », dans G. Piccaluga (éd.), *Perennitas. Studi in onore di A. Brelich*, Rome, 1980, maintenant dans le volume *Iter in silvis*, I, p. 53.-76.

72. Cf. J. Festugière, *La Philosophie de l'amour de Marsile Ficin et son influence sur la littérature française au* XVIe *siècle*, Paris, 1941.

73. Cf. Magendie, *La Politesse mondaine et les théories de l'honnêteté en France au* XVIIe *siècle*, Paris, Slatkine, 1925, s.a., vol. I, p. 271 ; Émile Picot, *Les Français italianisants au* XVe *siècle*, Paris, 1906-1907, 2 vol. ; E. Bourciez, *Les Mœurs polies et la littérature de cour sous Henri II*, Paris, Slatkine, 1886.

74. Cf. G. Weise, *L'ideale eroico del Rinascimento e le sue premesse umanistiche*, Naples, 1961, vol. II, p. 104.

75. *Ibid.*, p. 52-103.

76. *Ibid.*, p. 105.

77. *Ibid.*, p. 49.

78. *Ibid.*, p. 76-77.

79. Cf. H. Champion, *Histoire poétique du* XVIe *siècle*, Paris, 1923, vol. I, p. 167, cité par G. Weise, II, p. 45. J. Festugière met ce phénomène sur le compte des traductions des romans courtois du Moyen Age : « Le succès en fut si grand que, de nouveau, des *Cours d'amour* s'instituèrent dans l'entourage de François Ier et de Henri II,

avec le code des belles manières et toute la jurisprudence amoureuse si chère aux dames du Moyen Age » (p. 3). Quant à G. Weise, il manque d'établir la liaison génétique, pourtant évidente, entre le platonisme ficinien et la poésie d'amour française au XVIe siècle.

80. Yates, *Astraea*, p. 52.
81. *Ibid.*, p. 77.
82. *Ibid.*, p. 73.
83. *Ibid.*
84. *Ibid.*, p. 78 sq.
85. *Ibid.*, p. 76.
86. *Ibid.*, p. 76-77.
87. *Ibid.*
88. *Ibid.*, p. 94-96.
89. L'Église lunaire (et le Christ solaire) représente une tradition kabbalistique (cf. F. Secret, dans *Le Soleil à la Renaissance*, p. 225).
90. Bruno, *Op. it.*, II, p. 479, n° 1 et p. 481, n° 1. Sur le symbolisme de Circé, voir maintenant mon article « Giordano Bruno tra la Montagna di Circe e il Fiume delle Dame Leggiadri », dans A. Audisio-R. Rinaldi (éd.), *Montagna e letteratura*, Turin, 1983, p. 71-75.
91. La figure de Circé est fort importante dans la mnémotechnique brunienne. Elle y apparaît au moins quatre fois. D'abord dans le *Sigillus sigillorum*, 30, *Op. lat.*, II, 2, p. 171 : *A Circaeis demum veluti poculis abstinentes, caveamus ne animus a sensibilibus speciebus illectus, ita sui in ipsi fixionem faciat, ut intelligibilis vitae privetur dilitiis, vinoque affectuum corporeorum et vulgaris authoritatis [...] ebrius, perpetuo in praesumptuosos, ignorantiae domicilium titubando pernoctet, ibidemque turbatae phantasiae velut insomniis exagitatus, amissis connatis aliis intelligentiae, promet, et Protei contemplatus vultum, nunquam concinne formatam, in qua conquiescat, speciem inveniat.* Celle-ci représente, d'ailleurs, l'explication de la figure de Circé dans *De gl'heroici furori*. Certes, elle peut avoir une autre fonction, technique, dans l'ensemble de l'Art de la mémoire brunien. Dans la *Triginta Sigillorum Explicatio* (*ibid.*, p. 148-149), elle donne le nom à l'un des « sceaux » — qui sont des dispositions spatiales des fantasmes et, probablement, des figures de méditation en même temps : *Circaeorum camporum, hortorum et antrorum, vicesimisexti videlicet sigilii, explicatio*. Les quatre champs représentent les quatre qualités (chaud-froid-sec-humide). *Sigillum istum hoc in aenigmate quandoque implicavimus*, ajoute Bruno. Une troisième fois, Circé apparaît dans les *Aenigma et Paradigma* qui ouvrent l'*Ars Brevis alia*, celle-ci faisant suite à l'*Ars Memoriae* et à l'*Ars Brevis*, intégrées au *De Umbris idearum* dédié à Henri III (*Op. lat.*, II, p. 170-172). La signification de Circé est ici la même qu'au 26e « sceau » des *XXX sigil. Explicatio* :
Coge potens Circe succos tibi in atria septem
Quaeque sit et species in genus acta suum.
Hinc medica Circe brevissimo levique studio memoriae inscriptas affixas habet simplicium omnium qualitates, et qualitatum gradus (p. 171). Enfin, Circé est le personnage principal dans le dialogue du *Cantus Circaeus (ad eam memoriae praxim ordinatus quam ipse Iudiciariam appellot). Ad altissimum Principem Henricum d'Angoulesme magnum Galliarum Priorem, in Provincia Regis locumtenentem... Parisiis, Apud Aegidium Gillium, via S. Ioannis Lateranensis, sub trium coronarum signo*, 1582 ; *Op. lat.* II, 179-210). Ce passage du dialogue entre Circé et Moeris est fort intéressant, puisqu'il caractérise on ne peut mieux la déesse Diane : *Te appello ; Quam Hecaten, Latonam, Dianam, Phaeben, Lucinam, Triviam, Tergeminam, Deamque triformem dicimus. Si agilis, omnivaga, pulcherrima, clara, candida, casta, innupta, verecunda, pia, misericors, et intemerata.*

Iaculatrix, honesta, animosa venatrix, regina caeli, manium gubernatrix, dea noctis, rectrix elementorum, terra nutrix, animantium lactatrix, maris domina, roris mater, aëris nutrix, custos nemorum, sylvarum dominatrix, tartari domitrix, larvarum potentissima insectatrix, consors Apollinis (p. 188). On observera qu'il s'agit d'une vraie litanie de Diane, dans le style des litanies de la Vierge. Puisque Bruno avait inventé déjà en 1582 ce culte de Diane, il ne pouvait que se réjouir de rencontrer, en Angleterre, toute une école qui vénérait la même déesse. C'est pourquoi le dialogue *De gl'heroici furori* ne saurait être interprété comme une allégorie élisabéthaine tout simplement ; d'autres significations, plus subtiles, entrent aussi en jeu. (Voir aussi l'art. cité ci-dessus, note 90.)

Chapitre IV

1. Voir notre article « *Magia spirituale e magia demonica* », n. 118.
2. *Amatus*, « aimé », et *amans*, « amant », sont des termes génériques désignant les deux sexes. Cf. *supra*, n° 72 au chap. III.
3. Les héros sont des êtres pneumatiques supérieurs aux démons ; cf. *infra*, chap. VII, 1.
4. Sur les rose-croix, on pourra consulter, avec prudence, l'ouvrage (bon pour la partie historique, mais très générique quant au reste) de Paul Arnold, *La Rose-Croix et ses rapports avec la Franc-Maçonnerie. Essai de synthèse historique*, Paris, 1970 et surtout F.A. Yates, *La Lumière des rose-croix*, trad. franç., Paris, 1978, lui aussi assez générique. Quant à la paternité des manifestes rosicruciens, il n'y a point de doute qu'ils furent rédigés par le cercle d'amis de Johann Valentin Andreae, et que celui-ci en fut le cerveau.
5. *Theses de Magia*, t. LVI, *Op. lat.*, III, p. 491. L'expression *daemon magnus* provient du *Commentaire au Banquet* de Ficin et a été consciencieusement transmise par toute la tradition ficinienne, à partir de Jean Pic.
6. Voir Edgar Morin, *Le Paradigme perdu : la nature humaine*, Paris, Seuil, 1973, p. 126-140, et I.P. Culianu, « Religione e accrescimento, del potere », dans G. Romanato-R.G. Lombardo-I.P. Culianu, *Religione e potere*, Turin, 1981, p. 173-252, spécialement, p. 182-185.
7. Bruno réagit ici contre les théories renaissantes de la beauté qui consisterait dans une certaine *proportio* des parties du corps (Firenzuola, etc.). Il lui oppose l'idée que la beauté est une catégorie subjective qui dépend de certaines données transcendantales. En cela, il ne fait que suivre la position de Ficin et des autres platoniciens renaissants, sans pourtant insister sur les correspondances astrologiques qui déterminent l'attraction entre les personnes.
8. Sur les pratiques taoïstes, cf. Henri Maspéro, « Les procédés de "nourrir le principe vital" dans la religion taoïste ancienne », dans *Le Taoïsme et les religions chinoises*, Paris, Gallimard, 1971, p. 467-589, et Robert van Gulik, *La Vie sexuelle dans la Chine ancienne*, trad. franç., Paris, Gallimard, 1971.
9. Voir M. Eliade, *Le Yoga. Immortalité et liberté*, Paris, Payot, 1977, p. 253 sq.
10. Cf. A. Coudert, « Some Theories of a Natural Language from the Renaissance to the XVIIe Century », dans *Magia Naturalis und die Entstehung der modernen Naturwissenschaften (Studia Leibniziana*, n° 7), Wiesbaden, 1978, p. 63.
11. *Ibid.*, p. 64.
12. *Ibid.*, p. 63 sq.
13. *Ibid.*, p. 63.

14. Nous avons cru, autrefois, qu'il s'agissait là d'une expression de la *coincidentia oppositorum* (cf. *Motivul « coincidentia oppositorum » la Giordano Bruno,* communication présentée en nov. 1970 à l'université de Bucarest, inédite), d'autant plus que celle-ci est généreusement illustré par toutes les œuvres philosophiques de Bruno. Cette interprétation était pourtant trop influencée par la lecture du *Traité d'histoire des religions* de Mircea Eliade. La présence de l'oxymoron dans les poésies de Bruno s'explique plutôt comme l'indice d'une technique et d'une pratique d'ordre magique. Il ne s'agit pas de figures de style, mais de descriptions *concrètes* d'opérations psychiques dirigées.

15. Bien entendu, il faut prendre l'analogie entre le magicien et l'analyste *cum grano salis*.

Chapitre v

1. Walker, *Spiritual and Demonic Magic,* p. 82-83.
2. Voir H. de Lubac, *Pic de la Mirandole,* p. 130 sq.
3. Olerud, *op. cit., passim.*
4. Voir notre « *Magia spirituale* », n° 85.
5. Voir G. Verbeke, *op. cit.,* p. 53.
6. *Ibid.,* p. 55.
7. Dont nous informe Cicéron, *De divinatione,* I, 3, 6.
8. *Ibid.,* I, 30, 63.
9. *Ibid.,* I, 51, 115.
10. *Ibid.,* I, 19, 37.
11. Cf. G. Verbeke, p. 267 sq., avec une liste d'auteurs qui enregistrent ce phénomène.
12. *Ibid.,* p. 327 ; cf. aussi notre « *Magia spirituale* », p. 391.
13. Le traité *De (in) somniis* de Synésius est traduit dans le tome II de l'œuvre de Ficin. L'édition moderne de cet écrit est due à Nicola Terzaghi (*Synesii Cyreniensis Opuscula. Nicolaus Terzaghi recensuit,* Rome, 1944, p. 143-187 ; texte grec, sans traduction). Elle est supérieure à celle de la *Patrologia Graeca,* LXVI (avec traduction latine).
14. Cf. Verbeke, p. 32.
15. *Ibid.,* p. 76.
16. *Ibid.,* p. 161.
17. Épictète, *Diss.,* III, 2, 20.
18. L'écrit *De vita coelitus comparanda* fut terminé quelques mois après la traduction du traité *Des rêves* de Synésius. Celle-ci (*Op.,* II, p. 1968 sq.) fut dédiée à Piero de' Medici le 15 avril 1489, tandis que la date de la dédicace de *De vita coelitus comp.* est le 10 juillet 1489.
19. Synésius, *Peri enhypniôn,* IV (134a sq.), p. 149, 16 sq. (Terzaghi).
20. *Ibid.*
21. Ceci est également valable pour le néo-platonicien Jamblique, *Sur les Mystères d'Égypte,* III, 14.
22. Synésius, *De somniis,* 135d-136a, p. 152, 17-53, 5 (Terzaghi).
23. Cf. notre article « *Inter lunam terrasque...* », déjà cité.
24. *De defectu oraculorum,* 41, 432f sq.
25. *De somniis,* 137.
26. *Ibid.,* 134-135.
27. M. Foucault, « La prose du monde » dans *Les Mots et les choses,* Paris, Gallimard, p. 32-59.
28. Synésius, *De somniis,* 132b-c, p. 147, 1-7 (Terzaghi).
29. *Ibid.,* 134.

30. Nicolas de Cues, *Idiota triumphans*, III ; *De mente*, 5.
31. *Vita coel. comp.*, XV.
32. Karl Preisendanz, *Papyri Graecae Magicae. Die griechischen Zauberpapyri*, 2 vol., éd. A. Henrichs, Stuttgart, 1973-74.
33. Cf. H. D. Betz, « *The Delphic Maxim "Know Yourself"* in the Greek Magical Papyri », dans *History of Religions*, n° 21 (1981), 2, p. 156-171.
34. Édition arabe par H. Ritter, *Stud. Bibl. Warburg*, XII, 1933 ; traduction allemande par H. Ritter et M. Plessner, *Studies of the Warburg Institute*, n° 27, 1962 ; les deux premiers des quatre livres du *Picatrix*, d'après une traduction française du latin, dont le ms. le plus ancien remonte à 1739, sont compris dans le recueil de Sylvain Matton, *La Magie arabe traditionnelle*, Paris, Retz, 1976, p. 245 sq. Le mystérieux nom « Picatrix » est, peut-être, une déformation de Buqratis, mentionné dans le texte comme traducteur d'un traité sur les talismans rédigé par Kriton ; il s'agit, fort probablement, du médecin grec Hippocrate, dont l'autorité était susceptible de garantir le prestige d'œuvres de ce genre.
35. Voir l'édition des traités ficiniens *De vita* par M. Plessner et notre compte rendu dans *Aevum*, n° 54 (1980), p. 397a-b.
36. Cf. S. Matton, *La Magie arabe traditionnelle*, p. 71 ; texte *ibid.*, p. 72 sq.
37. Cf. Synésius, *De somniis*, dans Ficin, *Opera*, II, p. 1969.
38. Cf. A. Coudert, art. cité, p. 59. Il s'agit, en l'occurrence, de l'œuvre de François Mercure van Helmont, pour lequel les lettres de l'alphabet hébreu représentaient des diagrammes phonétiques indiquant la position de la langue lors de l'articulation des sons (*ibid.*). Une théorie similaire a été avancée en ce qui concerne l'alphabet sanskrit devânâgarî.
39. Cf. *supra*, note 6 au chap. IV.
40. Cf. notre art. « *Iatroi kai manteis* », où cette théorie est discutée du point de vue de son applicabilité au cas des extatiques grecs.
41. *Tomo Primo delle Lettere*, p. 8r.
42. *Vita coel.*, III ; cf. *Picatrix*, p. 171, 7 (Ritter-Plessner).
43. Cf. notre « *Magia spirituale* », art. cité.
44. Voir P. Arnold, *op. cit.*
45. Walker, *op. cit*, p. 203 sq.
46. *Ibid.*, p. 54-145. Pour Agrippa, on peut toujours utiliser la traduction française de K.F. Gaboriau, 5° éd. en quatre volumes, de *La Philosophie occulte*, Paris, 1979. Une édition pratique en allemand moderne est celle de K. Benesch, H. Cornelius Agrippa von Nettesheim, *Die magischen Werken*, Wiesbaden, 1982.

Chapitre VI

1. L'adjectif « céleste » *(coelestis)* signifie ici « éthéré » ou « quintessentiel », puisque l'éther était la substance du ciel. Rappelons-nous que le pneuma humain est de même nature.
2. Psellus, « Commentaire des "Oracles chaldaïques" », p. 1132a ; dans *Oracles chaldaïques. Avec un choix de commentaires anciens*, texte établi et traduit par E. des Places, Paris, Les Belles Lettres, 1971. p. 168-169.
3. Cf. H. Lewy, *Chaldaean Oracles and Theurgy*, Le Caire, 1956, p. 178.
4. Cf. G. Durand, « L'univers du symbole », dans *Revue de Sciences religieuses*, n° 49 (1975), 3, 8-9.

5. S.M. Shirokogoroff, *Psychomental Complexe of the Tungus*, Londres, 1935, p. 243a.
6. *Ibid.*
7. R.B. Onians, *The Origins of European Thought about the Body, the Mind, the Soul, the World, Time, and Fate. New Interpretation of Greek, Roman, and kindred Evidence, also of some basic Jewish and Christian beliefs*, Cambridge, 1951. Les interprétations d'Onians ont été critiquées par plusieurs savants.
8. A. Olerud, *op. cit.*
9. *Op. cit.*
10. Onians, p. 119 sq.
11. Olerud, p. 23.
12. *Ibid.*, p. 23.
13. A cause d'une donnée anatomique objective (associée à des éléments de divination), le foie ayant une surface lisse et polie qui permettrait aux « visions » de s'y refléter.
14. « *Hermetis Trismegisti Iatromathematica (Hoc est, Medicinae cum Mathematica coniunctio) ad Ammonem Aegyptum conscripta, interprete Ioanne Stadio Leonnouthesio* », dans Ioannis Hasfurti, *De cognoscendis et medendis morbis, op. cit.*, f. 113r.
15. *Ibid.*, f. 113v.
16. Un exemple assez étendu de combinaisons iatromathématiques ayant trait à l'homme phlébotomique se retrouve chez Hasfurtus, *op. cit.*, f. 5r-8v.
17. J. Seznec, *La Survivance des dieux antiques*, Paris, Flammarion, 1980, p. 50.
18. *Proinde necessarium est meminisse arietem praeesse capiti atque faciei, taurum collo, geminos brachiis atque humeris, cancrum pectori*, etc., jusqu'à : *pisces pedibus.*
19. Cf. note 16, *supra*.
20. Les charmes érotiques auxquels paraît se référer Ficin étaient d'origine populaire. L'abbé Trithémius en parle dans son écrit *Antipalus maleficiorum*, y indiquant aussi des remèdes assez étranges, puisés dans la magie médiévale. Charmes et remèdes sont confirmés par le Napolitain G.B. Porta ; cf. W.-E. Peuckert, *Pansophie. Ein Versuch zur Geschichte der weissen und schwarzen Magie*, Berlin, 1956, p. 316 sq. Wolfgang Hildebrand adapta les recettes de Porta, qui refirent leur entrée dans la littérature populaire (en Allemagne, sous la forme de ce que Peuckert appelle *magische Hausväterliteratur* — expression intraduisible, indiquant ces répertoires d'informations astrologiques, météorologiques, médicales, etc., indispensables aux paysans européens « pères de famille » jusqu'au début du XXe siècle).
21. Voir l'Appendice VI, p. 331 sq.
22. D'après M. Plessner, il s'agit de la pierre appelée en persan *firuzag*, qui est la turquoise, non pas le saphir. L'exemple est emprunté au *Picatrix*, p. 120, 14 sq (Ritter-Plessner).
23. Cf. *La Magie arabe traditionnelle*, p. 311.
24. *Picatrix*, liv. II, *Ibid.*
25. *Picatrix*, traduit dans J. Seznec, *op. cit.*, p. 53.

Chapitre VII

1. Pour la qualité des planches, nous recommandons l'édition anglaise d'Émile Grillot de Givry, *Illustrated Anthology of Sorcery, Magic and Alchemy*, New York, 1973 ; l'iconologie relative aux démons est analysée dans le chef-d'œuvre de Jurgis Baltrusaitis, *Le Moyen*

Age fantastique. Antiquités et exotismes dans l'art gothique, Paris, Flammarion, 1981.

2. H. Lewy, *op. cit.*, p. 246.
3. *Or. chald.*, fr. 144, p. 102 (des Places).
4. Voir, sur les *Iynges*, Lewy, p. 132-135.
5. *Ibid.*, p. 4.
6. *Ibid.*, p. 190-192.
7. *Ibid.*, p. 252-254.
8. *Or. chald.*, fr. 90, p. 88 (des Places). Nous en avons légèrement changé la traduction. Ces mêmes *chthonioi kynes* reparaissent également dans un autre fragment (91, p. 89), à côté des chiens aériens et aquatiques.
9. Lewy, p. 289-292. La pratique est antérieure aux *Oracles*; elle est mentionnée par Plutarque (cf. Culianu, *Inter lunam terrasque...*). Quant aux statuettes, elles étaient confectionnées en terre de trois couleurs (rouge, blanc, noir), symbolisant l'éther de feu, l'air blanc et la terre noire. Comme liant, on se servait de graisse de vautour et de corbeau. Elles représentaient un aigle et un serpent. On utilisait de la cire en trois couleurs pour confectionner les statues d'Hécate; des fils rouges, blancs et noirs faisaient partie de l'arsenal de la magie. Il est assez remarquable qu'en Roumanie on a encore l'habitude d'offrir, le 1er mars, des porte-bonheur suspendus à deux fils, blanc et rouge, entortillés. Le 1er avril, on accroche les fils aux arbres qui commencent à verdir. Il s'agit de la survivance d'une coutume romaine de printemps, qui consistait à suspendre des *oscilla* — petites figures — dans les arbres. Les fils de deux couleurs doivent avoir une valeur apotropaïque.
10. Nous suivons la traduction latine de Marsile Ficin, II, p. 1879. Pour une traduction moderne, voir Jamblique, *Les Mystères d'Égypte*, texte établi et traduit par Édouard des Places, Paris, Belles Lettres, 1966.
11. Cf. Joseph Hansen, *Quellen und Untersuchungen zur Geschichte des Hexenwahns*, Bonn, 1901, p. 125; et aussi Henry Charles Lea, *Materials toward a History of Witchcraft* (éd. Arthur C. Howland, introd. George Lincoln Burr), 3 vol., New York-Londres 1957 (1re éd. 1939), vol. I, p. 272 (cité dorénavant comme Lea, sans indication de volume, puisque les pages sont numérotées en continuation, de 1 à 1548).
12. Lea, p. 288-289.
13. *Ibid.*, p. 553.
14. *Ibid.*, p. 563.
15. Hansen, *Quellen*, p. 197-198; Lea, p. 302.
16. Lea, p. 922, 926.
17. Klein, *Examen...*, préf., n. 3-4, rapporté par Lea, p. 929.
18. Lea, p. 919-921.
19. Remy, *Daemonolatreia*, I, 6, n. 7-13, d'après Lea, p. 917.
20. Cité par H.P. Duerr, *Traumzeit*, p. 65. Pour de Lancre, la sodomie était la forme de rapport érotique préférée par le diable. Cf. J. Finné, *Érotisme et sorcellerie*, Paris, Verviers, 1972, p. 167-168.
21. *Ibid.*, p. 262, n° 30. C'est encore une fois Giordano Bruno qui nous informe de l'existence d'une pratique de magie érotique (populaire) qui jette une lumière inattendue sur les pratiques mêmes des sorcières. Nous en reproduisons ici le passage, sans l'altérer (*Op. lat.*, II, p. 187; il s'agit du *Sigillus sigillorum*, 45; *De undecima contractionis specie*, les « contractions » étant des phénomènes spirituels dont l'effet pouvait être positif ou négatif) : « Que l'on ajoute [à la liste des contractions de l'esprit] une espèce condamnable de contraction, qu'on rencontre chez les gens incultes, sales et hypo-

crites, dont la bile noire, plus abondante et plus épaisse que la nature ne le consent, est cause de la production de voluptés et liaisons vénériennes, aussi bien que de soi-disantes révélations futiles et bestiales, provenant de la perturbation de leur fantaisie porcine [...]. Parmi ce genre de personnes bestiales, il y en a qui, se nourrissent d'herbes crues et âpres et de légumes qui gonflent, et s'enduisant de graisse d'enfant, s'exposent nus, dans le silence nocturne, à l'air frais. Il arrive que la chaleur produite par lesdites circonstances tourne vers l'intérieur de leur corps, et que la graisse pénètre par les pores de leur peau. C'est ainsi que les réceptacles du désir charnel se remplissent facilement et qu'ils produisent lentement une semence artificielle [c'est-à-dire émise hors de l'accouplement sexuel]. Stimulés par des méditations vénériennes causées par leur propos initial et par tous ces procédés, ils rejoignent un faible état d'excitation, dans lequel ils croient que leurs cogitations fantastiques sont des actions vraies et propres. Cela dure toute la nuit, pendant laquelle ils éliminent cette infatuation libidinale et le jus, dont il ne reste plus rien lorsqu'ils se sont réveillés. Mais ils sont persuadés d'avoir vraiment passé la nuit en un accouplement voluptueux avec un homme ou une femme. Et il est vraisemblable et conforme à la nature qu'ils aient entre-temps expérimenté une jouissance [fantastique] fort puissante. Car l'émission séminale n'est pas mûrie le long d'un acte sexuel ordinaire, mais s'est produite plus tard et plus lentement, le corps étant en état de repos, par le seul mouvement de l'imagination, l'infatuation passagère et l'humeur externe ayant pénétré continuellement par les canaux libidinaux. » Ce passage paraît confirmer l'idée que bien des « sorciers » ne recherchaient, par l'absorption cutanée des hallucinogènes, que des plaisirs sexuels. Le témoignage de Bruno, ignoré jusqu'ici, sert à vérifier les hypothèses sur la sorcellerie que nous avançons dans ce livre (cf. *infra*, Appendice VII).

22. Nider, *Formicarius*, V, 3, *apud* Lea, p. 261.
23. Lea, p. 244.
24. *Ibid.*, p. 187.
25. *Ibid.*, p. 179-180.
26. *Ibid.*, p. 181, citant pseudo-Augustin, *Liber de Spiritu et Anima*, chap. XXVIII.
27. *Ibid.*, p. 187, citant Thomas d'Aquin, *Quaestio unica*, 2, *ad* 14.
28. *Ibid.*, p. 260-261, citant Nider, *Formicarius*, II, 4.
29. Hansen, *Quellen*, p. 196.
30. *Ibid.*, p. 199.
31. Cf. Isidore Teirlink, *Flora Magica. De plant in de tooverwereld*, Anvers, 1930, p. 21-23 (six recettes différentes).
32. *Ibid.*, p. 86 et 90.
33. *Ibid.*, p. 46.
34. Nous devons ces informations à M. le professeur Van Os, qui a enseigné la pharmacologie à l'université de Groningue. Il a eu également l'amabilité de nous donner des éléments de bibliographie à ce sujet (surtout R.E. Schultes-A. Hofmann, *The Botany and Chemistry of Hallucinogens*, Springfield, 1973). Les alcaloïdes contenus dans les Solanacées se distinguent des alcaloïdes contenus dans les plantes hallucinogènes du Mexique et de l'Amérique du Sud par leur faculté d'être absorbés par la peau. Au contraire, les derniers se caractérisent par la présence, dans leur structure chimique, d'un goupe appelé *indol*, qui ne pénètre pas à travers la peau. Cela explique les usages différents des sorciers européens par rapport aux chamans de l'Amérique centrale et méridionale.
35. Voir M. Harner, « The Role of Hallucinogenic Plants in

European Witchcraft », dans M. Harner (éd.), *Hallucinogens and Shamanism,* Oxford University Press, 1973, p. 125-150.

36. Voir la position de Harner et de Duerr, *op. cit.* Au début du siècle déjà, quelques scientifiques ont expérimenté l'action des « onguents des sorcières », fabriqués selon les recettes traditionnelles. Écoutons le récit de l'un d'eux, qui employa comme ingrédients actifs le *Datura stramonium* et l'*Hyoscyamus niger :* « Peu après [m'en être enduit], j'eus l'impression de voler à travers une tornade. Quand j'en ai eu enduit les aisselles, les épaules et les autres parties du corps, je tombai en un long sommeil et les nuits suivantes j'eus des rêves fort vifs de trains rapides et de paysages merveilleux des tropiques. Plusieurs fois je rêvai de me trouver sur une montagne élevée et de parler aux gens de la vallée, quoique, à cause de la distance, les maisons de là-bas eussent pour moi des dimensions minuscules » (cité par Teirlink, *op. cit.,* p. 23).

37. Raconté par Émile Grillot de Givry, *op. cit.*

38. Voir H. Zimmer, « On the Significance of the Indian Tantric Yoga », dans *Spiritual Disciplines (Papers from Eranos Jahrbuch,* n° 4), New York, 1960, p. 40-53.

39. Paul Grillandi, *Tractatus de Sortilegiis,* Francofurti ad Menum, 1592, p. 168, q. XI, n° 1, *apud* Lea, p. 409-410.

40. Johannes Trithemius Abbas, *Liber Octo Quaestionum,* Oppenheim, 1515, Q. 5, « *De Reprobis atque Maleficis* », *apud* Hansen, *Quellen,* p. 292-293.

41. Imprimé à Ingolstadt en 1595 ; cf. Hansen, *Quellen,* p. 295-296.

42. Peuckert, *Pansophie,* p. 76. Une de ces pseudo-épigraphes porte, sous un titre kilométrique, la date de 1482. Or, Trithémius, âgé à peine de 20 ans, n'avait encore rien écrit en 1482 !

43. Peuckert, p. 71.

44. *Ibid.,* p. 72-73. La bibliographie de Trithémius est très riche. Nous n'aborderons ici que les questions relatives à sa *Stéganographie,* dont nous avons utilisé l'édition suivante de W.E. Heidel : *Johannis Trithemii Primo Spanheimensis deinde Divi Jacobi Peapolitani Abbatis Steganographia. Quae Hucusq ; a nemine intellecta, sed passim ut supposititia, perniciosa, magica et necromantica, rejecta, elusa, damnata et sententiam inquisitionis passa ; Nunc tandem vindicata reserata et illustrata. Ubi post vindicias Trithemii clarissime explicentur Coniurationes Spirituum ex Arabicis, Hebraicis, Chaldaicis et Graecis Spirituum nominibus juxta quosdam conglobatae, aut secundum alios ex Barbaris et nihil significantibus verbis concinnatae. Deinde solvuntur et exhibentur Artificia Nova Steganographica A Trithemio in Literis ad Arnoldum Bostium et Polygraphia promissa, in hunc diem a nemine capta, sed pro paradoxis et impossibilibus habita et summe desiderata. Authore Wolfgango Ernesto Heidel, Wormatiense. Moguntiae, Sumptibus Joannis Petri Zubrodt. Anno 1676* (1 vol. de 397 p.). La monographie moderne classique sur Trithémius appartient à Isidor Silbernagel, *Johannes Trithémius. Eine Monographie* (1868), Regensburg, 1885. Elle est dépassée par P. Chacornac, *Grandeur et adversité de Jean Trithème, bénédictin, abbé de Sponheim et de Würzbourg (1462-1516),* Paris, Éditions Traditionnelles, 1963, qui s'avère un bon interprète de la *Stéganographie,* mais se limite à reproduire les données bibliographiques — souvent erronées — fournies par Heidel. La meilleure monographie est aussi la plus récente ; elle appartient à Klaus Arnold, *Johannes Trithémius (1462-1516),* Würzbourg, 1971. Arnold reconstitue fort bien l'histoire personnelle de Trithémius dans le cadre de l'histoire sociale de son époque, mais ne s'occupe que superficiellement de la magie trithémienne. Pour celle-ci, on peut se fier encore — mais avec une certaine prudence — aux données offertes par W.-E. Peuckert dans sa *Pansophie,* dans le chapitre intitulé « *Der Zauberer Trithemius* »,

p. 70-84. Connaisseur sans égal de l'occultisme allemand, Peuckert se révèle la source la plus précieuse pour établir la légende de Trithémius ; mais il ne paraît pas avoir étudié de près les interprétations de la *Stéganographie*. Le livre de N.L. Brann, *The Abbot Trithemius (1462-1516)*, Leiden, 1981, ne s'occupe que de la carrière du moine.

45. Peuckert, *Pansophie*, p. 72-73.

46. Georg Willin, *Dissertatio historico-literaria de arte Trithemiana scribendi per ignem*, Uppsala, 1728, p. 33, cité par Klaus Arnold, *Johannes Trithemius*, p. 180.

47. Kurt Baschwitz, *Hexen und Hexenprozesse. Die Geschichte eines Massenwahns und seiner Bekämpfung*, Munich, 1963, p. 17 sq.

48. Cf. Peuckert, p. 72-73.

49. *Ibid.*, p. 77.

50. *Fama confraternitatis*, traduit dans F.A. Yates, *La Lumière des rose-croix*, p. 273.

51. *Primo Poeta celeberrimus* [...] *Secundo* [...] *Orator facundissimus* [...] *Tertio* [...] *subtilissimus Philosophus* [...] *Quarto* [...] *Mathematicus ingeniosissimus* [...] *Quinto* [...] *Historicus perfectus* [...] *Sexto* [...] *Theologus insignis* : Heidel, *Vita Johannes Trithemius Abb.*, p. 34-35.

52. La ville de Würzbourg, où la tradition concernant Trithémius resta vive pendant deux siècles à peu près, et surtout le monastère de Sponheim sont situés près d'Heidelberg dans le Palatinat, où se manifestera, au début du XVIIe siècle, la « farce » *(ludibrium)* des rose-croix. Dans le cas des « lampes inextinguibles » trouvées dans le tombeau du père Christian Rosenkreuz, il est probable que les auteurs de la *Fama confraternitatis* s'étaient servis d'un élément de la légende trithémienne, d'après l'information de Bartholomeus Korndorff héritée de Servatius Hochel.

53. Sa bibliographie complète est enregistrée par Klaus Arnold, p. 228 sq.

54. Peuckert, p. 75.

55. Heidel, *Vita Johan. Trith. Abb.*, p. 1.

56. K. Arnold, p. 7.

57. Hans Ankwicz-Kleehoven, *Der wiener Humanist Johannes Cuspinian*, Graz-Köln, 1959, p. 16, cité par K. Arnold, p. 56.

58. K. Arnold, p. 62.

59. *Apud* K. Arnold, p. 61.

60. *Ibid.*, p. 58.

61. *Antipalus*, I, 3 ; une liste à peu près complète chez Peuckert, *Pansophie*, p. 47-55.

62. Le texte de cette lettre est reproduit par Heidel, p. 50-51 ; il est partiellement traduit, et résumé en son entier, par Peuckert, p. 82-83.

63. Bouelles-Bovillus n'est pas, en tout cas, l'ami de jeunesse d'Henri Corneille Agrippa, mentionné dans la correspondance de celui-ci avec quelques autres membres du *sodalitium* parisien.

64. La *Polygraphie* fut terminée le 21 mars 1508 et consignée à l'empereur Maximilien le 8 juin 1508. Elle fut traduite en français, en 1561, par Gabriel de Collange.

65. *Joannis Wieri Opera Omnia* [...] *Editio nova* [...] *Amstelodami, Apud Petrum van den Berghe*, 1660, p. 112 *(De Praestigiis Daemonum*, II, 6 : « *De Johanne Trithemio, ejusque libro Steganographia inscripto* »).

66. Adam Tanner, *Astrologia sacra : Hoc est, orationes et quaestiones quinque* [...], Ingolstadt, 1615 (cf. K. Arnold, p. 190).

67. Sigismund von Seeon, *Trithemius sui ipsius vindex, sive Steganographiae Joannis Trithemii apologetica defensio*, Ingolstadt, 1616 (K. Arnold, p. 190).

68. Gustav Selenus, *Cryptomenytices et cryptographiae libri IX. In*

quibus et planissima Steganographiae a Johanne Trithemio olim conscriptae enodatio traditur, Lüneburg, 1624.

69. Johannes Caramuel y Lobkowitz, *Steganographiae nec non claviculae Salomonis Germani Joannis Trithemii Abbatis Spanheimensis Ordinis Sancti Benedicti (quae hucus a nemine intellecta, a multis fuerunt condemnatae, et necromantiae nota inustae) genuina, facilis, dilucidaque declaratio*, Cologne, s.a. (1635 d'après Arnold, p. 190).

70. Johannes d'Espières, *Specimen steganographiae Joannis Trithemii* [...] *quo auctoris ingenuitas demonstratur et opus a superstitione absolvitur, cum vindiciis Trithemianis*, Douai, 1641.

71. Athanasius Kircher, *Polygraphia nova et universalis*, Romae, 1663 (*Appendix apologetica ad polygraphiam novam, in qua Cryptologia Trithemiana discutitur*).

72. Heidel, *op. cit.*

73. Gaspar Schott, *Schola Steganographica*, Nürnberg, 1680 (cf. Klaus Arnold, p. 190).

74. *Trithemius gehört das Verdienst, die erste umfassende Arbeit auf dem Gebiet der modernen Kryptographie veröffentlich und damit Vorbild und Anregung für die weitere Entwicklung gegeben zu haben* : K. Arnold, p. 192. La gématrie est le système kabbalistique de permutation des lettres de l'alphabet.

75. Heidel, p. 111.

76. K. Arnold, p. 188.

77. *De septem secundeis, id est intelligentiis sive spiritibus orbes post Deum moventibus;* cf. K. Arnold, p. 162-163. Sous le titre *Traité des causes secondes* (Précédé d'une vie de l'auteur, d'une bibliographie et d'une préface et accompagné de notes), cet écrit parut à Paris en 1898, formant le premier numéro de la « Bibliothèque rosicrucienne ». Le traducteur est anonyme.

78. *Steganographia*, éd. d'Heidel, p. 297 sq.

79. *Ibid.*, p. 310-311.

80. *Tractatus de Sortilegiis*, p. 168, q. XI, n. 1.

81. Cf. K. Arnold, p. 184.

82. Agrippa, Epître IV, 62, *apud* Auguste Prost, *Les Sciences et les Arts occultes au XVIe siècle : Corneille Agrippa. Sa vie et ses œuvres*, 2 vol. (réimpression anastatique de l'éd. de Paris, 1881-1882), Nieuwkoop, 1965, vol. I, p. 156.

83. Epître IV, 19, *apud* Prost, p. 204-205.

Chapitre VIII

1. Cf. notre *Religione e accrescimento del potere*, *op. cit.*

2. Cf. A.G. Debus, *op. cit.*, p. 140-141. Sur l'alchimie de Newton, cf. B.J.T. Dobbs, *The Foundations of Newton's Alchemy, or « The Hunting of the Greene Lyon »*, Cambridge, 1975 ; M. Eliade, « Le Mythe de l'alchimie », dans *L'Herne*, n° 33, Paris, 1978, p. 157-167.

3. Cf. Viviana Pâques, *Les Sciences occultes*, *op. cit.*

4. W.-E. Peuckert, *L'Astrologie. Son histoire, ses doctrines*, trad. franç., Paris, 1980, p. 156.

5. *Ibid.*, p. 165. Sur le traitement des conjonctions dans la littérature du Moyen Age, cf. E. Garin, *La cultura filosofica del Rinascimento*, p. 157. Pierre d'Abano écrivait dans son *Conciliator differentiarum* de 1277 (f. 15, cité par Cantù, *Les Hérétiques d'Italie*, vol. I, p. 386) : *Ex coniunctione Saturni et Jovis in principio Arietis, quod quidem circa finem 960 contigit annorum, totus mundus inferior commutatur, ita quod non solum regna, sed et leges et prophetae consurgunt in mundo* [...] *sicut apparuit in adventu Nabuchodonosor, Moysis, Alexandri Magni, Nazarei, Mahometi* (il faut prendre sa chronologie *cum grano*

salis). Quant à Pierre d'Ailly, qui paraît avoir prédit, dans son *Concordia astronomiae cum historica veritate,* des grands changements pour l'encore lointaine année 1789 (Pierre d'Ailly a vécu à peu près entre 1350 et 1420), voici ce qu'il dit sur la venue du Christ (*Vigintiloquim,* Venetiis, 1490, cité par Garin, *loc. cit.*) : *Sine temeraria assertione, sed cum humili reverentia dico quod benedicta Christi incarnatio et nativitas, licet in multis fuerit miraculosa et supernaturalis, tamen etiam quoad multa huic operi deifico conceptionis et nativitatis natura tamquam famula Domino suo et Creatori subserviens divinae omnipotentiae cooperari potest.* Quant à Roger Bacon, il se fait l'interprète d'al-Kindî et d'Albumasar, dans sa théorie des relations entre les planètes (ou les conjonctions) et les grandes religions du monde : *Iudaisma,* dit-il par exemple, *quod congruit planetae Saturni, quod omnes planetae iunguntur ei, et ipse nemini illorum iungitur* [...] (cité par Garin, *loc. cit.* Voir aussi T. Gregory, « Temps astrologique et temps chrétien », dans *Le Temps chrétien de la fin de l'Antiquité au Moyen Age,* Paris, 1984, p. 557-573).

6. Kepler, *De vero anno* (1613), cité par Peuckert, *op. cit.,* p. 148.
7. Peuckert, citant Kepler, *ibid.*
8. Peuckert, p. 192.
9. Cf. F. A. Yates, *La Lumière des rose-croix,* p. 144-148.
10. Peuckert, *L'Astrologie,* p. 151-152.
11. *Ibid.,* p. 190.
12. *Apud* Peuckert, p. 188.
13. Voir les *Disputationes adversus Astrologiam divinatricem* de Pic de la Mirandole, V, 1.
14. Peuckert, *L'Astrologie,* p. 120.
15. Lichtenberger, *Practica,* éd. de 1527, p. 31-33, cité par Peuckert, *ibid.,* p. 122-123.
16. Cf. H. Brabant-S. Zylberszac, « Le Soleil dans la médecine à la Renaissance », dans *Le Soleil à la Renaissance, op. cit.,* p. 281-282. Cela n'explique qu'en partie le nom de « mal français », ainsi que Peuckert, p. 217-218, l'a peut-être bien vu.
17. Brabant-Zylberszac, art. cité, p. 282.
18. Cité par Peuckert, p. 217.
19. Brabant-Zylberszac, p. 282.
20. *Ibid.,* p. 282-283.
21. M. Harris, *Cows, Pigs, Wars & Witches. The Riddles of Culture,* Glasgow, 1977, p. 158-169.

Chapitre IX

1. Voir Mircea Eliade, *Histoire des croyances et des idées religieuses,* vol. I, Paris, Payot, 1976, p. 175 sq. ; cf. aussi notre *Mircea Eliade,* Assise, 1978, p. 139-140.
2. Il le fit imprimer en 1531. Son quatrième livre est un faux, exécuté pourtant par un plastographe qui connaissait bien les trois premiers. Il figure dans l'édition des *Opera,* 2 vol., Lyon, F. Béring, s.a. (mais 1565 ou après), à côté des autres (vol. I, p. 1-404).
3. *Opera,* vol. II. p. 1-247. L'œuvre fut composée vers 1526.
4. Chap. LXII et XCVI ; cf. Auguste Prost, *op. cit.,* vol. 1, p. 110-111.
5. *Ibid.,* p. 111.
6. Chap. CI, *apud* Prost, p. 112.
7. Chap. CII, *ibid.,* p. 112-113.
8. *Op. cit.,* vol. 1, p. 332-333.
9. Voir Prost, I, p. 319 sq. Avec une énergie et une subtilité juridiques remarquables, Agrippa l'emportera sur l'inquisiteur Nicole Savini, qui se vengera par la suite (Prost, p. 327). Dans une lettre à son ami

Chansonnetti (*Cantiuncula* ; *Ep.* II, 40), alors à Bâle, Agrippa dénonce les procédés irréguliers de l'Inquisition (cf. Prost, p. 323).

10. Sur l'« affaire de Lyon », cf. Prost, II, p. 119 sq. Se trouvant satisfait du traitement qu'ils recevaient, lui et sa famille, à Lyon, Agrippa refusa à plusieurs reprises de quitter le camp royal pour rejoindre le duc de Bourbon qui commandait, en Italie, l'armée impériale de Charles V. Après l'histoire de l'horoscope, Agrippa fut laissé derrière à Lyon par la famille royale et se vit privé de sa sinécure. Il lui fallut du temps pour en avoir la certitude, car on ne voulait pas qu'il se mît à la solde du duc. Resté sans moyens, Agrippa envoya à ses amis des messages désespérés. Il sera informé par un inconnu de la disgrâce irrémédiable qu'il avait subie auprès de la reine mère.

11. Prost, II, p. 171.

12. Peuckert, *L'Astrologie*, p. 31.

13. Cf. P.J.S. Whitmore, *A Seventeenth-Century Exposure of Superstition : Selected Texts of Claude Pithoys (1587-1676)*, La Haye, 1972. La carrière de Pithoys, sans être remarquable, présente toutefois quelque épisodes moins communs. Il s'agit d'une histoire de possession, au cours de laquelle son attitude fut similaire à celle d'Agrippa lors de l'épisode de Woippy. Pithoys nous décrit toute l'affaire dans un tract paru en 1621, intitulé *Descouuerture des faux possedez*. Une jeune veuve de Nancy, Élisabeth Ranfaing, tomba entre les mains d'un docteur qui, après avoir voulu abuser d'elle, lui administra des médicaments qui lui produisirent des convulsions. La veuve fut exorcisée à Toul du 9 au 11 novembre 1620. Pithoys y étant présent, il arriva à la conclusion que l'exorcisme était inutile, puisque l'agent qui avait provoqué les tourments de la femme n'était pas d'ordre diabolique, mais physique. C'est pourquoi il exprima ses vues dans une lettre à Jean de Porcelets, évêque de Toul (lettre du 6 janvier 1621). L'évêque le convoqua chez lui pour l'informer qu'il tenait néanmoins l'exorcisme pour valide, sur quoi Pithoys ne put que « se retirer religieusement après avoir fait la révérence ». Mais il ne se donna pas pour vaincu. Déployant un savoir appréciable, il écrivit la *Descouuerture*, dans laquelle, sans nier les fondements de la pratique de l'exorcisme en général, il s'attaquait au caractère incongru des témoignages contre Élisabeth Ranfaing. Le docteur répliqua, mais, convaincu de *mala fide*, il fut brûlé sur le bûcher, en 1622, avec son assistante à ses côtés. Élisabeth guérit et, après avoir prononcé ses vœux, elle fonda, sous le nom de Marie-Élisabeth de la Croix, l'ordre de Notre-Dame-du-Refuge (cf. Whitmore, *op. cit.*, p. xv-xvi). Ceci est toute la matière de la maigre information que Whitmore nous fournit sur un des cas les plus célèbres de possession au xviie siècle. A lire l'étude d'E. Delcambre et J. Lhermitte (*Un cas de possession diabolique : Élisabeth de Ranfaing,* Nancy, 1956), on s'en fait pourtant une image fort différente et l'on arrive à se demander si le rôle de Pithoys ne fut pas plus équivoque qu'il ne paraît. En effet, Élisabeth, qui avait reçu une éducation puritaine (mais puritaine à tel point qu'elle ne supportait pas que les serviteurs vissent une autre partie dénudée de son corps que le visage et les mains, et qu'elle s'était infligé un traitement cruel pour s'enlaidir, pour réduire en elle les charmes coupables de la nature), avait été mariée contre son gré à un soudard ivrogne qui lui laissa, à sa mort prématurée, trois enfants en héritage. Les mortifications et les fantaisies oniriques d'Élisabeth laissent transparaître tout autre chose que la paix de l'âme : c'était une personne dont la frustration érotique avait pris, dès l'adolescence, la forme d'un dangereux syndrome d'abstinence. Tombée malade, il est fort vraisemblable qu'elle devint amoureuse du médecin Poirot qui la soignait ; et lorsque celui-ci, lors d'un pique-nique, lui tendit un morceau de viande,

elle tomba en convulsions : la maladie psychique, ou les « sept années de possession d'Élisabeth de Ranfaing » (1618-1625), représentait le secours, le refuge d'une personne dont le désir dut être un moment plus fort que l'inhibition religieuse. Il est peu probable que Poirot lui eût administré une drogue dans le morceau de viande ; on n'a jamais pu le prouver et, d'ailleurs, on a condamné Poirot sur le témoignage d'une certaine Anne-Marie Bouley qui, elle, révéla que le médecin l'avait accompagnée au sabbat ! Quant aux théories de Pithoys concernant le non-lieu que devaient rendre les autorités ecclésiastiques, elles deviennent fort douteuses dès qu'on apprend que, lors de ses délires, Élisabeth tombant en transe, faisait preuve d'une force musculaire stupéfiante, pratiquait la xénoglossie (passivement plus qu'activement) et que les faits de télépathie, de voyance et même de lévitation complète qu'on mettait à son compte faisaient sensation à l'époque. Mystification ou non, le cas d'Élisabeth de Ranfaing était sûrement un de ceux où l'Église devait se sentir en son plein droit de pratiquer l'exorcisme. C'est pourquoi le rationalisme de Pithoys paraît avoir ici des sous-entendus moins louables que ceux que lui prête Whitmore : ce n'était pas exactement Élisabeth qu'il voulait sauver, mais le médecin qu'il voulait faire condamner. Tout en admettant que le médecin eût administré à la malade une drogue pour abuser d'elle, il est toutefois peu vraisemblable que l'effet de cette drogue eût pu s'étendre sur une période de sept ans.

14. Whitmore, p. XVIII.
15. *Ibid.*
16. *Ibid.*, p. XX-XXV.
17. *Traitté curieux*, p. 163 (Whitmore).
18. Whitmore, p. XVII, pense qu'il s'agit là d'un livre signalé par le Correcteur Général de l'Ordre, Simon Bachelier, dans un mémoire retrouvé dans les Archives départementales de la Moselle, à Metz.
19. *Traité curieux*, p. 207-208 (Whitmore). Cf. Appendice IX, p. 355 sq.
20. P. de Bérulle, *Discours de l'Estat et des Grandeurs de Jesus*, II, 2, p. 162, cité par Clémence Ramnoux, « Héliocentrisme et Christocentrisme », dans *Le Soleil à la Renaissance, op. cit.*, p. 450.
21. *L'Impiété des déistes*, Paris, 1624, p. 371, cité par F. Secret dans *Le Soleil à la Renaissance*, p. 213.
22. Celle-ci est l'interprétation que Heidegger donne à la sentence nietzschéenne « Dieu est mort » ; cf. M. Heidegger, « Le mot de Nietzsche "Dieu est mort" », dans *Chemins qui ne mènent nulle part*, trad. franç., Paris, 1962,, p. 173-219. L'essence de l'interprétation de Heidegger se retrouve dans ce passage, p. 209 : « Ce qui précédemment conditionnait et déterminait, sur le mode du but et de la mesure des choses, l'essence de l'homme, a perdu son pouvoir absolu et immédiat d'efficience, ce pouvoir partout infailliblement efficient. Le monde suprasensible des fins et des mesures n'éveille plus et ne supporte plus la vie. Ce monde est devenu lui-même sans vie : mort. Il y a certes de la foi chrétienne çà et là. Mais l'amour se déployant en pareil monde n'est pas le principe efficient et opérant de ce qui advient maintenant. Le fond suprasensible du monde suprasensible est, pris comme une réalité efficiente de tout le réel, devenu irréel. Voilà le sens métaphysique du mot pensé métaphysiquement : "Dieu est mort." » Sur une interprétation historico-culturelle de la proclamation de la « mort de Dieu » chez les romantiques et chez Nietzsche, voir notre article « Les fantasmes du nihilisme chez Mihai Eminescu », dans *Cahiers d'histoire des littératures romanes*, n° 4 (1980), p. 422-433, et notre essai *Religione e accrescimento del potere, op. cit.*, spécialement p. 222 sq.

Chapitre x

1. L. Kybalová-O. Herbenová-M. Lamarová, *Encyclopédie illustrée du costume et de la mode.* trad. franç., Paris, 1980, p. 114.
2. Cf. H.P. Duerr, *Traumzeit*, p. 67.
3. *Ibid.*, p. 72.
4. *Ibid.*
5. *Encyclopédie du costume*, p. 153.
6. *Ibid.*, p. 139.
7. Cf. G.C. Argan, *Storia dell'arte italiana*, vol. II, Florence, 1968, fig. 133, p. 134.
8. *Encyclopédie du costume*, p. 139. Ce déplacement de la taille du costume commence à se manifester vers 1495, comme on peut le voir dans l'art de l'époque, mais le décolleté carré le précède.
9. Cf. Duerr, *op. cit.*, p. 72.
10. Cf. W. Noomen, « Structures narratives et force comique : les fabliaux », dans *Neophilologus*, 1979, p. 361-373 ; du même auteur, « " Le chevalier qui fist... " : à propos du classement des genres narratifs brefs médiévaux », dans *Rapports*, n° 50 (1980), 3, p. 110-123.
11. Voir l'excellente comparaison établie par G.C. Argan entre trois *Adorations des Mages*, appartenant respectivement à Lorenzo Monaco, Gentile da Fabriano et Masaccio, *op. cit.*, vol. II, p. 98 sq.
12. Cf. Cesare Cantù, *Les Hérétiques d'Italie*, trad. franç., vol. I, Paris, 1869, p. 334.
13. Sur la réforme des mœurs opérée par Savonarole à Florence, il existe un texte fort intéressant, la *Riforma sancta et pretiosa* du Florentin Domenico Cecchi, publiée en 1497. Cf. U. Mazzone, « *El buon governo.* » *Un progretto di riforma generale nella Firenze savonaroliana*, Florence, 1978.
14. *Encyclopédie du costume*, p. 154.
15. Duerr, *Traumzeit*, p. 73.
16. Comtesse d'Aulnoy, *Relation du voyage d'Epagne*, vol. II, La Haye, 1715, citée par Duerr, *op. cit.*, p. 73. En ce sens, il est fort caractéristique que G.B. Porta, l'auteur d'une *Magia Naturalis* qui n'a pas été examinée dans ce livre, puisqu'elle n'appartient pas à la tradition ficinienne de la « magie spirituelle », consacre un paragraphe spécial aux recettes qui font diminuer le volume des seins (II, 15 : *Mamillarum incrementum prohibere, si volumus*). W.E. Peuckert a observé qu'il s'agit là d'une des recettes de Porta qui, par l'intermédiaire de Wolfgang Hildebrand, est entrée dans la « littérature des pères de famille » en Allemagne, c'est-à-dire dans ces répertoires universels dont la connaissance était tenue pour indispensable aux paysans. *Den Jungfrawen zuverhüten dass sie nicht grosse Brüste bekommen* : « empêcher que les pucelles aient les seins trop gros » n'était pas moins important, dès la deuxième moitié du XVIe siècle, que fabriquer un charme d'amour, qu'établir si une jeune fille allait être fertile, si elle était encore vierge ou que produire le sommeil à l'aide du son de la lyre. Il est évident que la mode exigeait que les jeunes femmes eussent les seins tout à fait plats (cf. Peuckert, *Pansophie*, p. 316).
17. *Encyclopédie du costume*, p. 164.
18. L'expression appartient à l'anthropologue H.P. Duerr, *op. cit.*, p. 75.
19. *Ibid.*, p. 77.
20. *Ibid.*, p. 75.
21. Il ne s'agit évidemment pas de l'œuvre de Reimarus commentée par Lessing. Notre anonyme est appelé « le *Faustbuch* » (pour le distinguer du *Volksbuch*) et a été retrouvé en 1892 par le bibliothécaire G. Milschack. Il fut publié la même année chez l'éditeur

J. Zwissler de Wolfenbüttel, sous le titre de *Historia D. Johannis Faust des Zauberers.*
22. *Historia von D. Johann Fausten, dem weitbeschreyten Zauberer und Swartskünstler, Wie er sich gegen dem Teuffel auff eine benandte zeit verschrieben* [...], *Gedruckt zu Frankfurt am Mayn, durch Johann Spies,* 1587.
23. Les deux textes allemands et le texte anglais ont été récemment réunis en une même édition et commentés par M'. E. d'Agostini et G. Silvani, *Faustbuch. Analisi comparata delle fonti inglesi e tedesche del Faust dal Volksbuch a Marlowe,* Naples, 1978.
24. La *Tragical History of Doctor Faust* de Marlowe a été rédigée en deux versions séparées : cf. *Marlowe's Doctor Faust 1604-1616. Parallel Texts edited by W.W. Greg,* Oxford, 1950.
25. Floris Groen lui donna une première version hollandaise vers 1650, remaniée par Jacob van Rijndorp avant 1689 : cf. *De Hellevaart van Dokter Joan Faustus. Toneelspel,* Amsterdam, 1731.
26. Cf. Gilles Quispel, « Faust : Symbol of Western Man », dans *Gnostic Studies,* vol. II, Istanbul, 1975, p. 288-307, spécialement p. 300-301.
27. Cf. G. Quispel, « An unknown Fragment of the Acts of Andrew », *ibid.,* p. 271-287. A la page 10 du codex (lignes 6-37, trad. p. 273-274), il s'agit d'une vierge qu'un magicien veut séduire à l'aide des démons. Elle se sauve grâce à une prière.
28. A. Lipomanus, *Sanctorum priscorum vitae,* Venise, 1558 ; cf. *De probatis sanctorum historiis ab Al. Lipomano olim conscriptis nunc primum a Laur. Surio emendatis et auctis,* Cologne, 1576-1581, vol. V (1580), p. 394-402, et réimpression de 1618, vol. III, p. 296 sq.
29. Alfonso de Villegas, *Flos Sanctorum y Historia general de la vida y hechos de Jesucristo, Dios y Señor nuestro, y de todos los Santos de que raza y hace fiesta la Iglesia Católica,* Madrid, 1594, p. 321-322.
30. C'est la thèse de Ballestreros-Barahona, *Calderons erste Fassung von « El Magico Prodigioso » und das Doktor-Faustus-Spiel der englischen Komödianten,* Berlin, 1972, p. 63.
31. *Ibid.,* p. 77 sq.
32. *Ibid.,* p. 94 sq.
33. *Ibid.,* p. 77 sq.
34. *Ibid.,* p. 67 sq.
35. *El Mágico prodigioso, comedia famosa de Don Pedro Calderón de la Barca,* publié d'après le manuscrit original de la bibliothèque du duc d'Osuna, avec deux fac-similés, une introduction, des variantes et des notes par Alfred Morel-Fatio, Paris-Madrid, 1877. La version publiée en 1633 (« *La gran comedia del maxico prodigioso* », dans *Parte veinte de comedias varias nunca impressas, compuestas por los mejores ingenios de España,* Madrid) et réimprimée dans *Sexta parte de comedias del celebre poeta español Don P. Calderón de la Barca* par J. de Vera Tassis y Villarroel (Madrid, 1683) diffère de la première sous de nombreux aspects, patiemment analysés dans la thèse de P. Ballestreros-Barahona. Pour avoir mis à ma disposition celle-ci, ainsi que l'édition de Morel-Fatio, je suis reconnaissant à M. Michael Metzeltin, professeur de civilisation espagnole à l'université de Groningue.
36. Francisco de Toledo, *Institutio Sacerdotum. Cum additionibus Andreae Victorelli Bassaniensis,* Rome, 1618.
37. Glauber, *apud* A.G. Debus, *Man and Nature,* p. 138-140.

Appendice II

1. L'édition Kerver, avec les gravures sur bois de Jean Cousin (et Jean Goujon), fut réimprimée par Bertrand Guégan chez Payot en 1926. C'est l'édition dont nous nous sommes servi lors de la rédaction de ce chapitre de notre ouvrage.

2. La rapidité de ces opérations, même dans le cas où le « chevalier de Malte » ne serait qu'une simple fiction, est étonnante : la seconde édition aldine sur laquelle fut effectuée la traduction de l'édition française de 1546 n'avait paru qu'en 1545 ! Il est toutefois possible que Gohory eût déjà connu l'édition aldine de 1499 et s'en fût servi ; pour les retouches, Jean Martin eut le temps de consulter l'édition de 1545. Pour ce qui concerne le traducteur Jean Martin, nous savons qu'il montrait une prédilection marquée pour le roman platonicien et que ce n'était pas la première fois qu'il s'engageait à exécuter la révision stylistique d'un ouvrage en mauvais français. En 1520, l'Italien Giacomo Caviceo avait produit une histoire intitulée *Libro del Peregrino*, s'inspirant de l'*Hypnérotomachie* de Colonna et de la tradition ficinienne. Le 1er mai, « jour aux amans dédié » — et ce n'est pas par hasard que la date inscrite sur le dernier feuillet de l'*Hypnérotomachie* est le 1er mai 1467 —, Peregrino va à l'église, où il rencontre la belle Genèvre : « L'aage de quinze ans, de corpulente beaulte, de gestes elegante et seigneurialle, de regard très modeste, les yeulx luisans, le cheminer humble, repose et a toute lyesse encline, avec ung doulx sorcieuil qui tout son front aornoit. » Genèvre devient « de luy souveraine imperatrice » : « Des lors, il fut de luy-mesmes prive, et fut en luy lymage de ceste dame transformee. » En 1527, le *Libro del Peregrino* était traduit en français par François Dassy (Paris, Nicolas Couteau). Il paraît que la langue de la traduction était épouvantable ; c'est pourquoi Jean Martin révisait et « corrigeait » le récit (*Dialogue [...] reveu au long et corrigé par Jehan Martin,* Paris, Galliot du Pré, 1528), qui avait beaucoup de succès, enregistrant non moins de sept éditions jusqu'en 1540. En 1545, le même Jean Martin traduisait de l'italien en français *Gli Asolani* de Pietro Bembo (Venise, 1505), une sorte de Bible de l'amour platonique à la Renaissance. Il ne pouvait qu'être heureux de lire et de revoir la traduction de l'*Hypnérotomachie* que lui avait confiée Jacques Gohory. (Cf. Jean Festugière, *La Philosophie de l'amour de Marsile Ficin et son influence sur la littérature française au XVIe siècle,* Paris, 1941, p. 58-61 et 156-158. Ce livre de jeunesse du grand savant A.-J. Festugière contient quelques inexactitudes que nous signalons ici puisqu'elles n'enlèvent, au fond, rien à sa valeur intrinsèque. Ainsi, l'auteur croit que Jean Pic avait publié un *Commento* de son vivant [p. 54], ce qui est, d'ailleurs, contredit par la lettre même de Beniveni qui le précède dans l'édition des œuvres signée par J.F. Pic. Enfin, l'auteur croit que Pic aurait été « le disciple bien-aimé » de Ficin [p. 40], sans savoir que ce *Commento* lui-même avait représenté la pomme de discorde qui avait séparé définitivement leurs voies respectives.) Il est intéressant de savoir que le *Commentaire au Banquet* de Ficin parut en France la même année 1546 où Kerver publiait la première édition française de l'*Hypnérotomachie*. La traduction pour ainsi dire « classique » du traité de l'amour ficinien, due à Guy Lefèvre de la Boderie, paraissait à Paris en 1578. Une deuxième édition de 1588 contenait aussi le *Commento* de Jean Pic, traduit par Gabriel Chappuys (cf. Festugière, p. 5-6 ; il y aura lieu de revenir sur ces données).

3. Leur auteur, inconnu, appartient sûrement à l'école de Mantegna.

4. Cf. Walker, p. 102.

5. Édité et commenté par Gohory en 1572 : *Livre de la Fontaine Périlleuse, avec la Charte d'amours : autrement intitulé, le Songe du*

verger. Œuvre très-excellent, de poësie antique contenant la Stéganographie des mystères secrets de la science minerale (Paris). Gohory croyait que *La Fontaine périlleuse* était la source du *Roman de la Rose ;* cf. Walker, p. 98.

6. *Livre de la Conqueste de la Toison d'Or,* dédié au roi par Jehan de Mauregard, avec introduction et notes versifiées de J. Gohory, Paris, 1563.

7. Cf. Walker, p. 97-98.

8. *Ibid.*, p. 99-100.

9. Cf. E.T. Hamy, « Un précurseur de Guy de La Brosse : Jacques Gohory et le *Lycium Philosophal* de Saint-Marceau-lès-Paris (1571-1576) », dans *Nouvelles Archives du Muséum d'histoire naturelle,* 4ᵉ série, tome I, Paris, 1899 ; cf. Walker, p. 100.

10. Leo Suavius, *Theophrasti Paracelsi Philosophiae et Medicinae utriusque universi compendium,* Bâle, 1568, p. 147-149 ; *Introduction à l'Instruction sur l'herbe Petum,* Paris, 1572, f. 9v ; cf. Walker, p. 101.

11. *Introduction,* dédicace.

12. *Introduction à l'Instruction,* f. 14r. Gohory avait des connaissances musicales ; il avait composé la préface au *Secundus Liber Modulorum* d'Orlando di Lasso, dédiée en 1571 à Charles IX ; cf. Walker, p. 99.

13. Cf. M. Horowitz, préface à la réimpression anastatique du livre de W. Golden Mortimer, *History of Coca, « The Divine Plant » of the Incas* (1901), San Francisco, 1974, p. vi-viii.

14. Cf. Walker, p. 102-104.

15. Suavius, p. 187, cité par Walker, p. 104.

16. Walker, p. 102-103, commentant Suavius, p. 30 et 327.

Appendice III

1. Cf. notre article « *Iatroi kai manteis* » et *Psychanodia I, op. cit.*

2. Elle fut néanmoins adoptée par Jacques Gohory, qui transforma le livre en une allégorie de l'alchimie, *librum hunc magnae cuidam reconditaeque arti vendicant.*

Voir le commentaire à Macrobe attribué à Guillaume de Conches, chez P. Dronke, *Fabula,* p. 179 : *Hymeneus est membranula in qua concipiuntur puerperia, matrix videlicet...*

BIBLIOGRAPHIE

AGAMBEN, Giorgio, *Stanze. La parola e il fantasma nella cultura occidentale*, Turin, Einaudi, 1977.

AGRIPPA DE NETTESHEIM, voir CORNEILLE AGRIPPA, Henri.

ARNOLD, Klaus, *Johannes Trithemius (1642-1516)*, Würzbourg, Kommissionsverlag F. Schöningh, 1971.

ARNOLD, Paul, *La Rose-Croix et ses rapports avec la Franc-Maçonnerie. Essai de synthèse historique*, Paris, G.-P. Maisonneuve et Larose, 1970.

BARASCH, Moshe, *Light and Color in the Italian Renaissance Theory of Art*, New York University Press, 1981.

BARTHOLOMAEUS ANGLICUS, *On the Properties of Soul and Body. De proprietatibus rerum libri III et IV*, édité par R. James Longe, Toronto, Centre for Medevial Studies, Pontifical Institute of Mediaeval Studies. 1979.

BOASE, Roger, *The Origin and Meaning of Courtly Love*, Manchester, Rowman and Littlefield, 1977.

BOLL, F. - BEZOLD, C. - GUNDEL, W., *Storia dell'astrologia*. Préface d'Eugenio Garin, Bari, Laterza, 1977.

BOUCHÉ-LECLERCQ, A., *L'Astrologie grecque*, Paris, E. Leroux, 1899.

BRANN, Noël L., *The Abbot Trithemius (1462-1516). The Renaissance of Monastic Humanism*, Leiden, E.J. Brill, 1981.

BRUNO, Giordano, *Jordani Bruni Nolani Opera latine conscripta*. Faksimile Neudruck der Ausgabe 1879-1891. Drei Bände in acht Teilen, Stuttgart-Bad Cannstatt, Friedrich Fromann Vg. Günther Holzboog, 1961-1962.

Idem, Opere italiane, 3 vol., Bari, Laterza, 2ᵉ éd. 1923-1925.

Idem, Des fureurs héroïques. Texte établi et traduit par Paul-Henri Michel, Paris, Les Belles Lettres, 1954.

CHASTEL, André, *Marsile Ficin et l'Art*, Genève, Droz, 1954.

Idem, Arte e Umanesimo a Firenze al tempo di Lorenzo il Magnifico. Studi sul Rinascimento e sull'Umanesimo platonico, tr. it. revue et amplifiée, Turin, Einaudi, 1964.

CHRISTINGER, Raymond : *Le Voyage dans l'imaginaire*, Paris, Stock, 1981.

CORNEILLE-AGRIPPA, Henri, *La Philosophie occulte ou La Magie...*, 4 vol., Paris, Éditions Traditionnelles, 5ᵉ éd., 1979-.

CROHNS, Hjalmar, « Zur Geschichte der Liebe als " Krankheit " », dans *Archiv für Kultur-Geschichte*, hrgg. von Georg Steinhausen, 3ᵉ tome, Berlin, 1905, reproduction anastatique, Vaduz, Kraus, 1965, p. 66-86.

CULIANU, Ioan P., *Psychanodia I. A Survey of the Evidence concerning the Ascension of the Soul and its Relevance*, Leiden, E.J. Brill, 1983.

Idem, « Magia spirituale e magia demonica nel Rinascimento », dans *Rivista di Storia e Letteratura Religiosa*, Turin, 17, 1981, p. 360-408.

Idem, « Giordano Bruno tra la Montagna di Circe e il Fiume delle Dame leggiadre », dans *Montagna e Letteratura*, a cura di A. Audisio e R. Rinaldi, Turin, Museo della Montagna, 1983, p. 71-75.

DEBUS, Allen G., *Man and Nature in the Renaissance*, Cambridge University Press, 1978.

DE LUBAC, Henri, *Pic de la Mirandole. Études et discussions*, Paris, Aubier-Montaigne, 1974.

DRONKE, Peter, *Fabula. Explorations into the Uses of Myth in Medieval Platonism*, Leiden-Köln, E.J. Brill, 1974.

DUERR, Hans Peter, *Traumzeit. Über die Grenze zwischen Wildnis und Zivilisation*, Francfort, Syndikat, 1978.

DUPOUY, Dr. Edmond, *Le Moyen Age médical*, Paris, Librairie Meurillon, 1888.

FESTUGIÈRE, Jean, *La Philosophie de l'amour de Marsile Ficin et son influence sur la littérature française au XVIᵉ siècle*, Paris, Vrin, 1941.

FESTUGIÈRE, O.P., Le R.P., *La Révélation d'Hermès Trismégiste I : L'Astrologie et les sciences occultes*, réimpression, Paris, Les Belles Lettres, 1983.

FICIN, Marsile, *Marsilii Ficini Florentini Opera, et quae hactenus extitere*, réimpression sous le titre *Opera omnia* de l'éd. de Bâle, 1576, Turin, Bottega d'Erasmo, 1962.

Idem, De Vita libri tres. Kritischer Apparat, erklärende Anmerkungen, Namenregister und Nachwort von Martin Plessner. Nach dem Manuskript ediert von Felix Klein-Franke, Hildesheim - New York, Georg Olms, 1978.

Idem, Théologie platonicienne de l'immortalité des âmes. Texte critique établi et traduit par Raymond Marcel, 3 vol., Paris, Les Belles Lettres, 1964.

Idem, Teologia platonica. A cura di Michele Schiavone, 2 vol., Bologne, Zanichelli, 1965.

Idem, Commentaire sur le Banquet de Platon, Édition critique et traduction de Raymond Marcel, Paris, Les Belles Lettres, 1955.

Idem, Sopra lo amore o ver' Convito di Platone. Comento di Marcilio Ficini Fiorentino sopra il Convito di Platone, a cura di G. Ottaviano, Milan, CELUC, 1973.

GARIN, Eugenio, *La cultura filosofica del Rinascimento italiano*, Florence, Sansoni, 1961.

Idem, Storia della filosofia italiana, vol. 1 et 2, Turin, Einaudi, 1966.

GUNDEL, Wilhelm, *Sternglaube, Sternreligion und Sternorakel. Aus der Geschichte der Astrologie*, Heidelberg, Quelle und Meyer, 2ᵉ éd., 1959.

GUNDEL, Wilhelm et GUNDEL, Hans Georg, *Astrologumena. Die astrologische Literatur in der Antike und ihre Geschichte*, Wiesbaden, Franz Steiner, 1966.

HYPNÉROTOMACHIE, *Hypnerotomachie, ou Discours du songe de Poliphile...*, publié par Bertrand Guégan, d'après l'édition Kerver, Paris, Payot, 1926.

KABBALISTES : *Kabbalistes chrétiens* (Cahiers de l'hermétisme), Paris, Albin Michel, 1979.

KRISTELLER, P.O., *Il Pensiero filosofico di Marsilio Ficino*, tr. it. revue et amplifiée, Florence, Sansoni, 1953.

Idem, Studies in Renaissance Thought and Letters, Rome, Edizioni di Storia e Letteratura, 1956.

LEA, Henry Charles, *Materials Toward a History of Witchcraft*, 3 vol., réimpression de l'éd. 1939, New York - Londres, Thomas Yoseloff, 1957.

LEWIN, Louis, *Phantastica*, tr. fr., Paris, Payot, 1970.

LEWY, Hans, *Chaldaean Oracles and Theurgy. Mysticism, Magic and Platonism in the later Roman Empire*, réimpression de l'édition Le Caire, 1956, Paris, Études augustiniennes, 1978.

LEIBBRAND, Annemarie et Werner, *Former des Éros. Kultur- und Geistesgeschichte der Liebe*, 2 vol., Freiburg/München, Karl Aber, 1972.

LOWES, John Livingstone, « The Loveres Maladye of Hereos », dans *Modern Philology*, Chicago, 11, 1913-14, p. 491-546.

MAGIE : *Magia Naturalis und die Entstehung der modernen Naturwissenschaften, Studia Leibnitiana*, 7, Wiesbaden, Franz Steiner, 1978.

MAGIE : *La Magie arabe traditionnelle...* Introduction et notes bibliographiques de Sylvain Matton, Paris, Retz, 1977.

MARCEL, Raymond, *Marsile Ficin (1433-1499)*, Paris, Les Belles Lettres, 1958.

NELSON, John Charles, *Renaissance Theory of Love. The context of Giordano Bruno's « Eroici furori »*, New York, Columbia University Press, 1958.

ORACLES, *Oracles chaldaïques. Avec un choix de commentaires anciens*. Texte établi et traduit par Édouard des Places, S. J., Paris, Les Belles Lettres, 1971.

PEUCKERT, Will-Erich, *Pansophie. Ein Versuch zur Geschichte der weissen und schwarzen Magie*, Berlin, Erich Schmidt, 2ᵉ éd. 1956.

Idem, Gabalia. Ein Versuch zur Geschichte der magia naturalis im 16. bis 18. Jahrhundert (Pansophie, 2ᵉ partie), Berlin, Erich Schmidt, 1967.

Idem, L'Astrologie. Son histoire, ses doctrines, tr. fr., Paris, Payot, 1980.

PIC DE LA MIRANDOLE, Jean, *Opera omnia Ioannis Pici, Mirandulae Concordiaeque comitis...*, réimpression anastatique de l'éd. de Bâle, 1573, des œuvres de Jean Pic et de Jean-François Pic, avec une introd. de Cesare Vasoli, 2 vol., Hildesheim, Georg Olms, 1969.

PROST, Auguste, *Les Sciences et les Arts occultes au XVIᵉ siècle : Corneille Agrippa, sa vie et ses œuvres*, réimpression anastatique de l'éd. Paris 1881-1882, 2 vol., Nieuwkoop, B. De Graaf, 1965.

PUTSCHER, Marielene, *Pneuma, Spiritus, Geist. Vorstellungen vom Lebensantrieb in ihren geschichtlichen Wandlungen*, Wiesbaden, Franz Steiner, 1973.

QUISPEL, Gilles, *Gnostic Studies*, 2 vol., Istanbul, Nederlands Historisch-Archaeologisch Instituut, 1975-1975.

ROSSI, Paolo, *Philosophy, Technology and the Arts in the Early Modern Era*, New York, Harper and Row, 1970.

SOLEIL : *Le Soleil à la Renaissance. Sciences et mythes*, Bruxelles - Paris, Presses Universitaires, 1965.

TEIRLINCK, Isidore, *Flora Magica, De plant in de tooverwereld*, Anvers, De Sikkel, 1930.

TEMPS : *Le Temps chrétien de la fin de l'Antiquité au Moyen Age, III⁰ - XIII⁰ siècles*, Paris, Editions du CNRS, 1984.

THORNDIKE, Lynn, *A History of Magic and Experimental Science*, vol. IV, New York, Columbia University Press, 1934.

TRITHÉMIUS, *Johannis Trithemii... Steganographia...*, éd. de W.E. Heidel, Moguntiae, Sumptibus Joannis Petri Zubrodt, Anno MDCLXXVI.

VERBEKE, Gérard, *L'Évolution de la doctrine du pneuma du stoïcisme à S. Augustin. Étude philosophique*, Paris - Louvain, D. De Brouwer, Editions Inst. Sup., 1945.

WALKER, Daniel Pickering, *Spiritual and Demonic Magic from Ficino to Campanella*, Londres, The Warburg Institute, 1958.

WEISE, Georg, *L'ideale eroïco del Rinascimento e le sue premesse umanistiche*, Naples, Edizioni Scientifiche Italiane, 1961.

WIER, Jean, *Joannis Wieri... Opera omnia...*, Amstelodami, Apud Petrum van den Berge..., Anno MDCLX.

WIGHTMAN, W.D.P., *Science in a Renaissance Society*, Londres, Hutchinson University Library, 1972.

WIND, Edgar, *Pagan Mysteries in the Renaissance*, Oxford University Press, 3ᵉ éd., 1980.

YATES, Frances Amelia, *L'Art de la Mémoire*, tr. fr., Paris, Gallimard, 1975.

Idem, La Lumière des Rose-Croix, tr. fr., Paris, CELT, 1978.

Idem, Astraea. The Imperial Theme in the Sixteenth Century, Londres - Boston, Routledge and Kegan Paul, 1975.

INDEX DES NOMS PROPRES

1. AUTEURS ANCIENS

Abu Yahya al-Sinhachî : 44
Aëtius : 370
Agrippa de Nettesheim : 56, 78, 173, 176, 186, 214, 219, 226, 229, 230, 233, 241, 259, 261, 262, 263, 264, 286, 287, 338, 351, 352, 353, 355-356, 375, 388, 394, 396, 403, 404
Albert le Grand : 31, 77, 164, 176, 193, 224, 356
Alberti, Leon Battista : 64, 228
Albumasar : 246, 250
Alcher de Clairvaux : 30
Alciato, Giovanni Andrea : 64, 253
Alfred l'Anglais : 30
'Alî ibn 'Abbas al-Majûsî : 41
al-Kindî : 164-175, 176, 246, 248, 361, 362
André (apôtre) : 283, 285
André le Chapelain : 41
Andreae, J. V. : 247, 261, 386
Apulée de Madaure : 197, 262, 338
Archigène d'Apamée : 29
Aristarque de Samos : 46
Aristote : 7, 22, 23, 24, 25, 27, 28, 35, 41, 46, 47, 55, 59, 76, 81, 98, 158, 184, 224, 295, 367, 369, 375
Arnauld de Villeneuve : 41, 309
Athénée (médecin) : 29
Augustin : 205, 363, 391
Aulnoy, Comtesse d' : 280, 398
Averroës : 45

Avicebron : voir Solomon ibn Gabirol
Avicenne : 31, 44

Bacon, Fr. : 244, 261
Bacon, Roger : 31, 164, 166, 246, 248, 361
Barbaro, Ermolao : 202
Barthélemy l'Anglais : 29, 30, 31, 370, 371, 403
Bashshâr ibn Burd : 38
Basilide d'Alexandrie : 49, 296, 303
Baudelaire, Ch. : 81
Bellay, J. du : 118, 308, 327
Bembo, Pietro : 68, 400
Benivieni, Girolamo : 33, 85
Berbiguier, A. V. C. : 171, 173, 208-210
Bergamo, J. de : 201, 206
Bernard de Como : 253
Bernard de Gordon : 42, 43, 373
Bérulle, P. de : 93, 270, 271, 272, 397
Bodin, Jean : 201
Bogomil : 35
Bostius, Arnoldus : 225
Botal, L. : 309
Bouchet, Guillaume : 108, 384
Bouchet, Jean : 327
Bouelles, Ch. : 226, 393
Brahé, Tycho : 46
Brantôme, Abbé de : 118

Bruno, Giordano : 5, 6, 9, 14, 19, 46, 47, 58, 66, *89-150*, 151, 152, 153, 154, 164, 166, 171, 172, 176, *211-217*, 221, 228, 241, 243, 257, 259, 262, *264-266*, 269, 270, 271, 272, 273, 287, 315, 329-330, 331, 353, 354, *355-360*, 363, 374, *380-386*, 390, 391, 403
Buondelmonti, C. : 63
Burchard de Worms : 205, 344

Calcidius : 370
Calderón de la Barca, P. : 7, 283-291, 399
Calvin, Jean : 256
Campanella, Tommaso : 79, 80, 176, 177, 260
Caramuel y Lobkowitz, J. : 226, 227, 229, 394
Cardan, Jérôme : 56, 247
Carion : 239, 250
Castiglione, Baldesar : 68, 89
Cattani da Diacceto, F. : 177
Cavalcanti, Guido : 32, 33, 34, 44
Caviceo, Giacomo : 400
Cellarius, A. : 266
Cellini, B. : 186
Champier, S. : 329
Chapelain, J. : 309
Chapman, G. : 119
Chappuys, G. : 400
Chastellan, H. : 309
Chrysippe : 28, 157, 158
Cicéron : 59, 158, 161, 387
Cléanthe d'Assos : 157, 159
Coleridge, S. T. : 81
Colonna, Francesco : 58, *67-71*, 88, 307, *311-321*, 376, 400
Constantin l'Africain : 30, 31, 41
Copernic, Nicolas : 46, 92, 93, 238, 269, 270, 272, 373
Corrozet, G. : 327
Cousin, Gilbert : 62
Crashaw, Richard : 81
Cuzzi, Cl. de : 329
Cyprien d'Antioche : 283, 284-290

Dante : 39, 45, 66, 98, 103
Dee, John : 92, 93, 95, 381
Della Porta, G. B. : 56
Delminio, Jules Camille : 61-63, 91, 97, 115, 351, 352, 353
Del Rio, M. : 201, 202, 204, 226, 268, 352
Démocrite : 81
De Quincey, Th. : 81
Descartes, R. : 13, 24, 244, 247, 261

Desportes, Ph. : 118
Dicson, Alexander : 95, 96
Digges, Thomas : 92, 93, 381
Dioclès de Caryste : 28, 369
Donne, John : 81
Dullinger de Seeon, S. : 226
Dürer, Albrecht : 75, 78, 81

Elich, Ph. L. : 202
Empédocle d'Agrigente : 26, 370
Épictète : 29, 55, 159, 160, 370, 375, 387
Epicuro, Marco Antonio : 106, 120
Equicola, Mario : 34
Érasistrate : 26
Érasme : 61, 62
Eschenden, John d' : 239, 249
Espières, J. d' : 226
Eudo (Éon) de l'Étoile : 36

Fernel, J. : 308
Ficin, Marsile : 5, 6, 9, 32, 33, 34, 41, 42, 47, 48, *53-58*, 60, 61, 62, 63, 64, 65, 66, 68, *70-90*, 101, 106, 107, 125, 126, 137, 151, 152, 160, 162, 164, 165, 166, 172, *175-177*, *179-194*, 197, 211, 252, 286, 287, 309, 310, *323-330*, 351, 352, 354, 355, 356, 357, 359, 361, 364, 371, 373, 374, 375, 376, 377, 378, 382, 386, 387, 389, 390, 400, 404
Firmicus Maternus : 297, 298
Fludd, Robert : 261, 271, 325
Fouilloux, Jacques du : 107, 108, 109, 384
Francisco de Toledo : 289, 399
Frei, A. : 282, 283

Galien, Claude : 26, 29, 44, 55, 160, 295
Gallucci, G. P. : 374
Ganel : 224
Gaurico, Luca : 247, 250
Geiler de Keisersberg, J. : 277, 281
Gent, P. F. : 282
Gérard de Crémone : 31
Germain de Ganay : 84
Gervais de Tilbury : 38
Giacomo da Lentino : 44
Giorgi, Francesco : 62, 89, 177, 375
Glauber, J. R. : 291-292, 399
Godefroy des Fontaines : 371
Goethe : 285, 287
Gohory, J. : 177, 307-310, 400, 401
Gratarolus, G. : 362
Gratien : 205, 344

INDEX DES NOMS PROPRES

Greville, Fulke : 92, 95, 119
Grévin, Jacques : 118
Grillandi, P. : 214, 232, 392
Grünpeck, J. : 251
Gui, Bernard : 37, 372
Guillaume d'Auvergne : 80, 81, 378
Guillaume de Conches : 72, 401
Guillaume de Moerbecke : 24

Haly Abbas : voir 'Alî ibn 'Abbas al-Majûsî
Hasfurt, Jean d' : 75, 191, 374, 377, 378, 389
Heidel, W. E. : 220, 222, 226, 227, 229, 392-394
Héliodore : 298, 300
Helmont, F. M. van : 143, 388
Helmont, J. B. van : 143
Héraclide du Pont : 46
Héraclite : 81, 376
Herbenus, M. : 222
Hermès Trismégiste : 48, 190, 224, 298, 376, 389
Hermogène de Tarse : 62, 351
Héroët, A. : 327, 328
Hérophile d'Alexandrie : 26
Hildegarde de Bingen : 41
Hippocrate de Cos : 26, 133, 388
Hochel, S. : 219
Horapollo : 63
Hugues de Saint-Victor : 30
Hunain ibn Ishaq : 30
Hus, Jan : 277, 278, 279
Huysmans, J. C. : 81
Hyginus : 96
Hypatia d'Alexandrie : 51, 158

Ibn 'Arabî : 35, 38, 39, 40, 44, 103
Ignace de Loyola : 258
Isidore (gnostique) : 49, 303

Jamblique : 159, 197, 198, 387, 390
Jean de la Croix : 107
Johannitius : voir Hunain ibn Ishaq
Julien le Chaldéen : 181, 196, 296
Julien le Théurge : 181, 296

Kant, I. : 24
Kepler, J. : 13, 46, 48, 244, 246, 247, 248, 261
Kierkegaard, S. : 24, 81, 274, 378
Kircher, Athanasius : 226
Klein, J. : 202
Korndorff, B. : 219

Lazzarelli, L. : 177
Lee, Henry : 120

Lefèvre de la Boderie, G. : 177, 327, 328, 400
Lemaire de Belges, J. : 327
Léon l'Hébreu : 68, 89
Léonard de Vinci : 56, 375
Lerchheimer, A. : 218
Lichtenberger, J. : 239, 249, 250, 252, 395
Lipomanus, A. : 284
L'Isle-Adam, V. de : 366
Lucrèce : 81
Lulle, Raymond : 61, 228, 375
Luther, M. : 219, 239, 249-253, 255, 257, 261

Machiavel : 6, 128, 129, 308
Macrobe : 72, 77, 87, 176, 356, 375, 377, 401
Madjritî, Pseudo- : 164
Magny, Olivier de : 308
Mani : 35
Maracos : 81
Marc de Tolède : 371
Marguerite de Navarre : 327
Marlowe, Chr. : 7, 283, 399
Marsala : 224, 250
Martin, Jean : 307, 400
Mélanchthon, Philippe : 68, 250, 256
Mersenne, M. : 93, 271
Métrodore de Scepsis : 95, 96
Mira de Amescua : 285

Nachemoser, Adam : 248
Naudé, Pierre : 201
Néchepso et Pétosiris : 48, 297
Nerval, G. de : 81
Newton, I. : 7, 13, 240, 243
Nicolas de Cues : 46, 47, 65, 162, 238, 244, 270, 373, 388
Nicole d'Oresme : 47
Nider, J. : 204, 205, 391
Nietzsche, F. : 273, 293, 376, 397
Numénius d'Apamée : 296

Opicinus de Canistris : 265, 266
Oribasius : 373
Origène : 79, 364
Ovide : 107, 117, 317

Paolini, Fabio : 115, 351-354, 361
Paracelsus : 155, 309, 310
Paré, Ambroise : 309
Pascal, Blaise : 82, 272, 273, 274
Paul (apôtre) : 114
Paul d'Alexandrie : 298, 300
Paul de Middelbourg : 249, 250, 252
Perkins, Guillaume : 95, 96, 97, 381

Pétrarque : 59, 101, 102
Philistion : 27, 369
Pic de la Mirandole, J. : 5, 33, 62, 68, *83-90*, 98, 105, 106, 107, 120, 137, 252, 267, 274, 286, 315, 324, 361, 379, 386, 395, 400, 405
Pic de la Mirandole, J. F. : 361, 362, 379, 400, 405
Pierre d'Abano : 224, 248, 361, 394
Pierre d'Ailly : 247, 395
Pierre de Bruis : 36
Pierre de Limoges : 29, 371
Pierre de Ravenne : 59, 95, 115, 381
Pierre le Vénérable : 35
Pithoys, Cl. : 267-268, 361, 396
Platon : 22, 26, 27, 35, 46, 54, 55, 63, 65, 160, 162, 185, 186, 195, 196, 197, 305, 377
Plotin : 63, 80, 305, 324, 377, 379
Pluche, Abbé : 99, 100
Plutarque de Chéronée : 55, 117, 158, 160, 197, 300, 370
Pomponazzi, P. : 177, 362-364
Ponzinibio, J. F. : 253
Porphyre : 49, 72, 80, 197, 305
Pott, J.-H. : 202
Praxagore de Cos : 26
Proclus : 49, 77, 176, 196, 197, 199, 298, 361, 377
Psellus, Michel : 164, 182, 196, 197, 200, 217, 359, 388
Ptolémée, Claude : 46, 92, 193, 224, 297

Quintilien : 59

Raleigh, W. : 119
Ramée, Pierre de la : voir Ramus, Petrus
Ramus, Petrus : 94, 95, 266, 381
Réginon de Prüm : 205
Reinhold : 250
Remy, Nicolas : 203, 390
Reuchlin, J. : 263
Rodrigue Ximénez de Rada : 35
Romberch, J. : 60, 96
Ronsard, P. : 327
Rossellius, Cosmas : 61, 375
Rupert de Lombardie : 224

Salomon : 224
Sanâ'î : 38, 40, 103
Sappho : 81
Savonarole, J. : 84, 87, 279
Scepsius, Heius : 95
Scève, M. : 327
Schiller, J. : 265

Schickhardt, W. : 265
Schott, G. : 226, 394
Scot, Michel : 224
Selenus, G. : 393
Servius : 77, 302, 303, 377
Sibly, E. : 247
Sidney, Philip : 91, 92, 95, 96, 97, 101, 119, 120
Siméon Métaphraste : 284
Simon le Mage : 36, 283
Sinistrari de Ameno, L. M. : 202, 203, 204
Solomon ibn Gabirol : 35
Spenser, Ed. : 121
Spina, Alfonso da : 201
Staudenmaier, L. : 173, 210
Strindberg, A. : 81
Suavius, Leo : voir Gohory, J.
Surius, L. : 284
Synésius de Cyrène : 51, *158-162*, 168, 176, 181, 188, 377, 387, 388

Taillemont, C. de : 329
Tanchelm d'Anvers : 36
Tanner, Adam : 226, 393
Tansillo de Venosa : 98
Temple, William : 95
Tertullien : 295
Teucre de Babylone : 331-333
Théophraste : 76
Thomas (apôtre) : 285
Thomas d'Aquin : 24, 31, 46, 59, 114, 205, 272, 369, 391
Tournes, J. de : 327, 329
Tozgrec : 224
Trithénius de Würzbourg : 173, 176, 186, *215-233*, 248, 253, 263, 282, 351, 352, 353, 354, 355, 374, 389, *392-394*, 406
Tyard, Pontus de : 118, 177, 327

Valeriano, Pierio : 64, 89
Vera Tassis y Villarroel, J. de : 285, 399
Vettius Valens : 297, 298
Vias, A. : 329
Villegas, A. de : 399
Vincent de Beauvais : 41, 284
Vineti, Jean : 201
Virdung, Jean : voir Hasfurt, J. d'

Wier, Jean : 56, 219, 226, 268, 282, 361, 393, 406

Xénophon : 65

Zell, J. : voir Trithémius de Würzbourg

INDEX DES NOMS PROPRES

Zénon de Cittium : 27, 157, 159, 370
Zoroastre : 114
Zuichemus, Viglius : 61, 62

2. AUTEURS MODERNES

Agamben, G. : 44, 78, 370, 372, 373, 375, 377, 378, 382, 403
Agostini, E. d' : 399
Ankwicz-Kleehoven, H. : 393
Argan, G. C. : 398
Arnold, K. : 221, 225, 226, 229, 230, 392, 393, 394, 403
Arnold, P. : 386, 388, 403
Asín Palacios, M. : 372

Badaloni, N. : 381, 384
Ballestreros-Barahona, P. : 399
Baltrusaitis, J. : 390
Barasch, M. : 403
Baschwitz, K. : 219, 393
Beierwaltes, W. : 356
Betz, H. D. : 164, 388
Bianchi, U. : 364
Bîrlea, O. : 338, 344
Boase, R. : 38, 371, 372, 373, 403
Boll, F. : 191, 299, 403
Bourciez, E. : 384
Bourgeade, P. : 367
Bousset, W. : 303
Brabant, H. : 395
Bresson, R. : 262

Campbell, D. : 370, 371
Cantù, C. : 394, 398
Casella, M. T. : 376
Cassirer, E. : 371, 373
Chacornac, P. : 392
Champion, H. : 384
Chantepie de la Saussaye, P. D. : 363
Charbonnel, J. R. : 381
Chastel, A. : 64, 81, 371, 376, 378, 403
Christinger, R. : 349, 350, 404
Ciapponi, L. A. : 376
Contini, G. F. : 373
Corbin, H. : 40, 66, 372
Corsano, A. : 380
Coudert, A. : 386, 388
Couliano, I. P. : voir Culianu, I. P.
Crohns, H. : 372, 404
Culianu, I. P. : 5, 6, 7, 11, 301, 303, 373, 386, 390, 404

Debus, A. G. : 6, 373, 381, 394, 399, 404

Delcambre, E. : 396
Demaître, L. E. : 373
De Martino, E. : 363
Densusianu, N. : 338
Dobbs, B. J. T. : 394
Dodds, E. R. : 49
Dronke, P. : 377, 401, 404
Duerr, H. P. : 11, 348, 349, 369, 383, 390, 392, 398, 404
Durand, G. : 388

Eliade, M. : 7, 9, 315, 338, 364, 386, 387
Elsas, C. : 379
Engels, F. : 128, 237

Façon, N. : 9, 329
Faivre, A. : 355
Festugière, J. : 304, 327, 329, 384, 400, 404
Feyerabend, P. K. : 11, 15, 16, 369
Finné, J. : 349, 390
Fiorentino, F. : 98
Firpo, L. : 380
Flamant, J. : 373, 376
Flashar, H. : 369, 378
Flora, F. : 104, 380
Fochi, A. : 338
Foucault, M. : 161, 387
Frazer, J. G. : 225
French, J. : 381
Freud, S. : 66, 74, 81, 129, 151, 378

Gandillac, M. de : 373
Garden, N. : 348
Garin, E. : 6, 64, 85, 101, 376, 379, 381, 383, 384, 394, 395, 404
Gentile, G. : 6, 101, 122, 380, 383
Gilson, E. : 371
Ginzburg, C. : 336
Golden Mortimer, W. : 401
Gombrich, E. : 6, 375, 376
Gostar, N. : 345
Gouillard, J. : 372
Gramsci, A. : 128
Grillot de Givry, E. : 389, 392
Guégan, B. : 400, 405
Gulik, R. van : 386
Gundel, H. G. : 296, 297, 298, 300, 373, 405
Gundel, W. : 296, 297, 298, 299, 300, 373, 403, 404, 405
Guthrie, W. K. C. : 376
Guzzo, A. : 99, 378, 380, 384

Hamy, E. T. : 401
Hansen, J. : 335, 390, 391, 392
Harner, M. : 340, 349, 391, 392

Harris, M. : 251, 395
Hasdeu, B. P. : 338
Heidegger, M. : 82, 397
Henninger, S. K. : 92, 373, 381
Herbenová, O. : 398
Hitler, A. : 129
Hoffmann, J. : 367, 391
Hofmann, A. : 340
Horowitz, M. : 401

Iversen, E. : 376

Janet, P. : 171
Jeanmaire, H. : 376
Jonas, H. : 379
Jung, C. G. : 57, 58, 171

Klein, R. : 66, 373, 390
Klein-Franke, F. : 374
Klibansky, R. : 78, 377, 378
Kristeller, P. O. : 6, 64, 101, 376, 378, 379, 380, 381, 405
Kudlien, F. : 369, 370
Kybalová, L. : 398

Lacan, J. : 105, 151
Lamarová, M. : 398
Lambert, M. : 372
Lang, A. : 376
Lea, H. C. : 205, 335, 336, 339, 390, 391, 405
Le Bon, G. : 129
Lewin, L. : 349
Lewis, I. M. : 172
Lewy, H. : 49, 196, 376, 388, 390, 405
Lhermitte, J. : 396
Lowes, J. L. : 372, 373, 405
Lubac, H. de : 84, 156, 324, 379, 380, 387, 404
Lunais, S. : 302, 384

Macchioro, V. : 376
Marcel, R. : 371, 374, 378, 405
Marx, K. : 128
Maspero, H. : 386
Massart, J. : 346
Massé, H. : 372
Matton, S. : 388, 405
Mazzone, U. : 398
Merton, R. K. : 15, 16, 369
Michel, P. H. : 98, 374, 380, 382
Miller, D. L. : 376
Mondolfo, R. : 383
Morel-Fatio, A. : 286, 399
Morin, E. : 171, 386
Müller-Jahnke, W. D. : 355

Müri, W. : 378
Muslea, I. : 338, 344

Nauert, C. G. : 355
Nelli, R. : 372
Nelson, J. Ch. : 382, 405
Noomen, W. : 398

Obolensky, D. : 371
Olerud, A. : 157, 185, 370, 389
Olschki, L. : 380, 384
Onians, R. B. : 185, 389

Panofsky, E. : 75, 78, 377, 378
Papu, E. : 380, 384
Pâques, V. : 375, 394
Penzo, G. : 376
Pettazzoni, R. : 376
Peuckert, W. E. : 219, 220, 235, 248, 389, 392, 393, 394, 395, 396, 398, 405
Picot, E. : 384
Places, E. des : 388, 390, 405
Plessner, M. : 374, 388, 389
Pollak, K. : 369, 370
Pozzi, G. : 376
Preisendanz, K. : 164, 389
Prost, A. : 262, 356, 394, 396, 405
Puech, H. Ch. : 372, 379
Putscher, M. : 370, 405

Quispel, G. : 283, 303, 399, 406

Ramnoux, C. : 271, 397
Ritter, H. : 388, 389
Rougemont, D. de : 372
Roux, J. P. : 371
Ruggiero, G. de : 380

Salvestrini, V. : 380
Sarno, A. : 104, 383
Saxl, F. : 75, 78, 377, 378
Schmidt, C. : 300, 302
Schmidt, W. : 363, 364
Schultes, R. E. : 340, 391
Secret, F. : 385, 397
Seligman, S. : 375
Seznec, J. : 389
Shirokogoroff, S. M. : 184, 389
Silvani, G. : 399
Söderberg, H. : 372
Spampanato, V. : 380, 383
Spaventa, B. : 380

Tardieu, M. : 301, 376
Teirlink, I. : 346, 391, 406
Terzaghi, N. : 387

Thomas, K. : 381
Tiele, C. P. : 363
Troilo, E. : 380
Trojel, E. : 372

Vadet, J. Cl. : 372
Vaillant, A. : 372
Védrine, H. : 382
Verbeke, G. : 49, 295, 370, 376, 387, 406
Verrips, J. : 340

Walker, D. P. : 6, 153, 154, 155, 229, 230, 310, 351-354, 361, 363, 375, 387, 400, 401, 406

Warburg, A. : 25
Waszink, J. H. : 370
Weber, M. : 15, 369
Weise, G. : 384, 385, 406
Whitmore, P. J. S. : 361, 396
Willin, G. : 219
Wind, E. : 78, 376, 379, 406

Yates, F. A. : 6, 58, 59, 62, 68, 96, 247, 369, 375, 376, 381, 382, 384, 385, 393, 395, 406

Zimmer, H. : 392
Zimmermann, R. C. : 355
Zylberszac, S. : 395

TABLE DES MATIÈRES

Préface de Mircea Eliade 5
Avant-propos 9
Introduction 13

PREMIÈRE PARTIE :
FANTASMES A L'ŒUVRE 19

Chapitre I : Histoire du fantastique 21
  1. Du sens interne 21
      Quelques considérations préliminaires 21
      Le pneuma fantastique 25
  2. Flux et reflux des valeurs au XIIe siècle 31
      Acculturation de l'Occident 34
      Comment une femme 43
  3. Le véhicule de l'âme et l'expérience prénatale .. 45

Chapitre II : Psychologie empirique et psychologie abyssale de l'éros 53

  1. La psychologie empirique de Ficin et ses sources 53
  2. L'Art de la mémoire 58
  3. Éros fantastique et apaisement du désir 66
  4. Fantasmes à l'œuvre 68
  5. La psychologie abyssale de Ficin 70
      Descente de l'âme 70
      Mélancolie et Saturne 74

Chapitre III : Liaisons dangereuses 83
1. Jean Pic, continuateur de Ficin 83
2. Les dieux ambigus de l'éros 90
   Giordano Bruno, l'homme du passé fantastique 90
   Scandale à Londres 91
   Fantasmes mnémotechniques 97
   Ambiguïté de l'éros 100
   Au cœur de la doctrine de Bruno 105
   Actéon 113
   Diane 115
      a) La nature 115
      b) La lune 117
      c) La reine 118
   La parabole des neuf aveugles 120
   Circé 122

DEUXIÈME PARTIE :
LE GRAND MANIPULATEUR 123

Chapitre IV : Éros et Magie 125
1. Identité de substance, identité d'opération 125
2. Manipulation des masses et des individus 128
3. *Vinculum vinculorum* 135
4. Éjaculation et rétention de la semence 140
5. De la magie comme psychosociologie générale .. 144

Chapitre V : La magie pneumatique 151
1. Le degré zéro de la magie 151
2. Magie « subjective » et magie « transitive » 153
3. La conspiration des choses 156
4. La théorie des radiations 162
5. Magie pneumatique 175

Chapitre VI : La magie intersubjective 179
1. Magie intrasubjective 179
2. Magie intersubjective 187
   Présences supérieures 189
   Les appâts 192
   Les temps convenables 193

Chapitre VII : La démonomagie 195
  1. Quelques notions de démonologie 195
  2. Les démons et l'éros 201
  3. Sorcières et démoniaques 204
  4. La démonomagie de Ficin à Giordano Bruno .. 211
      Classifications de la magie 211
      Trithémius de Würzbourg 217

TROISIÈME PARTIE : FIN DE PARTIE 235

Chapitre VIII : 1484 237
  1. Une mouche aptère 237
  2. Pourquoi l'année 1484 fut-elle si redoutable ? .. 245

Chapitre IX : La grande censure du fantastique 255
  1. Abolition du fantastique 255
  2. Quelques paradoxes historiques 259
  3. La controverse autour de l'asinité 261
  4. Les ruses de Giordano Bruno 264
  5. La Réforme ne fut qu'une 267
  6. La modification de l'image du monde 269

Chapitre X : Le docteur Faust, d'Antioche à Séville .. 275
  1. La permissivité de la Renaissance 275
  2. Il fera plus chaud en Enfer ! 279
  3. Un moralisme exhaustif : la légende de Faust .. 282
  4. Un produit final ? 291

Appendice I (au chap. I, 3) : Les origines de la doctrine du véhicule de l'âme 295

Appendice II (au chap. II, 3) : Les délices de Leo Suavius 307

Appendice III (au chap. II, 4) 311

Appendice IV (au chap. III, 1) 323

Appendice V (au chap. III, 2) 327

Appendice VI (au chap. V, 4) 331

Appendice VII (au chap. VII, 3) : la réalité de la sorcellerie 335

Appendice VIII (au chap. VII, 4) : Le théâtre magique de Fabio Paolini 351

Appendice IX (au chap. VII, 4) 355

Appendice X (au chap. IX, 5) 361

Appendice XI (au chap. III) : L'éros, maintenant 365

Notes 369

Bibliographie 403

Index des noms propres 407

IMPRIMERIE DE L'INDRE
Argenton-sur-Creuse (36)
N° d'imprimeur : 8946
N° d'éditeur : 10255
Dépôt légal : octobre 1984
Printed in France